Estudos em Homenagem ao
PROF. NELSON ABRÃO
(centenário)

O NOVO DIREITO DOS NEGÓCIOS

Coordenação
Carlos Abrão
Sidnei Beneti
Massami Uyeda

Estudos em Homenagem ao PROF. NELSON ABRÃO (centenário)

O NOVO DIREITO DOS NEGÓCIOS

GZ
EDITORA

Rio de Janeiro
2024

1ª edição – 2024

Diagramação: *Olga Martins*

CIP-BRASIL. CATALOGAÇÃO NA PUBLICAÇÃO
SINDICATO NACIONAL DOS EDITORES DE LIVROS, RJ

E85

Estudos em homenagem ao prof. Nelson Abrão (centenário) : o novo direito dos negócios / coordenação Carlos Abrão, Sidnei Beneti, Massami Uyeda. - 1. ed. - Rio de Janeiro : GZ, 2024.
430 p. ; 24 cm.

Inclui bibliografia e índice
ISBN 978-65-5813-091-8

1. Abrão, Nelson. 2. Direito. I. Abrão, Carlos. II. Beneti, Sidnei. III. Uyeda, Massami.

23-86686

CDU: 340(81)

Gabriela Faray Ferreira Lopes - Bibliotecária - CRB-7/6643

10/10/2023 16/10/2023

contato@editoragz.com.br
www.editoragz.com.br
Estrada do Capuava, nº 1325 - Box Q - CEP 06715-410
Bairro Barro Branco - Município de Cotia - SP
Tels.: (0XX21) 99585-0737 / 99755-0737

Impresso no Brasil
Printed in Brazil

APRESENTAÇÃO

O Professor Nelson Abrão nasceu em 1923 em Ipameri, Goiás, onde realizou os estudos básicos. Bacharelou-se em Direito na Turma de 1946 da Faculdade de Direito da USP. Foi bolsista na França, em companhia do Professor Marota Rangel, em ciências humanas, destacando-se na área empresarial. No Brasil, conviveu nos tempos históricos do Direito Comercial. Retiravam-se ícones como Carvalho de Mendonça, Valdemar Ferreira, Miranda Valverde, Honório Monteiro, Ernesto Leme, Magarinos Torres... Brilhavam novos nomes, como João Eunápio Borges, Sylvio Marcondes Machado, Rubens Requião, Theophilo de Azeredo Santos, Fran Martins... Em São Paulo, em pleno vigor intelectual ascendente, Oscar Barreto Filho, Philomeno Joaquim da Costa, Mauro Brandão Lopes, Fábio Konder Komparato, Luiz Gastão Paes de Barros Leães, Modesto Carvalhosa, Pedro Barbosa Pereira... Perdoem-se omissões ilustres...

Nesse ambiente construtor do Direito Empresarial atual, construiu-se a visão inovadora do Professor Nelson Abrão. Conheci-o, ainda doutorando buscando orientação, quando estudante estagiário no Escritório do Professor Oscar Barreto Filho, na Rua Maria Paula e depois na Rua Santo Amaro – em época em que os Escritórios de Advocacia, todos, integravam o Centro jurídico de São Paulo, com a Faculdade de Direito no Largo de São Francisco, o Tribunal de Justiça na Praça da Sé, os saudosos Tribunais de Alçada no Pátio do Colégio, o Fórum João Mendes Jr., na Praça João Mendes, e ao redor os Cartórios em geral. O Centro Jurídico! Advogado militante, várias vezes o Professor Nelson Abrão, com a gentileza de seu feitio, permitiu-me estudante e depois Magistrado, a honra de acompanhá-lo andando a conversar!

Sempre se orgulhou da Advocacia militante – naqueles tempos em que os grandes juristas iam pessoalmente a sessões, audiências e balcões dos Cartórios. A formação histórica do comercialista pressupunha fortes conhecimentos contábeis. Nelson Abrão era um Mestre na rigorosa arte de cifras e notas lançadas nos livros comerciais.

Seguiu a evolução do Direito Comercial na marcha inexorável dos tempos e transformou-se no grande preceptor, Professor Associado da Faculdade de Direito da USP, cujas lições semearam Juristas, na graduação e no pós-graduação – muitos dos quais entre os elevados nomes o homenageiam com escritos neste volume.

Publicou extensa obra jurídica, além de centenas de artigos em revistas especializadas nacionais e estrangeiras, obras consagradas entre as quais as de Direito Falimentar, Direito Bancário, Credores na Falência, Síndico na Falência, Contrato de Franquia, Sociedades Limitadas, Duplicata Sem Aceite. Com Rubens Requião e Fran Martins, participou ativamente da construção do Direito Recuperacional nacional – e integrou a Comissão de Reforma da Lei de Falências e Concordatas, trabalhando na elaboração do sistema que veio a transformar-se na vigente Lei nº 11.101/2005. Trajetória esta que lhe conferiu, ainda, a honra de ter hodiernamente seu nome atribuído a uma praça.

Incansável no trabalho, o Professor Nelson Abrão constituiu, ainda, admirável família de profundo afeto com a esposa, a Professora Yvette Kfouri Abrão, tendo quatro filhos, dois dos quais engenheiros, um médico e um Magistrado, este último conceituado Jurista: Bacharel, Mestre e Doutor pela mesma Faculdade do pai, Juiz de longa carreira, Desembargador do Tribunal de Justiça do Estado de São Paulo, a quem devo a honra do convite para o presente escrito em homenagem ao querido Amigo e grande Mestre, o Professor Nelson Abrão.

Alinho-me aos familiares, discípulos, companheiros e amigos na justa homenagem ao Professor Nelson Abrão, reafirmando a admiração, com a emoção da saudade.

São Paulo, 13.09.2023

Sidnei Beneti

Ministro do Superior Tribunal de Justiça Aposentado, Ex-Desembargador do Tribunal de Justiça de São Paulo, Livre-Docente pela Faculdade de Direito da USP e Professor Titular Emérito da Faculdade de Direito de São Bernardo do Campo.

PREFÁCIO

Um grupo de estudiosos se reuniu para homenagear o centenário de nascimento do jurista e professor, Nelson Abrão, colimando a realização de obra coletiva para alcançar o respectivo propósito do legado proporcionado e alta cultura.

Diversos admiradores da obra do saudoso mestre se inclinaram para feitura de temas em torno do moderno direito empresarial e, também, vinculado ao direito concursal.

Lecionando por quase 50 anos, o professor Nelson Abrão deixou dezenas de obras e um número expressivo de artigos no Brasil e no exterior. Coube-me a honra de fazer o prefácio do trabalho que, por certo, já se desenha um sucesso, a fim de que possamos desfrutar do magnífico saber jurídico legado pelo mestre Nelson Abrão, cuja tese de cátedra se reportou ao novo direito falimentar, berço para inspiração do diploma nº 11.101/05.

São Paulo, 30.10.2023

Massami Uyeda

Ministro do Superior Tribunal de Justiça aposentado,
consultor especializado e advogado.

SOBRE O PROFESSOR NELSON ABRÃO

Ao completar o centenário de nascimento, no dia 24 de agosto de 2023, um grupo seleto resolveu prestar a mais sincera homenagem, sem adminículos, por meio de obra coletiva retratando, na sua essencialidade, a pessoa do saudoso mestre.

Pessoa extremamente humilde e de forte compreensão da fé cristã, o renomado Professor Nelson Abrão lecionou por mais de três décadas na Universidade de São Paulo e, também, em outras Faculdades de Direito, tendo escrito mais de duas dezenas de obras, muitas delas reeditadas, com o prestígio do seu conhecimento plural no direito empresarial. Faz-se, assim, uma justa homenagem ao seu legado e grande campo de experiência, sendo o norte aquele do direito concursal como pioneiro da Lei nº 11.101/05 por meio de estudos na França. Eles cooperaram com o legislativo na feitura e elaboração do diploma legal, bem como na radical transformação do conceito de recuperação de crédito, na primazia da função social da empresa. Agradecemos a iniciativa da Editora, a cooperação dos autores e de todos os demais que, direta ou indiretamente, contribuíram para o sucesso editorial da obra coletiva.

São Paulo, 31.10.2023

Carlos Abrão

Desembargador do Tribunal
de Justiça de São Paulo

SOBRE OS COORDENADORES

CARLOS HENRIQUE ABRÃO

É nada mais nada menos, que filho do homenageado. Exerce a carreira na magistratura há longas décadas, com doutorado pela Faculdade de Direito da Universidade de São Paulo, estudos de especialização e pós no exterior, em particular, na França

Desempenha, ainda, sua atividade docente com palestras em diversas localidades do Brasil e exterior. Possui dezenas de obras publicadas e milhares de artigos, seguindo o exemplo paterno e recaindo, sobre ele, a enorme responsabilidade de manter viva a chama e tradição por meio das seguidas atualizações das obras de Nelson Abrão, dentre as quais: "Curso de Direito Falimentar", "Os credores na falência", "Direito bancário", "Sociedade limitada" e "Contrato de Franquia".

Com o privilégio de poder homenagear o saudoso mestre, entregamos, a todos os devotados pelo estudo do moderno direito empresarial, um verdadeiro tratado que facilitará, mais e melhor, a integração, assim como interpretação em prol da atividade empresarial e bom desempenho dos negócios.

SIDNEI BENETI

Ministro do Superior Tribunal de Justiça Aposentado, Ex-Desembargador do Tribunal de Justiça de São Paulo, Livre-Docente pela Faculdade de Direito da USP e Professor Titular Emérito da Faculdade de Direito de São Bernardo do Campo.

MASSAMI UYEDA

Ministro do Superior Tribunal de Justiça aposentado, consultor especializado e advogado.

SUMÁRIO

O DIREITO COMERCIAL NA VISÃO DO PROFESSOR NELSON ABRÃO

Carlos Henrique Abrão[1]

I. Introdução

Ao homenagearmos o centenário de nascimento do saudoso professor e jurista Nelson Abrão, temos em mente decodificar sua obra profissional com o nicho de qualidade por ser um homem à frente do seu tempo e proposto a mudanças legislativas significativas que até hoje resultam no aprimoramento do moderno direito empresarial. De tal forma, é um raro privilégio poder destacar meio século de trabalho vocacionado para a carreira docente, pesquisa e ciência com elaboração dezenas de livros, muitos dos quais em avançada edição. Além disso, lecionou nas Arcadas, participou da PUC de Campinas e ainda da PUC São Paulo, granjeando a simpatia de um número incontável de alunos que escoaram para centenas de carreiras jurídicas, diplomáticas e afins, no propósito de uma formação humana, ética e moral indiscutível.

Proveniente de uma família humilde, o imorredouro mestre se formou na turma do ano de 1946 do Largo de São Francisco e buscou logo no pós guerra, com auxílio de bolsa, participar de estudos avançados naquele cenário Europeu destruído.

Sempre motivado pela busca do novo e da pesquisa em Universidades de primeira linha, acabou se realizando no festejado campo do direito comercial, na época dos brilhantes mestres do Paraná, Rubens Requião, e do Ceará, Fran Martins. Isso possibilitou rico convívio e o despertar para o campo da atividade empresarial. Notadamente, destaca-se a fenomelogia da crise da empresa e o motivo pelo qual o vetusto diploma Decreto Lei nº 7661/45 não surtia efeitos práticos mas permanecia por meio século em vigência, ao longo de toda sua completa inaproveitabilidade, contendo divórcio entre a antiga concordata, dilatória, remissa bem como mista e o grave estado falimentar.

---

1 Desembargador do Tribunal de Justiça de São Paulo, Doutor em Direito Comercial pela USP com especialização em Paris, bolsista convidado pela Universidade de Coimbra/Portugal e professor pesquisador convidado da Universidade de Heidelberg.

Aos poucos e procurando entender o cenário estrangeiro, teve a oportunidade de retornar diversas vezes, sendo o campo de maior integração os Países Itália e França, pois que no primeiro nasceu o instituto falimentar e noutro veio à luz o maior desenvolvimento em termos direito de recuperação de empresa em crise.

Concentrados todos os esforços na dicção do escrito, ensinamento aos alunos da graduação e pós graduação, normalmente se via convidado para seminários no exterior. Naquela sociedade, ainda não se convivia com o modelo da tecnologia ou informática, em meados do século XX. Nada obstante, as luzes foram extremamente impactantes para revelar ao Parlamento a necessidade de se cogitar de uma reforma substancial no diploma legal. Para tanto, décadas foram percorridas até que o legislador avançasse e a lei fosse promulgada no ano de 2005. Posteriormente, foi modificada em 2020 para que se criasse um denominado ambiente dos negócios.

Propulsor de boas e inovadoras ideias na seara do direito comercial, com evolução em campos distintos, o professor Nelson Abrão sempre foi um permanente estudioso do seu tempo e nas horas vagas estava lendo doutrina de peso e procurando conhecimento capaz de levar à consagração da sua inteligência e dileta perspicácia.

Esteve ao lado de professores de renome nas Arcadas, Oscar Barreto Filho, Mauro Brandão Lopes, Fábio Konder Comparato e tantos outros que puderam diuturnamente verificar a competência e o alto grau de discernimento ao longo de várias décadas na qualidade de professor, à medida que realizou concursos sempre com temas inovadores e impressionando a banca pela riqueza do conteúdo e sua vivacidade em sustentar teses, nas quais ainda se apresentavam não testadas em solo pátrio.

Comungando do esforço próprio e apoio para manter seus princípios que lhe eram caros, nunca teve facilidade. Ao contrário, perseguiu para vencer as adversidades e se sobrepor aos momentos mais difíceis, porém de forma exitosa e pragmática.

A consagração de todo o estudo de anos a fio veio por meio da obra apresentada à Cátedra denominada "O Novo Direito Falimentar"[2]. Tratava-se de uma nova disciplina jurídica da crise econômica da empresa, o que foi uma separação dogmática, pois que convenceu ao legislador de trabalhar com muita dedicação no sentido de aprovar o diploma

2 Abrão, Nelson - O novo direito falimentar - RT - 1985, SP.

11.101/05. Muito da redação e do que está lá escrito proveio das visitas inúmeras feitas ao Parlamento e da comissão encarregada do projeto de lei, sob Relatoria do saudoso deputado Osvaldo Biolchi e no Senado, do incansável Ramez Tebet.

O legado foi deixado de forma emblemática e todos que se enraizaram na sua doutrina bem sabem que a construção de uma nova pilastra do direito empresarial moderno contemplou a passagem de bastão, pois que o antagonismo era enorme e somente após várias sessões legislativas passavam os deputados a observar o significado da empresa e de sua preservação.

II. A visão moderna do direito empresarial

Na catalogação dos escritos, muitas obras foram dedicadas ao direito concursal. Outras porém seguiram caminho distinto permeando o novo direito bancário, direito societário, contratos empresariais e temas específicos, que pontuavam o significado primacial do trabalho doutrinário para compreensão não apenas das mudanças no legislativo mas também com fito de que os operadores, em particular juízes, pudessem ter uma base de referência ao fundamentar a decisão do caso concreto.

Ao se inspirar no modelo europeu, tudo isso lhe proporcionou uma visão privilegiada e um conhecimento bem a frente do seu tempo. Não é sem razão, portanto, que o legislador levou anos para que conseguisse entender e compreender a razão de "ser" da preservação da empresa e da multidisciplina envolvida nas etapas de sua crise. Isso se deu saindo da mesma concepção dogmática do passado na qual o intuito único seria de pagar aos credores e a sorte da empresa ficaria praticamente descartada.

Colhendo subsídios no direito comparado, em todas as oportunidades e com vasta bibliografia do que de mais moderno havia naquela época, trouxe-nos suas experiências provenientes de meio século de advocacia aliada ao tempo idêntico na carreira docente, unindo o útil ao agradável. Tinha como objetivo, em proveito da sociedade, fincar bases sólidas que permitiriam ao legislador inovar aos operadores o acompanhamento e a evolução da modernidade do direito empresarial.

Inspirado no conceito de Yves Guyon[3], passou a vislumbrar um verdadeiro direito dos negócios com maleabilidade suficiente para o

3 Guyon, Yves - Droit des Affaires - 9ª edition - Econômica - 2003, Paris.

enfrentamento da crise provisória da empresa e seu respectivo soerguimento, demonstrando que no modelo Francês há uma miríade de soluções como também alternativas, que identificam a situação de risco da empresa e possibilita a escolha daquilo que melhor se coaduna com o número de empregados, capacidade de investimento e de faturamento.

E por tratar do tema específico, o professor Philipe Peyramaure ao lado de Pierre Sardet[4] dinamizam um verdadeiro ponto de referência na temática da empresa em dificuldade. Traçam suas principais causas e alertam sobre os riscos provenientes, a fim de que fosse possível a construção de um plano de salvamento com larga perspectiva de finalidade econômica ,ou seja, a cada oscilação da estabilidade é preciso adaptar e readaptar o mecanismo de aplicação normativa.

O centro nevrálgico não está na informação unilateral do devedor ou do credor mas sim no diagnóstico essencial a respeito da crise da empresa: o que provoca esta mutação e há alternativa para que seja possível minimizar o trauma ou a falência, esta seria o remédio ideal para não persevámos no erro de acreditar numa lógica de consequência imprevisível.

Pensando na dialeticidade do modelo Europeu, bastante diferente daquele impregnado no direito norte americano, o legislador viu uma boa oportunidade de modular nosso amanhã baseado naquilo que existia na França. Isso se deu com alguma timidez mas com a necessária ousadia para romper o decreto lei de 1945, que estava completamente desatualizado e se reportava ao período do final da segunda guerra mundial. Em linhas gerais, a concordata para nada servia enquanto todos os meios seriam exauridos, a fim de se evitar a falência.

Colhendo fruto de longas décadas de estudo, foi que o Professor Nelson Abrão teve o brilhantismo de sugerir um novo direito falimentar. Consequentemente, explorou nuances peculiares para embasar uma propalada reforma administrativa e concluir que o modelo de 1945, alquebrado e completamente inócuo, não seria condizente com o crescimento da atividade econômica e da necessidade das empresas, sobretudo aquelas de pequeno e médio porte.

4 Peyramaure, Philippe e Sardet Pierre - L entreprise en dificulté - Delmas 5ª edition - 1990, Paris.

III. Aspectos Relevantes da Crise Empresarial

A principal mudança entre o antigo e o novo se refere ao estudo aprofundado a respeito da empresa e observação do período necessário ao seu soerguimento. Não bastam mais os dados do devedor ou as exigências do credor. Estamos diante de uma revolução feita para sentir a necessidade de se aprimorar a preservação da atividade única, fonte inesgotável de recursos com redução drástica da exclusão social.

O foco agora se colocava no distinguir a crise e seu tamanho numa análise multidisciplinar, pois que as auditorias independentes em grandes corporações não são capazes de diagnosticar a tempo o grande buraco negro. Com isso, o momento ideal para o pedido de recuperação judicial pode estar superado, além do que estamos preconizando que várias vezes a recuperação extrajudicial, por fazer um breve mapeamento do estado de liquidez da empresa, não consiga debelar as consequências provenientes do quadro geral de credores e as garantias existentes.

Uma macrovisão é sempre bem apropriada e na temática da gestão congruente com sua finalidade, à luz do que sinalizava Peter Drucker[5], vez que a maioria das vicissitudes na empresa se estabelecem por problema de gestão e falta de compartilhamento de informação.

Atravessamos uma nova revolução industrial, a partir da tecnologia do século XXI, mas as empresas precisam se conscientizadas que falhas, erros ou equívocos cometidos mais à frente aparecerão e o dissabor poderá deflagar o estado de crise ou pura e simplesmente a quebra definitiva.

Na conjuntura do modelo proveneniente dos diplomas 11.101/05 e 14.112/20, o escopo foi de assegurar a manutenção da empresa e colocar uma série de alternativas, que pudessem corroborar o avanço na superação do estado de crise, inclusive mediante a injeção de capital novo ou derivado de arranjos do mercado digital, a fim de minimizar a iliquidez com o saneamento a médio e longo prazos.

Definida assim a situação estabelecida, cabe ao juízo um prévio estudo sobre a viabilidade da empresa em crise ou pura e simplesmente a nomeação do administrador judicial. Ele poderá se valer de empresas especializadas, conforme o tamanho da corporação para elaboração do plano e detalhamento de sua incidência em termos de aplicação, mi-

5 Drucker, Peter - O legado vivo - M Books - 2011- SP.

norar dúvidas dos credores na reengenharia de diminuir o tamanho da atividade mas permitir sua continuidade.

Seja como for, portanto, a legislação moderna disciplina Compliance mas nada obstante vemos falhas e omissões sendo praticadas amiúdes. Recentes casos demonstram que as grandes corporações não estão imunes aos ilícitos e suas gravidades, o que enseja uma reviravolta no mecanismo de preservação e afastamento dos maus administradores sob pena de se permitir a continuidade do negócio e um valor imaterial, que servirá de estímulo ao gestor sem a menor competência.

A respeito, invocamos a necessidade ampla do regime de Compliance nas companhias abertas no combate às fraudes societária, uma vez que o mecanismo é deveras inadmissível gerando efeitos deletérios para o mercado quando a fiscalização é leniente ou extremamente sem transparência alguma. Na direção traçada, propusemos[6] que o mecanismo de anticorrupção societário pode ter ao nível Compliance um peso importante, dissecando antagonismo e fazendo o controle indispensável para refrear os abusos bem como todas as demais mazelas concentradas no poder de controle ou mesmo na administração da sociedade empresária.

Escândalos de grandes proporções corporativas foram decifrados nos EUA - caso Enron - e também no sistema Europeu, principalmente quando há uma tendência de manipular preços das ações ou realizar operações de insider. Daí porque o instituto da Compliance pode servir como instrumento bastante expressivo, a fim de que no solo brasileiro tenhamos uma capilaridade e muita disposição em prevenir distorções societárias.

Embora o mecanismo seja interessante, não impede que casos ruinosos aconteçam e possam jogar a empresa numa situação de risco, além de acionistas e empregados. Assim, é essencial que o controle interno bem como externo apareça e mostre sua real finalidade. Na hipótese de não existir concatenação na tomada de decisão, o afastamento do corpo diretivo se afigura de rigor , não apenas para que o mercado entenda o que acontece mas em função da companhia ter liberdade de investigar e levar ao conhecimento público as principais causas que mascaravam um pseudo estado de solvabilidade.

6 Carvalhosa, Modesto - Complicance no Direito Empresarial - Revista dos Tribunais - 2020 - SP.

IV. Caminhos legais recuperacionais

O centro da atenção do saudoso mestre Nelson Abrão se hospedou, todo ele, na pedra de toque de soerguer o primado da preservação da empresa e colocar de lado o vetusto instituto da concordata, colimando assim. o máximo possível, estudar mecanismos capazes de não acarretar a insolvência e consequente decretação da quebra.

A respeito, temos o diploma nº 11.101/05, que foi o marco fundamental para novos ares, contemplando a recuperação da empresa em crise e, ao longo de duas décadas, mantendo sua primazia no entendimento e na interpretação de sua verdadeira finalidade. Entretanto, no intuito de se permitir um melhor ambiente dos negócios, foi que veio à baila o diploma nº 14.112/20 e deu uma guinada substancial na alimentação do sistema. Podemos explicar assim: o primitivo arcabouço legal tinha como norte o direito europeu, especificamente o francês, já a reforma que mudou não todo, o texto mas sim parte significativa, preocupou-se em trazer para nosso ordenamento o que existe em funcionamento no direito norte americano, a partir de uma alteração nada palatável inseriu a obrigatoriedade da renegociação do passivo tributário, condição sem a qual o plano de recuperação não enseja admissibilidade ou mesmo prosseguimento.

Ao passo que nenhum sistema do direito comparado consagra a exigência de se incluir no plano a renegociação da dívida tributária, estamos diante de uma inovação que trouxe sérias consequências negativas, pois que o Estado precisou, antes de mais nada, tomar para si a responsabilidade do alto endividamento do poder público e a luz acesa não permitiria mais o aumento dos impostos. Desse modo, a saída foi que diante de um quadro muito pouco animador da recuperação do crédito fiscal, o governo incluiu no diploma em vigor um capítulo destinado à indispensável necessidade da declaração do valor débito tributário e a forma do seu parcelamento.

Houve um estardalhaço sentido fortemente, porém a maioria das empresas endividadas preferem se valer da recuperação judicial quando o passivo for vultoso e tiver mobilidade para repactuar a obrigação, não apenas com o Fisco em sentido amplo mas com todas as classes de credores. Sem levar adiante o credor tributário não engatinha a etapa de salvar a empresa em crise, ainda que se tenha como dispensável a apresentação de certidão. Ainda assim, caberá ao devedor o levantamento do passivo e a intimação da Fazenda, que tomará ciência e procurará a forma mais consistente de receber o seu crédito.

Anota-se a importância do pensamento do saudoso mestre Piero Pajardi[7]. Ao referir-se a uma etapa nada agradável do instituto e sua repercussão em termos práticos, denominando a falência da falência, ou seja, o instituto não deflagrava mais a possibilidade de manter a atividade produtiva ordenada e levava muitas empresas ao desaparecimento sem a nítida tendência do fechamento regular, o que poderia provocar a responsabilidade individual do sócio ou do grupo de sociedade, abrangendo o econômico.

No panorama configurado e na visão de Maria Elsa Uzal[8], o direito concursal moderno espalhado pelas diversas Nações segue um padrão Uncitral, que foi obedecido no diploma em vigor, principalmente naquilo que concerne às empresas estrangeiras.De um modo geral, a recuperação de um grupo com filiais fora do País gera uma quebra de dezenas de unidades. Tudo isso chama para uma cooperação judiciária no levantamento patrimonial e na solução mais racional para a empresa e seus credores.

O que mais chama a atenção na reforma do ano de 2020 foi uma contrariedade daquilo que se pressupunha, isto é, o nivelamento entre credores. Quando o legislador cria classes especiais, privilegiadas ou superprivilegiadas, tudo isso indica um quadro negativo e que faz esfacelar o modelo do surgimento da recuperação da empresa em estado de crise. À míngua de um patrimônio adequado aos trabalhistas, Fisco e previdenciário, tem-se que os bancos nada ou pouco se preocupam ante as garantias tomadas e o envolvimento dos sócios na qualidade de devedores solidários. Dessa forma, a modificação havida não merece aplausos. A avaliação que se faz em torno do seu modelo indica uma redução no quadro de pedidos de recuperação ante as vicissitudes encontradas e a criação de classes de credores as quais praticamente ficam com a maior parte do ativo a ser alienado

Apenas para que se tenha uma ideia, o Direito italiano em relação ao tema previu um bônus premial para o devedor que se encarrega de entrar no tempo econômico adequado com seu pedido. Especificamente, retira da dívida tributária os encargos e até mesmo dando um considerável desconto para que atraia o interesse de não apenas resolver o

7 Pajardi, Piero - Il Fallimento Nel Mondo - Cedam Pavoda - 1988, Milão.

8 Uzal Maria Elsa - Processos de Insolvencia en El Derecho Internacional - La Ley-2008 Buenos Aires.

endividamento com todos os credores mas ter um tratamento particularizado em atenção ao Fisco.

Diante da análise conjuntural feita, temos que a mudança formulada pelo diploma nº 14.112/20 não alcançou seu verdadeiro objetivo. Isto porque, priorizou apenas envolver o credor tributário e sedimentar a verdadeira finalidade de obter com isso um remédio eficiente para a cobrança da dívida ativa, já que refinanciamentos anteriores muitas vezes fracassaram, pois que o intuito era de obter uma certidão positiva com efeito negativo e não pura e simplesmente quitar a obrigação.

Concernente aos caminhos legais que temos para a recuperação judicial da empresa, o mais dificultoso diz respeito ao consenso da assembleia geral de credores. Hoje, com perspectiva de realização virtual, já que o comitê de credores é figura não usual, assim o período de sobrestamento das demandas de 180 dias ganhou um reforço de sua prorrogação excepcional quando a causa não provier do próprio devedor.

O ambiente macroecônomico não é favorável e em razão da inflação, baixo consumo, perda gritante do poder aquisitivo, além é claro da inegável influência do comércio eletrônico, dezenas de milhares de lojistas foram abalados e pontos fechados em grandes shoppings centers, donde a modernidade pede economicidade e agilidade, já que empresas utilizam serviços de terceiros para a pronta entrega do produto adquirido.

Pretendemos significar assim que o propósito de recuperar a empresa não é apenas um apanágio mas sim a vertente de dirimidas dúvidas e enxuto do passivo. A questão que sobreleva é saber se o mercado comporta o tipo de atividade na perspectiva do investimento face ao faturamento, ou seja, recuperar tão somente. No amanhã, o retrato desfavorável submeteria o devedor ao infindável caminho de empréstimos e endividamentos já que o retorno seria incerto e também improvável.

Podemos resumir que ambos os diplomas legais se completam com viés distintos. Entretanto, apesar de quase duas décadas das transformações no campo legislativo e no multicolorido traço doutrinário, a jurisprudência tem se adaptado para especialização e à luz do Superior Tribunal de Justiça criar uma fonte segura que impeça qualquer instabilidade ou visão menos otimista do capital estrangeiro responsável pelo investimento.

V. Coletânea doutrinária concursal

Foi no campo concursal que abraçou, o mestre Nelson Abrão, todo o pionerismo fruto de décadas de trabalho, esforço e dedicação, até que nos permitisse chegar à inédita obra sobre o novo direito falimentar. Trata-se de um estudo depurado sobre a crise da empresa, razão de ser da reforma da Lei nº 11.101/05, pois que até aquele momento o legislador caminhava sem luzes e com muita dificuldade na compreensão do que seria um modelo de reorganização societário com amparo na recuperação da atividade, manutenção dos postos de emprego, arrecadação tributária e quais os mecanismos possíveis de contemplar a visão social em cotejo com os demais interesses. Entretanto, diversos outros trabalhos foram levados pelo homenageado. Assim o seu consagrado curso de direito falimentar, o síndico na falência, à luz do diploma de 45, os credores na falência e o espetacular desenvolvimento da monografia sobre a ação revocatória, que tanta dúvida e questionamento ostentava em termos de interpretação jurisprudencial. Ao ver do autor das mencionadas obras, o direito concursal não poderia ser interpretado como algo estático mas sim vasos comunicantes permeado pela finalidade da norma e do consenso da situação da empresa. Destacamos também sua pioneira incursão pela continuação do negócio na quebra, auspicioso estudo no qual consagrou a viabilidade de, mesmo diante do estado falimentar, excepcionalmente se promover a continuidade do negócio evitando assim um colapso e o perdimento dos empregos, clientela e fornecedores.

Desde logo se percebe que não foram poucos os estudos levados a efeito no campo empresarial, em particular naquele concursal para destravar o entendimento e possibilitar um maior consenso do Parlamento na aprovação do diploma legal. Demorou década para que tudo fosse compreendido e melhor exposto já que tínhamos um vetusto decreto lei, que somente interessava para matar a empresa e permitir mazelas nos desvios, uma vez que boa parte dos pedidos de concordata desaguava na insolvabilidade.

A coletânea doutrinária sobre o direito concursal foi abrindo campo bem como espaço para novos incrementos e uma visão macro, que culminou com a definitiva obra-prima envolvendo um estudo inspirado, no direito comparado e adaptado à nossa realidade.

Consequentemente, não mais dava-se prioridade para eliminação da essência da atividade produtiva, da empresa, dos empregos, clientela e fornecedores mas punha-se à exaustão um mecanismo bastante complexo de preservação com o levantamento primeiro do diagnóstico da crise. Além disso, do que seria necessário, tempo e custo, no propósito de se evitar a bancarrota ou minimizar os efeitos deletérios do estado de crise.

Na França, começou o seu estudo a respeito do tema com uma visão social e mais adiante para lá se voltou com os olhos precisamente inseridos no ritmo de diversos modelos existentes, a fim de se debelar a crise e impulsionar, por meio de boa gestão, a continuação do negócio, ainda que com a venda, arrendamento, emissão de ações, debêntures, amortização dos estoques e tudo o mais que necessário fosse para impedir o decreto de quebra. Ao sair a Lei nº 11.101/05, foi um marco revolucionário no moderno direito empresarial por três motivos fundamentais. O primeiro, na preservação incessante da atividade do negócio. O segundo, na busca das verdadeiras causas da crise e último, e não menos importante, na toada de revolucionar a multiplicidade profissional interessada em solucionar o impasse e se dedicar ao intricado exame das circunstâncias bem como condições incluídas no plano de recuperação aprovado pela assembléia e homologado pelo juízo.

As demais obras tiveram relevo e destaques ímpares naquela do síndico definiu, a exemplo do administrador judicial. O seu papel de então e a maior credibilidade na apuração do ativo e liquidação do passivo, em atenção aos credores na falência, dissecou a ferramenta para não eternizar a realização do ativo. Concernente à ação revocatória, traçou, com base na sólida doutrina italiana, um quadro muito alentado para definir o período legal ou termo suspeito e permitir que houvesse legitimidade para reintroduzir o bem no ativo da massa falida.

Um leque de estudos e uma acentuada dedicação permitiram uma paulatina evolução bem como rápida mensagem transmitida no sentido de uma revolucionária mudança daquele modelo. Sendo, então, um desserviço à sociedade e a nova concepção granjeada no direito comparado francês e iluminismo que chamou atenção do legislador para necessidade de alterações transformadoras.

O respeito da comunidade jurídica nacional e também internacional logo foi alvo de um entusiamo ainda maior do saudoso mestre, que nas suas viagens sempre visitava as famosas escolas de pensadores e formadores de opinião do velho mundo Europeu, pois que não mantinha muita simpatia direta diante das imprecauções consubstanciadas na legislação norte-americana, bem diferente do sistema brasileiro.

Substancialmente, portanto, todo o trabalho doutrinário desaguou na legislação que introduziu a reforma e com ela sobreveio o atual regramento 14.112/20, tentando o aperfeiçoamento e aprimoramento do que antes existia. Entretanto, isso se deu com uma falha ao nosso sentir grave e imperdoável. Trazer para o bojo da crise da empresa o crédito tributário e fazer com que o devedor, em primeiro lugar, se ocupe e preocupe na renegociação da dívida, o que deslustra o viés empresarial da sorte do plano e de uma matriz não identificada no direito comparado.

Confluente com o pensamento do mestre, os trabalhos descortinados foram alvo de várias edições, por isso sempre chamaram atenção de uma forma geral. Consolidam a sua tenacidade como também franca disposição em cooperar e colaborar para o moderno direito concursal, tendo como tecla a pedra de toque da reorganização societária, modelos e disposições, no padrão de se evitar a quebra em harmonia com o desenvolvimento econômico entrelaçado com o crescimento dos negócios.

Rara felicidade e inequívoca oportunidade cercaram a coletânea de obras e estudos doutrinários sobre o direito concursal. Isto porque, mostra um alentado legado, que não apenas ficou registrado na memória de todos nós. Na verdade, tratam-se também do símbolo evidenciado, fora consubstanciado na primeva legislação, que veio à baila com enormes esforços do saudoso mestre. Ele não mediu distância para levar a todos os rincões da sociedade organizada seu ponto de vista e coroar de êxito a Lei nº 11.101/05. Algo inimaginável tempos atrás, o que revela o avanço da ciência e do estudo em torno dos desenvolvimentos no campo da atividade empresarial e sua modernidade.

VI. O papel jurisprudencial no tema recuperacional

Ao trazermos à luz o trabalho doutrinário inexcedível do mestre das Arcadas Nelson Abrão, impregnado de sabedoria e cultura, no diploma normativo 11.101/05, não poderíamos deixar de visualizar o posicionamento da jurisprudência, em particular, do Superior Tribunal de Justiça. Este, por sua vez, consentâneo com os aspectos da preservação da empresa, isonomia entre credores, ineficácia da sentença proferida na ação revocatória, prazo de suspensão das demandas diante da recuperação judicial e, ainda, com a questão processual da competência entre os juízos no que concerne ao bloqueio e levantamento de valores, de modo a percorrer o caminho da construção permeada por um quadro baseado na inspiração doutrinária.

No exame do Recurso Especial sob o nº 1.736.458 do Estado de Goiás, o ministro relator Ricardo Villas Bôas Cuevas teve a grata oportunidade de examinar o sentido da ineficácia proveniente da ação revocatória. Na sua visão do contexto, a referida declaração perante à massa falida, sob a égide do diploma de 1945, tanto no artigo 52 ou mesmo no 53, ambos estão a exigir o ajuizamento de ação revocatória, de forma a permitir que o inconformismo seja conhecido e parcialmente provido. Julgamento realizado no dia 24 de agosto de 2021.

> RECURSO ESPECIAL. FALÊNCIA. IMÓVEL. ALIENAÇÃO. QUEBRA. REGISTRO. POSTERIOR. INEFICÁCIA. TRANSFERÊNCIA. COMPROVAÇÃO. FRAUDE. IRRELEVÂNCIA. AÇÃO REVOCATÓRIA. NECESSIDADE.
>
> 1. Recurso especial interposto contra acórdão publicado na vigência do Código de Processo Civil de 1973 (Enunciados Administrativos nºs 2 e 3/STJ).
>
> 2. Cinge-se a controvérsia a definir se o registro da transferência do imóvel após a decretação da quebra, ainda que a escritura de compra e venda tenha sido lavrada antes do período suspeito, torna o negócio jurídico ineficaz perante a massa falida, sem que seja necessária a comprovação da ocorrência de fraude.
>
> 3. O artigo 52 do Decreto-lei nº 7.661/1945 (artigo 129 da Lei nº 11.101/2005), trata dos casos em que o negócio jurídico é declarado ineficaz em relação à massa falida, independentemente do conhecimento do estado de crise econômico-financeira do devedor ou da intenção deste de fraudar credores que, portanto, não precisam ser comprovados. São as chamadas hipóteses de ineficácia objetiva.
>
> 4. Nos termos da iterativa jurisprudência desta Corte, a declaração de ineficácia do ato perante a massa falida sob a égide da antiga lei de falências, seja nas hipóteses do artigo 52, seja nas do artigo 53, depende do ajuizamento de ação revocatória.
>
> 5. Recurso especial conhecido e parcialmente provido.
>
> (REsp n. 1.736.458/GO, relator Ministro Ricardo Villas Bôas Cueva, Terceira Turma, julgado em 24/8/2021, DJe de 31/8/2021.).

A propósito também, o saudoso ministro Paulo de Tarso Sanseverino, no enfrentamento do Recurso Especial nº 1.386.399 do Rio de Janeiro, pontuou que o desapossamento do bem imóvel da massa falida, para efeito indenitário, exige a prova inequívoca da má-fé de terceiro. Assim a respectiva declaração de ineficácia necessita, para fins de perdas e danos, de quesito específico. O julgado acolheu o recurso e a ele deu provimento, aos 21 de agosto de 2014.

> RECURSO ESPECIAL. CIVIL, PROCESSUAL CIVIL E FALIMENTAR. RESPONSABILIDADE CIVIL. AÇÃO INDENIZATÓRIA MOVIDA POR MASSA FALIDA. PERDAS E DANOS PELA OCUPAÇÃO DE IMÓVEL

> NO CURSO DE AÇÃO REVOCATÓRIA JULGADA PROCEDENTE. TERCEIROS ADQUIRENTES DE BOA-FÉ.
>
> 1. Ação indenizatória movida por massa falida postulando perdas e danos decorrentes da ocupação de imóvel no curso de ação revocatória por terceiros adquirentes de boa-fé.
>
> 2. Ausência de negativa de prestação jurisdicional.
>
> 3. Impossibilidade de sindicância acerca da existência de efetivo cerceamento de defesa (Súmula 07/STJ).
>
> 4. Inocorrência de prescrição.
>
> 5. A configuração dos pressupostos da responsabilidade civil subjetiva ou aquiliana exige a demonstração da culpa, representada, no caso, pela má-fé do terceiro adquirente do imóvel cuja alienação fora reconhecida ineficaz em face da massa falida em ação revocatória, para que dele se exijam eventuais perdas e danos pelo período em que a falida remanesceu sem a posse do bem.
>
> 6. Não reconhecimento da má-fé do terceiro adquirente, afastando-se a sua responsabilidade civil. 7. RECURSO ESPECIAL PROVIDO, JULGANDO-SE IMPROCEDENTE O PEDIDO INDENIZATÓRIO.
>
> (REsp n. 1.386.399/RJ, relator Ministro Paulo de Tarso Sanseverino, Terceira Turma, julgado em 21/8/2014, DJe de 8/9/2014.).

O norte da ação revocatória previsto no diploma de 1945 foi mantido com alguma alteração na legislação de 2005 e inalterado na reforma de 2020.

Permite-se o ajuizamento pela massa, ou pelo próprio órgão do Ministério Público, de ação revocatória colimando o retorno do bem imóvel para efeito de arrecadação, pressuposto objetivo de sua cognição, porém qualquer indenização haverá de ser feita hóspeda na prova inconteste da má-fé do terceiro adquirente. Em tema de extrema relevância, ainda a ministra Fátima Nancy Andrighi, atenta ao comando da Súmula 543 do STJ, ponderou que pode ocorrer a suspensão das ações individuais pelo prazo de 180 dias, o chamado "stay period". Entretanto, presente o compromisso de compra e venda, sendo a culpa exclusiva do promitente vendedor, deve-se restituir, de imediato, o valor. Caso contrário, sucede a perda do sinal (arras confirmatórias), conforme previsão encerrada no plano e homologada pela assembleia. Decisão proferida no dia 13 de junho de 2023, Agravo Interno no Recurso Especial nº 2.008.289.

> PROCESSUAL CIVIL. AGRAVO INTERNO NO RECURSO ESPECIAL. AÇÃO DE INDENIZAÇÃO POR DANOS MATERIAIS CUMULADA COM RESCISÃO CONTRATUAL. EMPRESA EM RECUPERAÇÃO JUDICIAL. DESNECESSIDADE DE SUSPENSÃO DO PROCEDIMENTO EXAMINADA PELO TRIBUNAL DE ORIGEM. SÚMULA 543/STJ. RETENÇÃO DE ARRAS CONFIRMATÓRIAS. IMPOSSIBILIDADE. MANUTENÇÃO DO ACÓRDÃO RECORRIDO.
>
> 1. Ação de indenização por danos materiais cumulada com rescisão contratual.
>
> 2. Devidamente analisadas e discutidas as questões de mérito, e fundamentado corretamente o acórdão recorrido, de modo a esgotar a prestação jurisdicional, não há que se falar em violação dos arts.
>
> 489, § 1º, e 1.022, II, do CPC/15.
>
> 3. "A suspensão das ações individuais movidas contra empresa em recuperação judicial pode extrapolar o prazo de 180 (cento e oitenta) dias, desde que as instâncias ordinárias considerem ser tal prorrogação necessária para não frustrar o plano de recuperação".
>
> Precedentes.
>
> 4. Súmula 543/STJ: "Na hipótese de resolução de contrato de promessa de compra e venda de imóvel submetido ao Código de Defesa do Consumidor, deve ocorrer a imediata restituição das parcelas pagas pelo promitente comprador - integralmente, em caso de culpa exclusiva do promitente vendedor/construtor, ou parcialmente, caso tenha sido o comprador quem deu causa ao desfazimento".
>
> 5. "O arrependimento do promitente comprador não importa perda das arras, se forem confirmatórias, admitindo-se, contudo, a retenção, pelo vendedor, de parte das prestações pagas, como forma de indenizá-lo pelos prejuízos suportados". Precedentes.
>
> 6. Agravo interno não provido.
>
> (AgInt no REsp n. 2.008.289/DF, relatora Ministra Nancy Andrighi, Terceira Turma, julgado em 12/6/2023, DJe de 14/6/2023.).

Notadamente, muita matéria de ordem processual vinha sendo alvo de recursos perante o Superior Tribunal de Justiça, sobretudo na fixação de competência bem como no conflito entre os juízos universais e qualquer outro na dicção do bloqueio de valores ou consideração da existência de grupo econômico. Entreanto, o ministro Antonio Carlos Ferreira, no Agravo Interno em Conflito de Competência nº 191.229 de São Paulo, afirmou não ser plausível o conflito se a matéria ambicionada não está incluída no aspecto novatório do plano. Sendo assim, a decisão do juízo trabalhista não entra em conflito com aquele da recuperação e nem permite que se exprima qualquer provimento positivo,o que levou ao improvimento do agravo interno. Julgamento datado de 30 de maio de 2023.

> PROCESSUAL CIVIL E EMPRESARIAL. AGRAVO INTERNO NO CONFLITO DE COMPETÊNCIA. JUÍZO DA RECUPERAÇÃO E JUÍZO TRABALHISTA. PLANO HOMOLOGADO. CLÁUSULA IMPEDITIVA DE EXECUÇÃO CONTRA OS COOBRIGADOS. MANIFESTAÇÃO ESPECÍFICA DO JUÍZO DA RECUPERAÇÃO. INEXISTÊNCIA. CONFLITO NÃO CONFIGURADO. DECISÃO MANTIDA.
>
> 1. O âmbito cognitivo do conflito de competência permite apenas a declaração do juízo competente para decidir determinada questão, sendo inadequado seu uso como sucedâneo recursal, a fim de se aferir a correção de decisões proferidas nas demandas que originaram o incidente. Precedentes.
>
> 2. No caso, a sociedade que não está em recuperação teve seu patrimônio constrito em execução trabalhista, que alcançou seus bens após o Juiz laboral reconhecer a existência de grupo econômico com a devedora em recuperação.
>
> 3. A simples existência de cláusula novatória no plano de recuperação, excluindo os bens dos coobrigados, não pode ser considerada decisão positiva de competência (art. 66 do CPC/2015) suficiente para fundamentar o presente conflito.
>
> 4. A caracterização do incidente processual exige que haja manifestação do Juízo da recuperação sobre a validade, os efeitos e a incidência da cláusula sobre a situação específica, também analisada na execução trabalhista.
>
> 5. Essa decisão é imprescindível, ainda mais no caso em análise, em que o Juízo da recuperação, quando homologou o plano, ressalvou exatamente essa mesma cláusula quanto ao art. 49, § 1º, da Lei nº 11.101/2005, o que revela que somente existirá conflito quando ele se manifestar sobre a incidência da norma.
>
> 6. Agravo interno a que se nega provimento.
>
> (AgInt no CC nº 191.229/SP, relator Ministro Antonio Carlos Ferreira, Segunda Seção, julgado em 30/5/2023, DJe de 7/6/2023.).

Muito em voga no STJ, a consolidação doutrinária do assunto constante da legislação, qual seja a preservação da empresa em crise e o respectivo soerguimento. Dessa maneira, o ministro Raul Araújo, no Agravo Interno sob Agravo em Recurso Especial nº 2.115.646 de São

Paulo, incursionou pela equiparação dos honorários advocatícios vultosos ao crédito trabalhista, nos termos do artigo 83, I, da Lei nº 11.101/05. Por outro lado, por ser fato novo não alegado nas instâncias inferiores, os pressupostos de enfrentamento não poderia ser apreciado, ficando desprovido o agravo interno. Julgamento de 24 de abril de 2023.

> AGRAVO INTERNO NO RECURSO ESPECIAL. RECUPERAÇÃO JUDICIAL. LIMITAÇÃO DO CRÉDITO TRABALHISTA. PREQUESTIONAMENTO. AUSÊNCIA. APROVAÇÃO DOS CREDORES EM ASSEMBLEIA GERAL. NÃO OCORRÊNCIA. ALEGAÇÃO DE FATO NOVO. SUBMISSÃO ÀS INSTÂNCIAS ORDINÁRIAS. AGRAVO INTERNO NÃO PROVIDO.
>
> 1. Fica inviabilizado o conhecimento de temas trazidos no recurso especial, mas não debatidos e decididos nas instâncias ordinárias, porquanto ausente o indispensável prequestionamento.
>
> 2. Nos termos da jurisprudência do STJ, "Em se tratando de crédito trabalhista por equiparação (honorários advocatícios de alta monta), as Turmas de Direito Privado firmaram o entendimento de que é possível, por deliberação da AGC, a aplicação do limite previsto no art. 83, I, da Lei nº 11.101/2005 às empresas em recuperação judicial, desde que devida e expressamente previsto pelo plano de recuperação judicial, instrumento adequado para dispor sobre forma de pagamento das dívidas da empresa em soerguimento (princípio da preservação da empresa)" (REsp n. 1.812.143/MT, Rel. Ministro MARCO BUZZI, QUARTA TURMA, DJe 17/11/2021).
>
> 3. A existência de eventual fato novo relevante deve ser submetida ao Juízo de origem, sob pena de supressão de instância.
>
> 4. Agravo interno a que se nega provimento.
>
> (AgInt no AREsp n. 2.115.646/SP, relator Ministro Raul Araújo, Quarta Turma, julgado em 24/4/2023, DJe de 2/5/2023.).

Bem na vertente específica, a Justiça Estadual, ao tempo da legislação de 2005, não mediu esforços para criação de varas e câmaras especializadas, no viés de trazer uma maior bagagem em questões de natureza empresarial. Notadamente, em grandes regiões e capitais do país. Contanto, o número de recursos especiais é bastante elevado, fruto do processualismo interpretativo da legislação em substituição ao procedimentalismo, que poderia ser melhor trabalhado como também consolidado no calendário, permitindo mediações e pautas adequadas ao ritmo de superação da crise empresarial.

Colimamos demonstrar que a fundação da teoria doutrinária foi incorporada com muita habilidade e capilaridade pela jurisprudência do Superior Tribunal de Justiça, ao longo de quase duas décadas de vigência do primitivo diploma legal. Isso demonstra maior confiança de investimento no Brasil, traduzindo um ambiente de negócios, propício ao mecanismo extrajudicial ou judicial para romper com o quadro patológico de crise, até com recente política de financiamento DIP - e injeção de recursos novos, criando a classe de extraconcursalidade, no recebimento prioritário entre credores do plano aprovado.

Mais recente, foi discutido o assunto relativo às garantias reais no bojo da recuperação judicial. A perspectiva de flexibilização ou não, no que tange às hipotecas de vários graus e a posição consolidada da jurispruência do STJ, tem demonstrado uma maior segurança, confiança e estabilidade para efeito de manter autonomia de vontades bem como a excussão de hipotecas, ou até mesmo de contratos, desenhando o modelo de alienação fiduciária.

As turmas especializadas, terceira e quarta do Superior Tribunal de Justiça, têm feito um verdadeiro braço de ferro para contingenciar o número elevado de recursos e causar repercussão geral. Assim, objetivam aparar as arestas e reduzir a espera, consagrando o princípio do tempo razoável da duração do processo, sua efetividade e ineliminável instrumentalidade.

Os investidores, principalmente de capital estrangeiro, sentem-se mais seguros quando a jurisprudência tem uma definição e um apanhado bastante adequado ao menor grau de risco, com previsibilidade em harmonia com uma quase certeza. Por efeito, durante o período de crise e do ajuizamento da recuperação judicial, se houver alguma perda, será mínima e não afetará a execução contra coobrigados e demais devedores solidários, até em atenção à cessão ou alienação de carteiras, parcial ou totalmente, para fundos especializados, nos negócios de pré ou pós securitização dos valores envolvidos, no estado de liquidez da atividade empresarial.

VII. Visão contemporânea do direito societário

Na dicção do modelos societários,o mestre Nelson Abrão se ocupou de dois modelos. Na respectiva pesquisa científica e numa visão doutrinária abordada, o primeiro respeitante à sociedade simples e o outro diretamente vinculado às sociedades limitadas, divulgando seu conhecimento por meio de obras no intuito do aprimoramento legislativo, notadamente dos julgadores para melhor compreensão da estrutura fundamental do negócio societário.

O vetor das sociedades simples seria não apenas o faturamento mas sim atividades que tivessem o escopo de significar uma organização e a formação de capital. Com a evolução do sistema, tivemos a empresa individual granjeando simpatia e posteriormente a constituição da sociedade unipessoal. Tudo a possibilitar um saudável ambiente de negócios na tendência de estimular, além de fomentar, a construção de núcleos de constituição formalizada do empreendimento.

Pensando nisso, a obra sobre sociedades limitadas, a cargo do Professor Nelson Abrão[9], antes de mais nada, traz um substancioso estudo do direito comparado. Posteriormente, ingressa na sua capilaridade à luz do Código Civil e demais mudanças, que permitiram flexibilizar o quórum de votação na realização de assembleias, inclusive virtuais.

Motivado pelo maior modelo societário em vigor no solo brasileiro, no caso a limitada, foi encontrado muita técnica para aparar as arestas no conflito entre sócios e na preservação do negócio, por meio da dissolução parcial e apuração de haveres. Subsidiariamente, cogitava-se a aplicação da lei do anonimato, porém hoje temos várias holdings que controlam as estruturas corporativas, de tal modo que a sua formatação preenche todos os requisitos necessários para se manter à frente dos demais tipos societários.

O aporte de capital não é exigido sob o ponto de vista mínimo. Com isso, contribui-se muito para a flexibilização e concentração em mãos de um pequeno grupo titular das cotas. Se formos observar em passado recente, a própria empresa individual exigia uma constituição fundada em capital correspondente a cem salários mínimos, a fim de servir de garantia não apenas nas operações frente aos fornecedores e sistema financeiro. Entretanto, isso configurou roupagem a especificar uma responsabilidade limitada desde o seu nascedouro.

A estrutura de uma sociedade limitada, na percepção de José Edwaldo Tavares Barbosa[10], possui um mecanismo de maior autonomia e independência na tomada de decisões, aumento ou diminuição de capital, cessão da cota ou ingresso de terceiro. Dessa forma, a penhora, hoje

9 Abrão, Nelson - Sociedades Limitadas - Saraiva - 10ª edição - São Paulo, 2018.

10 Borba Tavares, José Edwaldo - Direito Societário - 14ª edição - Atlas, 2015, SP.

livremente aceita, não significa que o penhorante, ato contínuo, será um novo sócio, pois antes haverá a preferência da própria sociedade na aquisição do valor submetido a balanço especial.

Configurando uma regra específica do Código Civil, separando o velho tema da autonomia da obrigação comercial e cível, temos que a disciplina está presente no modelo com todas as regras que permitem a constituição das sociedades limitadas. Ela tem um lado positivo de agilizar as mudanças interna corporis e dar conhecimento a respeito da responsabilidade externa corporis, na plasticidade do que se pretende por meio do objeto social e os poderes de gerência inerente à administração, inclusive para efeito desconsideração da personalidade jurídica ou envolvimento do patrimônio do sócio.

Enfim, procuramos sumariar as duas atividades societárias que hoje têm um significado específico. A sociedade simples ficou num plano secundário por força de novas disciplinas de arranjos de constituição simplificada, ao passo que a sociedade limitada cumpre plenamente sua missão e enraíza o que de mais crescente se verifica no intuito de manter o controle sobre companhias ou desenvolver sua atividade, conforme as diretrizes permeadas nas alterações feitas e arquivadas no registro público.

VIII. Novo direito bancário

Coube ao professor Nelson Abrão[11] elaborar um estudo condensado sobre o direito bancário. Trabalho esse que veio a ser amplamente divulgado e ganhou corpo com singular forma ao alcançar sucessivas reedições, inclusive com a visão dos bancos digitais, da moeda e de todas as formas que foram sendo reguladas pela economia e disciplinadas pelo próprio Banco Central do Brasil.

Forte no aspecto destacado, o compêndio de direito bancário é um trabalho de fôlego e de grande evolução. Isto porque, enfrenta, nos contratos desta natureza, a multivariedade de operações bancárias em sintonia com as revisões no âmbito do judiciário, as intervenções e regimes especiais das instituições financeiras, a insuperável relação de consumo, superendividamento bancário, alienação fiduciária, as fintechs, startups, enfim uma gama associada de temas e assuntos que resultam numa

11 Abrão, Nelson - Direito bancário - Saraiva - 18° edição - 2021 - São Paulo.

clássica visão do novo direito bancário, que tem forte assimilação pelo sistema na perspectiva da globalização e seu toque de relevo nas fontes primárias de acesso ao crédito.

Flutuar neste ambiente pressupõe se adaptar ao tema ESG, que é muito caro hoje na economia de mercado e nos países desenvolvidos como exposto por Maria Cláudia da Silva Antunes de Souza[12]. Ela expõe no sentido de se conciliar interesses econômicos com o ambiente sadio e manter uma governança que permita Compliance ao lado da transparência. São os grandes desafios criados a partir das ferramentas de ponta da tecnologia que inspira revoluções e mecanismos de constante mudança de rumo.

A sociedade moderna se ressente de grandes investimentos, de juros menores e acesso ao crédito facilitado. Hoje, o impasse está fortemente inserido pela restrição de milhões de brasileiros impossibilitados de fazer compra a prazo e com os valores pornográficos cobrados pelos rotativos de cartões de crédito. Assim, o aparecimento de linhas de crédito foi muito auspicioso, porém a exclusão de tarifa bancária ou de incidência dela no pix não reforma ou permite que a cidadania tenha possibilidade de contratar. Por efeito, vislumbra-se reflexo muito forte na terceira idade, em aposentados e pensionistas, que invariavelmente tomam empréstimos colocando parte do que recebem para pagar eternamente o mútuo contraído.

Descansa na dificuldade maior de se atrelar o que de moderno temos, a regulação feita pelo Banco Central e mantermos os níveis de segurança de Basiléia para evitar qualquer crise mais aguda ou mesmo sistêmica. Portanto, o aprimoramento nos moldes da concepção do crédito farto exige um correspondente traço de política de paulatina redução dos juros e aquecimento do mercado em prol de bens e serviços.

Uma vez inserida a reforma tributária e os aspectos essenciais, vamos nos deparar cada vez mais com um sistema que permite cobranças em cadeia e não reduz o custo da produção, pois temos grandes dificuldades de levar a mercadoria da fábrica até seu destino, principalmente em razão da pouco e ineficiente infraestrutura de portos e aeroportos, encarecendo o transporte que deveria ser multimodal.

12 Souza, Maria Cláudia - O Desafio Ecológico, Econômico e Social da Sustentabilidade - Editora Ithala - 2022, Curitiba.

Uma completa visão do direito bancário teve o privilégio de descortinar novos contratos, inclusive internacionais, aperfeiçoar a legislação e permitir que o Banco Central conquistasse sua verdade razão de ser. Este, por sua vez, baseado na autonomia do seu corpo diretivo e no exercício do mandato, que não vincula com as diretrizes governamentais, o que é muito bom e interessante para separar as funções e definir políticas macro visando o bem-estar da sociedade e estabilidade da moeda.

Dissipação da inflação é um aspecto que se reporta à estabilidade da moeda e seu livre curso. Assim, temos hoje em vigor uma Lei de Câmbio a qual permite incursionar, por abertura de conta no exterior, utilizar mais moeda estrangeira para viagens e mesmo negociar no mercado interno. Assim, conforme o pensamento de Gustavo Franco[13], nada há de errado ao cidadão, cumpridor dos seus deveres, fazer sua poupança e enviar remessas para o exterior. O verdadeiro problema não é cambial e sim fiscal.

IX. O contrato de franquia

Ao tempo do surgimento do diploma normativo, o saudoso mestre Nelson Abrão nos brindou com um estudo a respeito da natureza do contrato e de sua vigorosa forma de inserir metodologia empresarial. Foi assim que o setor, hoje, no Brasil, fatura alguns bilhões e os maiores negócios se desenvolvem atrelados ao sistema que nada mais nada menos é uma carta de intenção. Nesta, o franqueador e o franqueado estabelecem suas regras e premissas, passando a ter um conjunto de fatores para fins de ganhos em escala e absorção de parte dele pelo franqueador.

Coube, ao mestre Nelson Abrão[14], assinalar as características empresariais do contrato de franquia e assim descortinar quais perspectivas teríamos na percepção da conjuntura e de um contexto da economia aquecida. Assim, no pré-contrato, há uma predisposição em se conhecer o sistema e depois a ele aderir com um forte fator de atrelar fornecimento, produtos e serviços para efeito de incluir no franqueado as regras gerais da franquia que está sendo comercializada.

Muitas vezes, o aspecto de exploração não consegue avançar e assim o franqueador se vê na contingência de absorver o ponto, a clientela

13 Franco, Gustavo - A Moeda e a Lei - Zahar - 2017 - Rio de Janeiro.

14 Abrão, Nelson - Direito bancário - Saraiva - 18° edição - 2021 - São Paulo.

e bens imateriais afetos ao franqueado, se intencionar prosseguir. Não sendo raro o contrário, o franqueado tem posição mais privilegiada e de customização eficiente de lucro em atenção ao franqueador.

Ocorre uma interdependência entre ambos. São vasos comunicantes mas não há uma responsabilidade solidária, subsidiária ou de demonstração do nexo causal e o impacto da medida para fins de contingenciar perdas em relação a terceiros.

Concilia-se interesse na consecução de uma melhor projeção da franquia com gastos específicos para divulgação da marca, melhora do ambiente e escolhas feitas as quais servem para amparar o nível da comercialização do produto ou destinação do serviço. De qualquer maneira, o contrato de franquia é amplamente aceito e largamente explorado, resultando numa pilastra segura e de menor risco na cobertura de alguma incerteza.

Aceito na dinâmica de um contrato empresarial, o contrato de franquia mantém viva a esperança. Notadamente, em grandes centros comerciais, para que o consumidor tenha a mesma expectativa de compra e se coloque ao lado da marca pela qual optou, assim nos milhares de shoppings centers espalhados pelo Brasil, com força nas capitais, temos uma regulação mais específica que não serve apenas aos produtos mas pode ter participação em serviços e alimentação em geral a exemplo de grandes restaurantes.

Na década de 1990, foi dado o ponta pé inicial para uma visão que veio ao encontro tempos depois de uma legislação a qual foi alterada. Entretanto, ela manteve a coluna primordial de atração em busca do empreendedorismo e da capacitação do franqueado no aprendizado bem como o custo para abertura com tempo previsto de retorno do seu investimento.

Alojados todos os fatores salientados, podemos então registrar que a visão do Professor Nelson Abrão, em todos os campos do direito comercial, se mostrava à frente do seu tempo num exercício futuro do nascimento de várias ferramentas e diversos instrumentos que não apenas fortificaram seus estudos e obras doutrinárias. Na verdade, ela ampliou e muito os novos modelos do moderno direito empresarial, inclusive no agronegócio mediante a criação de inúmeros títulos rurais.

X. Síntese do estudo e a decodificação do trabalho doutrinário

Ao longo do pequeno estudo que tivemos o privilégio de realizar, com grão de sal, salientamos sempre a importância de rememorar o centenário do nascimento do saudoso mestre Nelson Abrão e projetar aos poucos um campo das principais obras pelas quais procurou se debruçar, gerando assim uma ambientação muito dedicada à melhoria do ambiente dos negócios, ao lado dos institutos jurídicos sob o prisma da elaboração legislativa.

No direito societário, naquele bancário, nos contratos empresariais e sobretudo no direito concursal, o mestre aqui lembrado deixou traços exuberantes que ainda hoje florescem e aparecem para fins de sedimentar uma espécie de nostalgia mas de grande qualidade diante da visão apanhada no exterior.

Notória a dedicação para oferecer o melhor nas aulas de graduação mas também de pós e nas horas que dispunha encontrar tempo suficiente, sem dispensar a família, no encontro do útil com o agradável.

Forte na linha de visão, dezenas de obras foram produzidas e reeditadas mostrando o brilho da cultura e de sua facilidade de escrita, fora o número incontável de pessoas que teve o privilégio de com ele compartilhar a jornada e edificante labuta que trouxe novos ares para o legislador bem como definiu a imprescindibilidade de ferramentas favoráveis ao direito empresarial moderno.

Esperançosos nos mostramos pelo amanhã da repercussão da homenagem, que além de ser justa mostra-se consentânea com o nível de discernimento que trouxe para dentro e fora da aula, com visitas inúmeras ao Parlamento, participando de comissões legislativas, fazendo sugestões e se empenhando de corpo e alma naquilo que de melhor pôde revelar e trazer para a ciência do direito dos negócios.

O nosso escrito não se encerra aqui e agora. É tempo de prosseguirmos com mais esperança e revigorar o que herdamos de positivo. Além disso, por meio do legado que recebemos, manter o mesmo nível de dedicação pensando numa ordem econômica que consiga atingir mais proximamente seus objetivos como também no cenário da globalização internacional impactar menos no social e mais na formação do verdadeiro empreendedorismo de hoje e sempre.

XI. Referências bibliográficas

ABRÃO, Nelson - O novo direito falimentar - RT - 1985, SP.

GUYON, Yves - Droit des Affaires - 9ª edition - Econômica - 2003, Paris.

PEYRAMAURE, Philippe e Sardet Pierre - L entreprise en dificulté - Delmas 5ª edition - 1990, Paris.

DRUCKER, Peter - O legado vivo - M Books - 2011- SP.

CARVALHOSA, Modesto - Complicance no Direito Empresarial - Revista dos Tribunais - 2020 - SP.

PAJARDI, Piero - Il Fallimento Nel Mondo - Cedam Pavoda - 1988, Milão.

UZAL Maria Elsa - Processos de Insolvencia en El Derecho Internacional - La Ley-2008 Buenos Aires.

ABRÃO, Nelson - Sociedades Limitadas - Saraiva - 10ª edição - São Paulo, 2018.

BORBA TAVARES, José Edwaldo - Direito Societário - 14ª edição - Atlas, 2015, SP.

ABRÃO, Nelson - Direito bancário - Saraiva - 18° edição - 2021 - São Paulo.

SOUZA, Maria Cláudia - O Desafio Ecológico, Econômico e Social da Sustentabilidade - Editora Ithala - 2022, Curitiba.

FRANCO, Gustavo - A Moeda e a Lei - Zahar - 2017 - Rio de Janeiro.

A ALIENAÇÃO DA MARCA DE SOCIEDADE COMERCIAL NA FALÊNCIA

Jorge Luiz Lopes do Canto[1]

I. Introdução

o presente estudo visa analisar a importância da marca empresarial e a repercussão jurídica, bem como econômica da alienação deste tipo de ativo imaterial na falência.

O direito marcário é de ordem subjetiva, pois versa sobre o domínio de determinada faculdade de agir, atribuído a determinada pessoa jurídica direitos sobre bem incorpóreo. As várias facetas obrigacionais deste se referem a condutas determinadas como dar, fazer ou não fazer, em face do reconhecimento deste direito exclusivo a determinada sociedade empresária.

Evidente que se trata aqui de direito imaterial inerente a propriedade industrial na hipótese tratada neste estudo, ou seja, a possibilidade jurídica de utilizar, fruir e dispor de direitos morais e patrimoniais sobre determinada obra criada pelo ser humano. Isto é, a marca ou mesmo as insígnias de uso comercial, coisas intangíveis, mas que possuem valor econômico.

A vertente a ser abordada neste breve estudo é a caracterização do que se entende como marca ou símbolo comercial, devidamente registrado. Este bem imaterial, uma vez registrado, passa a ser garantido pela legislação pátria, a fim de gerar efeitos *erga omnes* quanto a sua proteção devido ao valor daquele signo no mercado em que está inserido.

Em contrapartida, há que se perscrutar qual o valor a ser atribuído a esse direito imaterial. Ou seja, como avaliar este tipo de bem jurídico e extrair dele o justo preço deste ativo, a fim de que na liquidação judicial da marca haja vantagem econômica razoável para satisfação das dívidas da massa, especialmente, em razão dos credores trabalhistas e fiscais, créditos sociais e públicos que têm prioridade no pagamento.

1 Advogado, Mestre em Direito pela UNISINOS, Especialista em economia e finanças empresariais pela FGV/RJ.

Por fim, o último ponto a ser levado em conta é exatamente a melhor forma de avaliação deste tipo de bem jurídico incorpóreo e o modo mais eficaz de liquidação da marca, pois há que ter especial atenção quando a modalidade de venda deste ativo, de sorte a ser mais rentável possível e a não ocasionar prejuízo aos credores, a fim de obter o ganho esperado com este tipo de venda judicial.

1. A marca comercial no direito societário

A melhor forma de tratar a questão marcaria é analisar a sua finalidade específica, qual seja a diferenciação de determinada palavra ou conjunto destas, adotadas para representar uma sociedade comercial, figura ou símbolo visualmente perceptível de quaisquer outros que sirvam para representar algum serviço a ser prestado ou determinado produto a ser comercializado.

A esse respeito é oportuna a perspectiva histórica trazida por Cerqueira[2] quanto ao tratamento nos últimos cem (100) anos quanto à questão registral atinente a marca, nos termos do diploma registral de 1923, cujas alterações são pontuais se comparadas a Lei de Propriedade Industrial atual, trazida à colação a seguir:

> *Nos termos do art. 93 do Código "são suscetíveis de "registro, como marca de indústria ou de comércio, entre outros, os nomes, palavras, denominações, conjunto de letras, algarismos, monogramas, emblemas, figuras, vinhetas, ornatos, desenhos, ilustrações, relevos, perfurações, transparências, estampas, recortes, rendilhados, impressões, gravuras, fotografias, sinetes, cunhos, selos, rótulos e outros sinais distintivos de atividade industrial, comercial, agrícola ou civil.*
>
> *Essa enumeração, como decorre do texto da lei, não é restritiva ou limitativa, mas simplesmente enunciativa, sendo lícito, pois, empregar, como marcas, qualquer sinal distintivo, não proibido expressamente, ou, como permitia o art. 7º do dec. Nº 16.264, de 19 de dezembro de 1923, reproduzindo disposição das leis de 1887 e 1904, "tudo o que este regulamento não proíba e faça diferençar os objetos e pro-*

2 CERQUEIRA, João da Gama. Atualizado por SILVEIRA, Newton e BARBOSA, Denis Borges. *Tratado de Propriedade Industrial, vol. II, tomo II, parte III, das Marcas de Fábrica e de Comércio, Nome Comercial, das Insígnias, das Frases de Propaganda e das Recompensas Industriais, da Concorrência Desleal, 2ª tiragem.* RJ: Editora Lumen Juris, 2012, p. 4.

> *dutos de outros idênticos ou semelhantes, de procedência diversa". Respeitadas, portanto, as restrições que serão estudadas no capítulo seguinte, ampla é a liberdade que a lei reconhece aos comerciantes e industriais na escolha de suas marcas.*

A noção do significado de marca dado por Barbosa[3] sob o tríplice aspecto jurídico, econômico e semiológico, dá a precisa ideia de sua dimensão e importância para os detentores daquela, como se vê a seguir:

> *O registro de marcas resulta na apropriação de uma expressão ou símbolo visual, extraindo do universo das potencialidades semiológicas um determina complexo significativo, cujo uso torna-se exclusivo ao titular para determinados contextos.*
>
> *Ao designar um produto, mercadoria ou serviço, a marca serve, tradicionalmente, para assinalar a sua origem e, em face de outras marcas para itens competitivos, indicar a diferença. Mas, usada como propaganda, além de poder também identificar a origem e as diferenças relativas em face de competidores, deve primordialmente incitar ao consumo ou valorizar a atividade empresarial do titular.*
>
> *Tais funções, que serão mais adiante detalhadas, configuram inexoravelmente a marca como um objeto simultaneamente econômico, jurídico e semiológico. Esta tripla natureza surge, frequentemente inconsciente, na construção dos doutrinadores do Direito desde o século XIX, quando se consolidou o sistema – ora existente – da proteção de marcas.*

Dentro deste contexto, registra-se que a marca serve para identificar a origem do prestador de serviço ou do produtor que atua em determinado mercado, a fim de torná-la distinta dos demais produtos ou serviços idênticos, semelhantes ou afins de origem diversa daqueles, devendo ser atentado ao atributo de não ser proibido por lei estes produtos ou serviços, na forma do art. 122 combinado com o art. 123, I, ambos da Lei nº 9.279/1996 (Lei de Propriedade Industrial - LPI).

Nesse sentido, a marca também pode ser classificada de acordo com a natureza jurídica a que se destina, como produto ou serviço, conforme precitado, ou se a marca é coletiva, de acordo com a origem do prestador do serviço ou do produtor, isto é, se decorre de membros de

---

3 BARBOSA, Denis Borges. *A proteção das marcas: uma perspectiva semiológica*, 2ª ed. RJ: Lumen Juris, 2017, p. 5.

uma pessoa jurídica representativa de uma coletividade, tais como associações, cooperativas, sindicatos, dentre outras. Assim, o que define este tipo de classificação é a proveniência de entidade certa e determinada em questão, o que atribui qualificação de origem ao produto ou serviço, *ex vi* do art. 123, III, da LPI.

Por outro lado, tem-se a denominada marca de certificação, que é utilizada para atestar que determinado produto ou serviço atende as normas, padrões ou especificações técnicas que atestam à qualidade, natureza, material utilizado e metodologia empregada, na forma do art. 123, II, do LPI.

Outra espécie da classificação utilizada quanto à marca diz respeito a forma de apresentação gráfica, que pode ser nominativa ou verbal, ou seja, constituído por uma ou mais palavras, combinações de letras e/ou algarismos, desde que não configure forma fantasiosa ou figurativa.

Nessa mesma categorização há a marca figurativa ou emblemática constituída por sinal referente a desenho, imagem, figura ou símbolo que constitua designação fantasiosa ou figurativa de letra ou algarismo isoladamente, ou acompanhado por desenho, imagem, figura ou símbolo.

Ainda na classificação decorrente da apresentação gráfica há as denominadas marcas mistas ou compostas e as tridimensionais, a primeira constituída pela combinação de elementos nominativos e figurativos ou apenas figurativos, cuja grafia represente forma fantasiosa ou estilizada; e a última, constituída por forma plástica distintiva em si, capaz de individualizar os produtos ou serviços a que se referem, desde que dissociada do efeito técnico.

Culminando este tipo de classificação quanto à forma com a denominada marca de posição. Isto é, aquela formada pela aplicação de um sinal em uma posição singular e específica de um determinado suporte, resultando em conjunto distinto capaz de identificar produtos ou serviços e distingui-los dos demais idênticos, semelhantes ou afins, também devendo ser diferente do efeito técnico ou funcional de utilização.

Desta forma, todos estes traços distintivos servem para individualizar determinado serviço ou produto, identificando o mesmo e diferenciando de todos os outros prestados ou produzidos que sejam idênticos, semelhantes ou afins, atribuindo uma denominação única que o distinga dos demais.

1.1. Pressupostos jurídicos

Definido o que é marca comercial e suas diversas formas de apresentação, é oportuno informar os princípios que norteiam o direito marcário, o primeiro deles é o da territorialidade, disposto no art. 129 da LPI, ou seja, de que a proteção abrange apenas o território nacional, onde é reconhecido o direito a exclusividade de uso daquela.

Note-se que a exceção ao princípio precitado diz respeito a notoriedade da marca que extrapola as fronteiras territoriais de determinado país, dispondo de reconhecimento internacional, conforme o art. 6 Bis da Convenção da União de Paris - CUP, admitindo a oposição com base no art. 126 da Lei registral pátria supracitada.

Nesta hipótese deve ser respeitada a prioridade do registro, desde que documentalmente comprovada a antecedência do pedido, bem como seja idêntica a marca ao sinal pretendido.

Há que se levar em conta, também, o princípio da especialidade, ou seja, à marca deve corresponder precisamente à atividade da parte requerente do registro quanto aos produtos ou serviços que, respectivamente, produzem ou prestam, a fim de distingui-los de outros idênticos ou similares de propriedade de outro agente econômico.

Neste caso, igualmente, admite-se exceção, quando a marca for considerada de alto renome, a qual é protegida em todos os segmentos mercadológicos, encontrando guarida para oposição no art. 125 da lei de propriedade industrial precitada.

Outro princípio relevante para definir a quem pertence a propriedade da marca é o sistema atributivo de direito mediante o registro precedente, isto é, o registro da marca é que constitui o direito ao uso, disposição e fruição desta, estabelecendo a propriedade para aquele que proceder o primeiro registro dessa.

Aqui cabe exceção quanto ao usuário de boa-fé, que comprovar o uso de marca idêntica ou semelhante para distinguir ou certificar produto ou serviço idêntico, semelhante ou afim, há pelo menos seis (06) meses antes do primeiro registro levado a efeito, aquele terá direito a precedência deste devido a utilização anterior, na forma do § 1º do art. 129 da LPI, podendo ser apresentada oposição neste sentido.

Frise-se que prevalece aqui os usos e costumes locais quanto a utilização de determinada marca quando não houver registro desta, consoante estabelece o art. 113, *caput* e § 1º, incisos II e III do Código Civil, priorizando aqueles que a utilizavam efetivamente durante tempo certo, em contraposição ao mero ato registral posterior.

A ideia central aqui é reprimir, mediante ato registral, a concorrência desleal, de sorte que não haja prejuízo comercial à marca devidamente registrada, em função de concorrente que faça o uso indevido desta, a fim de obter vantagem ilícita ao adotar tal conduta.

Há que se coibir o uso de informação falsa para captar indevidamente clientela, vendendo artigos de mesma classe relativos a produtos e serviços de igual espécie, confundindo os clientes mediante a utilização de marca que não lhe pertence, o que é vedado em lei, a fim de obter vantagem econômica indevida sobre o concorrente e proprietário daquela e dos símbolos correspectivos.

A marca traz o referencial para identificação correta do bem ou serviço a ser prestado, cujo sinal distintivo em questão serve para diferenciar dos demais que atuam no mesmo ou similar mercado, transmitindo aquela a ideia de qualidade, confiança e credibilidade, necessários para fidelizar os clientes e garantir o sucesso do empreendimento, bem como o ganho desejado.

Em última análise, a marca garante o exercício dos princípios constitucionais da livre iniciativa e da livre concorrência, dispostos no art. 1º, IV, e art. 170 IV, ambos insculpidos na Carta Magna brasileira, pois naquela identifica o empreendedor e nesta abre espaço para concorrência de forma justa e isonômica, sem que haja possibilidade de ludibriar os agentes econômicos que atuam em determinado mercado, bem como aos consumidores que adquirem tais produtos ou serviços ofertados por aqueles.

Há que se ter em mente que a marca, na condição de bem imaterial, deve considerar para a sua alienação o gênero de comércio ou indústria na qual tenha identificação e foi utilizada conforme Código anterior, o que é repristinado em parte no disposto no art. 135 da Lei nº 9.279/96, como leciona Cerqueira[4] a seguir:

> *Mantendo o mesmo princípio das anteriores, o Cód. da propriedade Industrial não considera a marca como objeto autônomo para o efei-*

4 CERQUEIRA, João da Gama. Atualizado por SILVEIRA, Newton e BARBOSA, Denis Borges. *Tratado de Propriedade Industrial, vol. II, tomo II, parte III, das Marcas de Fábrica e de Comércio, Nome Comercial, das Insígnias, das Frases de Propaganda e das Recompensas Industriais, da Concorrência Desleal, 2ª tiragem.* RJ: Editora Lumen Juris, 2012, p. 129.

to de sua transferência, condicionando-a à do gênero de comércio ou indústria para o qual tenha sido adotada. "A propriedade da marca", diz o art. 143, "pode ser alienada por ato intervivos ou transferida em virtude de sucessão legítima ou testamentária, desde que o seja simultaneamente com o respectivo gênero de indústria ou de comércio". O pensamento da lei é que a marca deve seguir o respectivo gênero de comércio e indústria, do qual é inseparável, como o acessório segue o principal. A disposição do art. 143 visa, portanto, a impedir que as marcas sejam transferidas isoladamente, vedando o seu tráfico.

Diante disso, é imperiosa a defesa da marca de determinada sociedade empresária, pois daquela depende o êxito do empreendimento desta no mercado competitivo atual, criando identidade e posicionamento junto aos consumidores de determinado serviço ou produto dentro do mercado no qual havia atuação e era reconhecida.

1.2. Pressupostos econômicos

O Estado brasileiro tem como pressupostos econômicos da atividade empresarial, tanto a livre iniciativa, como a livre concorrência, ambos princípios examinados anteriormente. Isto é, a capacidade de empreender e gerar riqueza para o país no campo da atividade comercial, no qual cada empresário ou sociedade empresária tiver a expertise e o conhecimento necessários para atuar no mercado que desejar, respeitando as regras de proibição do exercício de certas atividades previstas em lei.

A esse respeito Adam Smith destacava em sua obra, A Riqueza das Nações, que cada indivíduo busca garantir os seus próprios interesses, cuja cooperação e a troca de mercadorias por determinada moeda resulta, de forma não intencional, no progresso e bem da sociedade.

Desse modo, a marca possui um valor econômico, pois se trata de um fator de diferenciação dos demais agentes econômicos que atuam no mercado, que embora se trate de ativo intangível, pode ser precificada devida a vantagem competitiva que decorre de sua utilização, criando identidade única e impactando positivamente na decisão de compra do consumidor.

A avaliação de uma marca versa sobre um ativo intangível, podendo ser feita mediante a realização de balanço, pois é passível de proporcionar ganhos futuros. A marca, assim, trata-se de direito exclusivo de determinado agente econômico, que diante de evento certo da economia poderá proporcionar benefício financeiro efetivo.

Os tipos de balanços a serem utilizados nesta espécie de avalição são o de determinação e o de liquidação.

Na primeira hipótese é considerado período determinado, no caso em estudo a data da quebra, e o preço da marca levando em conta o valor líquido de realização na data do evento considerado, em função dos fatores monetários e não monetários.

Outra possibilidade é a utilização do balanço de liquidação que adota como parâmetro o valor de mercado para marca, a qual é passível de ser vendida judicialmente mediante preço justo, em face da apuração dos efetivos haveres a este título, levando em conta que este ativo não realizável se enquadra na categoria de não circulante, mas é passível de valoração.

Ainda, há que ser considerado para a sua valoração se a marca detém forte identidade e autenticidade no mercado consumidor, fatores que estabelecem poder de influência na tomada de decisão para aquisição dos produtos ou serviços vinculados àquela.

A estimativa econômica da marca deve ter em mente o quanto se mostrou lucrativa no curso do tempo e, em especial, no momento recente, bem como a expectativa de ganhos com a mesma no fluxo de caixa a ser gerado com a aquisição daquela, mais precisamente o acréscimo de entradas que resulta no aumento do faturamento.

Assim, sob o viés econômico pondera-se o custo a ser satisfeito, o impacto da marca no mercado e os lucros que esperados com a aquisição da mesma, cuja confiança na qualidade daquela é expressa pela aceitação dos consumidores de continuarem a pagar o preço estabelecido para obtê-la.

Evidente, há que se considerar que o valor de uma marca é sempre subjetivo, conforme a Escola Austríaca de Economia, a qual elege como prioritário não o custo do produto ou do serviço, mas o quanto o consumidor atribui de valor aquele signo e está disposto a pagar para ter o produto ou serviço com este símbolo específico. Aliás, a esse respeito é o ensinamento de Cristiano Carvalho[5] ao salientar que:

> *Valor é sempre subjetivo; sempre é alguém que atribui valor a alguma coisa. A grande contribuição da Escola Austríaca de Economia foi a teoria subjetiva do valor, que leva em conta não o valor ou o custo, mas a figura do consumidor. O valor de um bem não lhe é intrínseco;*

5 CARVALHO, Cristiano, *Teoria do Sistema Jurídico – direito, economia e tributação*. SP: Quartier Latin, 2005, p.258.

> *é sempre alguém que atribui determinado valor a esse bem. O preço de um produto qualquer, enquanto fato econômico, é que se pode considerar como valor econômico objeto (no sentido de inter-subjetivo), pois reflete o quanto um determinado grupo social, num determinado tempo histórico, atribui a esse bem. Isso desde que, evidentemente, o sistema de preços não sofra interferência que cause distorções nos seus atos comunicativos.*

Portanto, a marca é algo materialmente avaliável e passível de precificação. Embora se trate de ativo intangível, o justo valor desta pode ser perfeitamente aferível mediante critérios econômicos, que podem decorrer do tipo de balanço a ser realizado, de determinação ou de liquidação, bem como partindo do parâmetro subjetivo de aceitação do signo referente a marca e o quanto ela desperta o interesse no público para adquirir um produto ou serviço relacionado à esta.

2. Liquidação da marca na falência

A questão a ser tratada aqui versa sobre a liquidação do ativo da falida e as formas de se efetivar esta venda judicial, dentre os tipos abertos previstos em lei para tanto, a fim de maximizar o ganho para satisfação dos credores, diminuindo os riscos de receber valores pífios ou ver frustrada a venda deste tipo de bem intangível.

Os princípios relevantes, a fim de proceder a adequada liquidação do ativo da falida, são os da eficiência e celeridade, de sorte a que não haja depreciação do patrimônio daquela e a obtenção de ganho maior na venda deste. Aliás, a esse respeito são as lições de Scalzilli, Spinell e Tellechea[6] ao explicitar o que segue:

> *A nova redação do art. 75, promovido pela Lei 14.112/20, reforçou substancialmente tal princípio ao dispor que a falência, ao promover o afastamento do devedor de suas atividades visa (i) a preservar e a otimizar a utilização produtiva dos bens, dos ativos e dos recursos produtivos, inclusive os intangíveis, da empresa e (ii) a permitir a liquidação célere das empresas inviáveis, com vistas a realocação eficiente de recursos na economia (art. 75, I e II e § 2º).*

6 SCALZILLI, João Pedro, SPINELLI, Luís Felipe, e TELLECHEA, Rodrigo. *Recuperação de empresas e falência: teoria e prática na Lei 11.101/2005 - 4ª ed. rev., atual. E ampl.* SP: Almedina, 2023, p. 990/991.

Para tanto, a LREF dispõe de mecanismos que buscam materializar a transferência dos ativos do falido para novos empreendedores. A principal regra para viabilizar isso é a ausência de sucessão do adquirente nas obrigações do devedor (art. 141, II). Mas não só: isso também é feito ao se buscar preservar o valor dos ativos e, consequentemente, da empresa.

(...)

No plano principiológico, a LREF dispõe que a falência visa à liquidação célere e imediata das empresas inviáveis (art. 75, II, §2º), atendendo aos princípios da celeridade e da economia processual (art. 75, § 1º), a fim de promover a rápida realocação de ativos na economia (art. 75, § 2º). Por conta disso, os processos de falência e os seus incidentes "preferem a todos os outros na ordem dos feitos, em qualquer instância (art. 79).

Assim, a liquidação do ativo da massa falida se inicia logo após a consolidação do patrimônio da falida com o auto de arrecadação, a teor do que estabelece o art. 139 da LREF, cujo prazo máximo previsto para tanto é de cento e oitenta (180) dias, bem como o termo inicial é a data da lavratura auto arrecadatório, na forma do art. 142, § 2º-A, inc. IV da lei falimentar.

Desse modo, há que se proceder a realização do ativo de forma célere e eficaz, reduzindo o tempo para venda judicial, em especial quando se trata de bem imaterial, como a marca, cuja memória de qualidade percebida pelos consumidores e do desejo de possuir este ativo por empresas concorrentes é de curto prazo, em termos contábeis. Logo, esta venda judicial é prioritária e, em tese, deve ser procedida logo após ser lavrado o auto de arrecadação, no mínimo, no prazo de noventa (90) dias após este, a fim de não deixar desvanecer o preço razoável a ser obtido com este ativo.

A liquidação do ativo parte da venda unitária de todo o patrimônio, isto é, a venda da empresa falida em bloco, até a alienação de bens e direitos individualmente considerados, consoante disposto no art. 140 da LREF, perpassando pela venda de filiais ou unidades produtivas separadamente e mesmo pela alienação judicial de conjunto de bens que compõe as unidades produtivas isoladamente consideradas. Dentre estas modalidades de venda judicial, creio que a mais adequada para alienação da marca é de forma individual, ou seja, apenas esta deve integrar este certame licitatório.

É oportuno destacar que, em se tratando da venda de marca, há que se ter em linha de conta que os signos a serem considerados são todos aqueles pertencentes à falida, sob pena de serem cancelados os símbolos que não integrarem a transação levada a efeito.

Outro fator que condiciona a aquisição deste tipo de ativo é a necessidade de que o adquirente da marca atue no mesmo ramo de atividade mercantil da falida, caso não se trate de marca notória, como examinado anteriormente.

A respeito das condições necessárias expostas acima, é o ensinamento do jurista Cláudio Roberto Barbosa[7] ao esclarecer o que segue:

> *Quanto às marcas, existem peculiaridades que devem ser observadas. A primeira delas, relacionada à antiga discussão sobre a natureza concorrencial dos sinais distintivos, obriga que todas as marcas similares sejam cedidas simultaneamente sob penalidade de cancelamento ex officio daqueles que não forem cedidas.*
>
> *Os contratos de cessão de marcas previstos no art. 134 da Lei de Propriedade Industrial exigem, além de todos os requisitos formais, a necessidade de que o cessionário explore as mesmas atividades que o cedente em virtude do art. 128, § 1º, e a cautela do disposto no art. 135, ambos da mesma lei, tendo em vista que os pedidos de registro de marca não cedidos conjuntamente são cancelados no INPI.*

Evidente que não se trata aqui de *numerus clausus* quanto a forma de alienação do ativo, ao contrário, as espécies de venda judicial previstas na lei de quebras podem ser combinadas ou criada nova maneira de proceder a alienação destes, a fim de valorizar o ativo posto à venda. Evitando com isso prejuízo financeiro para os credores da massa com a desvalorização do patrimônio, em função do decurso do tempo (depreciação), assim como, atentando ao princípio da celeridade processual, a fim de maximizar o ganho esperado no menor interregno de tempo possível.

Reputo que, no caso da marca, a venda deve ocorrer de forma individual e isoladamente dos demais bens, pois se trata de coisa incorpórea, a qual tem valor de mercado enquanto se puder traçar estratégia proativa, alicerçada na competitividade, mediante o uso dos direitos daí decorrentes como forma de captação de clientela, sempre tendo em conta que o imaginário nesta área não perdura por tempo indeterminado.

---

7 CARVALHOSA, Modesto, Coordenação, BARBOSA, Cláudio Roberto e Outros. *Tratado de Direito Empresarial, vol. 4, Contratos Mercantis, 3ª ed. rev. atual. e ampl. SP: Thonson Reuters Brasil – RT, 2023, p. 348.*

Há que ressaltar que as modalidades de venda do ativo são meramente enunciativas, como ressaltado anteriormente, podendo ser realizada mediante a alienação por leilão eletrônico, presencial ou híbrido, processo competitivo organizado por agente especializado ou qualquer outra modalidade regularmente aprovada em lei. Frise-se que estas duas últimas formas de alienação necessitam de autorização da assembleia geral dos credores e de serem aprovadas judicialmente, consoante dispõe o art. 142, § 3º-B, III da LREF, o que demanda tempo.

Outro ponto a destacar no que tange à alienação da marca, é que esta não está sujeita a sucessão, seja trabalhista ou tributária, isto é, a venda deste ativo imaterial é livre de quaisquer ônus que impliquem em restrição à disposição, fruição e utilização daquela, conforme previsto no art. 141, II da Lei de Recuperação Judicial e Falência.

Além disso, tem-se como pressuposto que o referido bem incorpóreo deve ser avaliado e precificado adequadamente, cujo valor para alienação se sujeita a aferição pelos credores da massa e pelo Ministério Público, atentando para que o preço seja o mais equânime possível quanto às expectativas do mercado.

Ressalte-se, ainda, que o valor de arrematação da marca na hipótese de venda mediante leilão presencial, tem-se na primeira praça o preço integral lançado na avaliação, sendo que deve atentar a 50% do montante da avaliação em segunda chamada e por qualquer preço na terceira tentativa de venda, não sendo aplicável nesta hipótese a invalidade da licitação pelo denominado preço vil, a teor o disposto no art. 142, § 2º, V da LREF.

Portanto, em se tratando de bem imaterial e infungível, entendo que o melhor critério a ser adotado é o de que a avaliação deva ser feita por perito vinculado a área do direito, economia ou marketing, bem como que a forma de venda ocorra mediante licitação feita por leiloeiro ou agente especializado neste tipo de ativo. Visando com isso obter o melhor preço a ser pago pelo mercado no qual a marca é referência, proporcionando a aquisição o maior ganho possível para os credores, bem como lucro o operacional por parte da sociedade empresária arrematante que venceu a licitação pública.

2.1. Elementos para precificação da marca

Com relação a este ponto, é necessário estabelecer a forma de avaliação da marca e quais os elementos a serem levados em conta para precificação desta. Note-se que para avaliação é recomendável a nomeação de advogado especialista nesta matéria econômica, ou de profissionais da área de economia ou de marketing a serem nomeados como peritos, a fim de atribuírem o preço justo para venda judicial da marca de determinada sociedade empresária.

O primeiro ponto a ser abordado são os elementos a serem considerados para estabelecer o preço adequado de determinada marca no mercado, no qual é conhecida e reconhecida, devendo ser levado em conta aqui os cinco últimos balanços regulares da sociedade empresária, a fim de aferir os resultados financeiros de produto ou serviço a ser considerado quanto aos preços praticados. Aliado ao valor de novos produtos lançados pela sociedade detentora da marca, além do comportamento dos clientes em relação a esta. Isto é, o quanto estes pagariam, sem hesitar, a fim de obter qualquer bem ou serviço com esse símbolo.

A esse respeito é necessário que exista fidelidade e identificação dos clientes devido a qualidade percebida, com a associação da marca a algum propósito relevante para sociedade atual, que transforme aquela percepção em um ativo apreciável economicamente.

Além disso, a marca deve ter significado que ative a memória do consumidor, tornando-a desejável e passível de transferência, além de adaptável no curso do tempo, com isso agregando o interesse em protegê-la, inclusive quanto ao valor econômico atribuído aquela.

Com os atrativos precitados a marca pode se posicionar no mercado, de acordo com as necessidades e preferências do consumidor, estabelecendo maior valor daquela em relação a concorrência, conectando esta percepção ao valor agregado devido as qualidades diferenciadoras dos demais produtos ou serviços idênticos, semelhantes ou afins.

O valor da marca está vinculado as crenças que a empresa defende e como se comunica com o seu público alvo, atributos que impelem e orientam as decisões que são tomadas pelo consumidor para adquiri-la.

Por conseguinte, a referida marca deve ter uma boa identidade visual, sonora e mesmo olfativa, servindo para padronizar todos elementos vinculados a mesma, que representem profissionalismo e coerência na comunicação desta.

Note-se que há fatores, tangíveis e intangíveis, que determinam o preço de uma marca. Deve ser levado em conta o que o nome e o seu logotipo representam e diferenciam dos demais produtos e serviços, atribuindo posicionamento elevado no mercado no qual atuam, reputação, autoridade, capital social que retratam, fatores que servem para avaliar este ativo.

Outro ponto a ser analisado diz respeito a percepção do público quanto a marca e como esta impacta o consumidor, o valor percebido se vincula, por exemplo, a fidelização. Isto pode ser aquilatado mediante a aferição das vendas no varejo e a repetição do mesmo grupo de consumidores que adquirem aquele produto.

Assim, é possível calcular o valor agregado à marca, levando em conta a percepção dada pelos clientes ao produto ou serviço que faz aqueles consumirem esses. Considerando o segmento do mercado e as marcas que impactam mais os consumidores, aumentando a presença no meio de atuação e, por via de consequência, os resultados atinentes ao lucro obtido.

A importância da marca decorre do poder de influência no mercado, determinando a preferência do consumidor, que traz vantagem competitiva na sua aquisição, pois fortalece o posicionamento na área de atuação, a autoridade sobre o assunto e a solução razoável oferecida pela empresa mercantil.

A forma que o público percebe a marca influi na decisão de compra, pois entende por que e qual a diferença em possuí-la, criando vínculo de lealdade daquele em relação a esta, ao assimilar o diferencial da mesma. Com isso aumenta a percepção positiva desta, a fim de fidelizar o consumidor, acrescendo a possibilidade de recompra do produto ou de utilizar os serviços oferecidos, ainda que se trate aqui de empresa falida.

2.2. Aferição do valor da marca e forma de venda desta espécie de ativo

A forma de calcular o valor da marca leva em conta três fatores: o primeiro, como o público percebe a marca; o segundo, o efeito de impactar o consumidor provocado por ela; por fim, a influência identificada mediante os resultados gerados pelo valor percebido como, por exemplo, a fidelização do cliente independente do preço do produto ou serviço.

Portanto, é de se destacar para avaliação fatores como a fidelização, o que pode ser aferido pelos índices de recompra e de indicação dos produtos e serviços, que retratam o posicionamento da marca junto ao público alvo.

Igualmente a memória afetiva encontrada em pesquisas de opinião e preferência, sinalando a representatividade da marca no mercado, qual a imagem que os consumidores tem como referência de determinado produto ou serviço. Logo, o posicionamento da marca construído no mercado serve para identificar o valor agregado e mesmo potencializá--lo para precificação daquele símbolo.

O preço da marca pode ser estabelecido por alguns indicadores técnico-financeiros para aferir aquele, a seguir elencados:

a) o primeiro, a ser considerado é o custo histórico encontrado no balanço financeiro, ou seja, os investimentos feitos nesta, inclusive de marketing e comunicação;

b) o segundo aspecto é o preço prêmio, ou seja, a diferença entre o preço mais alto de marca relevante e o preço mais baixo do mesmo tipo de produto ou serviço sem marca. Ou, sob o ponto de vista econômico do preço de venda praticado em determinada praça e o preço desta na bolsa de valores para sociedades anônimas com capital aberto;

c) leva-se em conta, ainda, o valor de mercado, comparando as transações da marca a ser vendida com as de outras marcas de mesma importância e características similares;

d) outro ponto é a existência de pagamento de *royalty*, com base na taxa cobrada e satisfeitas por filiais e parceiros, representando a economia realizada na diluição daquele tipo de licença para seu uso ou comercialização;

e) por fim, deve ser considerada a avaliação de rendimentos, aferindo os indicadores econômico-financeiros que influenciam na qualidade e sustentabilidade da marca.

Desse modo, a marca deve ser considerada sob o viés da vantagem estratégica que representa para qualquer empresa ao adquiri-la, tendo em vista o valor agregado que origina, de sorte que este bem intangível possa ser adequadamente mesurável mediante o exame dos indicadores precitados, conforme os dados econômico-financeiros do mercado no qual atua.

Considerando, os parâmetros precitados para aferição do preço a ser estabelecido no certame para venda de determinada marca, há que se ter em mente as formas para alienação judicial daquela na falência, bem como dentre estas qual importaria em maior retorno financeiro, a fim de satisfazer os credores da massa.

As formas de venda do ativo em questão já foram indicadas anteriormente, cabendo aqui a análise de cada uma destas, bem como, qual, a meu ver, seria mais adequada para venda em questão.

Partindo da classificação das espécies de venda judicial deste ativo da massa, ou seja, a marca, a primeira forma a ser analisada é o leilão judicial, o qual pode ser levado a efeito presencialmente no juízo da falência e local da sede da empresa, cuja licitação e pregão será feita com os licitantes no lugar constante do edital.

Igualmente, o leilão da marca poderá ocorrer mediante meio eletrônico, desde que atendendo a ampla publicidade, bem como que seja disponibilizado em sítio próprio da rede mundial de computadores atinente à quebra, além do período no qual será realizado, sendo suficiente a publicação no Diário de Justiça Eletrônico do Estado, atendendo ao disposto no art. 142, I da LREF combinado com o art. 882 e seus parágrafos do CPC.

Note-se que nesta hipótese não há que se levar em conta o local onde se situam os bens, bastando a devida publicização no *site* indicado para este fim específico, bem como autenticidade e segurança quanto aos lances a serem ofertados, atendendo as regras da certificação digital.

Ainda, o leilão poderá ocorrer simultaneamente pelos meios precitados, ou seja, presencial e eletrônico, que não necessita ser no local onde se encontram os bens, mas naquele indicado pelo magistrado que preside o processo falimentar (art. 884, II, do CPC), atendidas as condições estabelecidas na Resolução nº 236/2016 do CNJ. Neste sistema os lances poderão ser apresentados pessoalmente ou na via informatizada pelos licitantes.

A licitação pública em questão independe de autorização dos credores ou mesmo aprovação judicial, bastando o mero cumprimento das formalidades legais.

Outra forma de venda judicial da marca é a denominada de processo competitivo por agente especializado, cuja reputação deste deve ser ilibada, devendo o procedimento ser apresentado no relatório anexo a realização do ativo, sem a explicitação da forma a ser realizada a referida alienação, mas sim as condições necessárias do agente que procederá a mesma.

Aliás, a esse respeito Scalzilli, Spinelli e Tellechea[8] explicitam melhor esta modalidade de venda judicial a seguir:

8 SCALZILLI, João Pedro, SPINELLI, Luís Felipe, e TELLECHEA, Rodrigo. *Recuperação de empresas e falência: teoria e prática na Lei 11.101/2005 – 4ª ed. rev., atual. E ampl.* SP: Almedina, 2023, p. 1390/1391.

> *Trata-se de mudança importante sob o ponto de vista da flexibilidade dos procedimentos concursais. Isso porque permite ao juiz, com auxílio do administrador judicial, e aos credores adequar o procedimento de alienação de bens nos regimes recuperatório e falimentar às particularidades do caso concreto.*
>
> *Considerando a inexistência de regras específicas sobre como esse processo competitivo deve ser organizado, essa modalidade deve estar precisamente detalhada e descrita no plano de realização do ativo ou no plano de recuperação judicial, bem como, se for o caso, na deliberação da assembleia geral de credores ou no requerimento formulado pelo administrador judicial ao magistrado e na própria decisão judicial. Com isso, confere-se maior transparência e segurança ao procedimento, evitando-se posteriores discussões sobre a validade da alienação.*

Por fim, a outra possibilidade jurídica de alienação da marca é de que esta ocorra por modalidade distinta das anteriores, desde que seja aprovada nos termos do diploma legal falimentar.

Desse modo, no caso da falência há necessidade de que a venda da marca nesta modalidade decorra de aprovação na assembleia geral de credores, mediante a maioria simples que participar desta, consoante estabelece o art. 42 da LREF, bem como que não resultem em prejuízo ao arrematante, o que decorre de não haver sucessão nas obrigações do falido, pois se trata de outra forma de venda judicial.

Entretanto, é possível a dispensa de aprovação dos credores para venda de ativo da falida, como a marca, desde que suprida aquela mediante autorização judicial, levando em conta o interesse de ordem pública para liquidação do ativo (massa objetiva) por melhor preço, a fim de satisfazer a massa subjetivo.

Nesse sentido é o aresto da relatoria do insigne Ministro Antonio Carlos Ferreira[9] do egrégio Superior Tribunal de Justiça ao estabelecer o que segue:

> DIREITO EMPRESARIAL. RECURSO ESPECIAL. FALÊNCIA. MODALIDADE ALTERNATIVA DE REALIZAÇÃO DO ATIVO. REJEIÇÃO DE PROPOSTA. ASSEMBLEIA-GERAL DE CREDORES. AUTORIZAÇÃO JUDICIAL. POSSIBILIDADE. RECURSO PROVIDO.

9 STJ, Quarta Turma, Relator Ministro Antonio Carlos Ferreira, REsp nº 1.798.915/SP, julgado em 04-10-2022, DJs em 10-10.2022.

> 1. É possível o magistrado autorizar modalidade alternativa de realização do ativo da massa falida, mesmo após rejeição da proposta pela assembleia-geral de credores, desde que exista justificativa suficiente para adoção da medida excepcional, nos termos do que dispõem os arts. 144 e 145, § 3º, da Lei nº 11.101/2005 (na redação anterior às modificações introduzidas pela Lei nº 14.112/2020).
> 2. Recurso especial provido, a fim de determinar o retorno dos autos à origem, para nova análise do agravo de instrumento.

Por conseguinte, as modalidades precitadas de venda judicial da marca trazem como consequência a necessidade de bem avaliar o preço deste ativo previamente, bem como examinar a melhor forma de proceder a venda judicial do mesmo, levando em conta o ramo de atividade desempenhado pela falida e o mercado que se visa atingir, além do binômio custo-benefício referente ao preço esperado e a forma de licitação deste.

A meu ver a modalidade do leilão judicial, minimiza riscos e maximiza ganhos, além de reduzir o tempo de tramitação para realizar a venda judicial da marca, pois desnecessário neste caso a autorização para tanto mediante assembleia geral de credores.

II. Conclusão

A marca detém os traços distintivos que servem para individualizar determinado serviço ou produto, identificando o mesmo e diferenciando de todos os outros prestados ou produzidos que sejam idênticos, semelhantes ou afins, atribuindo uma denominação única que o distinga dos demais.

Assim, o signo como bem imaterial e infungível, representa no mercado determinada sociedade empresária, pois o êxito do empreendimento desta no mercado competitivo atual depende da diferenciação na forma de prestar determinado serviço ou de fazer determinado produto, criando identidade e posicionamento da marca junto aos consumidores.

Dessa forma, é possível precificar a marca, a qual é materialmente avaliável, embora se trate de ativo intangível. O justo valor daquela pode ser perfeitamente aferível mediante critérios econômicos, que podem decorrer do tipo de balanço a ser realizado, de determinação ou de liquidação, bem como partindo do parâmetro subjetivo de aceitação do sinal distintivo referente a marca e o quanto ela desperta o interesse no mercado consumidor em adquiri-la.

Por via de consequência, em se tratando de bem imaterial e infungível, entendo que o melhor critério a ser adotado é que a avaliação deva ser feita por perito vinculado a área do direito, economia ou marketing. Igualmente, creio que a opção mais recomendável para venda da marca ocorra por meio de licitação feita por agente especializado neste tipo de ativo ou por leiloeiro que detenha esta expertise. A finalidade aqui é de ser obtido o melhor preço no mercado no qual a marca é referência, a fim de que a aquisição possa ser usada para proporcionar o maior ganho possível para os credores, bem como lucro operacional por parte da sociedade empresária arrematante que participou do certame para adquiri-la.

Ressalte-se que a importância da marca decorre do poder de influência desta no mercado no qual é reconhecida, determinando a preferência do consumidor, o que traz vantagem competitiva na sua aquisição, pois fortalece o posicionamento na área de atuação, a autoridade sobre o assunto e a solução razoável oferecida pela empresa mercantil que detenha esse ativo como referencial.

A forma que o público percebe a marca influi na decisão de compra, pois entende por que e qual a diferença em possuí-la, criando vínculo de lealdade daquele em relação a esta, ao assimilar o diferencial da mesma. Com isso aumenta a percepção positiva desta, a fim de fidelizar o consumidor, acrescendo a possibilidade de recompra do produto ou de voltar a utilizar os serviços oferecidos, ainda que se trate aqui de empresa falida.

Dessa maneira, as modalidades de venda judicial da marca precitadas trazem como consequência a necessidade de previamente bem avaliar o preço deste ativo, bem como a melhor forma de proceder a venda judicial do mesmo, levando em conta o ramo de atividade desempenhado pela falida e o mercado que visa atingir, além do binômio custo-benefício referente ao preço esperado e a forma de licitação deste.

A meu ver a modalidade do leilão judicial, minimiza riscos e maximiza ganhos, além de reduzir o tempo de tramitação para realizar a venda judicial da marca, pois desnecessário nesta hipótese a autorização da assembleia geral de credores para alienar esse tipo de ativo, o que evita custos desnecessários para se atingir a mesma finalidade.

Referências bibliográficas

BARBOSA, Denis Borges. A proteção das marcas: uma perspectiva semiológica, 2ª ed. RJ: Lumen Juris, 2017

CERQUEIRA, João da Gama. Atualizado por SILVEIRA, Newton e BARBOSA, Denis Borges. *Tratado de Propriedade Industrial, vol. II, tomo II, parte III, das Marcas de Fábrica e de Comércio, Nome Comercial, das Insígnias, das Frases de Propaganda e das Recompensas Industriais, da Concorrência Desleal, 2ª tiragem.* RJ: Editora Lumen Juris, 2012

CARVALHO, Cristiano, *Teoria do Sistema Jurídico – direito, economia e tributação.* SP: Quartier Latin, 2005.

CARVALHOSA, Modesto, Coordenação, BARBOSA, Cláudio Roberto e Outros. *Tratado de Direito Empresarial, vol. 4, Contratos Mercantis, 3ª ed. rev. atual. e ampl. SP: Thonson Reuters Brasil – RT, 2023.*

SCALZILLI, João Pedro, SPINELLI, Luís Felipe, e TELLECHEA, Rodrigo. *Recuperação de empresas e falência: teoria e prática na Lei 11.101/2005 – 4ª ed. rev., atual. E ampl.* SP: Almedina, 2023.

STJ, Quarta Turma, Relator Ministro Antonio Carlos Ferreira, REsp nº 1.798.915/SP, julgado em 04-10-2022, DJs em 10-10.2022.

UMA JUSTA HOMENAGEM

Newton De Lucca[1]

Homenagear a figura do saudoso Professor Nelson Abrão é, sobretudo, um ato de indiscutível justiça. Para quem teve o privilégio de acompanhar sua árdua trajetória, como eu, principalmente no que se refere ao justo, vibrante e inevitável movimento em favor da reforma do nosso direito falimentar, notadamente a partir da década de 70 da centúria passada, facilmente concordará com o que venho afirmar.

Nosso homenageado, em plena sintonia com a melhor doutrina – não apenas do País, mas, igualmente, do exterior, como vários de seus trabalhos iriam demonstrar–, sempre cuidou de pôr a nu as notórias deficiências da nossa legislação de 1945, então representada pelo Decreto-Lei nº 7.661, de 21 de junho daquele ano. Escrevia ele, com inteira razão, em sua monografia de doutoramento sobre a matéria:

> *"Razões de ordem lógica e histórica nos levam a entender necessárias diversas modificações em nosso ordenamento jurídico positivo no concernente aos procedimentos concursais"*,[2] assinalando que *"o Direito Comparado, a doutrina e a vida forense nos ensinam que o velho Dec.-Lei de 1945 não atende mais à nossa realidade socioeconômica."*

Com efeito, não se tratava de um diploma legal que revelasse muitas imperfeições ou defeitos. Fora ele elaborado por uma plêiade invejável de juristas, conforme pude assinalar em oportunidade anterior, *in verbis*:[3]

> Ninguém jamais pôs em dúvida o meritório esforço dos consagrados juristas nacionais que fizeram nascer aquele velho diploma. Com efeito, para a época em que veio a lume, o anteprojeto então

---

1 Mestre, Doutor, Livre-Docente, Adjunto e Titular Sênior da Faculdade de Direito da Universidade de São Paulo. Professor Emérito do Corpo Permanente da Pós-Graduação Stricto Sensu da UNINOVE. Desembargador Federal aposentado do TRF da 3ª Região (Presidente no biênio 2012/2014). Membro da Academia Paulista de Magistrados. Membro da Academia Paulista de Direito. Membro da Academia Paulista de Letras Jurídicas. Vice-Presidente do Instituto Latino-Americano de Direito Privado.

2 Cf. *Da Caracterização da Falência*, São Paulo, 1970, pp. 83 e 90.

3 DE LUCCA, Newton e SIMÃO FILHO, Adalberto (coordenadores) - *Comentários à Nova Lei de Recuperação de Empresas e de Falências*, Parte I, Teoria Geral, São Paulo: Ed. Quartier Latin, 2005, p. 17.

> elaborado pela Comissão de Notáveis, presidida pelo Ministro interino da Justiça Dr. Alexandre Marcondes Filho — e composta pelos eminentes Profs. Canuto Mendes de Almeida, Filadelfo Azevedo, Hahnemann Guimarães, Luís Lopes Coelho, Noé Azevedo e Sylvio Marcondes —, significava grande avanço.

O que aconteceu, na verdade, foi que o texto de 1945 havia envelhecido muito rapidamente em razão de vários fatores, dentre os quais podem ser destacados, em primeiro lugar, uma circunstância histórica. Sabe-se que a Segunda Guerra Mundial trouxe consequências socioeconômicas de relevo, provocando alterações de monta nas diversas economias do mundo. Tendo o Decreto-Lei nº 7.661 vindo a lume em 1945–na contramão da História, por assim dizer–não pôde ele refletir, em razão de tal circunstância histórica, as inevitáveis transformações estruturais da atividade empresarial ocorridas em vários países do planeta.

Cumpre destacar, em segundo lugar, que o diploma de 1945 dirigia-se, fundamentalmente, para o comerciante individual, deixando em plano absolutamente secundário a realidade da empresa, enquanto atividade economicamente organizada para a produção ou circulação de bens e de serviços.

Em terceiro lugar, o texto legal não poderia fazer–e, efetivamente, não fez–a necessária distinção entre *empresário* e *empresa*. E tal ocorreu em razão do mesmo motivo, retro assinalado, do momento histórico em que foi editado. A teoria da empresa não se achava, na época, ainda muito desenvolvida pela doutrina comercialista. Assim, o decreto-lei estabelecia um esquema altamente repressivo em relação ao empresário, trazendo consequências desastrosas para a empresa, enquanto instituição social com múltiplos interesses a serem preservados. As disposições constantes dos arts. 140, inciso III e 111 do texto legal de antanho demonstravam cabalmente a evidência de tal assertiva.

Sobre esse último aspecto, manifestou-se o nosso saudoso Professor Nelson Abrão, com a propriedade de sempre:[4]

> Não há muita coerência num diploma que procura a responsabilização de ordem penal do empresário e de seus gerentes, uma vez que os delitos são estranhos à sorte da empresa, que deve seguir normalmente seu ritmo de atividade, provavelmente na diretriz de profissionais que exponham ao Juízo as dificuldades e o norte de eventual tendência recuperatória.

4 Abrão, Nelson. *Curso de Direito Falimentar*, 5ª ed., 1997, p. 445.

Muitos anos antes, porém, o professor Nelson, em seu trabalho elaborado como tese para o concurso de livre-docência de Direito Comercial da Faculdade de Direito da Universidade de São Paulo,[5] punha em realce a formulação harmônica da teoria da empresa por Wieland, instaurando uma nova colocação do Direito Comercial, graças ao relevo que assumiu, esclarecendo, a propósito, segundo suas próprias palavras, que,

> embora o pioneirismo em se fixar nesse conceito seja atribuído a Endemann ("Das Deutsche Handelsrecht, I, Heidelberg, 1965, páginas 62 e seguintes, ambos referidos por Manuel Broseta Point, em "Studi in Memoria di Tullio Ascarelli, volume V, páginas 2.701 e seguintes, Milão, 1969; e Manual de Derecho Mercantil, páginas 49 e seguintes, Madrid, 1972), coube ao autor germânico, em primeiro lugar nomeado, elaborar uma construção mais racional a respeito.

Outro aspecto da inadequação do velho diploma de 1945 diz respeito ao critério da impontualidade. Sobre ele, a propósito, assim manifestou-se o eminente professor Nelson Abrão:

> O sistema legal brasileiro é bastante rigoroso ao autorizar o requerimento da falência com base na falta de um só pagamento no vencimento, uma vez que é decisiva a orientação das legislações no sentido de determinarem a abertura da falência à ocorrência da insolvência, ou seja, incapacidade definitiva de pagar, o que é referendado pela doutrina. Assinala Ferrara que "os inadimplementos não são considerados em si e por si, mas somente enquanto valham para manifestar que o devedor não está mais em condições de satisfazer regularmente suas próprias obrigações". Já, quanto à insolvência, "pode observar-se que, se a palavra insolvente, segundo o significado etimológico, quer dizer que não paga, na linguagem vulgar e, apesar de tudo, na linguagem jurídica, assume uma acepção mais restrita, indicando quem não paga, porque não pode pagar ou diretamente, quem não pode pagar". Afigura-se-nos inconsistente o preceito que autoriza ajuizamento do pedido de falência à ocorrência de uma simples impontualidade. O Instituto de Direito Comparado de Paris realizou alentada e longa pesquisa em vários países acerca da situação dos procedimentos coletivos, concluindo, em referência ao ponto que estamos examinando que: "Em França, como no es-

5 ABRÃO, Nelson. *A Continuação do Negócio na Falência*, São Paulo: Símbolo S.A. Indústrias Gráficas, 1975, p. 7.

> trangeiro, o motivo verdadeiro de abertura dos procedimentos coletivos é a insolvabilidade do devedor. A cessação de pagamentos é simplesmente o início que a revela, mas não é senão um indício e o juiz não se atém a ele para abrir os procedimentos coletivos quando a dívida não é paga. A cessação de pagamentos é o sinal de alarme que atrai a atenção do juiz e o conduz a pesquisar porque o devedor para de pagar. Se o magistrado encontra outros indícios (protestos, hipotecas, salários não pagos, demandas fiscais, efeitos de comércio avalizados, existência de títulos de favor), ele inferirá um clima geral de insolvência...".

Ainda que numa síntese evidentemente grosseira, poder-se-ia dizer que o professor Nelson Abrão defendia, entre outras tantas ideias avançadas, a necessidade de:

I - extensão dos procedimentos de execução universal, também aos não empresários, aos sócios de responsabilidade solidária e ilimitada, e aos dirigentes responsáveis pela insolvência da sociedade;

II - consideração da insolvência como causa dos procedimentos concursais (estado), e não o inadimplemento ou a mera impontualidade (fato);

III - maior participação da organização judiciária na prevenção ou na regularização da insolvência.

Com efeito, com apoio na doutrina absolutamente dominante sobre a matéria,[6] uma análise crítica do conteúdo daquele nosso velho diplo-

---

6 Principio por destacar um dos grandes nomes da doutrina pátria. Pouco antes de ter sido escolhido como membro da Comissão de Alto Nível do Ministério da Justiça encarregada de elaborar uma nova Lei Falimentar, preconizava o saudoso professor Rubens Requião, numa palestra proferida em São Paulo, no dia 29 de agosto de 1979 (Cf. *Aspectos Modernos de Direito Comercial*, vol. 2°, p. 126): "Tenho, nesta última década, na minha cátedra e em conferências por este Brasil afora, propugnado pela revisão da Lei de Falências, obsoleta e sem condições de atender às novas dimensões de nossa economia. Impõe-se essa revisão, que o governo tem descurado. O professor Simonsen, há cerca de três anos, chegou a noticiar a nomeação de uma comissão de juristas para atender a esse objetivo. Mas em vão, nada se fez. (...) O fato é que a matéria está presente procurando uma solução governamental e legal. Não há indícios, todavia, de que o governo se proponha a encarar seriamente o problema da revisão da falência e da concordata e da liquidação extrajudicial. (...) Penso que a Lei de Falências deveria ser formada de três partes ou livros: a falência propriamente dita, concordata com uma nova

ma de 1945, levava, necessariamente, às conclusões retro assinaladas, podendo ser acrescentado, ainda–tal como ensinava o professor Nelson Abrão e grande parte da doutrina especializada na matéria–, que o velho diploma de 1945, voltava-se, excessivamente, para regular a situação obrigacional entre devedores e credores, exacerbando-se num processualismo tal que os formalismos estéreis e inconsequentes culminaram por obnubilar quase que inteiramente a realidade econômica, de sorte que o próprio fim da lei - realização do direito dos credores - não logrou ser atingido.

Afirmei, linhas atrás, que o professor Nelson Abrão sempre esteve em plena sintonia com a melhor doutrina, na sua crítica ao nosso direito falimentar de antanho. Para que se tenha uma ideia, ainda que singela, dessa mesma sintonia, vejam-se alguns pronunciamentos a respeito existentes naquela época.

No distante ano de 1955, a genialidade de Tullio Ascarelli — de quem não apenas o professor Nelson Abrão, mas a doutrina brasileira de maneira geral, iria receber a mais profunda influência e consagrar a obra do grande jurista peninsular como referencial teórico máximo - já houvera se apercebido da enorme defasagem dos vários institutos reguladores da crise econômica da empresa, conforme se verifica pelo seguinte trecho de suas exuberantes lições:

> As normas sobre a insolvência do empresário comercial, que constituem um dos capítulos mais importantes do direito comercial, serão objeto, como já recordado, de tratamento separado em lugar oportuno.
>
> Importa somente observar como o problema do procedimento falimentar interpenetra-se com aquele relativo ao exercício de uma atividade - em contraposição com a prática de atos isolados - e de

---

e moderna impostação e a liquidação extrajudicial e intervenção. Procurar-se-ia agilizar o processo falimentar, restringindo radicalmente os recursos e demais institutos; a concordata, sobretudo preventiva, deveria se aproximar da recuperação econômica da empresa, não se lhe concedendo por motivos formais apenas, mas considerando a questão da viabilidade da empresa e dos meios financeiros que o concordatário deveria indicar, para admitir a recuperação. A liquidação extrajudicial das grandes empresas - sociedades abertas e instituições financeiras - deveria ocorrer quando houvesse a evidência de sua inviabilidade econômica, não só em consequência da conjuntura econômica desfavorável ao seu objeto, como também da falta de recursos financeiros para sua recuperação. A celeridade da liquidação deveria ser a tônica de todo o processo falimentar nos seus diversos aspectos."

> uma atividade econômica; é por isso que o procedimento falimentar é historicamente desenvolvido como peculiar de quantos exercem profissionalmente uma atividade comercial e que essa mesma geral extensão (como se verifica no ordenamento germânico) apresenta-se não apenas como a daqueles que não exercitam atividade econômica, mas como a daqueles que exercitam a atividade agrícola que constitui exatamente a atividade econômica tradicionalmente contraposta à atividade comercial.
>
> As normas sobre a insolvência reportam-se a uma disciplina que, em sentido amplo, podemos dizer referida a uma especial responsabilidade do empresário (comercial), que se projeta também para o campo penal. Será exatamente através da disciplina falimentar que mais nitidamente revelar-se-á a especial disciplina do empresário comercial.
>
> Examinaremos exatamente, em seu devido lugar, o desenvolvimento e a disciplina dos institutos falimentares; notaremos, então, o acento que, no desenvolvimento de nossa legislação, foi posto gradativamente sobre uma consideração sempre mais marcadamente processual do instituto, consideração traduzida legislativamente na acentuação dos poderes do juiz delegado, na desvalorização da comissão de credores e assim por diante. Teremos, então, a oportunidade de examinar criticamente tal orientação e, conjuntamente, a crise do instituto falimentar, segundo o meu entendimento, a consequência dessa orientação que acabou por olvidar a peculiaridade dos problemas para a solução dos quais é entendido o instituto. [7]

O já citado professor Rubens Requião – verdadeiro paladino da reforma do nosso direito falimentar –, numa inolvidável conferência proferida no Instituto dos Advogados Brasileiros, no Rio de Janeiro, em 8 de março de 1974, observou de forma contundente:

> Muito mais que o Código Civil e do que o Código de Processo, tanto quanto, sem dúvida, o Código Penal e o Código de Processo Penal, se evidencia e se impõe a reforma da lei falimentar. A falência e a concordata, como institutos jurídicos afins, na denúncia de empresários e de juristas, se transformaram em nosso país, pela obsolescência de seus sistemas legais mais do que nunca, em instrumentos de perfídia e de fraude dos inescrupulosos. As autoridades permanecem, infelizmente, insensíveis a esse clamor, como se o País, em esplêndida

7 Cf. *Lezioni di Diritto Commerciale – Introduzione, in Corso di Diritto Commerciale*, Milão: Giuffrè, 1962, pp. 308 e 309.

explosão de sua atividade mercantil e capacidade empresarial não necessitasse de modernos e funcionais instrumentos e mecanismos legais e técnicos adequados à tutela do crédito, fator essencial para o seguro desenvolvimento econômico nacional.

Alguns anos depois, mais precisamente em 25 de outubro de 1978, o mesmo professor Requião, em conferência proferida na cidade de São Paulo, denunciava com firmeza exemplar:

> O que ocorre no setor dos mecanismos jurídicos de apoio às empresas insolventes é sintomático. A Lei de Falências caducou em vários dispositivos, desacreditando o instituto que não tem mais vigor para sanear o meio econômico. Debalde toda sociedade brasileira clama por sua reforma, mas o Ministério da Justiça inerte se desinteressa, permitindo que suas atribuições sejam assumidas pelo Ministério da Fazenda, como ocorreu com a Lei das Sociedades por Ações e com a Lei de Intervenção e Liquidação Extrajudicial. Todas elas, como se sabe, se preocupam somente com a solução dos problemas das grandes empresas e das instituições financeiras, detentoras dos interesses do Mercado de Capitais, que passou a constituir, desde a Revolução de 1964, a 'menina dos olhos' do Governo Federal.
>
> Estamos assistindo o governo voltado para as questões da plutocracia financeira e empresarial, descurando-se de todo o mecanismo legal restante. No momento se fala na reforma da Lei nº 6.024, de 1974, que regulou a intervenção e liquidação extrajudicial das instituições financeiras. Mas, não se alude, é sintomático, de revisão da Lei de Falências, de 1945, como se só as instituições financeiras estivessem embaraçadas com as fraudes econômicas. O que defendemos, nesse setor, é o saneamento da atividade econômica, sobretudo para a contenção das fraudes das empresas insolventes. Não desejamos solução setorial, mas um sistema jurídico que englobe todo o problema, desde as pequenas às grandes empresas. [8]

Ao lado do professor Requião, também escrevia, com o mesmo vigor, o eminente professor Fábio Konder Comparato:

8 *Aspectos Modernos de Direito Comercial, 2° volume,* Capítulo X – Direito Falimentar, São Paulo: Saraiva,1980, p.130,

> O mínimo que se pode dizer nessa matéria é que o dualismo no qual se encerrou o nosso Direito Falimentar - proteger o interesse pessoal do devedor ou o interesse dos credores - não é de molde a propiciar soluções harmoniosas no plano geral da economia. O legislador parece desconhecer totalmente a realidade da empresa, como centro de múltiplos interesses - do empresário, dos empregados, dos sócios capitalistas, dos credores, do fisco, da região, do mercado em geral - desvinculando-se da pessoa do empresário. De nossa parte, consideramos que uma legislação moderna da falência deveria dar lugar à necessidade econômica da permanência da empresa. A vida econômica tem imperativos e dependências que o Direito não pode, nem deve, desconhecer. A continuidade e a permanência das empresas são um desses imperativos, por motivos de interesse tanto social, quanto econômico. [9]

Não tenho dúvida em afirmar que tais ideias reformistas, tanto do professor Rubens Requião, quanto do professor Fábio Konder Comparato, eram inteiramente adotadas pelo professor Nelson Abrão. Serviram elas, sem a menor sombra de dúvida, para que fosse dada à estampa, finalmente, tanto a Lei nº 11.101, de 2005, quanto a reforma mais recente, trazida pela Lei 14.112, de 20 de dezembro de 2020.

Em palestra proferida na Universidade Federal do Paraná, no já distante 21 de agosto de 1979, intitulada *Declaração Judicial da Falência* – e publicada na Revista de Direito Mercantil nº 35 –, [10] o professor Nelson Abrão concluía suas importantíssimas e atualíssimas considerações, afirmando:

> Finalizando, cabe assinalar que, em matéria de falência, e demais procedimentos concursais, ocorre uma passagem de uma concepção jurídica para uma econômico-social, dois juristas preocupam-se mais com a salvaguarda da empresa e consequente 'desjuridização' do procedimento (Rodière e Oppeti): eles mesmos reconhecem que o aspecto econômico-social deve preponderar em relação às considerações jurídicas. Outro fenômeno que ocorre atualmente é o da 'desprivatização" do instituto, pela: I – intervenção dos Poderes Públicos e a intromissão de técnicas e espírito do Direito Público

9 Cf. *Aspectos Jurídicos da Macro-Empresa*, São Paulo: Ed. Revista dos Tribunais, 1970, p. 102.

10 ABRÃO, Nelson. *Declaração Judicial da Falência, in* Revista de Direito Mercantil, Industrial, Econômico e Financeiro nº 35, julho-setembro de 1979, p. 27.

> no Direito Privado; II - superação da noção de comercialidade pela de economicidade; III - transparência da personalidade jurídica (**disregard of legal entity**), com a extensão da falência aos dirigentes: IV - noção de empresa substituindo as de sociedade, associação, etc.; V - acepção mais econômica que jurídica da cessação de pagamentos: a insolvabilidade equivale a empresa em dificuldade; VI - a intensificação dos meios preventivos: Lei francesa de 27.12.1973 instituiu o seguro obrigatório em favor dos empregados pelo empregador, contra o risco do não pagamento dos seus créditos; a partir de 1974, estabeleceram-se procedimentos de ajuda às empresas pela Comissão Interministerial para a Ordenação das Estruturas Industriais (CIASI) e pelas Comissões Departamentais para o Financiamento (CODEFI).

E, após tão argutas observações, concluiu de maneira admirável: "*Pensamos que já é tempo de o ordenamento jurídico positivo pátrio, em matéria de procedimentos concursais, adotar essas linhas mestras que norteiam o Direito comparado.*" [11]

Desnecessário gastar muita tinta para demonstrar o quanto dessa Lei nº 11.101, de 2005, adotou diversas soluções então preconizadas pelo professor Nelson Abrão. Basta lembrar, a propósito, a enorme influência exercida sobre a nossa nova lei pelo direito estadunidense de insolvência empresarial.

Recorde-se, então, que no dia 30 de junho de 1983 - época em que eu exercia, com indescritível proveito, as funções de secretário do Instituto de Direito Comercial Comparado e Biblioteca Tullio Ascarelli -, nosso homenageado faria memorável e acurada exposição sobre "*A reorganização financeira do negócio no direito norte-americano*" (título da palestra), posteriormente publicada na Revista de Direito Mercantil, Industrial, Econômico e Financeiro nº 53, de janeiro-março de 1984.[12]

Nela o professor teve a oportunidade de expor, em 25 itens, a reforma operada pelo então novo direito reorganizacional estadunidense, representada pela edição do *Bankruptcy Reform Act*, de 1978, entrado em vigor em 1º de outubro de 1979, tendo sido dividido em quatro capítulos, sendo o mais importante deles, o I, relativo ao *Bankruptcy Code*.

11 Idem, *ibidem*.

12 São Paulo: Editora Revista dos Tribunais, pp. 161 a 165.

Explicações foram dadas nessa palestra sobre os benefícios do *cram down*, pelo qual o plano de reorganização pode ser imposto a classes dissidentes de credores e acionistas; a assembleia de credores; a suspensão das demandas; a continuação do negócio; a propositura do plano e as sugestões para a sua elaboração; a aprovação e a homologação do plano e os efeitos dessa homologação, entre outros pontos de especial relevo.

Pode-se afirmar, em grosseira síntese, que a maioria dos escritos do professor Nelson Abrão foram voltados para o exame dos institutos do direito da insolvência empresarial, nos quais se situava a sua preocupação maior.

Em seu trabalho intitulado *A Administração Concursal*,[13] ele faz uma percuciente análise crítica da figura do síndico em nossa legislação, destacando:

> Dentro da concepção liquidatária e solutória que inspirou a elaboração da vigente lei falimentar brasileira, aliás uma constante em nossa legislação específica, a função precípua do síndico consiste em arrecadar os bens do devedor, verificar-lhe o passivo e pagar aos credores, o que se faz mais frequentemente pela conversão do ativo em pecúnia, uma vez que as outras duas formas de liquidação previstas em lei, cessão do estabelecimento em bloco e formação de sociedade entre os credores, raramente ocorrem, porquanto, com a cessação da atividade empresária consequente à decretação da falência, o aviamento, fator vital do estabelecimento, se esvai, afugentando o interesse de terceiros na prossecução da atividade empresária.

Mas não só no campo falencial e recuperacional, no entanto, o professor Nelson Abrão terá revelado seu inegável pioneirismo. Por ter sido um tema particularmente caro para mim, no passado, permito-me trazer à baila sua reflexão sobre o fenômeno da desmaterialização dos títulos de crédito, caracterizado pelo espantoso advento da Cibernética e, particularmente, da Informática Bancária.

Antevendo o enorme potencial trazido pelas novas tecnologias, tive a oportunidade de citar um pioneiro artigo por ele escrito, intitulado *Cibernética e Títulos de Crédito*, publicado tanto no jornal *O Estado de S. Paulo* como na Revista de Direito Mercantil, Industrial, Econômico e

13 ABRÃO, Nelson. *A Administração Concursal*, São Paulo: Rumo Gráfica Editora, 1987, p. 90.

Financeiro nº 19, destacando a notável experiência francesa da substituição do papel pela fita magnética, obtendo um aperfeiçoamento do sistema de cobrança.

Baseado nesse pioneiro artigo do professor Nelson Abrão, ousei supor, na época, que, em futuro não muito distante, em razão das novas necessidades do setor econômico e das conquistas no campo da informática, a Ciência Jurídica - sempre a mais refratária às transformações do mundo - deveria passar por profundas reformulações em seus mais diferentes ramos.

Cheguei a afirmar, então, numa de minhas palestras, feita na década de oitenta da centúria passada, que os títulos de crédito iriam marchar de volta para o limbo de onde tinham vindo...[14]

Absolutamente cônscio do misoneísmo próprio do meio jurídico, tão bem posto em realce pelo professor Fábio Konder Comparato,[15] resolvi prosseguir naquele caminho aberto pelo professor Nelson Abrão, que assim se pronunciava a respeito da chamada *Lettre de Change-Relevé*:

> Segundo nos informa Michel Vasseur ("Letra de câmbio-reprodução. Da influência da informática sobre o direito", in Revue Trimestrielle de Droit Commercial, abril-junho 1975. págs. 8 e segs.), em França, desde setembro de 1969, a Comissão de Estudos Técnicos e de Normalização Bancária (CETNB) empreendeu estudos que chegaram à letra de câmbio-reprodução, sendo o procedimento à qual ela corresponde utilizável desde 2.7.1973. Aproveitaram-se os progressos realizados em matéria de informática bancária, que fazem do sistema francês um dos mais modernos do mundo, e a colocação em funcionamento pelo Banco de França do ordenador de compensação, entrado em serviço aos 3.1.1969. "Partiu-se da análise do que é

14 Em *A Cambial-Extrato* (São Paulo: Editora Revista dos Tribunais, 1985, p. 23), fruto de minha tese de doutorado, afirmei: "*Hoje, por mais incrível que possa parecer, o estudioso é obrigado a registrar que os efeitos comerciais–elementos materiais do desconto bancário - começam uma longa caminhada de volta ao limbo de onde vieram.*"

15 Tal como ocorreu com o professor Nelson Abrão, sempre citado por mim em numerosas ocasiões, há algumas passagens do Prof. Fábio Konder Comparato, que também citei à exaustão no decorrer de minha vida acadêmica. Uma delas, sem dúvida, foi a sua inolvidável alusão à "*tradição misoneísta dos nossos jurisconsultos*" que sempre optou por "*condenar às trevas exteriores toda e qualquer manifestação jurídica que não se enquadre no **seu** sistema*" ("O Indispensável Direito Econômico", originalmente publicado na RT 353/14, e posteriormente republicado *in Ensaios e Pareceres de Direito Empresarial*, Rio de Janeiro: Forense, 1978, pp. 453 e ss.)

> o papel a propósito da cambial: ao mesmo tempo suporte de direito e suporte de informação. Enquanto título, são ligados ao papel direitos que lhe dão valor jurídico próprio. Mas, enquanto suporte de informação, o papel não é indispensável, pode ser substituído por um suporte magnético (Michel Vasseur, obra citada).

O jurista citado pelo professor Nelson Abrão, Michel Vasseur–que não apenas me recebeu gentilmente em Paris, como ainda manteve correspondência comigo para o esclarecimento de minhas dúvidas a respeito da matéria–publicou uma obra específica sobre o tema, intitulada *La Lettre de Change-Relevé* (Sirey, 1976), que muito veio a facilitar meu trabalho, iniciado a partir das reflexões já realizadas pelo professor Nelson Abrão, a seguir, resumidamente, reproduzidas:

> Compreenderemos facilmente a importância da LCR papel e da LCR fita magnética na simplificação dos processos de cobrança se atentarmos para que a letra de câmbio em França é, por excelência, o instrumento representativo do crédito oriundo da compra e venda a prazo, correspondendo, pois, mutatis mutandis, à nossa duplicata. Destarte, enquanto se controverte entre nós a respeito de a duplicata necessitar, ou não, de aceite para ser dotada de executividade, os franceses já vivem na era da informática, havendo estabelecido um título que, embora suscetível de aceite, aval e endosso, por natureza os dispensa, por contrariarem a filosofia da LCR. A preocupação com a cobrança judicial é relegada a plano secundário, porquanto se trata de um sistema que repousa essencialmente no fator confiança: "as relações de confiança esmagam as garantias tradicionais do direito cambiário" (Michel Vasseur, obra citada). "Que no campo do direito se entende também o caráter moral das ações o demonstra a prática jurídica e legislativa de todos os povos" (v. Cathrein, Filosofía del Derecho, tradução espanhola, 1945, pág. 279). "Certamente que também no Direito tem grande importância a valoração dos motivos que concorrem para determinar um ato, isto é, o grau de consciência e de vontade com que se realizou" (Del Vecchio Filosofía del Derecho, tradução espanhola, 1942, pág. 272). Vemos, pois, que o Direito ingressou decididamente na era da Cibernética, mas, acima da precisão dos computadores, está a sustentá-lo o conteúdo ético.

Seria despiciendo destacar a infatigável dedicação do professor Nelson Abrão ao ensino do Direito, seja pelo exercício de sua jurisdocência, seja por sua copiosa obra sobre os mais diversos temas de direito comercial.

Permito-me, no entanto, destacar apenas mais um dos temas–entre os numerosos que poderiam ser mencionados–por ele enfrentados, com a propriedade de sempre. Refiro-me ao delicado instituto da sociedade simples, acolhido pelo Código Civil de 2002, objeto de aturada e acurada análise do referido professor.

Como se sabe e já tive a oportunidade de destacar anteriormente– a sociedade simples assumiu, no Código, caráter indisfarçavelmente polissêmico, sendo objeto de evidentes divergências doutrinárias. Se, de um lado, como já destacado nos comentários ao art. 996, o Prof. Sylvio Marcondes explicou a sociedade simples como "*um compartimento comum, de portas abertas para receber e dar solução às apontadas questões*", de outro, autores como o Prof. Rubens Requião condenaram "*a introdução da sociedade simples no direito brasileiro, sem raízes na tradição jurídica de nosso país*", entendendo que teria sido preferível o Código Civil apenas estabelecer os princípios gerais relativos às sociedades, tal como ocorreu, exemplificativamente, com a França.

Por ocasião do advento do Código Civil de 2002, pude escrever que, nem mesmo a respeito da própria extensão e alcance do conceito da sociedade simples no direito brasileiro, haveria consenso na doutrina, permanecendo as discussões entre os autores mais vivas do que nunca.

O Prof. Fábio Ulhoa Coelho escrevia enxergar uma tríplice função para as sociedades simples, afirmando: "*Além de tipo societário e de modelo geral, ela é, finalmente, uma categoria de sociedade. É esta a terceira função do conceito que interessa destacar para os objetivos deste item. Pelo art. 982 do Código Civil, as sociedades se consideram simples se não tiverem 'por objeto o exercício de atividade própria de empresário sujeito a registro'*".

Depois de esclarecer que as sociedades simples podem adotar qualquer um dos tipos das sociedades empresárias, excetuando-se o da sociedade anônima e o da comandita por ações, subordinando-se às regras que lhe são próprias, prossegue o citado professor:

> Então, a expressão "sociedade simples" é, em decorrência da primeira e última funções assinaladas, ambígua. Em sentido estrito designa um tipo de sociedade (ombreia-se, neste caso, à limitada, anônima, comandita por ações etc.); em sentido lato, designa a categoria das sociedades não-empresárias. Quer dizer, de acordo com o sistema adotado pelo Código Reale, as sociedades personificadas se classificam, inicialmente, em empresárias e simples (não-empresárias). As empresárias podem adotar um de 5 tipos: nome coletivo,

> comandita simples, limitada, anônima e comandita por ações. As simples (em sentido lato), por sua vez, também podem adotar um de 5 tipos (em parte, diferentes): nome coletivo, comandita simples, limitada, cooperativa e simples (em sentido estrito).

Não obstante tão judiciosas considerações do eminente professor - com as quais estou de acordo, fundamentalmente, por conduzirem o intérprete ao resultado exato quanto ao quadro de opções oferecido pelo novo Código Civil brasileiro a todos aqueles que se proponham a exercer atividade econômica organizada, tenha esta feições empresariais ou não -, que têm o inquestionável condão de pôr em realce a verdadeira importância destinada à sociedade simples no direito brasileiro, penso que esse aspecto tricotômico das funções das sociedades simples (como tipo societário, como modelo geral e como categoria de sociedade) pode ser reduzido, dependendo do ângulo em que se coloque o estudioso, na verdade, a dois: como tipo societário e como categoria de sociedade. A outra função a que se referiu o Prof. Fábio - vale dizer, a circunstância de suas normas servirem, subsidiariamente, às outras modalidades societárias, empresárias ou não, constituindo-se num repositório normativo suplementar -, não significa que tal papel escape à sociedade simples enquanto categoria de sociedade. Seja como for, a delimitação conceitual do instituto não se afigura fácil. Tanto assim que o Prof. Alfredo de Assis Gonçalves Neto , após pôr em realce as várias dificuldades decorrentes da sistemática adotada pelo Código Civil, considerou que a distinção entre sociedade simples e sociedade empresária - ora introduzida no lugar da antiga diferenciação entre sociedade comercial e civil - "*revela-se igualmente fluida e confusa, porém, em menor intensidade*", concluindo esse eminente comercialista que "*mesmo assim, as décadas de discussão a respeito da dicotomia antiga serão substituídas com a reabertura de nova polêmica no enfrentamento de outras perplexidades, até que as novas dúvidas e dificuldades, aqui antevistas, sejam superadas*".

O professor Nelson Abrão, após aprofundada pesquisa da sociedade simples no Código das Obrigações suíço, no direito italiano e no então Anteprojeto de Código Civil brasileiro (neste último analisando os motivos determinantes da inovação da sociedade simples, suas características, o contrato social, os direitos e obrigações dos sócios, a administração, as relações com terceiros, a rescisão do vínculo em relação a um sócio e a dissolução da sociedade) pôde apresentar suas argutas conclusões do teor seguinte:

Atenderia a disciplina da sociedade, tal qual foi concebida pelo nosso projetista, a uma necessidade real de nossa atual conjuntura socioeconômica?

A novidade da matéria justifica a escassez de doutrina a respeito. Entretanto, encontramos incisiva referência de Rubens Requião, em seu atualizado "Curso de Direito Comercial", edição 1974, página 254:

"Condenamos, conforme já tivemos oportunidade de expressar em outro estudo, a introdução da sociedade simples no direito brasileiro, sem raízes na tradição jurídica de nosso país. Seria mais conveniente como regime atual os princípios gerais que presidem às sociedades."

Segundo o mestre, pois, ao projetista unificador bastaria que prescrevesse normas gerais. Mas. não explica como situar num livro destinado à "Atividade Negocial" a sociedade civil do Código ainda vigente. Teria ele, na sutileza de seu raciocínio de comercialista emérito, concluído pela sua disparição, ou por sua assimilação às sociedades comerciais, hodiernamente ditas empresárias? O dilema não é despiciendo. A importância que adquiriu o conceito de empresa, a partir do Código Civil italiano, veio enfraquecer o elemento objeto na caracterização dos tipos societários, fazendo-o ceder lugar à forma:

"Em consequência da ligação à empresa, toda diferenciação entre sociedade civil e sociedade de comércio desaparece. O objeto da sociedade se, não obstante, não perde, como se viu, todo o relevo, não serve, todavia, para determinar uma diferença de estrutura." (Giuseppe Ferri, obra citada, páginas 38 e 39)

Ora, é evidente que o projetista brasileiro, neste particular, adotou diretriz oposta ao seu indigitado modelo, isto é, o Código Civil italiano. Com efeito, enquanto este, partindo do objeto, determina o tipo societário (empresário ou simples, artigo 2.249), o Anteprojeto, no artigo 1.025, data vênia, incide numa tautologia ao considerar "*empresárias as sociedades que têm por objeto o exercício de atividade própria de empresário (grifo nosso) sujeito a registro*".

Melhor nos parece a terminologia do referido artigo 2.249:

"*As sociedades que têm por objeto o exercício de uma atividade comercial*" ...

"*As sociedades que têm por objeto o exercício de uma atividade diversa*"...

Entretanto, como vimos, o objeto da sociedade (comercial ou civil) não serve para determinar uma diferença estrutural. Mas esta é que tem importância na escolha do tipo (empresário ou simples). Neste sentido, confira-se Ferri, obra citada, página 40.

É a estrutura, pois, que dará, ou não, a forma empresária à sociedade. Mas, o legislador italiano já parte do pressuposto de que aquela que possui objeto comercial tem o cerne de empresária, donde não poder ser simples ou civil. Mas, a recíproca não é verdadeira: esta, conforme a estrutura, pode ser empresária:

A lei distingue sempre entre sociedades que têm por objeto o exercício de uma e sociedades que têm por objeto o exercício de uma atividade que tal não pode ser qualificada, enquanto não reentra em uma das categorias previstas no artigo 2.195 do Código Civil e, enquanto para as primeiras impõe a constituição segundo um dos tipos tradicionais das sociedades de comércio (sociedade em nome coletivo, em comandita simples, por ações, em comandita por ações e cooperativa) ou segundo o novo tipo da sociedade de responsabilidade limitada, para as outras deixa plena liberdade no que concerne ao esquema de organização, consentindo-se a constituição segundo um dos tipos previstos para as sociedades comerciais, mas prevendo-se que, em todas as hipóteses em que a sociedade não caiba em um destes tipos, ela seja regulada pelas normas sobre a sociedade simples (artigo 2.249, do Código Civil). Permanece assim aquela maior liberdade acerca da escolha do esquema de organização que subsistia para as sociedades civis no sistema dos códigos revogados: e para isto não constitui obstáculo o fato de que também a sociedade simples seja um tipo de organização e não também um esquema de organização geral, dado que a elasticidade deste tipo, que pode assumir em concreto posições diversas, seja no que diz respeito à organização interna, seja quanto à responsabilidade dos sócios e o vínculo de solidariedade, consente receber nesse todos aqueles esquemas de organização que não possam ser introduzidos nos outros próprios à sociedade de comércio. (Giuseppe Ferri, obra citada, páginas 40 e 41)

Do exposto resulta a importância que passaram a adquirir, através dos tempos, as sociedades civis, ou não-comerciais:

"A evolução histórica mostra, entretanto, que o regime das sociedades civis tende a se aproximar daquele das sociedades comerciais.

O fim do século XIX viu a jurisprudência reconhecer sua personalidade jurídica. A tendência se acentua no direito moderno porque a regulamentação embrionária do Código Civil, pelos perigos e abusos que pode engendrar, se revela incompatível com a importância de certas sociedades civis. Depois da Lei de 13-7-67, as sociedades civis podem ser declaradas em estado de regulamento judicial ou de liquidação de bens. Certas categorias de sociedades civis fazem às sociedades comerciais empréstimos vários Os sócios de sociedades civis profissionais respondem pelas dívidas sociais. A Lei de 31-12-1970 autoriza, a título excepcional, as sociedades civis, tendo por objeto exclusivo a aquisição e a gestão do patrimônio imobiliário locativo, a fazerem subscrição pública, contanto que elas se conformem a um conjunto de regras protetoras dos sócios, que relembram as sociedades anônimas", eis o valioso depoimento encontrado em Georges Ripert e René Roblot, "Traité Élémentaire de Droit Commercial", página 410, tomo 1, edição 1972.

Bastante racionais, portanto, os critérios do legislador italiano e do projetista brasileiro no sentido de, conforme suas tendências, a sociedade civil, ou não comercial, adotar a forma empresária, passando, como é óbvio, a se reger pelas normas a ela aplicáveis. Teria necessariamente o projetista pátrio de situar, num ordenamento unitário, a sociedade civil, ou não comercial.

Respondendo à indagação que formulamos atrás, a título de fundamento para argumentação, pensamos que ela não desapareceu, mas, ao contrário, pode chegar a adquirir importância tal que a leve a assumir as vestes de empresária, disciplinando-se como tal e pondo fim a tormentosas dúvidas ainda vigentes nos ordenamentos diversificados:

"A permissão de sociedades civis com forma mercantil é altamente criticável porque dá lugar à aparição de figuras cujo regime jurídico é contraditório e obscuro, criando sociedades híbridas cuja virtude prática é escassa. Se, segundo o artigo 1.670 do Código Civil, tais sociedades têm de submeter-se às normas do Código de Comércio, a menos que estas se oponham às contidas no Código Civil, será necessário em cada caso concreto proceder a uma minuciosa análise das normas civis e mercantis aplicáveis para descobrir se entre elas existe, ou não, contradição." (Manuel Broseta Pont, "Manual de Derecho Mercantil", página 133, edição 1972)

Repositório de normas comuns para as demais, exceto para a por ações, o projetista, também, concebe-a como tipo societário. Mas, não percamos de vista as origens. Matriz da sociedade é o direito suíço e, além da expressão que, etimologicamente, significa tipo mais elementar de sociedade, o próprio legislador helvético define-a como "aquela que não apresenta os requisitos especiais de uma outra sociedade prevista pela lei" (artigo 530, Código das Obrigações suíço). E seu caráter elementar volta a ser consagrado no Código Civil italiano, artigo 2. 251.

Afigura-se-nos, portanto, que o tempo demonstrou o acerto desses ordenamentos em não havê-la dotado de personalidade jurídica; e nossos legisladores, neste ponto, guardarão fidelidade aos princípios modelares se, a seu exemplo, a sancionarem como tal, afastada, como nos Códigos suíço e italiano, a figura da sociedade em comum, por mais amplamente satisfeitas suas finalidades pela sociedade simples.

Seja-me permitido, por derradeiro, encerrar esta pálida e canhestra homenagem ao saudoso professor, contando apenas duas passagens de minha vida com ele relacionadas.

A primeira delas ocorreu, na década de oitenta do século passado, quando fui designado pela chefia do Departamento de Direito Comercial (DCO) da Faculdade de Direito da Universidade de São Paulo para auxiliá-lo nas aulas da graduação, na qualidade de assistente voluntário, na época existente no Regimento Interno da referida Universidade.

Muito jovem ainda, ao saber que o professor Nelson Abrão daria aula para os alunos do quinto ano da Faculdade, na disciplina de direito bancário, com a qual muito pouco familiarizado eu estava, senti certo pânico de não corresponder às expectativas do eminente mestre.

Pacientemente, porém, ele começou a me passar a palavra apenas após ter a certeza de que eu me encontrava efetivamente preparado para prosseguir nas explicações por ele iniciadas com a dedicação de sempre. Pouco a pouco, absolutamente confiante no meu trabalho como professor, passou a me encarregar de dar algumas das suas aulas, a princípio uma, depois duas vezes por semana. Graças a ele, portanto, tive a oportunidade de obter um seguro e profundo processo de aprendizagem docente.

A outra passagem talvez nem devesse ser contada por tratar-se de algo estritamente pessoal. Quando se chega ao entardecer da vida, porém, essas questões de mero recato intelectual cedem lugar ao desejo mais forte e poderoso de contar simplesmente a verdade, ainda que esta possa causar algum tipo de desconforto a alguém...

Mas sinto certo dever de contá-la, principalmente nesta obra em que se pretende homenagear, com evidente justiça, a memória do saudoso professor. Servirá ela, pelo menos, para mostrar meu profundo respeito e minha enorme gratidão para com o professor Nelson Abrão.

Tendo sido procurado por um dos meus colegas do Departamento de Direito Comercial para que me inscrevesse em concurso público aberto para o provimento do cargo de professor titular, no qual um dos dois candidatos era exatamente o professor Nelson Abrão, ainda que sinceramente agradecido ao generoso colega, recusei-me delicadamente a fazê-lo.

Aleguei, na oportunidade, que jamais iria concorrer com o professor Nelson, pois sentia ter por ele imensa dívida de gratidão por dele ter recebido, afinal, tanto conhecimento ao longo da carreira universitária, seja enquanto fui seu aluno no curso de graduação, seja na qualidade de seu assistente voluntário. Nunca me arrependi da decisão tomada, ainda que o passar dos anos fosse me mostrar que me terei deixado levar por um tipo de sentimento de gratidão que, mais tarde, em situação análoga, não logrei, infelizmente, ver reproduzido...

Lamentavelmente, a realidade que pude presenciar foi aquela retratada no famoso soneto de Augusto de Anjos, com o qual encerro esta minha singela homenagem ao saudoso professor Nelson Abrão. Muito mais do que simplesmente belo, o poema é, também, rigorosamente verdadeiro quanto à extrema miséria da condição humana...

Ei-lo:

Versos Íntimos

Vês! Ninguém assistiu ao formidável
Enterro de tua última quimera.
Somente a Ingratidão – esta pantera –
Foi tua companheira inseparável!

Acostuma-te à lama que te espera!
O Homem, que, nesta terra miserável,
Mora entre feras, sente inevitável
Necessidade de também ser fera.

Toma um fósforo. Acende teu cigarro!
O beijo, amigo, é a véspera do escarro,
A mão que afaga é a mesma que apedreja.

Se a alguém causa inda pena a tua chaga,
Apedreja essa mão vil que te afaga,
Escarra nessa boca que te beija!

Referências Bibliográficas

ABRÃO, Nelson. *Da Caracterização da Falência*, São Paulo, 1970.

______ *Curso de Direito Falimentar*, 5ª ed., 1997.

_____ *Cibernética e Títulos de Crédito*, Revista de Direito Mercantil, Industrial, Econômico e Financeiro nº 19, Ano XIV, 1975.

_____ *A Continuação do Negócio na Falência*, São Paulo: Símbolo S.A. Indústrias Gráficas, 1975.

_____ *Declaração Judicial da Falência*, Revista de Direito Mercantil, Industrial, Econômico e Financeiro nº 35, julho-setembro de 1979.

_____ *A reorganização financeira do negócio no direito norte-americano*, Revista de Direito Mercantil, Industrial, Econômico e Financeiro nº 53, de janeiro-março de 1984.

_____ *A Administração Concursal*, São Paulo: Rumo Gráfica Editora, 1987.

ASCARELLI, Tullio. *Lezioni di Diritto Commerciale – Introduzione, in Corso di Diritto Commerciale*, Milão: Giuffrè, 1962.

AUGUSTO DE ANJOS. *Eu*, 31ª ed. Rio de Janeiro: Livraria São José, soneto intitulado *Versos Íntimos*, p. 146.

COMPARATO, Fábio Konder. *O Indispensável Direito Econômico*, originalmente publicado na RT 353/14, e posteriormente republicado in *Ensaios e Pareceres de Direito Empresarial*, Rio de Janeiro: Forense, 1978.

_________ *Aspectos Jurídicos da Macro-Empresa*, São Paulo: Ed. Revista dos Tribunais, 1970.

DE LUCCA, Newton. *A Cambial-Extrato*, São Paulo: Editora Revista dos Tribunais, 1985.

________ DE LUCCA, Newton e SIMÃO FILHO, Adalberto (coordenadores) - Comentários à Nova Lei de Recuperação de Empresas e de Falências, Parte I, Teoria Geral, São Paulo: Ed. Quartier Latin, 2005.

________*Código Civil Comentado*/ Coordenadora Regina Beatriz Tavares da Silva - 10ª ed. - São Paulo: Saraiva, 2016, vários autores.

GONÇALVES NETO, Alfredo de Assis. Lições de direito societário, São Paulo: Ed. Juarez de Oliveira, 2ª. ed., 2004.

POINT, Manuel Broseta. *Studi in Memoria di Tullio Ascarelli*, volume V, Milão, 1969.

_____ *Manual de Derecho Mercantil*, Madri, 1972.

REQUIÃO, Rubens. *Aspectos Modernos de Direito Comercial*, vol. 2°, Capítulo X – Direito Falimentar, São Paulo: Saraiva, 1980.

________ Curso de direito comercial, São Paulo, Saraiva, 27ª ed., 2007, v. 1.

VASSEUR, Michel. *La Lettre de Change-Relevé*, Paris: Sirey, 1976.

CRÉDITOS EXTRACONCURSAIS NA RECUPERAÇÃO JUDICIAL E NA FALÊNCIA

Arnaldo Rizzardo[1]

São objeto de estudo os créditos extraconcursais, tanto na recuperação judicial como na falência, embora a Lei nº 11.101/2005 tenha tratado sob essa denominação, com a sua discriminação, somente na falência (art. 84). No entanto, desde o momento em que define quais os créditos ficam sujeitos à recuperação judicial, considera extraconcusais os que ficam afastados. Por isso, parece coerente o estudo dos créditos extraconcursais também na recuperação judicial.

1. A recuperação judicial

Pela recuperação judicial, as empresas ou os empresários que constituem pessoas jurídicas de natureza empresarial, e que se encontrarem em dificuldade no atendimento de seus compromissos, podem buscar a autorização judicial da recuperação judicial, e de seguir em suas atividades enquanto procuram um caminho negocial com os credores, objetivando alcançar um prazo a fim de cumprir as obrigações pendentes.

A finalidade está no art. 47 da Lei nº 11.101/2005, consistindo em "viabilizar a superação da situação de crise econômico-financeira do devedor, a fim de permitir a manutenção da fonte produtora, do emprego dos trabalhadores e dos interesses dos credores, promovendo, assim, a preservação da empresa, sua função social e o estímulo à atividade econômica".

O devedor está legitimado a pedir a recuperação judicial, que poderá ser pessoa jurídica ou pessoa física empresária. É o previsto no caput do art. 48: "Poderá requerer recuperação judicial o devedor que, no momento do pedido, exerça regularmente suas atividades há mais de 2 (dois) anos e que atenda aos seguintes requisitos, cumulativamente (...)".

---

1 Membro da Academia Brasileira de Direito Civil. Desembargador aposentado pelo Tribunal de Justiça do Estado do Rio Grande do Sul. Autor de várias obras no campo do Direito Privado, algumas classificadas em primeiro lugar em concursos nacionais de monografias jurídicas. Em nove livros, analisou a integralidade do Código Civil de 2002. Ao todo, são mais de vinte e cinco obras publicadas. Exerce, atualmente, a advocacia.

A condição básica para o pedido, na forma do art. 48 da Lei nº 11.101/2005, consiste no exercício regular das atividades há mais de dois anos. Cumpre, também, o atendimento dos seguintes requisitos, constantes do mesmo dispositivo, com alterações da Lei nº 12.873/2013 e da Lei Complementar 147/2014:

> "I – não ser falido e, se o foi, estejam declaradas extintas, por sentença transitada em julgado, as responsabilidades daí decorrentes;
>
> II – não ter, há menos de 5 (cinco) anos, obtido concessão de recuperação judicial;
>
> III - não ter, há menos de 5 (cinco) anos, obtido concessão de recuperação judicial com base no plano especial de que trata a Seção V deste Capítulo;
>
> IV – não ter sido condenado ou não ter, como administrador ou sócio controlador, pessoa condenada por qualquer dos crimes previstos nesta Lei".

Dentre os requisitos do pedido, está a apresentação da "relação nominal completa dos credores, sujeitos ou não à recuperação judicial, inclusive aqueles por obrigação de fazer ou de dar, com a indicação do endereço físico e eletrônico de cada um, a natureza, conforme estabelecido nos arts. 83 e 84 desta Lei, e o valor atualizado do crédito, com a discriminação de sua origem, e o regime dos vencimentos" (inciso III do art. 51 da Lei de Falências e Recuperação judicial, em alteração da Lei nº 14.112/2020).

De observar a regra matriz quanto aos créditos sujeitos à recuperação, que devem ser anteriores ao pedido, na forma do art. 49, *caput*, da Lei nº 11.101/2005.

Desde que restringe os créditos sujeitos à recuperação os constituídos até a da do pedido de recuperação, consideram-se extraconcursais os que apareceram posteriormente.

Quanto ao plano de recuperação judicial, será apresentado pelo devedor ou pela empresa requerente, para ser submetido à apreciação e aprovação ou não da assembleia geral dos credores, a qual virá a ser convocada.

O devedor ou a empresa requerente submeterá o plano à assembleia geral dos credores se algum credor impugnar o plano apresentado, a teor do art. 56 e seu § 1º da Lei especial, a ser convocada dentro do lapso de tempo em período não superior a 150 dias do deferimento do processamento pedido de recuperação (§ 1º do art. 56). Nessa assembleia, é apresentado o plano de recuperação feito pelo devedor, que se submeterá à aprovação ou rejeição pelos credores, sujeitando-se a modificações, desde que haja a aceitação do devedor ou da empresa devedora.

Cumpre ao devedor a apresentação do plano no prazo de publicação da decisão que deferiu o pedido de processamento da recuperação. Uma vez ajuizado o pedido, devidamente justificado e instruído com documentos, e desde que admitido pelo juiz, inicia a fase da providência da demonstração da forma e das medidas próprias para o cumprimento, sob pena de sua conversão em falência. De observar o teor do art. 53 da Lei nº 11.101/2005:

> "O plano de recuperação será apresentado pelo devedor em juízo no prazo improrrogável de 60 (sessenta) dias da publicação da decisão que deferir o processamento da recuperação judicial, sob pena de convolação em falência, e deverá conter".

1.1. Créditos não incluídos no plano de recuperação judicial, ou créditos extraconcursais

Cumpre se tenha em conta o texto do art. 49 da Lei nº 11.101/2005. "Estão sujeitos à recuperação judicial todos os créditos existentes na data do pedido, ainda que não vencidos".

Na visão de Fábio Ulhoa Coelho, "os credores cujos créditos se constituírem depois de o devedor ter ingressado em juízo com o pedido de recuperação judicial estão absolutamente excluídos dos efeitos deste. Quer dizer, não poderão ter os seus créditos alterados ou novados pelo Plano de Recuperação Judicial. Aliás, esses credores, por terem contribuído com a tentativa de reerguimento, terão seus créditos reclassificados para cima, em caso de falência (art. 67).

Assim, não se sujeita aos efeitos da recuperação judicial (tais como a suspensão da execução, novação ou alteração pelo Plano aprovado em Assembleia, participação na assembleia, etc.) aquele credor cuja obrigação constituiu-se após o dia da distribuição do pedido de recuperação judicial" (Lei de Falências e de Recuperação de Empresas. São Paulo. Thomson Reuters/Revista dos Tribunais. 14ª edição, 2020, p. 177).

No caso em estudo, os créditos das seguradoras se constituíram depois do pedido de recuperação judicial.

1.2. O momento de formação do crédito sujeito à recuperação judicial

Para a inclusão do crédito no plano de recuperação judicial, insta que se tenha a data da ocorrência, que será anterior à data do pedido de recuperação judicial, conforme o Tema 1.051/2020, do STJ:

> "Para o fim de submissão aos efeitos da recuperação judicial, considera-se que a existência do crédito é determinada pela data em que ocorreu o seu fato gerador".

O Tema decorreu do Recurso Especial 1.840.531/RS, da Segunda Seção, rel. Min. Ricardo Villas Bôas Cueva, de 9.12.2020, DJe de 17.12.2020, com a seguinte ementa, no que interessa:

> "Os créditos submetidos aos efeitos da recuperação judicial são aqueles decorrentes da atividade do empresário antes do pedido de soerguimento, isto é, de fatos praticados ou de negócios celebrados pelo devedor em momento anterior ao pedido de recuperação judicial, excetuados aqueles expressamente apontados na lei de regência".

É que só então o fato gerador pode ser considerado como o fato efetivamente realizado e materializado. Constitui a realização concreta de um comportamento descrito na norma, cuja observação faz nascer uma obrigação jurídica, bem como define juridicamente a natureza do crédito. No seguro, *v. g.*, a norma insere a exigibilidade da obrigação com a verificação de um evento, que constitui o sinistro, e este só pode ser considerado como fato gerador.

Nem todos os credores, pois, estão submetidos aos efeitos da recuperação, mas apenas os titulares de créditos existentes na data do pedido de recuperação, ainda que não vencidos, e daqueles que não foram excepcionados pela Lei nº 11.101/2005.

Para aprofundar a compreensão do sentido de fato gerador, coloca-se como ponto inicial da matéria a definição dada pelo STJ, na seguinte ementa, no que é pertinente:

> "(...)
>
> 3. Diante da opção do legislador de excluir determinados credores da recuperação judicial, mostra-se imperioso definir o que deve ser considerado como crédito existente na data do pedido, ainda que não vencido, para identificar em quais casos estará ou não submetido aos efeitos da recuperação judicial.

> 4. A existência do crédito está diretamente ligada à relação jurídica que se estabelece entre o devedor e o credor, o liame entre as partes, pois é com base nela que, ocorrido o fato gerador, surge o direito de exigir a prestação (direito de crédito).
>
> 5. Os créditos submetidos aos efeitos da recuperação judicial são aqueles decorrentes da atividade do empresário antes do pedido de soerguimento, isto é, de fatos praticados ou de negócios celebrados pelo devedor em momento anterior ao pedido de recuperação judicial, excetuados aqueles expressamente apontados na lei de regência.
>
> 6. Em atenção ao disposto no art. 1.040 do CPC/2015, fixa-se a seguinte tese: 'Para o fim de submissão aos efeitos da recuperação judicial, considera-se que a existência do crédito é determinada pela data em que ocorreu o seu fato gerador'" (REsp 1.843.332/RS, Rel. Ministro Ricardo Villas Bôas Cueva, Segunda Seção, julgado em 09.12.2020, DJe 17.12.2020).

Cumpre que se dê o desenvolvimento das atividades do empresário anteriormente ao pedido de soerguimento da empresa. Em outros termos, que se esclareça o momento em que deve ser considerado como fato gerador do crédito para fins de submissão ao Plano de Recuperação Judicial.

Seguramente, será o da ocorrência do dano, do descumprimento legal ou contratual de uma obrigação, da prática de um ato nocivo. Bem coloca a matéria Paulo Penalva Santos:

> "Na responsabilidade jurídica extracontratual, o liame entre as partes se estabelece concomitantemente com a ocorrência do evento danoso. De todo modo, ocorrido o ato lesivo, surge o direito ao crédito relativo à reparação dos danos causados.
>
> Em outras palavras, os créditos submetidos aos efeitos da recuperação judicial são aqueles decorrentes da atividade do empresário antes do pedido de recuperação, isto é, de fatos praticados ou de negócios celebrados pelo devedor em momento anterior ao pedido de recuperação judicial, excetuados aqueles expressamente apontados na lei de regência".
>
> Importa em considerar que o fato obrigacional se realiza ou acontece anteriormente ao pedido de recuperação. Ou que a obrigação deixa de ser cumprida em momento precedente à pretensão recuperacional".

Mais adiante, prossegue o mesmo autor:

> "Ao concluir que 'os créditos submetidos aos efeitos da recuperação judicial são aqueles decorrentes da atividade do empresário antes do pedido de recuperação, isto é, de fatos praticados ou de negócios celebrados pelo devedor em momento anterior ao pedido de recuperação judicial, excetuados aqueles expressamente apontados na lei de regência', o eminente Ministro indica um caminho seguro para a identificação dos créditos passíveis de reestruturação em qualquer dos regimes recuperacionais regulados na Lei nº 11.101/2005, mostrando que a análise da submissão do crédito deve ser feita com base na perspectiva do devedor.
>
> Assim, o crédito que tem origem em fatos ocorridos ou negócios realizados pelo devedor antes do pedido de recuperação judicial está a ele sujeito, e deverá ser pago na forma do plano, ainda que na data *do* ajuizamento do pedido o crédito não se revista dos atributos da certeza, liquidez e exigibilidade" (Sujeição do garantidor à recuperação judicial do garantido, em http://genjuridico.com.br/2021/08/23/a-sujeicao-do-garantidor-a-garantido/).

Vale-se o doutrinador do conceito de obrigação, para considerá-la como uma prestação e incluí-la como fato gerador da obrigação securitária, invocando Washington de Barros Monteiro e Carlos Alberto Dabus Maluf, que a definem:

> "(...) 'obrigação é a relação jurídica, de caráter transitório, estabelecida entre devedor e credor e cujo objeto consiste numa prestação pessoal econômica, positiva ou negativa, devida pelo primeiro ao segundo, garantindo-lhe o adimplemento através de seu patrimônio (Curso de direito civil, vol. 4: direito das obrigações, 1ª parte: das modalidades de obrigações, da transmissão das obrigações. 40ª ed. São Paulo: Saraiva, 2015, e-book)'.
>
> A partir dessa definição é possível concluir que a primeira corrente interpretativa parte do pressuposto de que somente nas situações em que a obrigação é descumprida, sendo necessária a intervenção do Poder Judiciário para que a prestação seja satisfeita, é que se poderia falar em existência do crédito. No entanto, o crédito pode ser satisfeito espontaneamente, a partir da quantificação acordada pelas partes, extinguindo-se a obrigação.
>
> Disso decorre que a existência do crédito não depende de declaração judicial.

> Na verdade, confunde-se o conceito de obrigação e de responsabilidade.
>
> A existência do crédito está diretamente ligada à relação jurídica que se estabelece entre o devedor e o credor, que é o liame entre as partes, pois é com base nela que, ocorrido o fato gerador, surge o direito de exigir a prestação (direito de crédito).
>
> Assim, a prestação do trabalho, na relação trabalhista, faz surgir o direito ao crédito; na relação de prestação de serviços, a realização do serviço".

Em síntese, é necessária a prestação de um fato, ou o descumprimento de um dever. Na relação trabalhista, se dá com a realização da atividade; em uma assunção de obrigações, ocorre com o descumprimento. Não se faz necessária a intervenção judicial, podendo se concretizar mesmo com a sua mera ocorrência.

É vem exemplificada a situação, com a invocação de Marcelo Barbosa Sacramone:

> "(...)
>
> Os credores concursais trabalhistas são credores decorrentes da prestação de trabalho antes da decretação da falência ou do pedido de recuperação judicial. Ainda que a sentença apenas tenha sido proferida posteriormente à decretação da quebra ou ao pedido de recuperação judicial, com a condenação da recuperanda ou da massa falida ao pagamento da indenização, a referida sentença apenas reconhece um crédito que já era existente desde o fato gerador consistente na prestação laboral" (Créditos concursais. Enciclopédia jurídica da PUC-SP. Celso Fernandes Campilongo, Álvaro de Azevedo Gonzaga e André Luiz Freire (coords.). Tomo: Direito Comercial. Fábio Ulhoa Coelho, Marcus Ellidius Michelli de Almeida (coord. De tomo). 1ª ed. São Paulo: Pontifícia Universidade Católica de São Paulo, 2017. Disponível em: https://enciclopediajuridica.pucsp.br/verbete/240/edicao-1/creditos concursais - grifou-se)".

Segue exemplificando Paulo Penalva Santos:

> "Na responsabilidade jurídica extracontratual, o liame entre as partes se estabelece concomitantemente com a ocorrência do evento danoso. De todo modo, ocorrido o ato lesivo, surge o direito ao crédito relativo à reparação dos danos causados.
>
> Em outras palavras, os créditos submetidos aos efeitos da recuperação judicial são aqueles decorrentes da atividade do empresário

antes do pedido de recuperação, isto é, de fatos praticados ou de negócios celebrados pelo devedor em momento anterior ao pedido de recuperação judicial, excetuados aqueles expressamente apontados na lei de regência.

Vale transcrever, no ponto, a lição de Marlon Tomazette:

> "(...)
> 'A princípio, sujeitam-se à recuperação judicial todos os créditos existentes à data do pedido, ainda que não vencidos (Lei nº 11.101/2005 - art. 49). A aferição da existência ou não do crédito na data do pedido levará em conta o fato gerador do crédito, isto é, a data da fonte da obrigação. Assim, serão levadas em conta as datas de emissão de títulos de crédito, de conclusão dos contratos e da prestação de serviços pelos empregados. Os créditos posteriores ao pedido também têm sua importância, mas os titulares desses créditos não são sujeitos à recuperação judicial' (Curso de direito empresarial: falência e recuperação de empresas - volume 3. 7ª ed. São Paulo: Saraiva Educação, 2019, p. 100 - grifou-se)" (trabalho citado).

A conclusão conduz que o momento do fato gerador é o do momento do surgimento do crédito, que é quando acontece o seu elemento formador, podendo ser a execução do trabalho para os créditos trabalhistas, a omissão de pagamento na data avençada, e a sub-rogação quando da indenização securitária.

1.3. Momento da exigibilidade do crédito e momento da formação da obrigação

Há muito tem-se tratado nos Tribunais Pátrios a correta aplicação do art. 49 da Lei nº 11.101/2005, especialmente quanto aos créditos decorrentes de obrigações nascidas anteriormente ao ingresso do pedido de Recuperação Judicial, mas que se tornaram exigíveis após o pedido, tendo em vista o texto legal prever a sujeição do crédito existente, ainda que não vencido.

Surgem o direito e a legitimidade para o pedido somente quando satisfeita a indenização pelo advento de sua exigibilidade. O fato da celebração anterior do contrato não tem o alcance de formar, desde então, o crédito. A partir da formação do contrato inicia a existir uma expectativa do direito ao crédito, sem facultar-se qualquer iniciativa na realização do crédito.

Essa a dimensão dada pela jurisprudência do STJ, que toma como centro de discussão o contrato de seguro: "No seguro-garantia judicial, a relação existente entre o garantidor (seguradora) e o credor (segurado) é distinta daquela existente entre credor (exequente) e o garantidor do título (coobrigado), visto que no primeiro caso a relação resulta do contrato de seguro firmado e, no segundo, do próprio título, somente sendo devida a indenização se e quando ficar caracterizado o sinistro.

Na hipótese de haver o deferimento da recuperação judicial, a execução contra o devedor principal será extinta, haja vista a ausência de título a lhe dar suporte, somente sendo possível exigir o depósito da indenização pela seguradora se tiver ficado caracterizado o sinistro em momento anterior (ao do pedido de recuperação), observada a extensão dos riscos cobertos pela apólice" (Conflito de Competência nº 161.667 - GO, da 2ª Seção do STJ, rel. Min. Ricardo Villas Bôas Cueva, j. em 26.08.2020, DJe de 31.08.2020".

No voto do relator, está colocada a distinção entre a mera garantia constante do contrato e a prestação do obrigado, que somente será exigível com o pagamento, sendo transcrito o magistério de Adalberto de Souza Pasqualotto, que se vale do contrato de seguro como exemplo: "(...) Com o deferimento do processamento da recuperação judicial, os créditos existentes na data do pedido serão submetidos a seus efeitos e deverão ser pagos na forma do plano aprovado. Isso significa que o crédito será novado. A novação, de acordo com o artigo 49, § 1º, da LRF, só gera efeitos para o devedor em recuperação. Quanto aos coobrigados, fiadores e obrigados de regresso, o título permanece hígido, daí porque pode ser exigido o pagamento desses garantes. Já no caso da seguradora, como a relação jurídica é regulada pelo contrato de seguro, o pagamento da indenização somente poderá ser determinado se e quando verificada a ocorrência do sinistro, observada a extensão dos riscos cobertos pela apólice.

"(...) A prestação do segurador visa resguardar o segurado dos efeitos de um sinistro - fato futuro. A garantia é causa final do contrato. A prestação do segurador somente existirá, conforme exposto adiante, se houver o fato previsto como sinistro. Caso contrário, terá havido a garantia sem prestação. Já no caso das obrigações de garantia que aqui estão sendo tratadas, há uma prestação presente, a ser executada ou em execução. O segurador está em situação de 'obligatio' (responsabilidade). O devedor está em situação de 'debitum'" (Garantias no Direito das Obrigações: Um ensaio de sistematização. Trabalho apresentado para obtenção do grau de Doutor. Universidade Federal do Rio Grande do Sul, p. 33. Acesso: https://lume.ufrgs.br/handle/10183/13179).

Prossegue o doutrinador: "(...) No direito expectativo de garantia, o suporte fático é o acordo de vontades formador do contrato. A eficácia imediata do contrato, para o segurado, é a garantia. No direito à indenização, além do acordo de vontades, há o fato jurídico *stricto sensu* do sinistro. A indenização é uma segunda eficácia, mera extensão da primeira. Para a segunda eficácia já não basta o acordo de vontades, há necessidade de suporte fático adicional: o acordo de vontades (negócio jurídico) e o sinistro (fato jurídico *stricto sensu*). A garantia apresenta-se em estado latente enquanto o sinistro não ocorre. É de grande felicidade a expressão de Donati (1961:138), de que o contrato substitui a eventualidade negativa do dano pela expectativa de uma prestação positiva. A prestação só virá depois do sinistro" (Op. cit. p. 234).

Em síntese, não é a contratação da obrigação que define o momento da exigibilidade para as finalidades do art. 49 da Lei nº 11.101/2005, mas o descumprimento da obrigação, que constitui o momento da exigibilidade, e da existência de crédito quando do pedido.

Serve o *decisum* acima para evidenciar que a mera garantia não constitui crédito, o qual surgirá com a ocorrência do objeto da garantia, permitindo, também, se ocorrido antes do deferimento do pedido de recuperação, a novação do crédito.

2. A falência

A falência provoca a dissolução do empresário ou da sociedade empresária, com a finalidade de realizar o ativo e solver as obrigações através de sua liquidação.

Sabe-se, no entanto, que a falência não visa apenas à realização do ativo existente de um devedor empresário, da empresa, da microempresa e empresa de pequeno porte, e do produtor rural, com a finalidade de satisfazer, na ordem estabelecida em lei, os credores, mas, sobretudo, ao saneamento das dificuldades que afetam as finanças, a produtividade e o fomento do empreendorismo, com o afastamento dos devedores empresários ou empresas inviáveis das atividades que exercem.

Realmente, o art. 75 da Lei nº 11.101/2005, com alterações da Lei nº 14.112/2020, elenca tais finalidades: "A falência, ao promover o afastamento do devedor de suas atividades, visa a:

I - preservar e a otimizar a utilização produtiva dos bens, dos ativos e dos recursos produtivos, inclusive os intangíveis, da empresa;

II - permitir a liquidação célere das empresas inviáveis, com vistas à realocação eficiente de recursos na economia; e

III - fomentar o empreendedorismo, inclusive por meio da viabilização do retorno célere do empreendedor falido à atividade econômica".

A decretação da falência importa no afastamento do devedor de suas atividades, já que, em princípio, não revelou capacidade para coadunar os gastos ou despesas com a produtividade e realização de receita no mínimo suficiente para a subsistência.

Em vista da moderna e atual concepção de empresário, empresa e produtor, tem relevância a produtividade, que impacta no meio social, com a criação de empregos e a realização de riquezas, que constituem fatores de redução de inatividade da mão-de-obra e de extensa variedade de problemas sociais.

A otimização leva à criação de condições mais favoráveis para a utilização e o desenvolvimento de funções dos bens da empresa, como prédios, máquinas e demais equipamentos, aproveitando a capacidade de produção, bem como a infra-instrutora existente, inclusive aproveitando a expertise, a projeção e o conhecimento em determinado ramo das atividades ou da produção.

Tem como escopo a liquidação célere da empresa, abrangendo todo o patrimônio, com a distribuição do patrimônio líquido proporcionalmente aos créditos e segundo a ordem contemplada na lei, evitando, pois, que se faça a satisfação separada de cada crédito, como acontece nas execuções comuns de títulos. A liquidação abrangente e célere conduz à possibilidade da reutilização ou realocação dos recursos na economia, como produção de bens, prestação de serviços e comercialização de produtos.

2.1. Créditos extraconcursais na falência

Trata-se dos créditos que não entram na falência, impondo-se a sua exigibilidade antes dos créditos classificados no art. 83 da Lei nº 11.101/2005. Esses créditos devem ser pagos com precedência aos demais, sob pena de inviabilizar o processo falimentar. No caso do administrador judicial, precisa ele ser remunerado, sob pena de não se conseguir um profissional qualificado para o exercício de tal ofício.

Sua discriminação se encontra no art. 84 da Lei nº 11.101/2005, em texto da Lei nº 14.112/2020, não abrangendo a recuperação judicial, mas cuja previsão está no art. 49, conforme já analisado:

"Art. 84. Serão considerados créditos extraconcursais e serão pagos com precedência sobre os mencionados no art. 83 desta Lei, na ordem a seguir, aqueles relativos:

I - (revogado);

I-A - às quantias referidas nos arts. 150 e 151 desta Lei;

I-B - ao valor efetivamente entregue ao devedor em recuperação judicial pelo financiador, em conformidade com o disposto na Seção IV-A do Capítulo III desta Lei;

I-C - aos créditos em dinheiro objeto de restituição, conforme previsto no art. 86 desta Lei;

I-D - às remunerações devidas ao administrador judicial e aos seus auxiliares, aos reembolsos devidos a membros do Comitê de Credores, e aos créditos derivados da legislação trabalhista ou decorrentes de acidentes de trabalho relativos a serviços prestados após a decretação da falência;

I-E - às obrigações resultantes de atos jurídicos válidos praticados durante a recuperação judicial, nos termos do art. 67 desta Lei, ou após a decretação da falência;

II - às quantias fornecidas à massa falida pelos credores;

III - às despesas com arrecadação, administração, realização do ativo, distribuição do seu produto e custas do processo de falência;

IV - às custas judiciais relativas às ações e às execuções em que a massa falida tenha sido vencida;

V - aos tributos relativos a fatos geradores ocorridos após a decretação da falência, respeitada a ordem estabelecida no art. 83 desta Lei".

2.2. Análise de cada crédito extraconcursal

Fazem-se necessários os esclarecimentos que seguem.

Na versão original, o inciso I admitia no rol de créditos extraconcursais as remunerações devidas ao administrador judicial e seus auxiliares, e os créditos derivados da legislação do trabalho ou decorrentes de acidentes de trabalho, relativos a serviços prestados após a decretação da falência, sendo, no entanto, os mesmos incluídos no inciso I-D do art. 84. Também extraconcursais são os créditos trabalhistas dos três meses anteriores à decretação da falência, até cinco salários mínimos, como se verá abaixo.

Os demais créditos trabalhistas e os decorrentes de acidente do trabalho passaram a ocupar o primeiro lugar na classificação de créditos, conforme art. 83, I, até 150 salários mínimos, sendo o excedente colocado como crédito quirografário, na ordem do mesmo artigo, inciso VI-C, abrangendo o crédito provindo de acidente de trabalho, embora a omissão do dispositivo a respeito.

Segue a discriminação das hipóteses.

a) Quantias indispensáveis à administração da falência

No inciso I-A, estão as quantias constantes dos arts. 150 e 151, isto é, as quantias cujo pagamento antecipado seja indispensável à administração da falência, inclusive as previstas no inciso XI do *caput* do art. 99 da Lei em exame, que são as relativas à continuação provisória das atividades do falido com o administrador judicial ou da lacração dos estabelecimentos, sempre que houver risco para a execução da etapa de arrecadação, ou para a preservação dos bens da massa falida e dos interesses dos credores; e as exigidas para o pagamento dos créditos trabalhistas de natureza estritamente salarial vencidos nos três meses anteriores à decretação da falência, até o limite de cinco salários-mínimos por trabalhador, não incluídos os decorrentes de acidente do trabalho, como se depreende do art. 151.

No pertinente aos créditos trabalhistas, portanto, também tais créditos serão extraconcursais, alem daqueles verificados após a decretação da falência.

As mencionadas despesas, conforme o § 1º do art. 84, serão pagas pelo administrador com os recursos disponíveis em caixa; em inexistindo, com os recursos que ingressarem de qualquer fonte.

b) Valores entregues ao devedor em recuperação judicial pelo financiador

No inciso I-B, inclui-se o valor que efetivamente foi entregue ao devedor em recuperação judicial pelo financiador, de conformidade com o disposto na Seção IV-A do Capítulo III da Lei nº 11.101/2005, alterada pela Lei nº 14.112/2020. Cuida-se do financiamento concedido ao devedor, com autorização do juiz, e com a prévia ouvida do Comitê de Credores, em existindo, garantido pela oneração ou pela alienação fiduciária de bens e direitos, seus ou de terceiros, pertencentes ao ativo não circulante. Destina-se o financiamento a custear as suas atividades e as despesas de reestruturação ou de preservação do valor de ativos, matéria já examinada.

c) Valores decorrentes de não mais existir a coisa, de adiantamento em contratos de câmbio, de valores entregues ao devedor na revogação ou ineficácia de contratos, e de tributos retidos na fonte pelo devedor, de descontos de terceiros ou de sub-rogação e valores recebidos pelos agentes arrecadadores

Quanto ao inciso I-C, têm-se os créditos em dinheiro objeto de restituição sem considerar a classificação, conforme previsto no art. 86 da Lei de Falência e Recuperação, sendo os abaixo arrolados:

> "I – Se a coisa não mais existir ao tempo do pedido de restituição, hipótese em que o requerente receberá o valor da avaliação do bem, ou, no caso de ter ocorrido sua venda, o respectivo preço, em ambos os casos no valor atualizado".
>
> No caso, pode ser exigido de imediato o valor da avaliação do bem, ou do respectivo preço no caso de sua venda.
>
> "II – Da importância entregue ao devedor, em moeda corrente nacional, decorrente de adiantamento a contrato de câmbio para exportação, na forma do art. 75, §§ 3º e 4º da Lei nº 4.728, de 14 de julho de 1965, desde que o prazo total da operação, inclusive eventuais prorrogações, não exceda o previsto nas normas específicas da autoridade competente".

Corresponde a norma à obrigação de se restituir a importância entregue ao devedor em razão de contrato de câmbio para a exportação, se o prazo total da operação, inclusive de eventuais prorrogações, não exceder o previsto nas normas específicas da autoridade competente.

É necessária a explicitação da matéria, com a transcrição dos §§ 3º e 4º do art. 75 da Lei nº 4.728/1965 (Lei que disciplina o mercado de capitais e estabelece medidas para o seu desenvolvimento):

> "§ 3º No caso de falência ou concordata, o credor poderá pedir a restituição das importâncias adiantadas, a que se refere o parágrafo anterior.
>
> § 4º As importâncias adiantadas na forma do § 2º deste artigo serão destinadas, na hipótese de falência, liquidação extrajudicial ou intervenção em instituição financeira, ao pagamento das linhas de crédito comercial que lhes deram origem, nos termos e condições estabelecidos pelo Banco Central do Brasil".

O § 2º citado permite o procedimento da via executiva para cobrar os adiantamentos feitos pelas instituições financeiras aos exportadores, por conta do valor do contrato de câmbio, desde que as importâncias correspondentes estejam averbadas no contrato, com anuência do vendedor.

O prazo da operação referido no inciso II deverá cingir-se ao estabelecido nas normas próprias, em geral do Banco Central.

> "III – Dos valores entregues ao devedor pelo contratante de boa-fé na hipótese de revogação ou ineficácia do contrato, conforme disposto no art. 136 desta Lei".

A restituição abrangerá os valores pagos em contratos celebrados com o devedor, que forem anulados ou tornados ineficazes, como os de doação, de pagamento antecipado e de compra de mercadorias quando já existia o estado de insolvência, desconhecido do fornecedor. Cumpre se dê o caráter objetivo na interpretação da exceção, ou seja, desde que a realidade revele uma transação fora da capacidade de cumprimento pelo devedor, justifica-se a restituição do objeto do negócio através do pagamento, se não mais existente.

A referência ao art. 136 indica que a restituição depende de pedido deferido pelo juiz, ou de ação revocatória julgada procedente, como se retira de seu texto: "Reconhecida a ineficácia ou julgada procedente a ação revocatória, as partes retornarão ao estado anterior, e o contratante de boa-fé terá direito à restituição dos bens ou valores entregues ao devedor". Cabe ao credor escolher o caminho judicial. Perfeitamente cabível o mero pedido nos próprios autos da falência se incontroversa a revogação do contrato ou sua nulidade.

> IV – "Às Fazendas Públicas, relativamente a tributos passíveis de retenção na fonte, de descontos de terceiros ou de sub-rogação, e a valores recebidos pelos agentes arrecadadores e não recolhidos aos cofres públicos".

Autorizado o pagamento anteriormente, sem observar a ordem do art. 83, dos tributos cujo recolhimento deve ocorrer quando da realização da operação, isto é, passíveis de retenção na fonte. Destacam-se como exemplos, na esfera federal, o IRRF (Imposto de Renda Retido na Fonte), a CSRF (Contribuições Sociais Retidas na Fonte), isto é, da CSLL (Contribuição Social sobre o Lucro Líquido), do PIS (Programa de Integração Social), e do COFINS (Contribuição para o Financiamento da

Seguridade Social); na esfera estadual, o ICMS (Imposto sobre Operações Relativas à Circulação de Mercadorias e sobre Prestações de Serviços de Transporte Interestadual, Intermunicipal e de Comunicação) na substituição tributária, consistente a figura em primeiro pagar o ICMS retido que foi pelo seu fornecedor, para depois realizar a venda e receber o seu preço, que tem o imposto nele incluído; na esfera de impostos municipais, no caso, o ISS (Imposto sobre Serviços, também chamado de ISSQN – Imposto sobre Serviços de Qualquer Natureza).

Inclusive quando descontados de terceiros ou decorrentes de sub-rogação. São referência os valores pagos concernentes a salários, indenização sujeita à tributação, ordenados, vencimentos, comissões, soldo, pro labore e outras remunerações (inclusive aluguéis). Igualmente, o empregador quando as contribuições previdenciárias que foram retidas e descontadas dos empregados.

d) Remunerações devidas ao administrador judicial, reembolsos de valores e de créditos das relações de trabalho originados após a decretação da falência

No inciso I-D, permite-se o pagamento com precedência, das "remunerações devidas ao administrador judicial e aos seus auxiliares, aos reembolsos devidos a membros do Comitê de Credores, e aos créditos derivados da legislação trabalhista ou decorrentes de acidentes de trabalho relativos a serviços prestados após a decretação da falência".

Quanto ao administrador judicial e seus auxiliares, não podem os mesmos arcar com os encargos, especialmente os concernentes a publicações e intimações através de mandado ao oficial de justiça. Para viabilizar o próprio andamento da falência, justifica-se o pagamento feito na medida em que ingressarem recursos.

De igual forma quanto às despesas dos membros do Comitê de Credores, verificadas especialmente nos atos realizados que exigem custo, como nas intimações e publicações. Não em relação às despesas pessoais de deslocamentos, ou remuneratórias pelo desempenho das funções atribuídas aos membros.

No pertinente aos créditos derivados das relações trabalhistas, inclusive decorrentes de acidente do trabalho, é permitido o pagamento imediato dos créditos que se formaram a partir da decretação da falência. Os demais créditos dessa natureza, como acima já observado, entram na classificação do inciso I do art. 83, com o pagamento limitado a cento e cinquenta salários-mínimos por credor, e aqueles decorrentes de acidentes de trabalho, no mesmo valor o valor.

Não é de se olvidar que também extraconcursais se entendem os créditos salariais dos três últimos meses anteriormente à decretação da falência, em até cinco salários mínimos, como já anotado antes.

e) Valores gastos durante a recuperação judicial

Em relação ao inciso I-E, é permitido o reembolso dos valores gastos com as obrigações resultantes de atos jurídicos e válidos praticados durante a recuperação judicial, nos termos do art. 67 da Lei nº 11.101/2005, ou após a decretação da falência.

Os atos jurídicos válidos praticados no curso da recuperação judicial são vários, como as publicações, citações e intimações por edital.

Naturalmente, presume-se que a recuperação judicial tenha se convertido em falência.

O art. 67 descreve a aplicação: "Os créditos decorrentes de obrigações contraídas pelo devedor durante a recuperação judicial, inclusive aqueles relativos a despesas com fornecedores de bens ou serviços e contratos de mútuo, serão considerados extraconcursais, em caso de decretação de falência, respeitada, no que couber, a ordem estabelecida no art. 83 desta Lei".

Importa em afirmar que os créditos formados, inclusive com instituições financeiras, durante a tramitação da recuperação judicial, consideram-se válidos. Não se impede, porém, a sua revisão ou validade jurídica.

f) Quantias entregues à massa falida pelos credores

Relativamente ao inciso II do art. 84, pode-se pedir a entrega antecedente dos valores fornecidos à massa falida pelos credores, seja para atender necessidades destinadas ao prosseguimento das atividades, ou para continuar o próprio processo falimentar.

Quanto às despesas processuais, a devolução se dá com base no inciso III abaixo.

g) Despesas com arrecadação, administração, realização do ativo e outras decorrentes do processo

Também cabe, em vista do inciso III do art. 84, o pedido de reembolso imediato das despesas com arrecadação, administração, realização do ativo, distribuição do seu produto e custas do processo de falência. Naturalmente, as despesas decorrem da execução de várias atividades necessárias no processo falimentar, como de transporte, publicações, leilões, realização de diligências.

h) Despesas nos processos em que a massa foi vencida

.É contemplado, no inciso IV, o reembolso antecedente das custas judiciais relativas às ações e às execuções em que a massa falida tenha sido vencida. Contempla-se uma obrigação decorrente da sucumbência na ação promovida pelo falido ou na ação em que o mesmo está na qualidade de réu.

i) Tributos gerados após a decretação da falência

Está prevista, no inciso V, a exigibilidade extraconcursal dos tributos gerados após a decretação da falência, respeitada a ordem estabelecida no art. 83. De modo que os tributos incidentes após a decretação da falência podem ser exigidos desde logo, mas obedecendo a classificação do art. 83. Por diferentes palavras, a restituição imediata seguirá a ordem do credor melhor classificado. Exemplificativamente, em primeiro lugar estão os créditos derivados da legislação trabalhista ou decorrentes de acidentes de trabalho relativos a serviços prestados após a decretação da falência.

Os créditos extraconcursais discriminados, segundo o § 2º do art. 84, não afastam o preceituado no art. 122 da Lei em exame, dispositivo este estabelecendo que "compensam-se, com preferência sobre todos os demais credores, as dívidas do devedor vencidas até o dia da decretação da falência, provenha o vencimento da sentença de falência ou não, obedecidos os requisitos da legislação civil". Quer a regra deixar claro que os pagamentos antecipados e extraconcursais acima discriminados devem ser compensados com as dívidas do devedor. Seria injusto que tais créditos colocados fora da falência não abatessem as dívidas do devedor. Entram, então, no abatimento das obrigações pendentes do devedor. Mas existem exceções, que serão examinadas no item referente aos efeitos da falência.

A CONTRIBUIÇÃO DO JURISTA NELSON ABRÃO PARA O APRIMORAMENTO DOS REGIMES CONCURSAIS

Carlos Roberto Claro[1]

Introdução

O presente artigo científico tem como objetivo apresentar algumas das muitas contribuições do notável jurista Nelson Abrão (1923-1996), visando o aprimoramento do sistema concursal brasileiro[2]. Suas obras, escritas a partir do início dos anos 1970, jogam fortes luzes sobre vários aspectos do Direito Falimentar, de modo que hão ser (re)visitadas pelo estudioso que pretende ampliar seus estudos e horizontes interpretativos.

Tendo em vista o centenário de nascimento do jurista (2023), é importante colocar em relevo, uma vez mais, seus perenes ensinamentos teóricos a respeito da crise empresarial e regimes concursais, bem como as inúmeras sugestões, muitas das quais constam do atual texto de lei de 2005[3].

---

1 Advogado, com atuação em Direito Empresarial [notadamente direito societário e falimentar]; Mestre em Direito; Pós-Graduado em Direito Empresarial; Professor em Pós-Graduação; Parecerista e Pesquisador.
http://lattes.cnpq.br/5264249545377944
http://orcid.org/0000-0002-6589-9761

2 Para o autor deste ensaio a oportunidade de prestar homenagem ao jurista Nelson Abrão é muito especial e significativa. Minha monografia em pós-graduação, intitulada "Revocatória Falimentar" teve como base a obra "Da ação revocatória", do insigne professor. A monografia de 2002 foi transformada em livro, o único paranaense que consta das Bibliografias Selecionadas pela Secretaria de Documentação, Biblioteca Oscar Saraiva, do Superior Tribunal de Justiça [2019]. Portanto, o jurista Nelson Abrão fez e continuará fazendo escola. Sua obra "O novo direito falimentar" é a verdadeira condutora, a firme base sobre a qual se assentou a reforma do sistema falimentar, ocorrida em 2005. Basta comparar os termos da lei e os escritos de Nelson Abrão.

3 Escreve o doutrinador: *Não se descuide que fundamentalmente, a crise do instituto falimentar passa imprescindivelmente pela má estrutura da Justiça que não se comporta concreta e definitivamente, no sentido de discutir as causas e os princípios gerais que motivaram o estado de insolvência, eliminando as mazelas do procedimento e as intervenções impróprias gerando a dilapidação patrimonial. A continuação do negócio na falência.* [**1998:44**].

Outros posicionamentos do jurista - todas à frente de seu tempo, e mesmo deste - infelizmente ainda não fazem parte da legislação falimentar.

É certo que seu ponto de vista, por exemplo, no que diz com a exigência de capital social mínimo e que haja responsabilização em caso de insuficiência de ativos [**1985:233**], bem como a tese de que é de se instaurar inicialmente um Direito pré-concursal (meios preventivos do estado de insolvência, como o sistema de alerta [do sistema francês, por exemplo]), está em absolutamente consonância com a realidade.

Por fim, necessária a observância de procedimento sumário, quando se trata de pequeno devedor em crise, com apenas um ou poucos credores [**1985:227**], certamente ainda serão acolhidos, quiçá em lei mais moderna e consentânea à realidade, seguindo os padrões de alguns países europeus [Itália e França, por exemplo].

Os pensamentos de Nelson Abrão ecoam e reverberam - porquanto escritos com a pena molhada na tinta da realidade empresarial e crise -, bastando dizer que é um dos juristas mais citados em monografias, dissertações, teses, variadas manifestações judiciais e obras jurídicas.

O jurista já tratava da empresa nos anos 1970, de há muito se afastando da figura do comerciante, estando alinhado com a Teoria da Empresa, constante do sistema italiano.

De fato, Nelson Abrão pertenceu a um grupo de juristas clássicos, que se dedicava - mediante profunda abordagem metódica e hermenêutica - ao estudo do direito comparado, trazendo importantes observações e contribuições ao sistema nacional de insolvência. Os escritos destes juristas são perenes, sem dúvida.

A precisão acadêmica e rigorosa com que Nelson Abrão tomava da pena e escrevia suas obras demonstra que estava ele muito adiante de seu tempo. Sua obra é de obrigatória consulta a quem quer, de fato, estudar o direito falimentar.

O estudo do direito comparado levado a efeito por Abrão - sempre jogando luzes sobre o sistema concursal brasileiro, visando sua total reforma -, sem dúvida tem grande mérito e valor. De nada adianta estudar a atual Lei nº 11.101/05 sem compreender o histórico do direito falimentar brasileiro e examinar as obras clássicas.

Mais de três décadas antes do Projeto de Lei nº 4.376/93 e da edição da Lei nº 11.101/05, precisamente no ano de 1970, quando da sua tese de doutoramento, intitulada "Da caracterização da falência" - Faculdade de Direito da Universidade de São Paulo -, o insigne jurista, com visão de vanguarda e de futuro, amparo principalmente na doutrina e lei estrangeira [Itália, França, Espanha, dentre outros países], pugnava pela completa renovação do direito concursal brasileiro.

A edição de lei ocorreu somente no ano de 2005, talvez tardiamente, sendo que até os dias atuais ainda não disse a que veio, pois, avoluma-se a crise econômica empresarial, sem descuidar das milhares de pessoas jurídicas retiradas do mercado anualmente , de forma mais acentuada em tempos de crise sanitária mundial.

Demonstrava, à saciedade, o evidente divórcio entre a lei de 1945 e a realidade econômico-social, isso nos anos 1970 [há mais de 50 anos]. O mestre Nelson Abrão pugnava que a liquidação da empresa é sempre segunda opção, em caso de insucesso da tentativa de superação da crise, considerada transitória, passageira.

Primeiro cabe a tentativa de soerguimento do agente econômico e depois a retirada do mercado. Esse foi o pensamento esposado pelo jurista, que permanece até os dias atuais.

A solução da crise empresarial transcende a esfera meramente procedimental e mercantil, impondo-se preceitos de caráter preventivo e saneador [**1985:56**][4]. Assentou, com todas as letras, por exemplo, o Dec.-Lei nº 7.661/45 tinha índole processual e repressiva [**1985: 167**]; a insolvência empresarial não pode ser pressuposto único ou principal para a abertura judicial da falência [que tem caráter residual]; prepondera a prevenção da crise e as concepções saneadoras, até para evitar a falência do devedor; o mero inadimplemento e impontualidade (questões fáticas) não basta para abertura de procedimentos concursais (estado), sendo relevante considerar a insolvência da entidade, havendo críticas, pertinentes, ao teor do art. 1º do Decreto-Lei nº 7.661/45.

Seu entendimento era de que havia necessidade de alteração da hierarquia dos créditos na falência. Importante a visão publicística da crise empresarial, bem como necessário afastar os gestores ineptos e responsáveis pela derrocada, cabendo ao conselho fiscal evidenciar e prevenir a insolvência, tomando todas as providencias cabíveis para a salvaguarda da pessoa jurídica.

4 Pondera o jurista que *o bem jurídico considerado hoje como digno de proteção não é mais o puro interesse dos credores, apregoando-se a necessidade da salvaguarda dos interesses difusos, consistentes na manutenção dos postos de trabalho, na defesa dos direitos dos não controladores e dos fornecedores do chamado 'capital de crédito' proveniente da coletividade* [...]. [**1999:35**].

Para Nelson Abrão a lei deveria ser esvaziada de conteúdo preponderantemente punitivo dos titulares da pessoa jurídica, havendo necessidade de se fazer a necessária distinção entre a sorte da empresa [que tem vida própria e é um organismo produtivo] e dos seus titulares ineptos [**1985:155,163**], sendo que deveriam responder por seus atos na esfera própria.

A solução da crise econômica transcende a esfera eminentemente procedimental, nas palavras do insigne jurista. A busca, no sentir de Abrão, é por soluções preventivas, tendentes à conservação da empresa *e a satisfação dos plúrimos interesses que em torno dela gravitam* [**1985:60**][5]. Por isso escreveu acerca do Direito pré-concursal.

Muitas lacunas normativas do vetusto Dec.-Lei nº 7.661/45 por Nelson Abrão foram apontadas e reiteradas, inclusive em várias das suas obras, que serão aqui referenciadas[6].

Para o eminente tratadista - que estava muito além de seu tempo -, a solução da crise empresarial transcende a esfera procedimental e mercantil; concepções meramente processuais, afastando o caráter

---

5 *O Decreto-lei n. 7.661/45 visava à rápida e imediata liquidação do patrimônio do devedor para pagamento dos credores. Havia poucas possibilidades de recuperação da empresa mergulhada em crise. O texto normativo de 2005, ao contrário, busca primeiramente tentar salvar, reerguer a empresa em momento de crise, e só depois, caso não se logre êxito em tal empreitada, estabelecer regras a fim de que seja a entidade retirada do mercado, o mais rápido possível* [**CLARO, 2009: 152:253**].

6 Para fins de pesquisa e redação do presente, como referencial teórico foram utilizadas as seguintes obras: **O novo direito falimentar: nova disciplina jurídica da crise econômica da empresa**. São Paulo: Editora Revista dos Tribunais, 1985; **Da ação revocatória**. 2ª edição revista, atualizada e ampliada por Carlos Henrique Abrão. São Paulo: Livraria e Editora Universitária de Direito, 1997; **O síndico na falência**. 2ª edição, revista, atualizada e ampliada por Carlos Henrique Abrão. São Paulo: Livraria e Editora Universitária de Direito, 1999. **Curso de direito falimentar**. 5ª edição, revista, atualizada e ampliada por Carlos Henrique Abrão: São Paulo: Livraria e Editora Universitária de Direito, 1997; **A continuação do negócio na falência**. 2ª edição, revista, atualizada e ampliada por Carlos Henrique Abrão. São Paulo: Livraria e Editora Universitária de Direito, 1998; **Os credores na falência**. 2ª edição, revista, ampliada e atualizada por Carlos Henrique Abrão. São Paulo: Livraria e Editora Universitária de Direito, 1998. As referenciadas obras serão citadas em conformidade com forem sendo apresentados os temas específicos. Considerando que é vasta a contribuição de Nelson Abrão ao direito comercial, em geral, e ao direito da insolvência, em particular, apenas alguns temas [escolhidos conforme entendimento do autor] serão objeto de reflexão, considerando a delimitação de espaço.

substantivo do processo, não implicavam em soerguimento da entidade em crise, e sim, a ampliação de falências e concordatas preventivas.

Vários processos de concordata, inclusive suspensiva, fracassaram e inúmeros agentes econômicos foram retirados do mercado[7], muitas vezes por simples descumprimento de determinado texto legal. Havia necessidade de urgente superação de noções jurídicas de há muito ultrapassadas, empedernidas, empoeiradas, considerando novas leis incorporadas em outros sistemas normativos de ponta, principalmente europeus (Itália e França), bem como nos Estados Unidos da América (reforma ocorrida de 1978).

Nessa linha, a prevenção da crise se mostrava imprescindível para a tentativa de reorganização da empresa[8]. O tempo era da empresa – atividade econômica organizada, que envolve o coletivo, os múltiplos interesses -, e não mais do comerciante, aquele pequeno comerciante da Teoria dos atos de comércio, observada quando da redação do Dec.-Lei nº 7.661/45.

Já nos anos 1970 eram outros tempos, de modo que, com a edição da Lei nº 6.404/76, o país passou a contar com a instalação de várias empresas de médio e grande porte, de modo que havia descompasso entre a regra da lei e a realidade.

7 Talvez, houvesse no Brasil, já nos anos 1970 e seguintes, legislação concursal mais consentânea com a realidade e o moderno direito estatuído em países avançados – visando a preservação do organismo empresarial -, muitos agentes econômicos poderiam ter sido reorganizados e mantidos em operação. A concordata preventiva – onde havia o caráter privatístico, devedor-credores, importando o depósito judicial das parcelas devidas -, não reunia as mínimas condições de recuperar pessoas jurídicas em crise. Por isso, a indústria das concordatas. Havia indisfarçável descompasso entre a realidade empresarial e o Decreto-lei 7.661/45, o que acabou fazendo com que vários agentes econômicos sucumbissem.

8 Toda vez que o presente texto se referir a "empresa", entenda-se atividade econômica organizada, a teor do art. 966 do Código Civil Brasileiro (Itália, Cód. Civil, art. 2082). A Teoria dos Atos de Comércio, do sistema francês, de há muito está ultrapassada, de modo que há de ser colocado em relevo esse organismo vivo, pulsante, que é a empresa. De fato, é de se ponderar que a teoria da empresa, não obstante conste da lei italiana em 1942, somente com a edição do Código Civil brasileiro de 2002 foi incorporada no ordenamento jurídico pátrio, o que de certa forma é lastimável, pela demora em perceber que a empresa, e não o comerciante, é de ser considerado. Destarte, havia um grande fosso entre a prática jurídica e o que dispunha o Dec.-Lei 7.661/45, que (ainda) se referia a comerciante (art. 1º).

O diagnóstico preliminar da crise empresarial – instituto apresentado por Nelson Abrão nos idos de 1970 e somente em 2020 incorporado à Lei nº 11.101/05, se mostrava imprescindível a fim de que se adotasse o mecanismo correto à tentativa de reerguimento da empresa[9].

Aliás, totalmente incabível, sem sentido lógico, determinar a realização de perícia prévia após deferir o processamento da reestruturação judicial. Tal proceder não faz sentido, é inócuo e vai contra a própria sequencia determinada pela lei, desestabiliza o processo e cria insegurança jurídica, não só a todos os envolvidos, mas também à coletividade, em última análise.

Infelizmente, o legislador pátrio demorou 15 anos para perceber que, em determinados casos, o diagnóstico preliminar (ou perícia prévia) em recuperação judicial, pode levar ao efetivo soerguimento ou a falência do agente econômico.

Esse procedimento prévio – sempre prévio [o termo já o diz] e não após a decisão que determina o processamento -, destarte, foi introduzido na Lei nº 11.101/05, mas de há muito Nelson Abrão escreveu sobre o instituto, agora constante da lei. Não se trata de novidade – ao menos para a doutrina -, sendo certo que a questão foi apresentada primeiramente pelo jurista.

Para fins de tentativa de superação da crise empresarial, de há muito entendia o jurista Nelson Abrão que dever-se-ia separar a sorte da entidade e dos gestores [dissociar dirigentes da sociedade empresária]; buscar salvar o salvável; afastar a concepção liquidatária-solutória, medidas extrajudiciais para estancar a crise poderiam se adotadas.

---

9 Com arrimo na disquisição científica levada a efeito, tomando como base algumas obras essenciais do insigne doutrinador, será apresentado o resultado (parcial) do que se compreendeu a respeito das várias posições e teses por ele adotadas, as quais acabaram por influenciar de forma significativa o legislador de 2005. O presente texto busca jogar luzes sobre aspectos importantes, não raro olvidados pela doutrina majoritária, acerca de questões relevantes, submetendo-se o resultado (sempre provisório) da pesquisa ao debate acadêmico. O escopo do ensaio em homenagem ao centenário de Nelson Abrão- um dos juristas mais importantes do país – é contribuir para o enriquecimento de novas investigações e resultados quiçá mais positivos, sempre tomando como base sua vasta obra. Houve utilização de metodologia própria para se chegar ao resultado da investigação científica. Sobre o método, bem explica Mario Bunge que é um procedimento regular, explícito e possível de ser repetido para conseguir-se alguma coisa, seja material ou conceitual. [**1980:19**].

O diagnóstico econômico- financeiro preliminar se torna imprescindível para verificar qual o procedimento concursal há de ser aplicado no caso concreto; para tentativa de recuperação de pequenas empresas, caberia procedimento sumário, simplificado, sem a amplitude quando se tratava de maiores empresas.

Justamente pelo fato de que a recuperação concentra interesses e direitos coletivos, a concepção juridicista, formalista, deveria ser afastada[10], tornando mais célere e eficaz o processo; cabe afastar soluções casuísticas à crise da empresa, implementando meios preventivos capazes de detectar as reais causas do problema e sanear o agente econômico.

Quanto a figura do administrador judicial, desde logo, algumas ponderações críticas se fazem necessárias. Uma vez mais em 2005 se perdeu grande oportunidade para a reformulação de dispositivos legais a respeito deste importante órgão judicial, sendo que a regra do art. 21 da Lei nº 11.101/05 é deveras simplistas.

Há requisitos que muito bem poderiam constar do dispositivo legal. Faltou na atual lei o que consta da parte final do art. 60 do ab-rogado Decreto-Lei nº 7.661: quem se propõe a atuar em falência ou processo de reestruturação precisa, deve ter a indispensável idoneidade moral e financeira[11], produzindo prova a respeito.

Por outro lado – e essa questão parece que até o presente momento não foi examinada pela hodierna doutrina – quem administra a massa

10 Jean Martineau, no prefácio da obra de A. Sayag e H. Serat: *não é mais possível limitar o direito dos procedimentos coletivos à organização do pagamento dos credores e à liquidação do ativo do devedor. A importância econômica e social das empresas, aos quais ele se aplica, conduziu, com ou sem razão, a ver nesses últimos anos, nesse ramo do Direito Privado um instrumento privilegiado de política econômica, próprio a assegurar seu reerguimento ou a facilitar sua desaparição. Também sua juridicidade, complexidade e ineficácia lhe são frequentemente reprovados, como incompatíveis com as soluções dos problemas econômicos que reclamam rapidez, portanto menos formalismo, e solicitam rigor, porquanto sacrifício eventual de certos interesses em presença, qualquer que seja seu fundamento jurídico.* [**Abrão, 1985:54**].

11 Quem anela atuar como administrador judicial necessariamente precisa reunir dois requisitos básicos, quais sejam, **idoneidade moral e financeira**, consoante esclarece Pontes de Miranda [**1984: 12**]. Não basta a idoneidade moral; há de se ter a capacidade financeira para eventualmente ressarcir a massa falida e credores, em decorrência dos prejuízos a eles causados. Tal requisito, não raro, é olvidado. A respeito deste importante órgão judicial mais algumas linhas serão escritas no item próprio. O **princípio da moralidade** está insculpido na regra do art. 37 da Constituição Federal.

falida não pode atuar na fase de liquidação de ativos, competindo a um mandatário-liquidatário [liquidante judicial]- que representa unicamente os credores -, o qual será nomeado judicialmente no momento processual próprio, vender os ativos e pagar as dívidas da massa falida e da falida[12].

O administrador judicial, cuja remuneração é fixada judicialmente em sede falimentar, não mais é terceiro auxiliar nomeado pelo Juízo, e sim efetivo credor da massa falida (não da falida). Figura seu crédito na categoria extraconcursal (art. 84 da lei), isto é, recebe antes dos credores da falida.

Após o arbitramento do valor remuneratório a que tem direito [caso não seja destituído ou renuncie sem relevante razão], por seu trabalho à frente do processo [art. 24 da lei de regência], esta mesma pessoa passará a defender direito próprio, exclusivo em juízo.

Tem, a partir de tal momento, inequívoco interesse na solução rápida do processo – liquidação dos ativos e pagamento do universo de credores -, justamente porque almeja, por óbvio ululante, o recebimento de seu crédito pós-falência.

Certamente este mesmo administrador judicial não mais estará imbuído da indispensável imparcialidade no agir em juízo, caráter esse

12 Atuar como administrador judicial, cargo deveras almejado por muitos, mas que realmente poucos reúnem condições de exercer tão importante cargo de auxiliar da Justiça, exige experiência e capacidade técnica profissional; exige conhecimento especializado em matéria econômica, por exemplo; exige comprometimento no trato das questões múltiplas, difusas, que surgem no decorrer, tanto da falência quanto da reestruturação judicial; exige sensibilidade para lidar com todos os direitos e interesse envolvidos [tanto de devedor quanto de credores e terceiros]. Na lição de Nelson Abrão, *a função demanda conhecimentos especializados e disponibilidade de tempo, para os quais a lei acena com uma aleatória remuneração* [**1985:169**]. No Brasil, o controle da atividade desenvolvida por este órgão do processo é ainda muito brando, quiçá incipiente, não obstante importante posicionamento do Conselho Nacional de Justiça. Aliás, acentua o mesmo jurista Abrão que os administradores judiciais *geralmente escolhidos entre advogados que militam nos procedimentos falimentares, subordinam-se apenas à autoridade do juiz que, tendo-os nomeado dentro do círculo de seu conhecimento pessoal, se vê constrangido quando for o caso de aplicar-lhes qualquer medida corretiva ou punitiva* [**1985: 170-171**]. A obra escrita há quase 40 anos é perene e serve de subsídio doutrinário, principalmente aos que pretendem navegar no tormentoso mar da Lei 11.101/05. Portanto, a leitura dos clássicos é requisito indispensável a quem quer compreender, de fato, o sistema falimentar brasileiro, desde sua origem.

exigido de quem anela tal cargo de auxiliar do Juízo. Descabe gastar tinta para discorrer sobre o óbvio, por certo.

Obviamente, então, de forma nenhuma poderá o administrador judicial: (i) indicar a forma e modalidade de alienação dos bens arrecadados e muito menos (ii) atuar na fase de liquidação (realização) de ativos, porquanto o mandatário-liquidante representa exclusivamente os interesses apenas dos credores. O administrador judicial não representa os interesses destes, e muito menos do devedor falido e seus acionistas ou sócios, ou mesmo de terceiros interessados[13]. Tal detalhe é peculiar e deve(ria) ser considerado pelo legislador, caso, de fato, quisesse seguir os passos da legislação de ponta.

A elaboração de lei regulando as figuras do administrador judicial e mandatário-liquidatório se faz imprescindível, urgente, qual em França. Acerca do mandatário-liquidante no sistema francês, pondera Nelson Abrão:

> *O mandatário-liquidatório é na verdade a pessoa encarregada por decisão judicial de representar os credores, recolhendo as propostas da classe, organizando a lista, ordem de pagamento, tendo a precípua qualificação para agir no nome e nos interesses dos credores. Cuida-se de um órgão do procedimento que se encarrega de um número de operações, tomando iniciativas, possuindo um estatuto que disciplina sua atividade...*[**1999: 117**]

E no Brasil, ao tempo de vigência do Decreto 5.746/1929:

> *O exercício das funções de síndico estender-se-ia até a realização da primeira assembleia de credores, conforme determinado pelo juiz na sentença que decreta a falência. Nesta, os credores elegeriam um liquidatário em substituição ao síndico na administração, com a função de promover a liquidação do ativo e ao pagamento do passivo, na forma deliberada pelos próprios credores ou, quando assim não o tivesse feito, de acordo com as prescrições específicas da lei* [**1999:103**]

---

13 Aliás, pondera Nelson Abrão: é preciso estar atento e com os olhos voltados para os propalados profissionais do ramo que fazem do negócio alta lucratividade, sem escrúpulos, ou intenções de arregimentar situação tranquila à empresa em crise [**1999: 106-107**].

Diante do evidente conflito de interesses – entre massa falida e administrador judicial -, cabe reformulação da lei para, com arrimo principalmente na lei francesa, introduzir no sistema nacional de insolvência a figura do mandatário-liquidatário, pessoa encarregada pela venda dos ativos arrecadados no âmbito da falência.

Pondera Abrão:

> *Por outro lado, as próprias atribuições do sindico se apresentam conflitantes: como ser, ao mesmo tempo, administrador da massa e seu eventual liquidatário para atender aos interesses dos credores?* [**1985:171**]

Prosseguindo, a separação que deve ocorre entre empresa e dirigentes, sendo que estes devem ser punidos nas esferas próprias por eventuais abusos e práticas tendentes a criar prejuízos à entidade e aos credores. Ainda, na linha do que foi de há muito proposto por Nelson Abrão, tais dirigentes hão de ser responsabilizados pela insuficiência de ativos das pessoas jurídicas.

O artigo 82 da Lei nº 11.101/05 é de pouco ou nenhuma aplicação prática, sem descuidar que não engloba, por exemplo, as figura dos administradores e diretores, bem com demais gestores empresariais que deram causa à crise.

Enfim, há de se ter em mente a tentativa de preservação da empresa, impondo-se maiores restrições aos direitos dos credores. A busca por novo equilíbrio se impõe, sendo que o processo de reestruturação deve(ria) ser permeado por concepção saneadora e recuperatória, ficando a abertura judicial para segundo plano, se o caso concreto assim o exigir.

1. Afastamento da concepção privatística. Substituição do caráter processual pelo substancial. Restrição aos direitos dos credores

O jurista Nelson Abrão pugna pela deslocação do concurso de credores do plano privatístico para o publicístico, entendendo que há interesse público quanto a conservação da empresa, colocando a reestruturação em degrau superior.

Nesta há múltiplos e complexos interesses envolvidos, se não *restringindo aos dos trabalhadores e aos do Estado, embora esses sejam relevantes* [**1985:25**]. Escreve mais o autor:

*A passagem da concepção como disciplina de relações 'inter partes' (devedor e credores) dos procedimentos concursais para uma econômica e social foi interpretada como a mudança mais radical operada no direito francês desde a promulgação do Código de Comércio, portanto, há mais de meio século [***1985:28**. *Destaque no original]*[14]

Prossegue:

Na realidade, as noções de 'insolvência', de 'impontualidade', de 'inadimplemento', perfeitamente ajustadas no cenário concursal de concepção privatística (relação devedor-credores), estão hoje superadas pela de 'crise econômica da empresa'.

*Já não se fala em 'insolvência', fala-se de 'situação de crise econômica', conceito metajurídico e – o que é mais importante – sem possibilidade de ser confundido com os que habitualmente utilizam as Leis Concursais [***1985:30**. *Grifos no texto]*

14 *Está, pois, superada em matéria de dinâmica dos procedimentos concursais, a ótica exclusivista ou prevalecente do binômio devedor-credores, uma vez que, reconhecendo a existência no seio da empresa de uma complexidade de interesses que não apenas os daqueles, de conteúdo econômico e social, e que devem primar sobre eles, afasta-se o formalismo, procura-se 'desjuridizar' os procedimentos coletivos, orientando-se no sentido do resultado. Supera-se o abismo entre norma e realidade (o 'gap' de quem falam os Anglo-Saxões).* [**1985:166**. Grifos no original]. Ainda, Nelson Abrão esclarece, se opondo á tese de que a falência é instituto processual, que *a perspectiva moderna se mostra diametralmente oposta ao conceito exarado, a uma à medida em que o procedimento supera o conteúdo do processo, a duas pela técnica que visa preservar a empresa* [**1998:37-38**]. Em obra de fôlego, assim se manifesta o jurista: *nada obstante os estreitos limites regrados pelo trabalho que se constitui num curso, não é de todo desnecessário asseverar que a grande dificuldade no manuseio do tema se prende ao diploma legal antigo, complexo, polêmico, repleto de posição processual, sem qualquer interesse no procedimento, fazendo com os credores se desliguem do contexto da moratória ou da falência, separados que estão por causa do destino e da reduzida esperança de virem a receber os valores habilitados no concurso, quando a garantia patrimonial é toda ela direcionada para os privilégios que cercam o andamento da fase de especificação da soma e preocupação na sua liquidação* [**1997: 444-445**]. O autor retoma o tema em outra obra: *pensando nisso, de há muito o Governo Federal vem buscando retomar o seu compromisso e procurar elaborar pelos canais competentes, uma legislação menos processualística, reduzindo os incidentes e recursos que apenas penalizam a empresa e deterioram seu acervo, quando debilitam o patrimônio ainda encontrado* [**1997a:140**].

Por fim, traz à colação os ensinamentos de René Rodière e Bruno Oppetit:

> *Doravante, os interesses dos credores passam para o segundo plano e pouco importa a tomada de consideração da pessoa do devedor: o legislador, e com ele o juiz, tem principalmente por objetivo a salvaguarda da empresa em função do valor e do interesse que ela representa para a economia regional ou nacional [***1985:28-29***]*

No que se refere à substituição do caráter processual pelo substancial, o jurista cita uma das conclusões da Jornada de Estudos (1978), realizada pelo Conselho da Ordem dos Advogados e Procuradores de Catânia em combinação com a Faculdade de Direito local:

> *Uma moderna chave de leitura da lei falimentar não pode prescindir da consideração de que o direito falimentar é um banco de prova para todos os interesses conexos à empresa. Em outras palavras, a processualidade da falência cede a seu caráter substancial e todos os institutos do direito comercial encontram na falência – qual papeleta de girassol – sua precisa medida. Desaparece, assim, o aspecto sancionador da falência, a qual se torna apenas um momento da empresa, assumindo, porém, decisivo relevo dentro do Direito Comercial [***1985:28***]*

Acentua Nelson Abrão:

> *Menores formalismo, lentidão e ineficácia do processo, completam a feição do atual Direito Concursal, segundo a fórmula inaugurada pele Lei francesa de 13.7.67 e complementada pela Ordenação de 23 de setembro do mesmo ano [...]. [***1985: 53-54***]*[15]

15 O autor vai muito mas além afirmando que: *vimos que a fase moderna do Direito Concursal se caracterizou pela passagem do plano estritamente privado para o publicístico, ou seja, da mera composição dos interesses individuais, pela via solutória e liquidatária, para a conservação da empresa; pela expunção do conteúdo acentuadamente formalista dos procedimentos, orientando-se-os ao atendimento de necessidades vitais, representadas pela realidade econômica* [**1985:57**]. O jurista escreve mais a respeito do tema: *Se é verdade que um processo formalista, vazio de conteúdo, instaurou a crise dos procedimentos concursais, menos verdade não é que, sendo ele objetivo, levando em conta os aspectos social e econômico, com a orientação geral de assegurar a preservação da empresa, como unidade produtiva, é indispensável.* [**1985:217**].

Por fim,

> *Se a chamada 'juridicidade' caracterizou uma fase superada na história dos procedimentos concursais, é óbvio, porém que não se deve cair no excesso oposto, ou seja, erigir-se o econômico em um absoluto, a ponto de transgredir-se o princípio da garantia dos direitos e liberdades individuais. Daí, pois, no que concerne à crise da empresa, justificar-se uma objetiva regulação dos postulados econômicos que devem prevalecer nas tentativas de sua solução [**1985:51**]*

Quanto a restrição aos direitos dos credores no concurso, entende o doutrinador que com a prevalecente preocupação, na técnica atual de concepção dinâmica dos procedimentos concursais, de preservar a empresa, conjurando sua crise econômica, impõem-se maiores restrições aos direitos dos credores [**1985:32**].

A procura por um novo equilíbrio, por assim dizer, com a 'derrogação" dos direitos dos credores [nas palavras de Nelson Abrão], pode ser traduzida pelo *automatic stay period* [suspensão das ações, emprestada do sistema legal norte-americano] no processo de reestruturação [Lei nº 11.101/05, art. 6º e §4º; art. 52, inc. III]. Tal equilíbrio certamente é refletido no plano de reestruturação eventualmente apresentado pelos credores.

Observe-se que uma das condições do plano é a *não imposição ao devedor ou aos seus sócios de sacrifício maior do que aquele que decorreria da liquidação na falência* [art. 56, §6º, da Lei nº 11.101/05]. Tal condição advém do sistema normativo estadunidense.

Por outro lado, na arena denominada reorganização (judicial ou extrajudicial), há certo poder de barganha [qual no sistema estadunidense], por parte do devedor, mas, a composição com os credores há de buscar a convergência, visando a retirar o agente econômico da crise, retornando ao mercado. Ainda, faz constar Abrão:

> *Ora, numa enfocação publicística dos procedimentos concursais, o interesse dos credores cede aos da coletividade; a própria regra tradicional da 'par conditio creditorum', conforme iremos ver, que sempre presidiu aos procedimentos concursais, sofre derrogações. Impõe-se, por força da lei, uma moratória aos credores [**1985:82**]*

2. Diagnóstico preliminar. Noção teórica de 1985

Demonstrando, nitidamente, que seus estudos acadêmicos estavam muito mais adiantados, Nelson Abrão assentou a importância do diagnóstico preliminar. Escreveu sobre o tema em 1985, mas o instituto somente foi incorporado ao sistema falimentar, 35 anos, depois, mediante reforma da Lei nº 11.101/05.

Durante esse período, ao que se nos parece, não era comum o Juízo determinar perícia, a fim de verificar as reais condições de operação do agente econômico, antes de eventualmente deferir o processamento da recuperação judicial.

Considerando a inexistência de dispositivo legal a respeito, corria-se o risco de, após a decisão inicial positiva, quando o procedimento já transcorria, perceber-se que na realidade o agente econômico estava em indisfarçável crise patrimonial, ou, em outras palavras, insolvente.

Por óbvio que tal "descoberta" criava insegurança jurídica a todos os envolvidos no processo, sem desconsiderar terceiros interessados. É de se ponderar que, em condição tal poderia haver desestabilização do processo.

De uma forma ou de outra, a regra do art. 51-A da Lei nº 11.101/05, afastou a lacuna. Importa colocar em relevo que desde 1985 o doutrinador Nelson Abrão apresentou o instituto:

> *Explicitando que a finalidade precípua dos procedimentos concursais consiste em enfrentar a crise econômico-financeira da empresa, numa tentativa de recuperação, delineia-se como fundamental o exato conhecimento de sua situação econômico-financeira para que se possa determina, de modo racional a atitude a tomar em relação ao patrimônio e aos dirigentes [***1985:226***][16]*

Prossegue:

> *O diagnóstico econômico-financeiro liminar nos procedimentos concursais, elaborado por perito de confiança do Juízo, servirá de roteiro seguro quanto às deliberações a serem tomadas pelo magistrado: conservação, ou não, dos dirigentes à testa da empresa; solução procedimental (reorganização ou liquidação); elaboração do plano de*

16 O jurista foi muito mais além, não ficando adstrito a este ou a aquele procedimento recupetório. Na sua visão, primeiro se deve proceder à perícia prévia para depois escolher o melhor caminho a ser tomado, mediante prévio plano de saneamento da crise. Não se olvide do consequencialismo, ou seja, dos efeitos práticos [impactos] da decisão judicial, que podem comprometer a segurança jurídica e a estabilidade do processo [Lei 12.376/2010, art. 20].

> *reerguimento e de pagamento; sanções civis e penais aos dirigentes omissos ou fraudulentos e sua eventual extensão a terceiros co-responsáveis. O diagnóstico econômico-financeiro funciona como garantia de supedâneo real e sério, repondo o processo em seu verdadeiro lugar de realização da justiça, do qual se apartou, no correr dos tempos, graças à prevalência de uma concepção juridicista, e formalística, de mero cumprimento de atos e termos, abstraída da realidade econômica [***1985:227***]*[17]

Por fim,

> *Seria muito mais lógico fosse avaliada a condição primeiro do devedor que se apresenta em dificuldade, no estado de iliquidez temporária da crise que toma conta do seu negócio, para que uma vez feito o diagnóstico se parta com passos decisivos na solução da questão, sem*

17 Optei por seguir a linha de pensamento de Nelson Abrão e de há muito escrevi sobre o tema, conforme obra publicada. CLARO, Carlos R. **Recuperação judicial: sustentabilidade e função social da empresa.** São Paulo LTr Editora, 2009. A respeito do art. 64 da Lei 11.101/05 e afastamento dos gestores: ABRÃO, Carlos H.; MARTINS, Lucilaine Braga L. C; CLARO, Carlos. **Destituição e remoção dos administradores de empresas em recuperação judicial**. São Paulo: Quartier Latin, 2023. Nelson Abrão salienta que *a tendência hodierna das legislações concursais é no sentido de, na medida do possível, conservarem o devedor na gestão da empresa em crise, cuja atividade continua, por duas razões fundamentais: I- porque é ele, dentro de uma conduta normal, o maior interessado em sua recuperação; II – porque assim se evita uma quebra de continuidade na condução dos negócios. É por isso que a substituição plena do chefe da empresa por um administrador judicial é aplicada em caráter excepcional* [**1985:112**]. Dissertam Carlos H. Abrão, Lucilaine B. L. C. Martins e Carlos R. Claro: *A Lei 11.101/05 é carente de redação quanto a este especial aspecto, cabendo:*
(i)modificação imediata do art. 64, inclusive para que se crie norma jurídica acerca do procedimento a ser adotado quando do afastamento dos gestores, sem esbarra nos estatutos ou contratos sociais, considerando a vontade externada pelos participantes;
(ii)posicionamento judicial mais célere quando se deparar com situação enquadrada neste mesmo art. 64, não obstante ausência completa de procedimento legal;
(iii)aumentar as hipóteses legais em que pode ocorrer o afastamento dos administradores da recuperanda;
(iv)em ocorrendo hipótese legal, que o juiz imediatamente nomeio gestor externo, para que inexiste solução de continuidade da atividade empresarial e, por fim,
(v)falece à assembleia de credores competência para deliberar sobre o nome do gestor empresarial, cabendo tal incumbência ao juiz da causa [**2023:241**]

> *contemporizar, retardar o ponto de equilíbrio e esmorecer o espírito empresarial [***1999:106***]*

O regramento legal quanto ao diagnóstico [ou perícia prévia] constante da Lei nº 11.101/05, poderia ter nova roupagem, sem dúvida. Nem sempre a simples análise da petição inicial e documentação anexada [requisito formal] sinaliza que cabe (ou) a perícia prévia.

Por outro lado, em se tratando de grandes pessoas jurídicas, com várias filiais, dificilmente um laudo técnico poderia ser entregue em exíguo prazo de cinco dias. A lei carece ser alterada, neste ponto.

Em decorrência do diagnóstico preliminar, que certamente orientará o magistrado quanto ao rumo que deverá tomar o processo, esclarece Abrão:

> *A tendência atual das legislações, uma vez que se parte do pressuposto de reerguimento da empresa, é no sentido de consagrarem um procedimento ou concurso único, com várias soluções, conforme o estado econômico do devedor, eliminando-se os inconvenientes da existência de vários tipos de processo e a eventual anti-economicidade e dificuldades de ordem jurídica: quanto à escolha do tipo de procedimento, no ato da abertura; em caso de necessidade de passar-se de uma forma à outra, diferente no que concerne a seus pressupostos, tramitação e consequências [***1985:219***]*

Ainda, há várias outras reflexões que podem ser apresentadas[18]. Em decorrência do diagnóstico preliminar, cujo lado pericial certamen-

---

18 Sobre o tema: CLARO, carlos R. *Apontamentos sobre o diagnóstico preliminar em recuperação judicial. Abordagem zetética*. In – ABRÃO, Carlos H.; CANTO, Jorge L. L. do; LUCON, Paulo H. dos S. (coord.). **Moderno direito concursal – Análise plural das Leis n. 11.101/05 e n. 14.112/20**. São Paulo: Quartier Latin, 2021. Em outra obra fiz constar que: *a análise firme de todo o conjunto probatório, inclusive de novos documentos que venham a ser juntados no processo, por deliberação judicial, poderá dar ensejo à recuperação do devedor em crise, não bastando, definitivamente, que se cumpra rigorosamente o contido no art. 51 da Lei falencial, sob pena, daí sim, de serem criadas verdadeiras indústrias de recuperação judicial no Brasil, repetindo-se a situação deletéria que vinha ocorrendo com a concordata preventiva* [**2009:209**]. Prossigo, afirmando: *tema é deveras instigante e entende-se que, arrimada a Lei n. 11.101/05 nas disposições do Código de Processo Civil, por força do art. 189 daquela, perfeitamente possível ao juiz condutor do feito determinar sejam cumpridas todas as medidas necessárias à perfeita compreensão da matéria, inclusive que se emende a petição inicial, podendo até mesmo ocorrer o seu indeferimento de plano, seguindo*

te orientará os rumos que poderão ser tomados, estabelece a lei que o magistrado poderá: (i) à vista dos elementos coligidos no laudo e considerando a documentação apresentada pelo devedor, determinar o processamento da reestruturação judicial (art. 52); (ii) indeferir a petição inicial (sem jamais poder abrir de ofício a falência do devedor, porquanto a regra do art. 73 dispõe de forma expressa em quais hipóteses poderá o devedor ser retirado de mercado, durante o regime recuperatório), se não olvidando da regra do art. 51, §6º da lei; (iii) determinar que haja emenda da petição inicial e, depois, reexaminar todo o conteúdo, podendo observar (ou não) a regra do art. 52; (iv) em sendo detectado que o principal estabelecimento do devedor é em outro local, remeterá os autos ao Juízo competente.

3. Conselho Fiscal e seus deveres

Uma das importantes proposições apresentadas pelo jurista Nelson Abrão diz respeito ao conselho fiscal e suas atribuições. Entende que deve ele evidenciar e prevenir a insolvabilidade do agente econômico, bem como tomar todas as providencias necessárias à bem dos interesses da pessoa jurídica.

Esclarece o autor: *visando-se a investir o Conselho Fiscal de atribuições decisivas no sentido de prevenir a insolvência, sugere-se que a sua missão não se limite a um mero controle de legitimidade, mas possua também um controle de mérito* [1985:200][19]. Pondera ainda:

---

todo o regramento contido no Código de Processo Civil [**2009:210**]. Ainda, *não é em toda e qualquer recuperação judicial que poderá [deverá] ser determinada a perícia prévia, de modo que o artigo de lei deve ser interpretado sob os enfoques teleológico e sistemático, 'cum grano salis', observadas as especificidades do caso concreto. Imagine-se, então, uma entidade mergulhada em crise que tenha milhares de credores, dívidas que superam bilhões de reais, mantendo várias filiais em diversas localidades do país e em sua folha de pagamento há centenas de colaboradores. Trata-se, portanto, de grande companhia e, nessa situação hipotética, caso não seria de determinar a elaboração de laudo a fim de perquirir a respeito da atividade econômica e se a documentação apresentada pela devedora está em consonância estrita com a lei. O laudo certamente poderia não ser apresentado em tempo viável antes que fossem deflagradas ações judiciais em face do devedor, se é que ainda não ajuizadas, considerando o avançado estágio da crise* [**2021:64.** Destaque no original].

19 Importante destacar que o dever de fiscalizar a gestão da companhia também recai no conselho de administração, por força do art. 142, inc. III, da Lei 6.404/76.

> *A reforma legislativa concursal francesa atribui extraordinária importância ao Conselho Fiscal nos casos de prevenção dos procedimentos de concurso. Seria uma verdadeira generalização dos meios de alerta. Assim, desde que aparecessem séria dificuldades no caminho da empresa, os conselheiros fiscais deveriam assinalá-las ao chefe da empresa; cabe, então, a este reunir o Conselho de Administração e, em seguida, comunicar aos conselheiros fiscais quais as medidas tomadas. Se isso for insuficiente, deflagra-se um sistema de alerta generalizado. Os conselheiros fiscais desempenharão uma tarefa essencial nessa apreciação. Sua competência e sua integridade são certas [***1985:200***]*

No sistema da Lei nº 6.404/76, houve alteração em 2001 (Lei nº 10.303/2001), no sentido de que uma das competências do conselho fiscal é fiscalizar os atos de administração e verificar o cumprimento dos deveres estatutários e legais (art. 163, inc. I).

Ainda, no inciso IV do mesmo dispositivo legal, consta: *denunciar, por qualquer de seus membros, aos órgãos de administração e, se estes não tomarem as providências necessárias para a proteção dos interesses da companhia, à assembleia geral, os erros, fraudes ou crimes que descobrirem, e sugerir providências úteis à companhia.*

Por fim, é de competência do conselho fiscal convocar assembleia geral ordinária, se *os órgãos da administração retardarem por mais de 1 (um) mês essa convocação, e a extraordinária, sempre que ocorrerem motivos graves ou urgentes, incluindo na agenda das assembleias as matérias que considerarem necessária.*

No Código Civil, a regra do art. 1.069, inc. IV, é no sentido de que *compete ao conselho fiscal denunciar os erros, fraudes ou crimes que descobrirem, sugerindo providencias úteis à sociedade.* Por fim do inc. V consta que aos membros do conselho compete *convocar a assembleia dos sócios se a diretoria retardar por mais de trinta dias a sua convocação anual, ou sempre que ocorram motivos graves e urgentes.*

Para o jurista, os membros do conselho fiscal hão de ter qualidades técnicas e habilitação profissional para o exercício do cargo. A regra do art. 162 da Lei nº 6.404/76 é bastante simplória e aberta: para ser membro do conselho fiscal, além de outros requisitos, os interessados devem possuir diplomas de curso superior.

A regra do art. 1.066 do Código Civil nem sequer apresenta tal exigência. Quanto a tal aspecto – necessidade de qualificação para o ingresso e atuação no conselho fiscal -, disserta Nelson Abrão:

> *Para um desempenho satisfatório de suas funções, o Conselho Fiscal deveria ter uma composição orgânica mais aperfeiçoada do que aquela prevista na lei das sociedades por ações. Embora tenha feito progresso em relação ao anterior, que não exigia qualquer habilitação profissional para o exercício do cargo (art. 124 do Dec.-lei nº 2.627, de 26.9.40), o diploma legal deixa a desejar quando admite a eleição dos membros deste Colegiado entre 'diplomados em curso de nível superior' (art. 162, Lei nº 6.404/76), porquanto leva à admissibilidade de pessoas jejunas em matéria societária e contábil, como, por exemplo, de graduados por Faculdade de Enfermagem ou de Educação Física. Além disso, possibilita a designação de indivíduos desvinculados de qualquer entidade disciplinadora [1985:202]*[20]

Consoante entendimento esposado por Nelson Abrão, as pessoas jurídicas deveriam ter um *sistema disciplinador 'interna corporis' que dificulta as omissões e desvios de seus membros* [**1985:204**. Grifo no original da obra].

A tomada de consciência da crise, ao primeiro sinal de alerta, enfrentando os problemas desde logo [eliminando as verdadeiras causas da crise], via meio adequados extrajudiciais, pode manter o agente econômico no mercado [**1985: 65**][21].

4. Responsabilização dos dirigentes empresariais

Outro ponto que deve ser destacado na obra do jurista Nelson Abrão diz respeito aos dirigentes do agente econômico e sua responsabilização. São dois aspectos por ele abordados em suas obras: o primeiro diz com a necessidade de os dirigentes ineptos serem responsabiliza-

---

20 Diz mais o jurista: *Eis porque uma atuação autêntica dos membros do Conselho Fiscal pressupõe, em primeiro lugar, sua profissionalização, como prescreve a Lei francesa das sociedades (n. 66-637, de 24.7.66, art. 219) [...] A profissionalização dos conselheiros fiscais permite a escolha de elementos realmente capacitados e subordinados a uma disciplina orgânica. Sua concepção, segundo a lei francesa, atribui-lhes mais do que funções meramente fiscalizadoras, chegando a um verdadeiro controle.* [**1985: 203**]. O Brasil está, em termos de legislação, muito aquém do sistema francês.

21 Observe-se o ensinamento de Ángel José Rojo Fernández-Río, citado por Abrão: *O direito da patologia da empresa não se esgota no Direito concursal mercantil. Há também um Direito pré-concursal, ou melhor, paraconcursal, de caráter prevalecentemente administrativo – às vezes simples 'praxis – com múltiplas e diversas manifestações* [**1985: 53**. Destaque no original].

dos em caso de insuficiência de ativos, considerando inócua a regra do art. 6º, do Dec.-lei nº 7.661/45, a qual está repisada no art. 82 da Lei nº 11.101/05.

Ao tempo de seu escrito, lembra o jurista que começava a tomar corpo o instituto da desconsideração da personalidade jurídica, hoje contemplado no Código Civil e Código de Defesa do Consumidor, *v.g.*, entendendo que, em caso de ser detectada falta dos gestores, medidas caberiam, segundo o constante da lei francesa. Escreve o jurista:

> *A distinção entre 'homem' e 'empresa' interessa essencialmente às sociedades e outras pessoas jurídicas de direito privado, sendo entendido que os dirigentes eventualmente faltosos serão eliminados e substituídos por outros [***1985:23***]*

Disserta ainda sobre a ausência de fixação legal do mínimo de capital social da pessoa jurídica e o prazo para integralização daquilo que se comprometeu o sócio ou acionista.

Na legislação brasileira, salvo algumas exceções, inexiste exigência de capital social mínimo para dar início à atividade econômica. Este talvez seja um real indicativo de que muitas pessoas jurídicas, constituídas sem o que montante inicial indispensável, são retiradas do mercado, porquanto criadas sem critérios básicos. De fato, escreve Abrão:

> *Deixa nosso legislador de prescrever um piso de capital para a constituição das sociedades mercantis. Argumentando com os elementos relativos às sociedades por quotas de responsabilidade limitada e às sociedades anônimas, tipos societários que representam a quase totalidade das existentes, podemos assinalar que há uma discrepância de nosso ordenamento jurídico em relação à melhor doutrina e à legislação comparada [***1985:190***]*[22]

Quanto a fixação de data para a integralização do capital social, em termos de sociedade de capitais, a Lei nº 6.404/76 estabelece que há de

22 Sobre o tema, Jair Gevaerd disserta: *o patrimônio da instituição, nessa conformidade, deve ser suficiente para a movimentação dos meios institucionais em direção ao atingimento do intuito associativo, preservado o capital social como expressão nominal e conceito* intangível [**2001:329**]. Com efeito, escreve o mesmo autor: Óbvio! Sem meios patrimoniais e econômicos adequados, o fim social resta irremediavelmente prejudicado [**2001:326-327**].

ser realizado, a título de entrada, 10%, no mínimo, do preço de emissão das ações subscritas em dinheiro (art. 80, inc. II).

Por outro lado, consta do art. 1.004 do Código Civil que *os sócios são obrigados, na forma e prazo previstos, às contribuições estabelecidas no contrato social, e aquele que deixar de fazê-lo, nos trinta dias seguintes ao da notificação pela sociedade, responderá perante esta pelo dano emergente da mora.*

O princípio da intangibilidade do capital social, em tese, serviria de garantia (ou segurança, ou ainda, proteção a direitos) aos credores de pessoas jurídicas. A lei não estabelece que o capital se traduz em garantia aos credores, em caso de insolvência.

Fosse assim, pessoas jurídicas detentoras de elevado capital social - que apenas em tese poderia atestar sua solvabilidade e condições plenas de honrar seus compromissos - não estariam em crise econômica, como sói ocorrer hodiernamente, ou mesmo sob regime falimentar, tendo como base a crise patrimonial irremediável. Capital social não atesta ausência de crise patrimonial do agente econômico.

Podem, em tese, até ter elevado capital social, constante de seus registros contábeis, mas nem sempre possuem ativos, passíveis de alienação imediata para fins de liquidação das dívidas.

De fato, capital social elevado[23] é tão somente indício de que a pessoa jurídica possui solvabilidade, mas, é mero indício. O capital social difere do patrimônio social (líquido positivo).

O capital social é o investimento inicial mínimo exigido para que se inicie atividade econômica da pessoa jurídica. É tão somente uma cifra contábil, estática importante e indispensável, sem dúvida.

Não é alterado em decorrência da atividade econômica exercida pelo agente econômico, enquanto que o patrimônio pode ser alterado diariamente [venda ou alienação de bens, algo normal *v.g.*].

---

23 Que tão somente pode dar a [falsa] impressão de que a pessoa jurídica tem plenas condições de honrar os compromissos assumidos, e não raro ocorre justamente o oposto, estando ligado o sinal de alerta, porquanto já existe crise financeira. Sobre o tema: CLARO, Carlos R. **Apontamentos sobre o diagnóstico preliminar em recuperação judicial. Abordagem zetética**. In: ABRÃO, Carlos H., CANTO, Jorge L. L. do; LUCON, Paulo H. dos S. (coord). **Moderno Direito Concursal. Análise plural das Leis ns. 11.101/05 e 14.112/20**. São Paulo: Quartier Latin, 2021.

O patrimônio líquido se traduz na diferença entre o ativo e o passivo, e, sendo positivo, a pessoa jurídica está dentro dos conformes, é solvável e tem condições de honrar suas dívidas por ela assumidas, permanecendo ativo no mercado concorrente. Não se encontra em crise, portanto.

É esse patrimônio líquido positivo que, apenas em tese, pode representar garantia ao universo de credores e não o capital social propriamente dito. Quando o patrimônio líquido excede o capital, poderá haver distribuição do excesso aos participantes da sociedade, a título de lucro. Caso contrário, aplicável a regra do art. 1.059 do Código Civil.

Da obra de Nelson Abrão constam algumas medidas que poderiam ser tomadas em relação aos gestores empresariais. Em primeiro lugar, os dirigentes, de fato ou de direito, não poderiam ceder sua participação societária sem prévia autorização judicial, cabendo o *bloqueio premonitório das parcelas de capital dos dirigentes de direito e de fato* [**1985:236**].

Em segundo ponto apresentado pelo jurista Nelson Abrão é no sentido de que, revelada a insuficiência de ativos, as dívidas poderiam recair sobre os ombros dos dirigentes e somente seria afastada a responsabilização pessoal caso comprovassem que atuaram com diligência. Demais, poderia o tribunal determinar que os dirigentes cedessem suas ações ou quotas, ou mesmo *ordenar sua cessão* forçada por meio de um *mandatário da Justiça* [**1985:237**].

Cabe destacar uma medida que pode ser tomada. Visando a garantir o direito de ação em face dos dirigentes – relativa aos seus créditos perante a pessoa jurídica -, *por exemplo, das somas deixadas por eles em conta-corrente na caixa social, não são admitidos senão a título provisional no passivo enquanto a situação e a responsabilidade eventual dos dirigentes não forem acertadas* [**1985:23-24**].

Por outro lado, uma nova concepção há de ser colocada em relevo, segundo a ótica de Alfred Solal, citado por Abrão, porquanto cabe

> *dissociar os dirigentes de sua sociedade e submetê-los a um destino diferente, aplicando-lhes normas distintas. A empresa não seguirá necessariamente a sorte de seus dirigentes; ela obedecerá a uma norma diferente: a econômica. Seu futuro dependerá unicamente de seu potencial comercial e das possibilidades de reerguimento que ela apresenta [**1985:49**]*

A regra do art. 64 da Lei nº 11.101/05 de há muito foi estuda por Nelson Abrão, entendendo que os dirigentes podem ser afastados:

> *Funcionaria o administrador judicial não mais como mero supervisor, mas como assistente da direção da empresa, tanto para os atos de natureza econômica, como jurídica, podendo, eventualmente, ser-lhe confiada a plena gestão se e enquanto, afastados os dirigentes reconhecidamente responsáveis pela má situação financeira da empresa, não forem designados outros [***1985:228***]*

As hipóteses para afastamento dos administradores do agente econômico em regime recuperatório deveriam ser significativamente ampliadas, salvo melhor juízo, considerando o fato de que aquelas contidas no artigo 64 não abarcam vários atos omissivos ou comissivos que eventualmente podem ter sido cometidos pelos gestores e que os impedem de estar à frente da organização societária, especialmente em tempo de reestruturação.

Há de se pensar no coletivo e nos interesses da entidade mergulhada em crise, de modo que, qual escreve o mestre Nelson Abrão, a sorte dos incorporadores não é a mesma da entidade.

5. Falência sumária

Em se tratando de falência com único credor, ou mesmo com reduzido números de credores, o jurista Nelson Abrão defende a tese de que caberia procedimento sumário. Ao tempo de vigência do ab-rogado Dec.-Lei nº 7.661/45, constava que a falência com passivo inferior a 100 (cem) vezes o maior salário mínimo vigente seria processada de forma sumária (art. 200).

Referido enunciado legal não consta da Lei nº 11.101/05. Observe-se que a lei de 1945 se refere a valor, enquanto que Nelson Abrão vai além disso.

Bem esclarece:

> *O sistema legal brasileiro permite a abertura do procedimento falimentar a pedido de um só credo. Entretanto, após a decretação, todos devem acorrer ao juízo universal da falência. A ideia da existência de credor único conflita com a própria essência do exercício da atividade econômica, de modo que é despida de interesse prático a questão de saber-se se a pluralidade de credores constitui pressuposto para a declaração da falência [***1998a:17***]*

Prossegue,

> *Por isso, sustentamos a necessidade, em caso de existência de credor único, ou mesmo de poucos credores, estabelecer a lei o procedimento sumário, não só levando em conta o valor dos créditos, como fez o art. 200, mas também o número de seus titulares [1998a: 17]*

A proposição faz sentido, porquanto, uma falência com único ou poucos credores seria brevemente encerrada, sem maiores custos e movimentaria menos a máquina judiciária.

6. Plano de reestruturação

O jurista Nelson Abrão, em 1985, tratou do plano de reestruturação da empresa em crise, apontando as diretrizes que devem ser seguidas. Pela Lei nº 11.101/05, o plano de reorganização judicial deve ser apresentado no prazo de 60 (sessenta) dias a contar da publicação da decisão que determinar o processamento da recuperação.

Com efeito, o artigo 50 da referida lei apresenta apenas algumas possibilidades de [tentativa de] soerguimento, sendo que suas hipóteses não são exaustivas, portanto.

Quanto as microempresas e empresas de pequeno porte, diz a lei que o plano será especial e suas limitações estão expressas no art. 71. No que se refere ao regime recuperatório extrajudicial, a matéria é tratada a partir do art. 161 da lei.

Não há espaço para traçar algumas linhas a respeito de cada tipo de plano estabelecido na lei de regência. Entrementes, consoante dito, já em 1985 Nelson Abrão tratou da questão, referindo-se ao "plano de saneamento" ou "plano de apuração do passivo". Referindo-se ao sistema concursal francês, dispõe o autor:

> *O requisito da 'seriedade' imposto pela lei a admissão do plano implica em que a empresa demonstre reunir pressupostos de viabilidade que a levem a uma recuperação econômico-financeira e à satisfação dos credores. Os dois objetivos se imbricam, de tal modo não ser possível separar um do outro [1985:131]*

O pressuposto de viabilidade da empresa consta do art. 52, inc. II, da Lei nº 11.101/05. Tal pressuposto é ligado diretamente à mantença e preservação da empresa. Prossegue o doutrinador:

> *De duas partes fundamentais consta o plano a ser apresentado nesse procedimento especial: da perspectiva de um reerguimento econômico e financeiro da empresa, que expõe as medidas de reorganização objetivadas para melhorar a gestão, e da apuração coletiva do passivo, que aponta os prazos necessários a esse reerguimento. Muito embora seja composto de duas partes materialmente distintas, é manifesta sua interdependência formal, a ponto de uma não ter sentido sem a outra [***1985:119***]*

O jurista também trata da eventual modificação do plano cujo pedido poderá ser formulado pelo devedor ao Tribunal. Em sendo autorizado, poderá ocorrer modificação, de molde a abreviar ou a favorecer a execução do plano. Ele não pode, em hipótese alguma, conceder um prolongamento dos prazos de pagamento [**1985:139**].

Enfim, essas eram as propostas de Nelson Abrão, no que diz à reformulação do sistema concursal brasileiro:

> *I – a edição de uma lei que desse margem ao processo de recuperação da empresa; II – a predisposição da matéria relativa ao concurso comercial e civil num só estatuto; III – a adoção dos procedimentos preventivos de reorganização; IV – a co-responsabilidade do sócio solidário e do acionista controlador nos procedimentos concursais, envolvendo as sociedades; V – a abolição dos procedimentos concursais como meio de cobrança; VI – o exercício da administração da empresa em procedimento concursal pro pessoa estranha aos interesses em disputa; VII – a reformulação da organização judiciária no que tange aos procedimentos concursais; VIII – alteração no sistema de graduação dos créditos; (IX – a instituição de procedimento sumaríssimo para as pequenas empresas [***1985:185***]*

Muitas das propostas e teses formuladas por Nelson Abrão, desde o início dos anos 1970, visando a adaptar o sistema normativo falimentar à realidade da empresa em crise, se fazem presentes na Lei nº 11.101/05.

Por fim, autor deste ensaio, escrito em homenagem ao centenário do jurista Nelson Abrão, fez autocrítica e está consciente de que *o experimentador individual, ao construir o seu aparato, ao julgar a confiabilidade de seu funcionamento e ao usá-lo para obter dados utilizará habilidades profissionais, que aprendeu em parte nos manuais, mas principalmente por tentativa e erro e pela convivência com colegas mais experientes. Qualquer que seja a confiança do experimentador individual na confiabilidade dos resultados que produz, esta confiança subjetiva não será suficiente para qualificar aqueles resultados como parte do conhecimento científico*[24].

Todo o conhecimento científico tem caráter meramente provisório, estando aberto às novas pesquisas. Outros resultados poderão advir. A interação entre sujeito cognoscente e objeto cognoscível [no caso, a vasta obra escrita por Nelson Abrão] é viva, pulsante e cada contato entre eles faz com que surjam novos resultados.

Destarte, nas pesquisas científicas inexistem juízos definitivos ou verdades absolutas, qual ensina o ceticismo pirrônico. As obras atemporais de Nelson Abrão sempre serão (re)visitadas, porquanto inspiradoras e fonte rica de conhecimento científico.

Referências bibliográficas

ABRÃO, Nelson [**1998**]. **A continuação do negócio na falência**. 2ª edição. Revista, atualizada e ampliada por Carlos Henrique Abrão. São Paulo: Livraria e Editora Universitária de Direito.

____________[**1985**] **O novo direito falimentar: nova disciplina jurídica da crise econômica da empresa**.

São Paulo: Editora Revista dos Tribunais.

____________[**1999**] **O síndico na falência**. 2ª edição. Revista, atualizada e ampliada por Carlos Henrique Abrão. São Paulo: Livraria e Editora Universitária de Direito.

____________[**1998a**] **Os credores na falência**. 2ª edição. Revista, atualizada e ampliada por Carlos Henrique Abrão. São Paulo: Livraria e Editora Universitária de Direito.

____________[**1997**] **Curso de direito falimentar**. 5ª edição. Revista, atualizada e ampliada por Carlos Henrique Abrão. São Paulo: Livraria e Editora Universitária de Direito.

____________[**1997a**] **Da ação revocatória**. 2ª edição. Revista, atualizada e ampliada por Carlos Henrique Abrão. São Paulo: Livraria e Editora Universitária de Direito.

24 CHALMERS, Alan F. **O que é ciência afinal**? São Paulo: Editora Brasiliense, 1993, p. 144.

ABRÃO, Carlos H.; MARTINS, Lucilaine Braga L. C; CLARO, Carlos. [**2023**] **Destituição e remoção dos administradores de empresas em recuperação judicial**. São Paulo: Quartier Latin.

BUNGE, Mario. [**1980**] **Epistemologia: curso de atualização**. São Paulo: T.A. Queiroz Editor, Editora da Universidade de São Paulo.

CHALMERS, Alan. F. [**1993**] **O que é ciência afinal?** São Paulo: Editora Brasiliense.

CLARO, Carlos R. [**2009**] **Recuperação Judicial: sustentabilidade e função social da empresa**. São Paulo: LTr Editora.

_____________[**2021**] **Apontamentos sobre o diagnóstico preliminar em recuperação judicial. Abordagem zetética**. In – ABRÃO, Carlos H.; CANTO, Jorge L. L. do; LUCON, Paulo H. dos S. (coord.). **Moderno direito concursal – Análise plural das Leis nº 11.101/05 e nº 14.112/20**. São Paulo: Quartier Latin.

GEVAERD, Jair. [**2001**] **Direito societário: teoria e prática da função**. Curitiba: Genesis Editora.

PONTES DE MIRANDA, F. C. [**1984**] **Tratado de direito privado. Parte Especial. Tomo XXIX**. 3ª edição, 2ª reimpressão. São Paulo: Editora Revista dos Tribunais.

PROBLEMAS DE ACESSO À JUSTIÇA NO MERCADO DE CAPITAIS

Julia Peixoto[1]
Fernando Kuyven[2]

1. Introdução

Ter um mercado de capitais farto em termos de disponibilidade de capital de investidores é fundamental para o desenvolvimento econômico do país, propiciando a circulação de riquezas e a geração de empregos. Para que haja atratividade de investimentos, é necessário, contudo, que o ambiente desse mercado seja hígido, seguro e eficiente. Esse cenário é obtido não só por meio da fiscalização do cumprimento das normas de mercado e do sancionamento adequado de eventuais ilícitos, como também com a criação e implementação de mecanismos de proteção e reparação dos investidores de mercado.

No Brasil, verifica-se haver uma carência de mecanismos protetivos e ineficiência do *enforcement* das regras de mercado, o que acaba por fomentar a prática de ilícitos capazes de gerar danos a um sem-número de investidores e à Poupança Popular. Muito embora tenha havido relativa evolução da legislação societária e do mercado de capitais voltada à proteção das minorias acionárias, não foi ela capaz de sanar problemas que ainda persistem quanto à exigibilidade de direitos, notadamente de acesso à justiça pelos pequenos investidores que confiam suas economias ao mercado de valores mobiliários.

Pretende-se, assim, neste breve artigo, abordar a realidade dos acionistas minoritários que se veem despidos de alternativas para serem ressarcidos por danos decorrentes de ilícitos de mercado, identificando alguns mecanismos que podem contribuir para o acesso à justiça desses pequenos investidores.

---

1 Advogada.

2 Advogado, árbitro e parecerista.

2. A questão do acesso à justiça

O Ordenamento jurídico brasileiro alçou ao nível constitucional o acesso à justiça, seja individual ou coletivo, qualificando-o como o principal direito e garantia fundamental, uma vez que sem ele nenhuma outra garantia pode ser efetivada.

E há diferentes tipos de inacessibilidade à justiça, cujo ponto de convergência é a identificação de um ou alguns grupos que, no seu contexto, equivalem às *minorias*, i.e., àqueles que, numa determinada conjuntura, encontram-se em situação de desigualdade em relação aos demais, seja sob o aspecto social, econômico, técnico, cultural, religioso, político, ideológico, dentre tantos outros. Não se trata, por vezes, de uma minoria em *números*, mas daquela que decorre de uma *posição*. Nesse sentido, a minoria seria aquela que se encontra, voluntária ou involuntariamente, numa posição contrária ou distinta da posição hegemônica ditada por quem detém o *poder*.

No âmbito do mercado de capitais, existe um problema de acesso à justiça relacionado a *minorias* que não dispõem de mecanismos suficientes para a garantia da efetivação de seus direitos, notadamente na hipótese de estes terem sido violados. Trata-se de pequenos poupadores que, muito embora acessem o mercado em busca de um retorno financeiro do seu capital excedente[3], individualmente não detêm recursos ou mecanismos disponíveis para se protegerem ou serem ressarcidos de perdas sofridas, sobretudo quando os ilícitos danosos são praticados por companhias abertas que acessam a Poupança Popular, com enorme

3 Tomando emprestada a categorização de BOAVENTURA DE SOUSA SANTOS (2003, p. 25) sobre as espécies de sociedade, acredita-se estar a falar de membros da *sociedade civil íntima* que, muito embora estejam, em regra, sob a proteção do Estado, se defrontam com circunstâncias de inacessibilidade à justiça enquanto compõem a minoria do mercado de capitais. Nessas circunstâncias, transparece o viés ineficaz e não confiável da atuação (notadamente legislativa) do Estado, conforme aduz o autor: "*nas zonas civilizadas, o Estado actua de forma democrática, comportando-se como um Estado protector, ainda que muitas vezes ineficaz e não fiável.*" (SANTOS, Boaventura de Sousa. Poderá o direito ser emancipatório? *Revista Crítica de Ciências Sociais*, n. 65, maio 2003. Disponível em: < http://www.boaventuradesousasantos.pt/media/pdfs/podera_o_direito_ser_emancipatorio_RCCS65.PDF >. Acesso em: 02 nov. 2021. p. 21).

capacidade financeira, tecnológica, jurídica e informacional[4]. São esses os problemas que passamos a abordar.

3. O presente e o futuro da legislação de mercado de capitais para as minorias

3.1. O histórico cosmopolitismo hegemônico no mercado de capitais

Em que pese o caráter democrático de direito do Estado brasileiro, afigura-se, na prática, um alinhamento das normas com os interesses hegemônicos dos grupos dominantes, notadamente das companhias que operam no mercado de capitais e de seus controladores.

A despeito do recente movimento legislativo no sentido de assegurar direitos aos grupos minoritários que acessam o mercado, referido movimento se mostra ainda tímido diante das inúmeras ferramentas jurídicas voltadas à manutenção da hegemonia das companhias abertas e de seus controladores, aprofundando a relação *assimétrica* entre eles e seus acionistas de mercado.

Nesse sentido, em 2001, a Lei nº 6.404/1976 (Lei de S/A) foi reformada para recepcionar importantes alterações em matéria de proteção aos acionistas minoritários e de melhores práticas de governança corporativa. Não obstante, aproveitou-se desse momento para prever a possibilidade de se incluir regra estatutária sujeitando à arbitragem todos os conflitos entre acionistas e a companhia (art. 109, §3º). Naquela ocasião, o legislador deixou de disciplinar o tratamento a ser atribuído aos acionistas minoritários que se manifestassem contrariamente à inserção da referida regra no estatuto social.

---

4 Nesse sentido, salientam VIVIANE MULLER PRADO, FERNANDA FARINA MANSUR e VICTOR HUGO CUNHA SILVA: "*Eventuais ilícitos praticados no mercado de valores mobiliários podem acarretar danos a uma infinidade de investidores. Por exemplo, caso sejam divulgadas informações falsas, investidores negociarão seus ativos por preços que não representam o seu valor real. Ou ainda, fraude em fundos de investimentos tem potencial de lesar todos os cotistas de determinado fundo. Além disso, os danos variam a depender do valor investido ou do volume de negociação de cada investidor, sendo que alguns terão prejuízos não tão significativos que justifiquem arcar com os custos de uma ação judicial ou de um processo arbitral.*" (A inefetividade dos mecanismos coletivos de proteção dos investidores no mercado de valores mobiliários brasileiro. *Revista de Processo*, v. 306, ago. 2020, pp. 267-293.

Em 2015, a Lei de S/A sofreu nova alteração (Lei nº 13.129/2015) para, desta vez, prever a hipótese do direito de retirada dos acionistas dissidentes da deliberação que aprova a inclusão de cláusula arbitral no estatuto social (art. 136-A). Este movimento – que pode ser percebido como *business-oriented*, por mostrar-se alinhado aos interesses de acionistas controladores, tendo em vista os entraves financeiros postos às minorias pulverizadas que tenham que se submeter à arbitragem para a tutela de seus interesses – perfaz, atualmente, novos contornos em razão da difusão de demandas arbitrais coletivas que representam a única porta de acesso à justiça por parte dos pequenos poupadores e entidades de classe face a ilícitos praticados por diversas companhias abertas.

Da cláusula arbitral estatutária decorreram problemas não só relativos ao custeio do procedimento privado, como também ao sigilo fixado como regra pelos regulamentos das câmaras arbitrais. Nesse sentido, diversos conflitos envolvendo companhias abertas e seus acionistas que, por sua natureza, dizem respeito a um enorme número de investidores, ficaram ocultos, obstando o acesso à justiça por grande parte dos acionistas minoritários. O acesso à justiça se restringiu, assim, aos poucos que têm recursos suficientes para custear o procedimento arbitral e que souberam da violação de direito.

Ressalta-se, a propósito, que nenhum poder de barganha têm os acionistas minoritários sobre os termos das convenções de arbitragem impostos pelos controladores, tampouco sobre a conveniência de sua confidencialidade, aspectos estes que devem ser analisados criticamente pelos tribunais arbitrais e pelo Judiciário, de modo a tutelar efetivamente o interesse jurídico das partes em litígio e, de igual sorte, daquelas que devam estar sujeitas aos seus respectivos efeitos.

Não é novidade que o mercado de capitais brasileiros e suas normas se espelham nas experiências estrangeiras, muito tendo sido "importado" da experiência norte-americana. O mais recente exemplo disso foi a instituição, no Brasil, do voto plural, mecanismo que autoriza atribuir a uma única ação ordinária um maior número de votos em relação às demais ações da mesma espécie (Lei nº 14.195/2021), constituindo uma forma de *concentração* das decisões sociais.

Antes da promulgação da referida Lei, vigia no direito brasileiro o princípio *do one share one vote*, que estabelecia a proporcionalidade entre o número de ações e o número de voto, sendo autorizado apenas um voto por ação ordinária; princípio este mais democrático, na medida em que atribuía poder de voto proporcional ao capital investido na companhia, mitigando a prática de abusos.

O voto plural é utilizado em outros países por companhias que possuem um sócio – geralmente fundador – identificado como "chave" para o desenvolvimento dos negócios sociais. Trata-se de ferramenta classicamente admitida no mercado norte-americano, notadamente nos Estados de Nova Iorque e de Delaware, e que, aliás, vem sendo utilizada por companhias brasileiras que optam por abrir seu capital nos Estados Unidos[5].

A opção de diversas companhias brasileiras por abrir seu capital em mercados estrangeiros fez com que o legislador brasileiro visse no voto plural uma forma de trazer maior competitividade ao mercado nacional, motivando tais companhias a abrirem seu capital na B3. Trata-se, contudo, de movimento legislativo bastante criticável, posto que realizado de forma abrupta, sem o devido amplo debate prévio que requeria uma alteração dessa relevância.

O resultado foi uma legislação que instituiu, em nosso ordenamento, mais uma ferramenta hegemônica, de pouca restrição nas deliberações sociais, e que não incluiu correspondentes salvaguardas para proteção dos acionistas minoritários. Novamente, instituiu o legislador, como única alternativa aos dissidentes, o "valioso" direito de retirada.

Ao tomar emprestado as normas do mercado de capitais norte-americano e de outros países que possuem mercados hígidos, o legislador brasileiro contribuiu para o desequilíbrio dos diferentes interesses que habitam o mercado de capitais. Com efeito, tem-se por resultado normas feitas pela maioria para a maioria. Daí porque, em regra, beneficiam de forma desigual as companhias e seus controladores, que geralmente estão por detrás da elaboração dessas normas.

Em nosso sentir, a instituição de ferramentas hegemônicas deve vir sempre acompanhada de equivalentes – ou até maiores – mecanismos protetivos das minorias do mercado de capitais, sobretudo quando há envolvimento da Poupança Popular. Mister, portanto, *consolidar* as bases protetivas, para que seja capaz de atingir um desenvolvimento pleno e modernização almejada das normas.

De outra sorte, incoerente será a modernização e precário será o desenvolvimento de um mercado que não tenha as suas bases solidificadas. Deve-se, assim, proporcionar garantias mínimas aos acionistas

5 Caso recente e de grande repercussão foi o da XP Investimentos, que abriu seu capital na Bolsa de Nova Iorque, fazendo uso do mecanismo do voto plural conferido aos fundadores.

minoritários para que haja um desenvolvimento justo e eficiente do mercado, sendo a eles garantidos pleno acesso à justiça.

Trata-se, aliás, de uma preocupação de muitos. Não por acaso, recentemente foi apresentado, pelo Poder Executivo, o Projeto de Lei nº 2.925/2023, que visa ampliar a proteção de direitos de acionistas minoritários e fortalecer a CVM.

Muito embora a exposição de motivos do referido projeto de lei afirme haver aprimoramentos do regime de tutela privada dos direitos e interesses de acionistas minoritários, as propostas de alterações legislativas nele contidas demonstram, na realidade, não haver modificação substancial desses direitos, tampouco dos deveres das companhias e de seus administradores.

Ao mesmo tempo em que, por um lado, o referido Projeto de Lei cria mecanismos que buscam facilitar a propositura de demandas por investidores[6] e dar maior transparência a ilícitos de mercado de capitais e às demandas correspondentes[7], por outro lado, questiona-se a efetividade dos referidos mecanismos, especialmente para a responsabilização dos infratores, incluindo a companhia, o que coloca em questionamento a real intenção do legislador de facilitar a tutela da Poupança Popular, para que venham a ser ressarcidos de danos sofridos em virtude de ilícitos do mercado de capitais.

Para que haja uma tutela efetiva dos investidores, é necessário promover o devido sancionamento das companhias infratoras – e disso o

6 O Projeto de Lei nº 2.925/2023 propõe a redução da participação mínima exigida para legitimação ordinária para propositura das ações previstas nos artigos 159 (ação de responsabilidade do administrador) e 246 (ação de responsabilidade do controlador), nas companhias abertas. Além disso, cria a chamada "ação civil coletiva", por meio da inclusão do art. 27-H na Lei nº 6.385/1976, que seria um mecanismo distinto – e pressupõe-se que *adicional* – daqueles já previstos no vigente microssistema da tutela coletiva, composto pela Lei nº 7.347/1985, Lei nº 7.913/1989 e Lei nº 8.078/1990.

7 O projeto de lei em questão estabelece, pelo artigo 27-I da Lei nº 6.385/1976, proposto pelo PL 2.925/2023, que o estatuto social poderá prever que a "ação civil coletiva", criada pela mesma proposta, seja resolvida por arbitragem, hipótese em que deverá ser pública, podendo a CVM dispor sobre os limites da publicidade desses procedimentos arbitrais. Ademais, a nova redação proposta para o §4º do art. 109 da Lei nº 6.404/1976, estabelece que as disputas envolvendo companhias abertas deverão ser públicas, nos limites da regulamentação a ser editada pela CVM.

referido projeto de lei parece se afastar[8] –, bem como garantir que todos aqueles que participam do mercado tenham condições de acessar a justiça, notadamente pela via coletiva. Além disso, fundamental é a ampliação do regime informacional a fim de viabilizar a identificação, pelos próprios investidores, de ilícitos praticados por agentes de mercado e eventuais danos deles decorrentes e, com base nessas informações, decidir como agir.

Por fim, há que haver uma mudança comportamental das companhias no que diz respeito à indenização de investidores lesados por suas condutas ilícitas, além da implementação de políticas mais rígidas de fiscalização e sancionamento de tais ilícitos. Acredita-se que somente com essas alterações, somadas ao fomento do acesso à justiça pela via coletiva, é que se caminhará em direção a uma evolução adequada do mercado de capitais.

3.2. Arbitragem, sigilo e full and fair disclosure

Tem-se percebido uma *migração* cada vez maior dos litígios empresariais, do sistema judiciário para o juízo arbitral. No plano do mercado de capitais, no final do ano 2000 foram criados níveis diferenciados de listagem de companhias abertas na Bolsa Brasileira, os quais, em sua maioria, condicionaram o acesso das companhias à inclusão de cláusula arbitral em seus respectivos estatutos sociais, elegendo a Câmara do Mercado, como instituição administradora[9].

Em que se pese o regime da transparência[10] que vige no mercado de capitais, tem-se a falsa ideia de que a confidencialidade seria algo inerente à arbitragem, ainda que ela, no caso concreto, diga respeito a

---

8 Em nossa percepção, a omissão da referência à responsabilidade da companhia emissora, na redação do artigo 27-G da Lei n. 6.385/1976 proposta pelo PL 2.925/2023, tem gerado discussões sobre a equivocada concepção de limitação de responsabilidade aos agentes listados no referido dispositivo.

9 Possuem referida condicionante o Nível 2, Bovespa Mais, Bovespa Mais - Nível 2 e o Novo Mercado, conforme item 3.1(v) dos Regulamentos de Listagem do Nível 2, Bovespa Mais e Bovespa Mais - Nível 2 (versões de 10/05/2011, 23/05/2014 e 30/10/2014, respectivamente) e art. 39 do Regulamento de Listagem do Novo Mercado (versão de 03/10/2017).

10 O princípio da transparência ou do *full* e *fair disclosure*, que vige no mercado de capitais, visa garantir não apenas a maximização, como a adequação das informações divulgadas aos investidores de companhias abertas.

interesses de terceiros que poderão ter seus direitos impactados pelo resultado da demanda arbitral. Se, de um lado, é inegável o benefício do sigilo dos procedimentos arbitrais puramente privados, especialmente quando voltado à preservação de informações sensíveis e segredos industriais, de outro, é fundamental a relativização – senão o afastamento – do referido sigilo em litígios dos quais sejam parte companhias abertas e em que se tutele interesses do público investidor em valores mobiliários, bem como do próprio mercado de capitais e da poupança popular.

A *transparência* do mercado de capitais funciona como um princípio organizador, que visa impor limites à autonomia da vontade, objetivando a proteção da coletividade que investe seu capital e a confiança no mercado, com base nas informações disponíveis[11].

Nesse sentido é a lição de MODESTO CARVALHOSA[12]:

> A filosofia da *informação plena* sobre a situação financeira e negocial da companhia por iniciativa dos administradores é de que esse regime constitui a principal salvaguarda para o acionista e para os investidores do mercado, tornando possível a estes avaliar todos os fatos necessários a uma inteligente apreciação sobre o valor de uma emissão feita pela companhia. (Grifo no original)

Assim, os agentes reguladores do mercado – notadamente a Comissão de Valores Mobiliários (CVM) – tem o dever de garantir e fiscalizar a divulgação de informações claras, completas, verídicas e tempestivas pelas companhias reguladas, que potencialmente tenham o condão de interferir (i) na cotação de valores mobiliários de emissão da companhia ou a eles referenciados; (ii) na decisão do público investidor,

---

11 Nesse sentido, assevera DANIEL SCHIAVONI MILLER: "*Acredita-se que o principal meio de se proteger os investidores se constitui no feixe de exigências, legais e regulamentares, que determinam a transparência de todas as informações sobre fatos relevantes para o mercado. Com elas, podem avaliar, fundamentadamente, suas decisões em investimentos (*business judgment*), sopesando as recompensas e riscos potenciais, com base em análise fundamentalista (*fundamental analysis*) ou técnica (*technical analysis*).*" (Governança Corporativa e *Full Disclosure*: o direito à informação como direito subjetivo instrumental, implicitamente essencial e inderrogável do acionista. In: CANTIDIANO, Luiz Leonardo; CORRÊA, Rodrigo (org.). *Governança corporativa*: empresas transparentes na sociedade de capitais. São Paulo: Lazuli, ca. 2004. pp. 101-102)

12 CARVALHOSA, Modesto. *Comentários à Lei de Sociedades por Ações*, v. 2: arts. 75 a 137. 6ª ed. São Paulo: Saraiva, 2014. p. 1126.

como um todo, de comprar, vender ou manter valores mobiliários; e (iii) no exercício de direitos inerentes à condição de titular de valores mobiliários emitidos pela companhia ou a eles referenciados[13].

Dentre tais informações, está a divulgação da existência de procedimento arbitral envolvendo companhia aberta que possa afetar sua situação econômico-financeira[14], bem como de demandas societárias em que a companhia emissora, seus acionistas ou seus administradores figurem como parte e que envolvam direitos ou interesses difusos, coletivos ou individuais homogêneos ou que possam atingir a esfera jurídica da companhia ou de seus investidores que não sejam parte do processo, observado o sigilo decorrente de lei[15].

Não obstante a existência de normas voltadas à regulação da transparência, elas possuem um viés subjetivo, na medida em que deixam por conta da administração da companhia a avaliação dos possíveis impactos de cada procedimento arbitral esfera de terceiros. Isso permite que, valendo-se do preceito do sigilo estatuído nos regulamentos de diversas câmaras de arbitragem, as companhias abertas não divulguem informações suficientes ao mercado capazes de informar adequadamente eventuais interessados sobre uma demanda que o possa impactar, bem como para a assimilação de seu impacto efetivo nas atividades sociais e no endividamento de tais companhias.

A despeito do regime da transparência imposto pelas normas da CVM, prepondera a precariedade da divulgação de informações sobre litígios envolvendo companhias abertas, que são acobertadas sob o manto do sigilo estabelecido por regulamentos de câmaras de arbitragem, o que dificulta a fiscalização, pelas autoridades competentes, do cumprimento das normas de mercado que versam sobre o regime informacional das companhias abertas, contribuindo para inefetividade do sistema brasileiro de *enforcement*.

Muito embora a arbitragem seja considerada uma forma de resolução de conflitos relacionada às melhores práticas de governança corporativa recomendadas às companhias abertas[16], a sua obrigatoriedade

---

13 Conforme incisos I, II e III, respectivamente, do art. 2º da Resolução CVM 44/2021.

14 Conforme art. 2º, par. único, inc. XXII, da Resolução CVM nº 44/2021.

15 Conforme Anexo I da Resolução CVM nº 80/2022.

16 Conforme item 1.4 da 5ª edição do Código de Melhores Práticas de Governança Corporativa do Instituto Brasileiro de Governança Corporativa – IBGC e item III.6 da Cartilha de Recomendações da CVM sobre Governança Corporativa de 2002.

pode vir a constituir percalço ao acesso à justiça por parte dos acionistas minoritários, contribuindo para o aumento do distanciamento dos grupos minoritários em relação à tutela de seus interesses. O sigilo dos procedimentos arbitrais é apenas uma das nuances desse percalço, porque potencializa a *assimetria informacional* entre a companhia e os seus investidores e, ainda, entre os próprios investidores de uma mesma companhia, fazendo com que seja possível a existência de litígios do interesse de um grande número de investidores, sem o seu próprio conhecimento.

4. Mecanismos de acesso à justiça

No campo da prevenção de litígios, é necessário que haja uma atuação mais efetiva dos órgãos fiscalizadores que garanta a aplicação da norma posta e o efetivo sancionamento dos infratores.

Ocorrida a infração, abre-se espaço para o *enforcement* privado, essencial para promover a efetivo sancionamento das companhias infratoras e a reparação dos lesados. Para tanto, a tutela coletiva se mostra um excelente instrumento de acesso à justiça por parte da Poupança Popular, substituída processualmente. Em que se pese a resistência das companhias infratoras em se submeter à forma coletiva de arbitragem, trata-se de procedimento *de lege lata*[17]. À evidência, devem ser os respectivos procedimentos amplamente divulgados aos interessados, garantindo o exercício de suas prerrogativas.

Nesse sentido, salienta HUGO NIGRO MAZZILLI[18]:

> Ora, o acesso à jurisdição é garantia não só individual como coletiva; vedar o acesso coletivo, em muitos casos, é também vedar o acesso individual, que fica inviabilizado quando se trate de lesões fragmentárias e às vezes de pequena expressão individual, mas enorme expressão global.

17 Sobre o tema, ver NERY, Ana Luiza. *Arbitragem coletiva*. São Paulo: Editora Revista dos Tribunais, 2016; e MARIANI, Rômulo Greff. *Arbitragens coletivas no Brasil*. São Paulo: Atlas, 2015.

18 MAZZILLI, Hugo Nigro. *A defesa dos interesses difusos em juízo*. 31ª ed. São Paulo: Saraiva Educação, 2019. p. 165.

Muito embora a lei preveja a ação civil pública voltada ao ressarcimento de danos no mercado de capitais[19], entende-se ser a tutela coletiva arbitral o caminho adequado às companhias que se submetem ao regime da arbitragem, tendo em vista que quase todas elas possuírem cláusulas compromissórias estatutárias, que devem ser respeitadas em qualquer controvérsia posta entre a companhia e seus acionistas, nos termos da legislação vigente.

Em particular, o acesso à justiça é o próprio objetivo e a razão de ser do instituto da arbitragem, como nos ensina CÂNDIDO RANGEL DINAMARCO[20]:

> Tanto quanto o processo estatal, tudo quanto no arbitral se faz visa à oferta de uma tutela jurisdicional ou, por outras palavras, de acesso à justiça. E, por ser um processo e nesse se exercer a jurisdição, a arbitragem está sujeita aos superiores ditames do direito processual constitucional, sem cuja observância nenhuma decisão arbitral seria legítima, nem a própria inclusão da arbitragem entre os meios de solução de conflitos.

Nesse ponto, não podemos esquecer que a constitucionalidade da Lei de Arbitragem brasileira foi declarada pela maioria dos ministros do STF[21], justamente, com base no entendimento de que a arbitragem não prejudica o acesso à justiça, consagrado no art. 5º XXXV da CF/88, mas, ao contrário, ela o fortalece como método eficaz de prestação jurisdicional:

> Na verdade, o escopo do processo (e da jurisdição e dos institutos correlatos) é a pacificação social com justiça. E a concepção manifestada pela maioria vencedora da Corte é no sentido de que os métodos alternativos de solução de controvérsias, em lugar de serem contrários à norma constitucional do art. 5º XXXV, representam uma forma de promover os fins por ela estabelecidos - em última análise,

---

19 A propósito, destaca-se que as ações coletivas propostas perante o Judiciário pouco têm surtido efeito no Brasil. Sobre o tema, ver PRADO, Viviane Muller; MANSUR, Fernanda Farina; SILVA, Victor Hugo Cunha. A inefetividade dos mecanismos coletivos de proteção dos investidores no mercado de valores mobiliários brasileiro. *Revista de Processo*, v. 306, ago. 2020, pp. 267-293.

20 DINAMARCO, Cândido Rangel. *Instituições de direito processual civil*, volume I. São Paulo: Malheiros, 9. ed., 2017, pp. 489-490.

21 STF, Tribunal Pleno, AG REG na SE 5206-7, 2001, rel. Min. Sepúlveda Pertence.

> o acesso à justiça. A solução arbitral, sobre a qual se dedicou a atenção da Corte, é apenas 'um outro caminho' para fazer justiça.[22]

Com efeito, a arbitragem possui uma importante função de pacificação social, que fica ainda mais em evidência na sua espécie coletiva, tutelando os direitos individuais homogêneos de toda uma coletividade de poupadores que investem em bolsa e, assim, financiam a economia nacional.

Nesse sentido, é oportuna a clássica lição de MAURO CAPPELLETTI e BRYANT GARTH[23]:

> De fato, o direito ao acesso efetivo [à justiça] tem sido progressivamente reconhecido como sendo de importância capital entre os novos direitos individuais e sociais, uma vez que a titularidade de direitos é destituída de sentido, na ausência de mecanismos para sua efetiva reivindicação. O acesso à justiça pode, portanto, ser encarado como o requisito fundamental – o mais básico dos direitos humanos – de um sistema jurídico moderno e igualitário que pretenda garantir, e não apenas proclamar os direitos de todos. [...] Os juristas precisam, agora, reconhecer que as técnicas processuais servem funções sociais; que as cortes não são a única forma de solução de conflitos a ser considerada e que qualquer regulamentação processual, inclusive a criação ou encorajamento de alternativas ao sistema judiciário formal tem um efeito importante sobre a forma como opera a lei substantiva – com que frequência ela é executada, em benefício de quem e com que impacto social. [...] O 'acesso' não é apenas um direito social fundamental, crescentemente reconhecido; ele é, também, necessariamente, o ponto central da moderna processualística.

Por serem os árbitros, nos termos da Lei de Arbitragem, juízes de fato e de direito, eles devem exercer sua jurisdição no sentido de garantir o acesso à justiça. E, com maior razão, por ser naturalmente mais flexível e adaptável que o Judiciário, a arbitragem deve sempre priorizar a resolução substantiva do litígio e a efetividade da prestação juris-

---

22 GALDINO, Flavio. Acesso à justiça. In: TORRES, Ricardo Lobo; KATAOKA, Eduardo Takemi; GALDINO, Flavio (org.); TORRES, Silvia Faber (superv.). *Dicionário de Princípios Jurídicos*. Rio de Janeiro: Elsevier, 2011, p. 26.

23 CAPPELLETTI, Mauro; GARTH, Bryant. *Acesso à justiça*. Tradução de Ellen Gracie Northfleet. Porto Alegre: Fabris, 1988, pp. 11-13.

dicional, superando, sempre que possível, aparentes óbices formais. E essa flexibilidade se manifesta, principalmente, no teor do artigo 21 da Lei 9.307/96, que concede aos árbitros o dever de disciplinar o procedimento arbitral em face de lacunas do regulamento ou do termo de arbitragem, de modo a garantir o devido processo legal e a efetividade da prestação jurisdicional.

Assim, jamais poderia a previsão de cláusula arbitral derrogar direitos e garantias fundamentais assegurados constitucionalmente, como o acesso à justiça, individual ou coletivo. Privados do Poder Judiciário pelo efeito negativo da cláusula compromissória estatutária (art. 136-A da Lei nº 6.404/76)[24], caso os investidores não pudessem tampouco exercer seus direitos coletivos na jurisdição arbitral, restaria inequivocamente configurada a denegação de justiça. Até porque é inviável financeiramente a tutela isolada de um interesse individual homogêneo de pouca expressão monetária, por meio de arbitragem individual bastante custosas. Além disso, a arbitragem coletiva evita decisões conflitantes e propicia a igualdade de tratamento dos integrantes de uma coletividade que estão submetidos à mesma situação jurídica, como é o caso de investidores de mercado cujos interesses individuais homogêneos tenham sido lesados.

É nessa linha a uníssona doutrina nacional, a exemplo do que nos ensina DANIEL LÉVY[25]:

> Por outro lado, lembre-se que a arbitragem não deve jamais representar um entrave de acesso à Justiça para pequenos acionistas, administradores ou fiscais, diante da opção das companhias por câmaras ou centros cujos custos são totalmente incompatíveis com o patrimônio dessas pessoas.

Fato é que não há normas jurídicas que impeçam a tutela arbitral coletiva em nosso Ordenamento pátrio, devendo essa tutela ser permitida com base no princípio geral da legalidade ampla vigente entre nós. Além disso, o artigo 109 da Lei nº 6.404/76 assegura o direito dos acio-

---

24 TJSP, Apelação nº 9206882-94.2007.8.26.0000, Rel. Pedro Ablas, j. 19/09/2007; e TJSP, 6ª Vara Cível de São Paulo/SP, Ação Declaratória nº 1016781-47.2018.8.26.0100, j. em 04/07/2018.

25 LÉVY, Daniel. Estudo comparado da arbitragem no mercado de capitais. *Revista de Direito Mercantil, industrial, econômico e financeiro*, n. 155/156. São Paulo, ago.-dez. 2010, p. 298.

nistas de utilizarem a arbitragem para dirimir controvérsias com a companhia emissora das ações. E, no campo arbitral, o artigo 1º da Lei nº 9.307/96 não cria um rol exaustivo de demandas que podem ser arbitradas, estabelecendo, como únicos requisitos, que as partes sejam capazes e os diretos em causa sejam patrimoniais e disponíveis, como ocorre no caso de litígios entre investidores e a companhia emissora.

Nem se diga que a possibilidade de arbitragem coletiva violaria a vontade das partes, na medida em que a cláusula arbitral não prevê expressamente esse tipo de arbitragem. Isso porque, ao preverem a aplicação do direito brasileiro como um todo, as partes necessariamente concordaram com a aplicação integral do nosso Ordenamento, inclusive os direitos e garantias fundamentais e as normas de ordem pública que asseguram a tutela de direitos coletivos, na espécie direitos individuais homogêneos do público investidor.

Na realidade, a viabilidade da arbitragem coletiva no Direito brasileiro depende simplesmente do reconhecimento da legitimidade extraordinária de uma associação ou outro colegitimado para substituir processualmente uma coletividade de acionistas. Aliás, essa legitimação para a tutela de direitos coletivos decorre de norma cogente de ordem pública no nosso Ordenamento jurídico, não dependendo da, tampouco podendo ser derrogada pela vontade das partes, conforme previsto no microssistema de tutela coletiva brasileiro, composto pelas Leis n. 7.913/89, 7.247/85 e 8.098/90.

E, do necessário reconhecimento da viabilidade dessa substituição processual, resultam todos os efeitos da tutela coletiva, que não são próprios do tipo de jurisdição escolhido, judicial ou arbitral, mas decorrem de normas de ordem pública, como a necessidade de dar ciência da demanda coletiva àqueles que poderão ter sua esfera de direitos afetada pela decisão que, naturalmente, terá efeitos *erga omnes*.[26]

De fato, a divulgação de informações de procedimentos arbitrais envolvendo companhias abertas, especialmente de *arbitragens coletivas* e arbitragens de *litisconsórcio unitário*, se faz absolutamente necessária para que, delas cientes, os investidores tenham condições de tomar as decisões que melhor lhes convir para a tutela de seus interesses. Caso contrário, os procedimentos sigilosos envolvendo tais circunstâncias

26 WATANABE, Kazuo; GABBAY, Daniela. Admissibilidade e adequação da arbitragem coletiva como um mecanismo de acesso à justiça no mercado de capitais e seus aspectos procedimentais. *Revista Brasileira de Arbitragem*, n. 68, Out-Dez/2020, p. 86.

constituirão uma verdadeira *apropriação privada* de informações de interesse público, de modo a estabelecer uma situação de vantagem e assimetria dos detentores de informações que, a rigor, deveriam ser de conhecimento de todo o mercado.

A transparência das arbitragens do mercado de capitais mostra-se adequada para reduzir a assimetria informacional entre os agentes de mercado, bem como a insegurança do mercado gerada por não se saber como as práticas ilícitas têm sido coibidas, além de promover a disseminação de informações sem as quais não seria possível tutelar um direito, de modo a favorecer a criação de um ambiente democrático no universo da arbitragem, a confiança no mercado de capitais e a formação de um Direito consistente e coerente neste setor.

4.1. Primeiros passos para a democratização do acesso à justiça

Inobstante as ponderações acima sobre a urgente necessidade de se promover a alteração do regime da confidencialidade aplicável às arbitragens a que se submetem boa parte das companhias abertas, deve-se reconhecer já ter havido, nos últimos anos, uma importante evolução da prática arbitral, regulamentar, jurisprudencial e doutrinária sobre o tema de proteção de minorias.

Em 2011, o Regulamento da Câmara do Mercado da B3 foi alterado para prever a elaboração de um ementário de sentenças arbitrais proferidas nos procedimentos sob a administração daquela instituição, estabelecida, contudo, a supressão de qualquer informação que possa resultar na identificação das partes ou do caso concreto[27_28].

---

27 É o que dispõe o 7.10 do novo Regulamento da Câmara do Mercado (versão de 26.09.2011): "*7.10 Periodicamente, a Câmara de Arbitragem produzirá a publicação de Ementário das Sentenças Arbitrais proferidas, agrupadas por temas tratados, as quais poderão ser levadas em conta pelos árbitros, como simples referencial, a fim de orientar suas decisões. A publicação das sentenças suprimirá qualquer elemento que possibilite a identificação do procedimento.*"

28 Passaram igualmente a prever a elaboração e divulgação de extratos de sentenças arbitrais, ou a sua íntegra, em seus respectivos regulamentos a CAM-CCBC (item 14.1.1 da versão de 01/09/2011, com alterações aprovadas em 28/04/2016), o CBMA (item 17.2 da versão de da versão de 01/02/2013), a Câmara de Conciliação, Mediação e Arbitragem CIESP/FIESP (itens 20.4 e 20.5 da versão de da versão de 29/11/2012), a CAMARB (item 13.2 da versão de 12/08/2019), a AMCHAM (item 20.3 da versão de 11/06/2018) e a Câmara de Mediação e Arbitragem da FGV (art. 47 da versão de 01/07/2016).

Em 2020, foi editada pela CVM a Instrução Normativa 627/2020 para reduzir os percentuais mínimos exigidos para o exercício de direitos de minorias. Muito embora referidos percentuais ainda sejam altos, considerando o valor de mercado das companhias de capital aberto, é também um passo para a aprimoramento da tutela dos direitos de minorias[29].

Ademais, é de se notar a evolução jurisprudencial[30] e doutrinária[31] acolhendo (i) a viabilidade de arbitragens coletivas; e (ii) a relativização

29 Apesar do aprimoramento das regras de governança impostas às companhias abertas (e.g., conferência de direito de voto a todos os acionistas das companhias listadas no Novo Mercado; e limitação imposta pela Lei nº 10.303/2001 à emissão de ações preferenciais em quantidade superior às ordinárias), apenas recentemente procurou-se criar meios mais efetivos de tutela dos interesses das minorias acionárias.

30 Assim consignou o Des. Cesar Ciampolini em decisão monocrática proferida nos autos da Tutela Antecipada Antecedente nº 2090011-46.2020.8.26.0000, j. em 20 mai. 2020, DJe: 27 mai. 2020: *"Ademais, embora sem previsão expressa em nosso ordenamento positivo, não se pode negar, de plano, a possibilidade de existir arbitragem de natureza coletiva, como, inclusive, admitida em jurisdições estrangeiras, mormente em questões, como a que ora aparentemente se apresenta, envolvendo acionistas de empresa que tem ações cotadas no Brasil e no estrangeiro."*

31 Entre outros: GRINOVER, Ada Pellegrini. A tutela coletiva dos investidores no mercado de valores mobiliários: questões processuais. YARSHELL, Flávio Luiz; PEREIRA, Guilherme Setoguti J. (coords.). *Processo Societário.* São Paulo: Quartier Latin, 2012, p. 46; LEÃES, Luis Gastão Paes de Barros. A tutela coletiva dos investidores em sede arbitral. In: LEÃES, Luiz Gastão Paes de Barros; CARVALHOSA, Modesto Souza Barros; WALD, Arnoldo (org.). *A responsabilidade civil da empresa perante os investidores: contribuição à modernização e moralização do mercado de capitais.* São Paulo: Quartier Latin, 2018,p. 71; TOLEDO, Paulo Fernando Campos Salles de. A Lei 7.913, de 7 de dezembro de 1989: a tutela judicial do mercado de valores mobiliários. *Revista dos Tribunais*, v. 667/1991, mai. 1991, pp. 70-78; ZUFELATO, Camilo. Tutela jurisdicional coletiva dos investidores no mercado de capitais e dos sócios minoritários e a judicialização da negativa de fusão entre o Pão de Açúcar e o Carrefour. In: *Revista de Processo*, v. 233, jul./2014, p. 191; MOREIRA, Alberto Camiña. A ação cível pública da Lei 7.913/89 entre o direito coletivo e o direito societário. In: LEÃES, Luiz Gastão Paes de Barros; CARVALHOSA, Modesto Souza Barros; WALD, Arnoldo (org.). *A responsabilidade civil da empresa perante os investidores: contribuição à modernização e moralização do mercado de capitais.* São Paulo: Quartier Latin, 2018. pp. 335-336; PRADO, Viviane Muller; e DECCACHE, Antônio. Arbitragem coletiva e companhias abertas. *Revista de Arbitragem e Mediação*, v. 52/2017, jan.-mar. 2017, pp. 99-122.; MARIANI, Rômulo Greff. *Arbitragens coletivas no Brasil.* São Paulo: Atlas, 2015, pp. 118-119; NERY, Ana Luiza. Arbitragem coletiva. São Paulo: Editora Revista dos Tribunais, 2016, p. 255;

da confidencialidade nas arbitragens, especialmente quando dizem respeito a companhias abertas[32].

Outra importante iniciativa de fomento à proteção dos acionistas minoritários foi o estudo desenvolvido pelo Grupo de Trabalho formado por membros da CVM e do Ministério da Economia, juntamente com a Organização para a Cooperação e Desenvolvimento Econômico – OCDE,

---

ROQUE, André Vasconcelos. *Arbitragem de direitos coletivos no Brasil*: admissibilidade, finalidade e estrutura. Tese. UERJ, 2014; RODOVALHO, Thiago; MAIA, Sara Christina. A arbitragem coletiva no brasil e seus desafios, In: *Coletivização e unidade do direito*. Londrina, Thoth, 2019, pp. 557-572; PEREIRA, Cesar; QUINTÃO, Luísa. Substituição da ação civil pública por arbitragem nos casos de proteção coletiva dos investidores no mercado de capitais (Lei nº 7.913/1989). In: ABRÃO, CARVALHOSA e LUCON (coords.) *A tutela coletiva do acionista minoritário*. Os 30 anos de vigência da lei 7.913/89: uma visão prospectiva construtiva. São Paulo: Quartier Latin, 2019; MATTOS, Eduardo da Silva; RENZETTI, Bruno Polonio. Arbitragem coletiva no mercado de capitais brasileiro e direitos individuais homogêneos – uma abordagem em direito & economia. *Economic Analysis of Law Review*, V. 09, nº 3, Set.-Dez., 2018, pp. 52-65; BAPTISTA, Luis Olavo. What Compensates Tears? A Case Study in How To Determine Damages In Large Proportion Disasters in Brazil through Class Arbitration. *Kluwer Arbitration Blog*, 13/05/2019.

---

32 "*No mais, quanto ao pedido de tramitação sob segredo de justiça,* ***a regra geral que vige em nosso sistema é a publicidade dos atos processuais****, conforme se depreende dos arts. 5º, LX e 93, IX, da Constituição Federal.* ***Por essa razão, qualquer norma infraconstitucional que limite a aplicabilidade da regra geral de publicidade****, como o faz o art. 189 do CPC,* ***deve ser interpretada restritivamente****. [...] Dessa forma, diante da inexistência de interesse público ou social a ser protegido ou de violação a esfera íntima das partes, no caso concreto, não há que se falar em segredo de justiça. [...]* ***O segredo que normalmente se impõe às arbitragens, inclusive na Câmara da B3, é pernicioso à transparência e à própria higidez do Mercado de Capitais****; mais ainda é obstáculo ao prestígio do Direito Comercial.* ***A luz do sol deve brilhar sobre esses procedimentos relevantes****, várias vezes decididos por árbitros qualificados, especialistas, professores, advogados renomados. A cultura jurídica, a Academia, têm interesse em conhecer o que neles se passa.* ***Há que difundir os precedentes das arbitragens nas comunidades econômica e jurídica, divulgando-se sua jurisprudência de modo acessível a todos os interessados.*** *Há que afastar rumores acerca do desvirtuamento das arbitragens em decorrência de serem sempre os mesmos seus partícipes, ora como advogados, ora como árbitros, ora como pareceristas, ora como experts da Corte, às vezes de modo simultâneo, configurando o que, depreciativamente, se convencionou chamar revolving door. Enfim, como certa feita disse o Justice LOUIS BRANDEIS,* ***a luz do sol é o melhor detergente***." (Grifamos) (TJSP. Tutela Antecipada Antecedente nº 2090011-46.2020.8.26.0000. Des. Cesar Ciampolini. j. em 20 mai. 2020. DJe: 27 mai. 2020).

visando propor medidas que contribuam para o aperfeiçoamento dos mecanismos legais postos à disposição dos acionistas para fins de tutela de seus direitos. O referido Grupo publicou suas conclusões em outubro de 2019, em relatório intitulado "*Fortalecimento dos meios de tutela reparatória dos direitos dos acionistas no mercado de capitais brasileiro*". Dentre as conclusões apesentadas, destaca-se o entendimento de que os princípios da publicidade e da transparência devem preponderar nas arbitragens do mercado de capitais que versem sobre direitos coletivos de acionistas minoritários, com elementos de interesse público ou com efeitos *erga omnes*[33]:

> O GT [Grupo de Trabalho] identificou que o arcabouço jurídico existente para a divulgação da arbitragem apresenta **deficiências que prejudicam o direito dos acionistas de buscar reparação**. E, seguindo o entendimento de uma decisão de 2010 do Colegiado da CVM, **o direito dos acionistas à informação não podem ser prejudicados pela característica de confidencialidade da maioria dos procedimentos arbitrais, os quais devem respeitar as obrigações de divulgação existentes nos marcos legais e regulamentares aplicáveis**. Via de regra, as partes devem ter o direito de manter a arbitragem sigilosa, pois é um método privado de solução de controvérsias para dirimir unicamente direitos patrimoniais disponíveis e contém informações muito sensíveis das partes (o que também justifica o sigilo em ações judiciais na Justiça comum). No entanto, existem situações em que, na visão do GT, é necessária a **transparência** ou a **publicidade** do processo. **É o caso das disputas do mercado de capitais envolvendo direitos coletivos de acionistas minoritários com um elemento de interesse público (como em processo que afete a credibilidade do próprio mercado) ou com efeitos erga omnes**. Como já mencionado, isso pode ser visto como uma questão de arbitrabilidade ou, pelo menos, como capaz de justificar um tratamento especial à arbitragem pela câmara de arbitragem, pelas partes da arbitragem e pela companhia aberta envolvida. (Grifamos)

33 GONZALEZ, Gustavo Machado; VASCO, José Alexandre Cavalcanti; LYRA, Zora; CUNHA LOPES, Marília Carneiro da; BLUME. Daniel. *Fortalecimento dos meios de tutela reparatória dos direitos dos acionistas no mercado de capitais brasileiro*: relatório preliminar. p. 25. Disponível em: < https://www.gov.br/economia/pt-br/assuntos/noticias/2019/12/arquivos/cvm-fortalecimentodosmeios-port.pdf >. Acesso em: 27 jun. 2020.

Conforme mencionado, a mais recente das iniciativas foi o Projeto de Lei nº 2.925/2023, que, muito embora, em tese, busque instituir medidas facilitadoras de acesso à justiça por acionistas minoritários, apresenta uma série de proposições que colocam em dúvida a efetividade das referidas medidas. Trata-se, no entanto, de projeto de lei sujeito a emendas e que tem sido objeto de acaloradas discussões acadêmicas que só tendem a contribuir para o aprimoramento da respectiva redação.

Observa-se, assim, ainda haver espaço para evolução dos mecanismos de proteção e facilitação do exercício de direitos das minorias acionárias, com o consequente acesso à justiça, sendo fundamental a consolidação dos referidos mecanismos, antes de que sejam atribuídas quaisquer outras ferramentas hegemônicas aos controladores do mercado.

5. Conclusão

Como referido, o Direito do Mercado de Valores Mobiliários encontra-se em constante evolução, já se tendo percebido um movimento, ainda que tímido, voltado a garantir direitos aos acionistas minoritários. Para que o mercado de capitais brasileiro se torne cada vez mais hígido e confiável, atraindo investidores e favorecendo o desenvolvimento econômico do país, é fundamental que haja uma consolidação das ferramentas e mecanismos capazes de dar efetividade à tutela e proteção desses investidores que financiam a economia nacional.

Nota-se ter havido um recente movimento de ativismo e de proteção de minorias no mercado acionário que, muito embora de extrema importância, se mostra ainda incipiente para o desenvolvimento de um mercado de capitais hígido, que transmita plena confiança. Nesse sentido, a questão do acesso à justiça pelos poupadores brasileiros que confiam suas economias a esse mercado deve receber especial atenção.

Somente por meio do fomento de mecanismos protetivos de minorias e de responsabilização das companhias, especialmente por meio de ações coletivas indenizatórias e de eficientes mecanismos fiscalizatórios e sancionadores, poderá o mercado de capitais brasileiro se desenvolver adequadamente, construindo um ambiente mais isonômico e hígido, com pleno acesso à justiça e equilíbrio das relações e interesses que o circundam, de forma a promover a confiança e a segurança que todos os seus agentes demandam.

Referências bibliográficas

BAPTISTA, Luis Olavo. *What compensates tears? A case study in how to determine damages in large proportion disasters in brazil through class arbitration*. Kluwer Arbitration Blog, 13/05/2019.

CAPPELLETTI, Mauro; GARTH, Bryant. Acesso à justiça. Tradução de Ellen Gracie Northfleet. Porto Alegre: Fabris, 1988.

CARVALHOSA, Modesto. Comentários à Lei de Sociedades por Ações, v. 2: arts. 75 a 137. 6ª ed. São Paulo: Saraiva, 2014.

CVM. Processo CVM nº RJ 2008/0713. Pedido de Reconsideração. Decisão do Colegiado de 27 de abril de 2010. Rel. Dir. Otavio Yazbek.

DINAMARCO, Cândido Rangel. *Instituições de direito processual civil*, volume I. São Paulo: Malheiros, 9ª ed., 2017.

GONZALEZ, Gustavo Machado; VASCO, José Alexandre Cavalcanti; LYRA, Zora; CUNHA LOPES, Marília Carneiro da; BLUME. Daniel. Fortalecimento dos meios de tutela reparatória dos direitos dos acionistas no mercado de capitais brasileiro: relatório preliminar. p. 25. Disponível em: < https://www.gov.br/economia/pt-br/assuntos/noticias/2019/12/arquivos/cvm-fortalecimentodosmeios-port.pdf >. Acesso em: 27 jun. 2020.

GRINOVER, Ada Pellegrini. A tutela coletiva dos investidores no mercado de valores mobiliários: questões processuais. In: YARSHELL, Flávio Luiz; PEREIRA, Guilherme Setoguti J. (coords.). *Processo Societário*. São Paulo: Quartier Latin, 2012.

KUYVEN. Luiz Fernando Martins. O necessário precedente arbitral. *Revista de Arbitragem e Mediação*, São Paulo, v. 36, pp. 295-315, jan.-mar. 2013.

LEÃES, Luis Gastão Paes de Barros. A tutela coletiva dos investidores em sede arbitral. In: LEÃES, Luiz Gastão Paes de Barros; CARVALHOSA, Modesto Souza Barros; WALD, Arnoldo (org.). *A responsabilidade civil da empresa perante os investidores: contribuição à modernização e moralização do mercado de capitais*. São Paulo: Quartier Latin, 2018.

LEVY, Daniel. Estudo comparado da arbitragem no mercado de capitais. Revista de Direito Mercantil, industrial, econômico e financeiro, nº 155/156. São Paulo, ago.-dez. 2010.

MARIANI, Rômulo Greff. *Arbitragens coletivas no Brasil*. São Paulo: Atlas, 2015.

MARIANI, Rômulo Greff. *Precedentes na arbitragem*. Belo Horizonte: Fórum, 2018.

MATTOS, Eduardo da Silva; RENZETTI, Bruno Polonio. Arbitragem coletiva no mercado de capitais brasileiro e direitos individuais homogêneos: uma abordagem em direito & economia. *Economic Analysis of Law Review*, v. 09, nº 3, set.-dez., 2018.

MAZZILLI, Hugo Nigro. A defesa dos interesses difusos em juízo. 31ª ed. São Paulo: Saraiva Educação, 2019.

MILLER. Daniel Schiavoni. Governança Corporativa e Full Disclosure: o direito à informação como direito subjetivo instrumental, implicitamente essencial e inderrogável do acionista. In: CANTIDIANO, Luiz Leonardo; CORRÊA, Rodrigo (org.). *Governança corporativa*: empresas transparentes na sociedade de capitais. São Paulo: Lazuli, ca. 2004.

MOREIRA, Alberto Camiña. A ação cível pública da Lei nº 7.913/89 entre o direito coletivo e o direito societário. In: LEÃES, Luiz Gastão Paes de Barros; CARVALHOSA, Modesto Souza Barros; WALD, Arnoldo (org.). *A responsabilidade civil da empresa perante os investidores: contribuição à modernização e moralização do mercado de capitais.* São Paulo: Quartier Latin, 2018. pp. 335-336.

NERY, Ana Luiza. *Arbitragem coletiva.* São Paulo: Editora Revista dos Tribunais, 2016.

PEREIRA, Cesar; QUINTÃO, Luísa. Substituição da ação civil pública por arbitragem nos casos de proteção coletiva dos investidores no mercado de capitais (Lei nº 7.913/1989). In: ABRÃO, CARVALHOSA e LUCON (coords.) *A tutela coletiva do acionista minoritário.* Os 30 anos de vigência da lei nº 7.913/89: uma visão prospectiva construtiva. São Paulo: Quartier Latin, 2019.

PEREIRA, Guilherme Setoguti J. *Temos que repensar a confidencialidade das arbitragens societárias.* In: PEREIRA, Guilherme Setoguti J.; YARSHELL, Flávio Luiz. (Coords.). Processo Societário, v. III. São Paulo: Quartier Latin, 2018.

PRADO, Viviane Muller; e DECCACHE, Antônio. Arbitragem coletiva e companhias abertas. *Revista de Arbitragem e Mediação*, v. 52/2017, jan.-mar. 2017, pp. 99-122.

PRADO, Viviane Muller; MANSUR, Fernanda Farina; SILVA, Victor Hugo Cunha. A inefetividade dos mecanismos coletivos de proteção dos investidores no mercado de valores mobiliários brasileiro. Revista de Processo, v. 306, ago. 2020, pp. 267-293.

RODOVALHO, Thiago; MAIA, Sara Christina. A arbitragem coletiva no brasil e seus desafios. In: Reichelt, Luís Alberto; JOBIM, Marco Félix (org.). *Coletivização e unidade do direito.* Londrina, Thoth, 2019, pp. 557-572.

ROQUE, André Vasconcelos. *Arbitragem de direitos coletivos no Brasil*: admissibilidade, finalidade e estrutura. Tese. UERJ, 2014.

SANTOS. Boaventura de Sousa. Poderá o direito ser emancipatório? *Revista Crítica de Ciências Sociais*, nº 65, maio 2003. pp. 3-76. Disponível em: <

http://www.boaventuradesousasantos.pt/media/pdfs/podera_o_direito_ser_emancipatorio_RCCS65.PDF >. Acesso em: 02 nov. 2021.

STF, Tribunal Pleno, AG REG na SE 5206-7, 2001, rel. Min. Sepúlveda Pertence.

TJSP. Tutela Antecipada Antecedente nº 2090011-46.2020.8.26.0000. Des. Cesar Ciampolini. j. em 20 mai. 2020. DJe: 27 mai. 2020.

TOLEDO, Paulo Fernando Campos Salles de. A Lei nº 7.913, de 7 de dezembro de 1989: a tutela judicial do mercado de valores mobiliários. *Revista dos Tribunais*, v. 667/1991, mai. 1991, pp. 70-78.

TORRES, Ricardo Lobo; KATAOKA, Eduardo Takemi; GALDINO, Flavio (org.); TORRES, Silvia Faber (superv.). *Dicionário de princípios jurídicos*. Rio de Janeiro: Elsevier, 2011Dicionário de Princípios Jurídicos. "Acesso à justiça", Flávio Galdino. São Paulo: Elsevier, 2011.

WATANABE, Kazuo; GABBAY, Daniela. Admissibilidade e adequação da arbitragem coletiva como um mecanismo de acesso à justiça no mercado de capitais e seus aspectos procedimentais. *Revista Brasileira de Arbitragem*, nº 68, Out-Dez/2020.

ZUFELATO, Camilo. Tutela jurisdicional coletiva dos investidores no mercado de capitais e dos sócios minoritários e a judicialização da negativa de fusão entre o Pão de Açúcar e o Carrefour. In: *Revista de Processo*, v. 233, jul./2014.

A CONTINUAÇÃO DO NEGÓCIO (DA EMPRESA) NA FALÊNCIA: "*VETERA ET NOVA*"

Haroldo Malheiros Duclerc Verçosa[1]
Rachel Sztajn[2]

SUMÁRIO: Introdução. **1.** A concordata e a continuação do negócio na lei anterior e considerações comparativas com o modelo vigente; **2.** Questões preliminares. A visão da empresa no direito comercial brasileiro; **3.** A continuação do negócio na falência no regime anterior. Natureza jurídica; **4.** O pensamento de Nelson Abrão; **5.** A conveniência e o sujeito da atividade da LRJF; Conclusão.

Introdução

Convidados para participarmos de obra em homenagem ao Prof. Nelson Abrão, com muita honra aceitamos o chamado e procuramos discutir um tema que foi o objeto de sua tese de livre-docência, defendida em 1975 na Faculdade de Direito da USP[3]. O primeiro dos autores deste texto foi assistente do Prof. Abrão naquele ano, época em que iniciou a sua carreira junto ao Departamento de Direito Comercial.

Nosso objetivo voltou-se para a verificação dos fundamentos sobre os quais o homenageado elaborou a sua tese, ao tempo da anterior lei de falências (Dec.-Lei 7.661, de 21.06.1945 – LF) e como o tema passou a se apresentar na Lei nº 11.101/2005 – LRJF, com as modificações introduzidas pela Lei nº 14.112/2020 de 24.12.2020, visando a apurar a eficiência dos sistemas em vigor nesses dois normativos para que o

---

1 Mestre, Doutor e Livre-Docente em Direito Comercial pela Faculdade de Direito da USP. Professor Sênior do Departamento de Direito Comercial da Faculdade de Direito da USP. Fundador e Coordenador Geral do GIDE – Grupo Interdisciplinar de Direito Empresarial. Autor de diversos livros e artigos sobre Direito Comercial.

2 Doutora e Livre-Docente em Direito Comercial pela Faculdade de Direito da USP. Professora Sênior do Departamento de Direito Comercial da Faculdade de Direito da USP. Advogada em São Paulo. Autora de diversos livros e artigos sobre Direito Comercial e Direito/Economia.

3 *"A Continuação do Negócio na Falência"*, São Paulo, 1975, original da tese defendida no concurso de livre-docência em Direito Comercial da Faculdade de Direito da USP.

negócio (a empresa) pudesse ter continuidade. Nessa mesma linha de argumentação buscamos fazer uma análise dos prazos muito longos que têm sido estabelecidos em muitas recuperações judiciais as quais, uma vez frustradas ao longo do tempo terminam com sua conversão em falência, nada obstante se pretendesse que a atividade empresarial exercida pudesse ser mantida.

Faremos uma breve apreciação do instituto da concordata que teria sido (ou não) meio para a recuperação da empresa, presente na LF, ausente da LRJF, tendo dado lugar à recuperação extrajudicial ou judicial. Ficaremos restritos ao tema específico da sobrevivência da empresa em crise. Houve reconhecimento geral no sentido de que a concordata apresentou resultados decepcionantes, dando-se em situação de liquidação danosa do ativo do concordatário, prejudicial à continuidade do seu negócio, muitas vezes convolada em falência.

1. A concordata e a continuação do negócio na lei anterior e considerações comparativas com o modelo vigente

As inovações no direito falimentar, com a revogação do Decreto nº 7.661/1945, introduzidas pela Lei nº 11.101, de 9 de Fevereiro de 2005 e reformada pela Lei nº 14.112 de 24.12.2020, introduziram no direito pátrio o instituto da recuperação de empresas – seja mediante reorganização judicial ou extrajudicial -, que substituiu a concordata. O novo procedimento, que confere aos credores poder não existente na legislação revogada, aproxima o sistema brasileiro das legislações europeias, para ficar no campo dos sistemas jurídicos de base romano-germânica-canônica e, em boa medida se aproxima dos sistemas da *common Law*.

Enquanto a concordata era uma espécie de moratória, sujeita a condições previstas na lei que, uma vez aceita pelo Judiciário, era imposta aos credores quirografários, não alcançando credores com garantia real, por exemplo, a nova legislação, determina que o novo instituto tem início no pedido do comerciante/empresário em situação de crise embora não insolvável, e passa pelo processo de negociação entre devedor e credores, antes que haja decisão judicial. Aparentemente pretendia-se reverter o quadro anterior de imposição compulsória da moratória – não concretizado – pressupondo-se que a negociação entre partes interessadas, afastaria *"manobras"* como o fato de que a maioria dos pedidos de concordata, nada obstante se admitisse que o prazo legal de dois anos não necessariamente fosse cumprido, redundasse em decretação da falência.

Possivelmente isso decorre de que antes de convocar a assembleia de credores conviria saber o que causou a crise econômico-financeira para, em seguida, considerar possíveis remédios para superá-la. A crise foi fruto de eventos imprevisíveis como, por exemplo, mudança de políticas econômicas, inovações tecnológicas, mudança de preferências de consumidores, má gestão ou uma perversa combinação de tais alternativas?

Demais disso, não se considerou que a assimetria informacional permite ou facilita a adoção de estratégias por uma parte entre as quais a tomada de refém, comportamento oportunista, entre outras, o que torna a negociação entre partes – devedor e credores – complexa tornando o que seria um jogo de cooperação em jogo não cooperativo. Demais disso, a nova legislação não separa os credores em quirografários e com garantia real, mas cria diferentes classes de credores que deliberam separadamente quanto à análise de viabilidade do plano de recuperação proposto pelo devedor, o que aumenta as assimetrias e permite privilegiar interesses específicos. Dessa forma o que se visava, a recuperação da empresa em crise com a manutenção da atividade não trouxe resultado significativamente distinto do que se dava em face da concordata. A maioria dos pedidos de reorganização/recuperação de empresas em crise culmina em falência.

Nada obstante a nova legislação conferir aos credores poderes para aprovar, rejeitar ou alterar o plano proposto pelo devedor para a recuperação da empresa, isto é, superação da crise, há que considerar que os interesses entre as partes podem não ser convergentes, Dessa forma a pretendida negociação, que teria como suporte a cooperação, não prospera e casos de empresas em crise que recorreram ao novo instituto não se demonstraram alvissareiros. O porcentual de sociedades que recorrem ao novo modelo e efetivamente se recuperam é desprezível.

Claro que a manutenção de atividades econômicas é importante, contudo a viabilidade da empresa, quando enfrenta crise econômico-financeira, não pode depender apenas de desejos do legislador ou de políticas públicas como, por exemplo, privilégios fiscais ou creditórios pois isto só tende a postergar a inviabilidade da atividade se ou quando os benefícios forem cancelados.

O Judiciário, mediante atos normativos, recomendações e resolução do CNJ, através do Fórum Nacional de Recuperação Empresarial e Falências, criou varas especializadas em falências e recuperação de empresas visando a dar mais efetividade às decisões judiciais.

A par disso, medidas pré-insolvência previstas na legislação de 2020, admitem a mediação e a conciliação, evitando-se a propositura de ações judiciais a par de se considerar que, dado que os mercados imputam à crise empresarial a perda de confiança nos empresários/administradores, o sigilo dessas medidas relacionadas à reorganização é bem recebido.

O modelo de reorganização empresarial adotado pelo sistema jurídico pátrio prevê que a empresa devedora elabore um plano de recuperação que será submetido aos credores devendo, para ser posto em prática, receber a aprovação da maioria destes, organizados em diferentes classes e atendendo aos quóruns previstos na lei. Vale dizer, conforme a espécie de crédito os interessados devem considerar se o plano (projeto para manter a atividade) terá efeito sobre a viabilidade da manutenção da atividade.

A lei prevê nos artigos 35, 41 e 45, que os credores serão organizados em quatro classes a saber, trabalhadores, titulares de garantia real, quirografários e micro empresas e empresas de pequeno porte (consideradas mais vulneráveis).

Aprovado o plano proposto pelo devedor, serão alterados valores, prazo, e forma de pagamento dos créditos (art. 59). Rejeitado o plano a recuperação, tal como se dava com a concordata que não atendia aos requisitos legais, será convolado em falência (art. 73, III), ou seja, passa-se ao procedimento de liquidação da empresa.

Observa-se que a suspensão e a proibição previstos nos incisos I, II e II do *caput* desse artigo não serão aplicáveis não sendo apresentado o plano alternativo pelos credores no prazo de 30 dias contado do final do prazo previsto no § 4º deste artigo ou no § 4º do art. 56 da Lei, que prevê que, se o plano de recuperação judicial for rejeitado pela assembleia geral, o administrador judicial consultará os credores se eles desejam apresentar um plano alternativo no prazo de 30 dias. O § 5º dispõe que tal prazo deverá ser aprovado por credores que representem mais da metade dos créditos presentes à assembleia geral de credores. Os §§ 6º e 7º preveem regras sobre o conteúdo do plano alternativo em que se considera que as condições para tal medida dependem de não preenchimento dos requisitos previstos no § 1º do art. 58, preenchimento dos requisitos previstos nos incisos I, II e III do caput do art. 53, apoio por escrito de credores representando, alternativamente: a) mais de 25% (vinte e cinco por cento) dos créditos totais sujeitos à recuperação judicial; ou b) mais de 35% (trinta e cinco por cento) dos créditos dos credores presentes à assembleia geral a que se refere o § 4º deste artigo. Exige-se, ainda, não imputação de obrigações novas, não previstas em lei ou em contratos anteriormente celebrados, aos sócios do devedor, previsão de isenção das garantias pessoais prestadas por pessoas naturais em relação aos créditos a serem novados e que sejam de titularidade dos credores mencionados no inciso III deste parágrafo ou daqueles que votarem favoravelmente ao plano de recuperação judicial apresentado pelos credores, não permitidas ressalvas de voto, e não imposição ao devedor ou aos seus sócios de sacrifício maior do que aquele que decorreria da liquidação na falência. O § 7º dispõe que o plano de recuperação judicial apresentado pelos credores poderá prever a capitalização dos créditos, inclusive com a consequente alteração do controle da sociedade devedora, permitido o exercício do direito de retirada pelo sócio do devedor.

O plano alternativo deverá ser votado em até 90 dias a contar da assembleia geral que deliberou pela sua apresentação e, em caso de suspensão da assembleia geral de credores convocada para fins de votação do plano de recuperação judicial, a assembleia deverá ser encerrada no prazo de até 90 (noventa) dias, contados da data de sua instalação (§ 9º). O § 8º determina que não aplicado o disposto nos §§ 4º, 5º e 6º deste artigo, ou rejeitado o plano de recuperação judicial proposto pelos credores, o juiz convolará a recuperação judicial em falência.

Importante apontar que as novas regras quanto a plano alternativo só se aplicam a pedidos de recuperação judicial ajuizados após o início da vigência da Lei nº 14.112/2020.

A questão relevante em face dessas novas regras, é determinar se haverá, entre os credores, seja na opção pela apresentação do plano alternativo, seja na sua modelagem, seja na cooperação entre eles, se os interesses individuais não forem homogêneos. Isto porque a posição do devedor na cadeia produtiva terá reflexos significativos em sua decisão a par de certos deles tornarem-se reféns do devedor, pois o rompimento da cadeia produtiva pode inviabilizar a continuidade de outra atividade dependente do devedor em crise.

Certo é que, diferentemente do que ocorria na concordata, moratória imposta aos credores, o novo sistema, com as regras da Lei nº 14.112/2020, confere aos credores a possibilidade de apresentarem plano alternativo ao proposto pelo devedor, após o *stay period* (art. 6º, § 4º) não tendo havido votação.

Como a legislação não prevê prazo para que o plano apresentado pelo devedor seja executado, priorizando a desejada preservação da empresa, o que se tem visto são propostas, nos planos apresentados pelos devedores, em geral, prazos bastante longos, alguns chegando a ultrapassar 10 anos, a que se acrescenta desconto no valor devido. Ou seja, a proposta é de longuíssimo prazo para que a reorganização/recuperação da empresa se concretize. Isso eleva as incertezas quanto à sua real viabilidade visto que, de regra, não há "reconhecimento" ou explicação transparente, por parte do devedor, que fato(s), evento(s) ou decisões, teriam gerado a crise.

Da perspectiva financeira, pensando-se em valor presente das obrigações, prazos longos tendem a gerar resultados negativos para os credores. Recorrendo à ideia de custo de capital – o que investidores demandam para aportar recursos para uma atividade, que leva em conta a alavancagem – como taxa de desconto, sem dúvida que, para a empresa em crise esse custo será muito elevado, pois não há como afastar as incertezas quanto ao futuro. Logo, um plano que proponha prazo de execução longo, em princípio, indica que mesmo o devedor tem dúvidas quanto a ser o resultado positivo. Seria o prazo estendido um sinal para os credores de que a atividade tem baixa ou nenhuma viabilidade?

Considerando a tendência do Judiciário de privilegiar a continuidade da atividade da empresa em crise, com base na ideia de função social da empresa, muitas vezes recorrendo ao *cram down*, indaga-se se a regra predisposta no art. 39, (§ 6º) da lei, reconhecer que o voto do credor será exercido em seu interesse, alterará a posição que vinha sendo adotada pelos magistrados.

Certo é que sem considerar a viabilidade econômico-financeira do devedor em crise, e sobretudo sem entender o que levou a essa situação, as medidas legais parecem carecer de real eficiência para preservar empresas e não estimulam os credores a serem, de alguma forma *"solidários"* com o devedor.

2. Questões preliminares. A visão da empresa no direito comercial brasileiro

Os jovens operadores do direito comercial podem ser levados a entender que a empresa é algo novo, que teria penetrado no nosso direito positivo tão somente a partir do atual Código Civil, o qual versou sobre ela nos seu Livro II, precisamente o do Direito da Empresa, objeto dos artigos 966 a 980. Nada mais errado.

Entende-se a empresa como uma atividade organizada pelo empresário, voltada para a produção e/ou a circulação de bens ou de serviços, tal como se encontra no art. 966 do CC, sobre cujo conteúdo não estenderemos a nossa análise.

E quando olhamos para o Código Comercial de 1850 uma primeira leitura parece indicar que a empresa não fez parte dos institutos nele tratados, voltado no art. 4º para a pessoa do comerciante. Mas a empresa é diretamente mencionada no Regulamento nº 737, de 25.11.1850, tratando da Legislação Comercial, cujo artigo 19, *caput* definiu o que era a *mercancia* para os efeitos daquele Código. E o parágrafo terceiro desse dispositivo relacionou como mercancia as *empresas de fábricas, de comissões, de depósitos, de expedição, de consignação, de transporte de mercadorias e de espetáculos públicos.*

Tomando cuidado para não fazermos uma abordagem anacrônica, verifica-se em primeiro lugar que não foi acatada pelo nosso revogado Código Comercial o instituto do ato de comércio, cuja identificação casuística e sua prática faria com que o operador do direito o integrasse no âmbito do Direito Comercial – isoladamente considerado – e que tanta discussão estéril gerou no Código Comercial Francês de 1807, malfadadamente trazida para o nosso meio e que somente veio a ser superada depois de gastos rios de tinta em discussões sem fim.

Não! Como vimos acima, o campo do Direito Comercial no nosso Código Comercial estava vinculado ao reconhecimento do exercício da mercancia – sempre no sentido de atividade organizada que se realiza ao longo do tempo – recorrendo o comerciante a diversos institutos para a sua realização -, gravitando em volta do estabelecimento comercial. Essa é precisamente uma característica própria da empresa que se estabeleceu no correr dos anos por força da melhor expressão da doutrina e acatamento pelo Judiciário, nem sempre de forma perfeitamente adequada[4].

O fato de que a LF voltou-se para a pessoa do comerciante, sem referir-se expressamente à empresa, ainda assim a esta dedicou indiretamente o tratamento de sua continuidade na falência, com base no art.

---

4 Sobre a doutrina da empresa, vide nosso *"Direito Comercial – Teoria Geral, Vol. 1, Direito Comercial e Atividades Empresariais Mercantis – Introdução à Teoria Geral da Concorrência e dos Bens Imateriais"*, em coautoria com Maria Cecília Andrade, Muriel Waksman e Renato Stephan Pelizzaro, Ed. Dialética, São Paulo, 2022 itens 1.6, 1.7 e 2.4,

74, ao cuidar da continuação do *negócio do falido*, que os autores identificaram como a continuação da empresa do falido.

Mesmo que de forma não sistemática, Nelson Abrão cuidou da empresa segundo a concepção acima referida, na sua continuação diante da falência do seu titular, notando que nos ordenamentos jurídicos anglo-saxões se estabeleceu uma dissociação entre a sorte do falido e dos bens da empresa, diante de uma nítida separação entre o falido e a falência. Nesse sentido o nosso autor, tomando por base a legislação norte-americana, observou que, ainda que não inspirada no princípio da conservação da empresa, foi implantada uma regra de dissociação entre o destino daquela e o dos seus dirigentes, como caminho aberto ao processo da sua preservação por meio de sua reorganização. Dessa forma, nos Estados Unidos da América, a falência teria ficado reservada aos casos de desesperada ruina econômica, que afastava a sua salvação[5].

Passando sua análise para o continente europeu, Nelson Abrão observou a lei falimentar francesa de 1967, aplicável às empresas em situação financeira difícil, mas não irremediável, que concedia aos seus titulares a possibilidade da elaboração de um plano de recuperação com prazo de pagamento não superior a três anos – bem aquém daquele que tem sido praticado no Brasil e que será objeto de considerações oportunas neste texto. Segundo apurado pelo ~~nosso~~ autor, dezenas de empresas francesas se salvaram com base na oportunidade que lhes foi conferida, marcando uma frase que ficou conhecida no direito francês de que em França existiam falidos, mas não falências[6].

Tendo observado em seguida o direito italiano, Nelson Abrão (apoiado em Ragusa Maggiore) destacou uma evolução quanto ao primitivo entendimento dos bens como valores-coisa, que foi sucedido pelo de bens como valores-instrumento, noção que veio a adquirir relevo importante no âmbito da organização empresária, proporcionando assim o salvamento da fazenda mercantil, segundo uma nova lógica da gestão da empresa. Naquele contexto o direito falimentar deixou de ter um escopo punitivo o expropriatório voltado para a satisfação dos credores, tendo evoluído para a acomodação de um complexo maior de interesses convergentes diante do malogro de uma empresa, fato que represen-

5 Ob. cit., pp. 44 a 46.

6 Ob. cit., pp. 54 a 58, passim.

taria apenas um momento de sua vida, abrindo-se a porta para a sua continuidade[7].

3. A continuação do negócio na falência no regime anterior. Natureza jurídica

Prosseguindo no seu texto[8], nosso autor afirmou que, ao tempo em que elaborou o seu texto, mesmo tendo sido decretada a falência do comerciante o prosseguimento de sua atividade era notado como universalmente estabelecido, para tanto tendo citado o direito francês, o alemão, o anglo-saxão e aquele em vigor nos países de língua espanhola.

No sentido acima, em alguns ordenamentos jurídicos tal fenômeno era normal, ou seja, uma vez decretada a falência esse fato não vedaria o prosseguimento da atividade, solução mais consentânea com a dinâmica do prosseguimento da empresa. Em outros sistemas a cessação da atividade do comerciante se dá automaticamente com a decretação da falência, tendo lugar a manutenção do negócio desde que isso seja requerido pelo interessado, na dependência do atendimento de determinados pressupostos legais.

Veja-se que, conforme Rubens Requião, na LF prevalecia o entendimento da eliminação das empresas econômica e financeiramente arruinadas, sob alegado motivo de que elas causavam perturbações e perigos ao mercado, com reflexos em outros organismos. A par disso, a continuação do negócio estava fundada na viabilidade da concordata suspensiva[9].

Do ponto de vista da natureza da continuação do negócio do falido, duas correntes se apresentavam: a do polo da atividade de liquidação e o da administração da falência. No primeiro caso tratar-se-ia de um modo subsidiário e eventual de liquidação, tratando-se da faceta correspondente ao lado processual da falência, com o prevalecimento do direito público. Dessa forma, a continuação do negócio do falido – cujo nome técnico era o de *exercício da empresa* – não passaria de um modo de realização do ativo pelos diversos meios disponíveis para a sua liquidação, buscando a quitação das obrigações com os credores.

---

7 Ob. cit., p. 61.

8 Ob. cit., pp. 67 e seg., passim.

9 Cf. *Curso de Direito Falimentar*, Vol. 1, Ed. Saraiva, São Paulo, pp. 22, 23 e 232.

Essa visão tomava expressamente a continuação do negócio do falido como uma gestão temporária e extraordinária da empresa - nesse patamar também considerado o arrendamento do estabelecimento -, não voltada verdadeiramente para a sua preservação, entendida esta como sua sobrevivência nas próprias mãos do falido ou de terceiro, para a qual fosse transferida. Falava-se que o prosseguimento da empresa - olhado com suspeita - tinha em vista o fato de que as vendas realizadas por ela em tais circunstâncias dinâmicas acarretaria vendas mais vantajosas do que com a sua atividade paralisada.

Considerado, por sua vez, o polo como fenômeno da administração era defendida a tese de que o exercício provisório da empresa perseguia um resultado de natureza econômica, ultrapassando a finalidade de alcançar uma liquidação mais favorável, mas tendo em vista o incremento da empresa, favorecendo a sua reinserção entre aquelas economicamente vitais, resultando na reconquista pelo empresário do seu papel, mesmo que de alguma forma reduzido. Essa provisoriedade decorria dos casos segundo os quais a autorização para a continuação do negócio podia ser cassada. Pensava-se quase que somente no interesse dos credores, que seriam prejudicados em muitos casos pela completa paralisação da empresa, com grandes estragos que alcançavam o seu maquinário quando de natureza industrial[10].

No sentido acima a falência era considerada apenas um *momento da empresa* e não necessariamente o seu encerramento.

Passando para o direito brasileiro, Nelson Abrão afirmou que os comercialistas pátrios optaram pela segunda percepção, ainda que não o tenham feito de forma direta, encontrando-se entre esses Carvalho de Mendonça no seu Tratado, para quem a continuação do negócio garantia a permanência da freguesia, de maneira a facilitar ao falido uma vantajosa proposta de concordata suspensiva, atendidas certas cautelas. De maneira geral na mesma corrente de pensamento o nosso autor se reportou Waldemar Ferreira, a Miranda Valverde e a Rubens Requião[11].

Miranda Valverde, na análise do art. 74 da LF, destacou o objetivo de acautelamento do patrimônio comercial ou industrial do falido, como objetivo desse instituto, com o fim de serem evitados maiores prejuízos

10 Rubens Requião, ob, cit., p. 232 e 235.

11 Ob. cit, pp. 85 a 87.

àquele e aos seus credores[12], visão segundo a qual havia sido construída a LF, muito longe da concepção moderna da preservação da empresa.

Carvalho de Mendonça tratou da continuação do negócio do falido durante o primeiro período da falência, na qualidade de um dos direitos especiais que este gozava na LF. O objetivo do instituto era o de lhe dar uma oportunidade de acautelar os seus interesses, procurando tornar produtivo. Mesmo assim, aquele autor considerava o instituto tão somente como um dos meios para a realização do ativo, no interesse fechado daquele e dos seus credores[13].

Waldemar Ferreira dedicou poucas linhas ao tema, tendo observado que não era o falido quem continua a negociar à frente do seu negócio, mas pelas mãos do gerente que era escolhido pelo síndico, diante do pressuposto do seu pedido concordatário[14].

4. O pensamento de Nelson Abrão

As inovações no direito falimentar, com a revogação do Decreto n. 7661/1945, introduzidas pela Lei nº 11.101, de 9 de Fevereiro de 2005 e reformada pela Lei nº 14.112/2020, introduziram no direito pátrio o instituto da recuperação de empresas – seja mediante reorganização judicial ou reorganização extrajudicial -, que substituiu a concordata como se apontou atrás.

É interessante observar que todos os autores citados entendiam estar presente, no art. 74 da LF, a noção da conservação da empresa de maneira contínua e não meramente provisória como era a ideia da visão processualística. Mas essa visão era restrita a uma preocupação com os interesses dos credores, desconsiderados outros, os quais vieram a ser atendidos na visão moderna da lei atual.

Foi quanto a esse ponto que Nelson Abrão trouxe a sua contribuição pessoal. Para ele o legislador brasileiro teria intuído a importância da preservação da empresa como atividade da administração da falência, objetivando uma ampla finalidade da sobrevivência daquela, não limitadamente ao fim da satisfação dos credores, mas projetando-se

12 In "Comentários à Lei de Falências, Ed. Revista Forense, Rio de Janeiro, 1948, vol. I, pp. 444 e 445.

13 In "Tratado de Direito Comercial Brasileiro, Vol. VII, p. 441 e Vol. VIII, p. 242.

14 In "Tratado de Direito Comercial", vol. 15, p. 85.

na transcendental recuperação da empresa, o que foi a sua percepção quanto à continuação do negócio do falido, na linha de uma atividade de administração[15].

Na análise feita pelo nosso autor é importante ressaltar a característica da LF consistente no afastamento obrigatório do falido ou dos dirigentes da sociedade falida, substituídos por outra pessoa. Disso resultavam discussões sobre a provisoriedade desse substituto e sobre a sua natureza jurídica com as quais aqui não nos preocuparemos, a não ser para destacar que as circunstâncias em que a substituição se dava e a continuidade da empresa naquela regime foram certamente das causas do fracasso do instituto no regime jurídico então vigente.

Para o fim de estudar o fenômeno da continuação do negócio do falido, Nelson Abrão dividiu a sua análise em quatro pontos: **(i)** iniciativa do pedido; **(ii)** conveniência; **(iii)** o sujeito da atividade; **(iv)** o exercício propriamente dito[16].

Não nos preocupando com a primeira nem com a última questão para os fins comparativos em vista, voltamos nossa atenção para a análise que o nosso autor fez da **conveniência**, tomando-se em conta os beneficiários da continuação do negócio, como sendo fundamentalmente o falido e os credores, tendo em perspectiva o recurso à concordata suspensiva. Tal restrição quanto ao instituto em tela era observada de forma ampla no direito comparado, dela não destoando o direito brasileiro[17].

Nelson Abrão observou, a partir de sua consideração sobre o contexto da ordem econômica dentro da qual se caracterizava a continuação do negócio do devedor, que Rubens Requião havia revelado preocupações no sentido de atualização desse instituto, cuja tutela já naquele tempo considerava retrógrada, não condizente com a evolução do direito, devendo se atentar para uma visão mais moderna, que defendia a separação entre a sorte do empresário falido e a da empresa. Para Requião a LF estava desgastada pelo passar do tempo, em atrito com as novas realidades econômicas[18].

Dessa forma, tendo enfrentado longas discussões sobre a questão da conveniência, nosso autor opinou no sentido de que, tendo em conta

15 Ob. cit., pp. 86 e segs., passim.

16 Ob. cit, pp. 93 e segs, passim.

17 Ob. cit., pp; 103 e segs., passim.

18 Ob. cit., p. 21.

a possibilidade da ocorrência de danos graves e irreparáveis como efeito da falência, deveriam ser atendidos, a par do próprio falido e dos seus credores, a sorte de terceiros, inclusive tendo em conta a ordem social, muito prejudicada nas regiões onde o devedor em dificuldades fosse um empregador importante ou mesmo único, cuja mão de obra ficaria sujeita ao desemprego.

Tratava-se, naquele contexto, de uma visão muito limitada, se considerada a substancial evolução dos contornos jurídicos da quebra da empresa, objeto do instituto da sua recuperação na lei atual.

Quanto ao **sujeito da atividade**, tendo em conta que na LF ele era obrigatoriamente afastado da posse e da administração dos bens integrantes da empresa, indagava-se se a continuação do negócio seria referida a ele ou a novo empresário.

No sentido acima, Nelson Abrão discorreu sobre a tese da *personalidade jurídica da massa*, caracterizada no direito francês como um *organismo legal, dotado de direitos e obrigações definidos pela lei*[19], tese que não encontrou maior eco no direito então vigente.

Nosso autor concluiu sua tese entendendo que nos termos da LF, não constituindo a massa um patrimônio autônomo, nem se podendo dotá-la de personalidade jurídica e não adquirindo o administrador da massa na continuação do negócio a qualidade de empresário, seria impossível configurar-se um novo sujeito da atividade, remanescendo para tanto o próprio falido. Dessa forma, o arrendamento do estabelecimento comercial não configuraria uma continuação do negócio.

Se tomarmos em consideração o art. 74 da LF somos obrigados a concordar com Nelson Abrão, pois ali é expresso o sentido de que o falido podia requerer a continuação do seu negócio, por meio de um gerente que o faria em caráter substitutivo e não pessoal. Não requerida a concordata no prazo da lei, a autorização para tal fim deveria ser cassada, O mesmo ocorreria quando o seu pedido viesse a ser julgado improcedente em primeira instância. Nos dois casos a falência prosseguiria com a liquidação dos ativos e pagamento do passivo com a força da massa.

É evidente que com essas restrições as hipóteses de continuação do negócio do falido se daria em circunstâncias excepcionais, dando-se ensejo à extinção da empresa, mesmo no caso de alienação do

19 Ob. cit., pp. 114 e segs, passim.

estabelecimento do falido, o que não corresponderia à continuação dessa.

Mudança em tal sentido na lei brasileira, tirante os casos especiais em leis próprias - como a relativa aos bancos - a continuação da empresa somente se deu, como se sabe, com a LRJF em 2005, na forma da recuperação judicial e extrajudicial.

5. A conveniência e o sujeito da atividade da LRJF

Nosso breve trabalho comparativo terá em vista os dois pontos acima, sobre os quais fundamos a nossa apreciação sobre a obra de Nelson Abrão.

Devemos ter em conta na nossa análise os casos da falência direta ou daquela na qual se convolou a RJ, para verificar se existe alguma diferença jurídica entre as duas no que concerne à continuidade da empresa, para tanto nos reportando aos artigos 73, 75 e 94 da LRJF. Um ponto desde logo a ser considerado é que na falência direta o devedor é imediatamente afastado das atividades que exerce junto à sua empresa. Por seu lado, na RJ o devedor continua exercendo a gestão da empresa, fiscalizado pelo administrador judicial e, ocorrendo supervenientemente a falência, não há mudança do tratamento legislativo, ficando também assim afastado o devedor.

Assim sendo, sabemos que a **conveniência da RJ** está na salvação da empresa, ampliados grandemente os seus beneficiários, muito além das pessoas do empresário em dificuldades e dos seus credores (e eventualmente dos empregados, como visto acima). Dessa forma, nos termos do art. 47 da LRJF, os objetivos em vista (conveniência) são, além daqueles já atendidos na lei anterior, a manutenção da fonte produtora, o emprego dos trabalhadores, bem como de todos os terceiros beneficiados pela função social exercida pela empresa. Rol bem amplo como se vê, cuja crítica está sua adequada delimitação para que não se torne uma panaceia salvadora genérica.

Mas quando pensamos na possibilidade de continuação da empresa do falido e, consequentemente, na sua conveniência - que foi o foco da tese de Nelson Abrão aqui examinada - nos reportamos ao art. 75 da LRJF, que estabelece **(i)** a preservação e a otimização da utilização produtiva dos bens, ativos e recursos da empresa, inclusive os intangíveis; **(ii)** o fomento ao empreendedorismo, que inclui a viabilização do retorno célere do empreendedor falido à atividade econômica; e **(iii)** a preservação de benefícios econômicos e sociais decorrentes da atividade empresarial, por meio da liquidação imediata dos bens do devedor e da rápida realocação útil de ativos na economia.

No tocante à forma da preservação da empresa falida isso se dá nos termos do art. 140 da LRJF: **(i)** alienação da empresa, com a venda dos seus estabelecimentos em bloco; **(ii)** alienação da empresa, com a venda de suas filiais ou unidades produtivas isoladamente; **e** **(iii)** alienação em bloco dos bens que integram cada um dos estabelecimentos do devedor. Nesses termos, do ponto de vista da dinâmica da empresa (como é sua própria característica) a sua alienação terá por objeto o conjunto de determinados bens necessários à operação rentável da unidade de produção – com referência evidente ao estabelecimento comercial íntegro que tiver se mantido no processo -, que poderá compreender a transferência de contratos específicos.

Como se verifica, o espectro da conveniência da continuação moderna da empresa alcança, em última análise, a todo o conjunto de interesses econômicos dos agentes que possam ser afetados pela atividade daquela, afastado o devedor desse processo, exceto quando, de forma indireta, ele vier a ser sócio de sociedade que arrematar a empresa (cf. o art. 141, inciso I do parágrafo 1º).

Conclusão

Não existindo diferença jurídica na origem da falência – direta, ou da convolação da concordata ou da recuperação, na lei -, o que importa quanto à análise da continuação do negócio está no reconhecimento de que, do ponto de vista econômico, isso somente será viável diante do fato da viabilidade da continuação da atividade da empresa objeto de negociação. Neste sentido o transcurso do tempo é elemento da inviabilidade desse objetivo, tanto mais negativo quanto maior tiver durado o andamento da reorganização/recuperação visando-se a evitar a falência. E, na situação de convolação da falência em RJ, esse cenário se revela mais grave, na medida em que o plano de recuperação tenha sido concedido para cumprimento em prazo longo. Seria como o *big bang*: quanto mais distante da origem da quebra, tanto mais a luz de uma RJ na busca da preservação da empresa será cada vez mais imperceptível.

Referências bibliográficas

ABRÃO, Nelson – A Continuação do Negócio na Falência, São Paulo, 1975, original da tese defendida no concurso de livre-docência em Direito Comercial da Faculdade de Direito da USP.

DURÃES, Hebert Vieira – in Direito Comercial – Falência e Recuperação de Empresas, Ed. Dialética, São Paulo, 2022, pp. 363 a 376.

FERREIRA, Waldemar, "Tratado de Direito Comercial" Vol. 15, Saraiva, São Paulo, 1965

MAGALHAES, Giovani – Direito Comercial – Falência e Recuperação de Empresas, Ed. Dialética, São Paulo, 2022, pp. 435 a 466.

MENDONÇA, J. X. Carvalho de – *"Tratado de Direito Comercial Brasileiro".* 4ª edição posta em dia por Achilles Bevilacqua e Roberto Carvalho de Mendonça, Ed. Freiras Bastos, Rio de Janeiro/São Paulo, 1952, Vol. VII e VIII.

REQUIÃO, Rubens – Curso de Direito Falimentar, 14ª ed. Saraiva, São Paulo, 1995.

- VERÇOSA, Haroldo Malheiros Duclerc e outros – Direito Comercial – Falência e Recuperação de Empresas, Ed. Dialética, São Paulo, 2022, pp. 379 a 387.

- VERÇOSA, Haroldo Malheiros Duclerc; ANDRADE, Maria Cecília; WAKSMAN, Muriel; e PELIZZARO, Renato Stephan – *"Direito Comercial – Teoria Geral, Vol. 1, Direito Comercial e Atividades Empresariais Mercantis – Introdução à Teoria Geral da Concorrência e dos Bens Imateriais"*, Ed. Dialética, São Paulo, 2002.

VALVERDE, Trajano de Miranda – *"Comentários à Lei de Falências"*, Ed. Revista Forense, Rio de Janeiro, 1948, Vol. I.

A INSOLVÊNCIA CIVIL

Humberto Theodoro[1]

1. Introdução

O atual Código de Processo Civil previu a futura edição de uma lei especial para regular a execução por quantia certa contra devedor insolvente. Entretanto, resguardou, no art. 1.052, que, enquanto não editada referida lei, permanecem vigentes as disposições do Livro II, Título IV, do Código de 1973 (arts. 748 a 786-A do CPC/73). Por esse motivo, esse artigo tratará das disposições da legislação de 1973.

Por outro lado, em relações consumeristas, a Lei nº 14.181/2021 acrescentou vários dispositivos ao Código de Defesa do Consumidor, especialmente com o objetivo de prevenir e solucionar o problema do superendividamento do consumidor (arts. 54-A a 54-G).

Esse artigo tratará, em linhas gerais, desses dois institutos do direito concursal.

2. Execução coletiva e execução singular

O Código de Processo Civil de 1973, sob o *nomem juris* de "execução por quantia certa contra o devedor insolvente", instituiu o concurso universal de credores com feição de verdadeira falência civil.

Diversamente do que se passava ao tempo do Código de 1939, o concurso creditório deixou de ser mero incidente da execução singular, para assumir a posição de processo principal, autônomo, independente, figurando no rol das várias formas especiais de execução catalogadas pelo legislador.[2] Não se pode pretender a declaração de insolvência como

---

1 Professor Titular Aposentado da Faculdade de Direito da UFMG. Desembargador Aposentado do TJMG. Membro da Academia Brasileira de Letras Jurídicas, da Academia Mineira de Letras Jurídicas, do Instituto dos Advogados Brasileiros, do Instituto dos Advogados de Minas Gerais, do Instituto de Direito Comparado Luso-Brasileiro, do Instituto Brasileiro de Direito Processual, do Instituto Ibero-Americano de Direito Processual, da *International Association of Procedural Law* e da *Association Henri Capitant des Amis de la Culture Juridique Française*. Doutor em Direito. Parecerista. Advogado.

2 NEVES, Celso. *Comentários ao Código de Processo Civil*. Forense: Rio – São Paulo, s/d, v. VII, n. 113, p. 260.

mero incidente no bojo de execução singular, em razão de não serem localizados bens a penhorar. "O processo de insolvência é autônomo, de cunho declaratório-constitutivo, e busca um estado jurídico para o devedor, com as consequências de direito processual e material, não podendo ser confundido com o processo de execução, em que a existência de bens é pressuposto de desenvolvimento do processo".[3]

Trata-se, na verdade, de um juízo universal, com características peculiares, marcado pelos pressupostos básicos da situação patrimonial deficitária do devedor e da disputa geral de todos os seus credores num só processo.

Como espécie da execução forçada por quantia certa, subordina-se a execução do insolvente aos mesmos princípios fundamentais que lastreiam aquela forma de atuação jurisdicional,[4] quais sejam:

a) responsabilidade patrimonial incidindo sobre bens presentes e futuros do devedor (CPC/2015, art. 789);

b) objetivo da execução consistente na expropriação de bens do devedor para satisfação dos direitos dos credores (CPC/2015, art. 824); e

c) fundamentação do processo sempre em título executivo, judicial ou extrajudicial (CPC/2015, arts. 783 e 786).

Mas a estrutura e os objetivos específicos da execução concursal são totalmente diversos dos da execução singular. Enquanto nesta última, o ato expropriatório executivo se inicia pela penhora e se restringe aos bens estritamente necessários à solução da dívida ajuizada, na executiva universal, há, *ad instar* da falência do comerciante, uma arrecadação geral de todos os bens penhoráveis do insolvente para satisfação também da universalidade dos credores.

Além disso, o critério de tratamento dos diversos credores é feito pelo Código de maneira diferente, conforme a situação econômico-financeira do devedor comum. Se o executado é *solvente*, o procedimento é de índole individualista, realizado no interesse particular do credor, assegurando-lhe a penhora direito de preferência perante os demais

---

3 STJ, 3ª T., REsp 1.823.944/MS, Rel. Min. Nancy Andrighi, ac. 19.11.2019, *DJe* 22.11.2019.

4 MONIZ DE ARAGÃO, Egas Dirceu. Execução contra o Devedor Insolvente, *in Revista Forense*, Rio de Janeiro, v. 246, p. 68, abr-jun.1974.

credores quirografários, segundo a máxima *prior tempore potior jure* (CPC/2015, art. 797). Mas se o devedor é insolvente, o princípio que rege a execução já se inspira na solidariedade e universalidade, dispensando o legislador um tratamento igualitário a todos os credores concorrentes, tendente a realizar o ideal da *par condicio creditorum*.

Inspira-se essa modalidade de execução, segundo Prieto-Castro, num princípio de justiça distributiva que exigiu do legislador a criação de um processo que fosse apto a evitar que credores mais diligentes ou espertos viessem a agir arbitrariamente, antecipando-se em execuções singulares ruinosas e prejudiciais à comunidade dos credores do devedor comum.[5]

Dessa forma, por meio do processo executivo concursal, impõe-se um princípio de ordem, fazendo com que todos os bens do devedor comum se integrem numa única massa para responder pelo conjunto de créditos, até onde alcance o produto da execução, de modo que assegure a observância de regras equitativas de distribuição, capazes de evitar que o patrimônio do insolvente seja dilapidado inútil ou nocivamente, com desigualdade e prejuízos à ordem econômica geral. Daí, a conclusão do mesmo Prieto-Castro de que essa execução coletiva atua como garantia do princípio de comunhão de perdas a observar entre os vários credores do insolvente.[6]

Diante da autonomia e especificidade do processo concursal, deve-se concluir que não é admissível a pretensão de converter-se execução singular em insolvência civil, dadas as peculiaridades de cada procedimento e a natureza concursal da execução do insolvente, implicando, eventualmente, até mesmo diferentes competências de foco, de acordo com a jurisprudência do STJ.[7]

3. Pressupostos da execução coletiva

Pode-se definir a execução coletiva ou concursal como o processo que se observa quando "existe um patrimônio que há de responder por um conjunto de dívidas, constitutivas de outros tantos créditos em favor

5 PRIETO-CASTRO Y FERRÁNDIZ, Leonardo. *Derecho concursal, Procedimientos sucesorios, Jurisdicción Voluntaria, Medidas Cautelares.* Madrid: Tecnos, 1974, n. 1, p. 21.

6 PRIETO-CASTRO Y FERRÁNDIZ, Leonardo. *Op. e loc. cit.*

7 STJ, 3ª T., REsp 1.823.944/MS, Rel. Min. Nancy Andrighi, ac. 19.11.2019, *DJe* 22.11.2019.

de uma pluralidade de credores, e é insuficiente, no momento, para satisfazer a todos esses créditos em sua integralidade".[8]

Em se tratando de procedimento executivo, subordina-se, em princípio, aos pressupostos ou requisitos necessários a toda e qualquer execução, ou seja, o título executivo e o inadimplemento do devedor (CPC/2015, art. 786).

Mas, em se cuidando de forma especial de execução, há um pressuposto, igualmente extraordinário, reclamado para sua admissibilidade, que é o estado de insolvência do executado, verificável sempre que "as dívidas excederem à importância dos bens do devedor" (CPC/73, art. 748).

Não bastam, portanto, o título e o inadimplemento. Três são, de tal sorte, os pressupostos da execução coletiva: o título, a mora e a declaração judicial de insolvência,[9] reveladora da situação patrimonial do devedor de *impotência* para satisfazer integralmente todas as obrigações exigíveis.

Esse pressuposto específico é definido, pelo Código, de maneira puramente *objetiva* e sob critério diverso daquele seguido pela legislação falimentar. Enquanto a Lei nº 11.101/2005 considera configurada a insolvência do comerciante pela simples falta de pagamento, no vencimento, de obrigação constante de título que autorize a execução forçada, ainda que o ativo do devedor possa superar seu passivo (LF, art. 94, I), para o Código de Processo Civil a insolvência não pode basear-se tão somente no inadimplemento de obrigação documentada em título executivo.[10] Diversamente, o Código exige o pressuposto efetivo do desequilíbrio patrimonial, "decorrente de um ativo inferior ao passivo, sem o qual a execução jamais seria contra devedor insolvável".[11] Para a insolvência civil, de tal forma, o inadimplemento nada mais é do que um dos requisitos de admissibilidade, mas não condição suficiente.

Aliás, em muitos casos, pode-se até dispensar o inadimplemento ou a cessação de pagamentos como pressuposto da execução coletiva.

---

8 PRIETO-CASTRO Y FERRÁNDIZ, Leonardo. *Op. e loc. cit.*

9 MONIZ DE ARAGÃO, Egas Dirceu. Execução contra o Devedor Insolvente, *in Revista Forense*, Rio de Janeiro, v. 246, p. 71, abr-jun.1974.

10 MOURA ROCHA, José de. *Comentários ao Código de Processo Civil.* São Paulo: RT, 1974, v. IX, p. 12.

11 NEVES, Celso. *Op. cit.*, p. 262. Para Moura Rocha, "enquanto na falência há cessação de pagamento, ainda que o ativo apareça, em realidade superior ao passivo, possibilitando a sua decretação, a insolvência civil só poderá ser declarada quando as dívidas excederem à importância dos bens do devedor" (*Op. cit.*, p. 20).

Assim é que Moura Rocha lembra que mesmo

> "havendo o devedor suspendido os seus pagamentos, mas sendo o seu ativo superior ao seu passivo, não será declarada a insolvência. Contrariamente, se não suspendeu os pagamentos, existindo fatos outros indicativos da sua insolvência, então será esta declarada e dará lugar à execução coletiva".[12]

Como exemplos de situação em que a insolvência pode ser declarada na ausência de títulos vencidos, podemos arrolar: a) a autoinsolvência, porquanto o art. 759 do CPC/73 assegura ser lícito ao devedor ou ao seu espólio requerê-la a *todo tempo*;[13] e b) a insolvência requerida após serem arrestados bens do devedor, com fundamento no art. 813, I, II e III do CPC/73, já que a medida cautelar, nas circunstâncias em foco, não depende de vencimento da dívida e autoriza a decretação de insolvência, conforme dispõe o art. 750, II.[14-15]

Note-se, outrossim, que mesmo existindo a situação fática da insolvência, não está o credor obrigado a lançar mão da execução concursal. Assiste-lhe o direito de optar entre os dois remédios previstos em lei, de sorte que poderá "buscar a satisfação de seus direitos de crédito tanto

---

12 MOURA ROCHA, José de. *Op. cit.*, p. 20-21.

13 Moniz de Aragão assim interpreta o texto do art. 759: "O *a todo tempo* parece-me cláusula que exonera o devedor da necessidade de aguardar o vencimento do título. Poderá o devedor, antes mesmo de estar em mora, pretender a declaração da sua própria insolvência" (*Op. cit.*, p. 69).

14 Esse art. 750, II se reporta ao art. 813, que não tem correspondente no CPC/2015. Entretanto, os casos a que se reporta esse dispositivo para justificar a presunção de insolvência são os seguintes: "I. quando o devedor sem domicílio certo intentar ausentar-se ou alienar os bens que possui, ou deixa de pagar a obrigação no prazo estipulado; II. Quando o devedor que tem domicílio: a) se ausenta ou tenta ausentar-se furtivamente; b) caindo em insolvência, aliena ou tenta alienar bens que possui; contrai ou tenta contrair dívidas extraordinárias; põe ou tenta pôr os seus bens em nome de terceiros; ou comete outro qualquer artifício fraudulento, a fim de frustrar a execução ou lesar credores; III. Quando o devedor, que possui bens de raiz, tenta aliená-los, hipotecá-los ou dá-los em anticrese, sem ficar como algum ou alguns, livres e desembargados, equivalentes às dívidas".

15 CARVALHO MANGE, Roger de. A Insolvência no Novo Código de Processo Civil. *Revista dos Tribunais*, São Paulo, v. 464, p. 34, jun.1974.

com o processo de execução singular quanto através de um processo de execução concursal".[16]

É claro que a opção vigora apenas enquanto inexistir sentença declaratória do estado de insolvência do devedor, porquanto esta é de eficácia constitutiva *erga omnes*, gerando para o devedor a privação da administração dos próprios bens e para os credores a vinculação obrigatória ao juízo universal do concurso.

Na verdade, antes da declaração de insolvência não existe execução contra o insolvente, mas apenas um processo de cognição tendente a verificar a existência ou não da insolvabilidade. Como lembra Moniz Aragão, "o processo da execução se inicia, como resulta do art. 751, nº III, através da declaração da insolvência".[17] É assim, com base no citado momento que se ingressa no campo da execução propriamente dita, com agressão ao patrimônio do devedor, visando sua partilha entre os credores segundo a força dos títulos de cada um deles. Registre-se, por fim, que diante da moderna distinção que se faz entre dívida e responsabilidade, não só o devedor propriamente dito, mas também o apenas responsável pelo débito alheio pode vir a ser declarado insolvente.

Lembra, a propósito, Celso Neves que embora possível um concurso de credores versando apenas sobre bens do responsável, não se lhe pode negar, todavia, a invocação do benefício de ordem (CPC/2015, art. 794), com eficácia inclusive de excluir a insolvência, caso se demonstre que o verdadeiro devedor disponha de bens suficientes para a solução de seu passivo.[18]

Há de ser atendido, também, um pressuposto de natureza *subjetiva*: a qualidade civil do devedor, isto é, só pode haver a execução coletiva universal regulada pelo Código de Processo Civil quando o insolvente não for comerciante ou *empresário*, na linguagem do Código Civil de 2002.

16 MOURA ROCHA, José de. *Op. cit.*, p. 58.

17 MONIZ DE ARAGÃO, Egas Dirceu. *Op. cit.*, p. 71.

18 NEVES, Celso. *Op. cit.*, n. 115, p. 264. Para o referido autor, "a assunção da responsabilidade é subordinação de bens próprios à solução de dívida de outrem...". É o que se passa, por exemplo, com o fiador e com o prestador de garantia real (penhor, hipoteca, etc.) através de bens próprios para assegurar pagamento de débito de terceiro.

4. Efeitos da declaração de insolvência

Da declaração de insolvência decorrem efeitos análogos ao da falência do comerciante, que se fazem sentir objetiva e subjetivamente, tanto para o devedor como para seus credores.

Efeitos objetivos são o vencimento antecipado de todas as dívidas; a arrecadação de todos os seus bens penhoráveis, tanto os atuais como aqueles que vieram a ser adquiridos no curso do processo; e a execução coletiva ou juízo universal do concurso dos credores.

Esses efeitos atingem os credores de várias maneiras, merecendo maior destaque a perda de eficácia das penhoras existentes, pois a força atrativa do juízo universal da insolvência, não só arrasta para seu bojo todas as execuções singulares existentes, como impede que outras sejam iniciadas.

As próprias execuções em curso são obstadas em seus efeitos porque as penhoras individuais perdem toda eficácia e privilégio diante da arrecadação geral dos bens do devedor.

O maior efeito da declaração de insolvência é, porém, o de caráter *subjetivo* e que se faz sentir sobre a pessoa do devedor. Trata-se da perda do direito de administrar os seus bens e dispor deles, até a liquidação total da massa (art. 752 do CPC/73), interdição essa que, na verdade, perdura até a sentença declaratória de extinção de todas as obrigações do insolvente, conforme esclarece o art. 782 do CPC/73.

Com a abertura da insolvência, o patrimônio do devedor passa a representar uma massa vinculada à satisfação da universalidade de credores e, por isso mesmo, submetida à administração judicial. A figura do administrador não é, assim, a de um representante do insolvente, mas a de um auxiliar da justiça que atua no interesse geral dos credores comuns, e exerce função pública.

A situação do insolvente é a mesma do falido. A perda da administração, no entanto, não pode ser equiparada à perda de capacidade ou da personalidade do insolvente, uma vez que conserva ele a plenitude da aptidão para exercer todos os direitos não patrimoniais e mesmo os de natureza patrimonial que se refiram a bens não penhoráveis. Nem sequer a arrecadação importa em perda da propriedade do devedor sobre os bens confiados à gestão do administrador. A perda, enquanto não ocorre a expropriação executiva final, refere-se apenas e tão somente à disponibilidade e administração dos mesmos bens.[19]

Não só a gestão administrativa e financeira é afastada do devedor, mas também a atividade judicial lhe é restringida. Embora possa assistir e fiscalizar as ações em que tenha interesse patrimonial, o insolvente perde a capacidade processual ou a de ser parte.[20] Não pode, por isso, estar em juízo, nem na qualidade de autor, nem na de réu,[21] já que toda a representação da massa compete ao administrador (art. 766, II do CPC/73).

Questão não abordada pelo Código foi a da eficácia da declaração de insolvência sobre os contratos bilaterais do devedor. Na Lei de Falências existe dispositivo expresso que exclui a resolução dos contratos bilaterais da eficácia da sentença declaratória da quebra. Mas diante da identidade de situações, a doutrina já reconhece que, *ad instar* do art. 117 da Lei nº 11.101/2005, também a declaração de insolvência não resolve os contratos bilaterais, competindo ao administrador dar-lhes cumprimento, se houver conveniência para a massa.[22]

Interessante aplicação desse entendimento é o que se refere ao contrato de alienação fiduciária, regulada pelo Dec.-Lei nº 911/69, que, conforme a lição de Paulo Restiffe Neto, não deve ser considerado antecipadamente vencido, da mesma maneira que se dá nos casos de falência. Inexistindo mora do devedor, "poderá o administrador, se achar conveniente para a massa, prosseguir na execução normal do contrato, pagando em dia as prestações vincendas".[23]

---

19 MOURA ROCHA, José de. *Op. cit.*, p. 193.

20 PRIETO-CASTRO Y FERRÁNDIZ, Leonardo. *Derecho concursal, Procedimientos sucesorios, Jurisdicción Voluntaria, Medidas Cautelares.* Madrid: Tecnos, 1974, n. 16, p. 39; Moura Rocha, tratando da representação da massa pelo administrador, adverte que se deve "atentar para o fato de não poder o insolvente estar em juízo, nem na qualidade de autor, nem na qualidade de réu, já que ele sofre a perda da representação" (*Op. cit.*, p. 193).

21 MOURA ROCHA, José de. *Op. cit.*, p. 193.

22 NEVES, Celso. *Comentários ao Código de Processo Civil. Op. cit.*, VII, n. 129, p. 288; RESTIFFE NETO, Paulo. *Garantia Fiduciária.* São Paulo: RT, 1975, n. 133, p. 569. O art. 43 do Decreto-Lei nº 7.661, citado no texto, corresponde ao art. 117, da nova Lei de Falências (Lei nº 11.101, de 9.2.2005).

23 RESTIFFE NETO, Paulo. *Op. cit., loc. cit.*

5. Características da execução coletiva

As principais características do processo de insolvência[24] são:

a) a *universalidade*, por alcançar a execução a totalidade dos bens do devedor, constituindo a *massa* de bens do insolvente;

b) o caráter de *execução coletiva*, pois "ao juízo da insolvência concorrerão todos os credores do devedor comum" (art. 762 do CPC/73) e nele será realizada a transferência forçada de toda a massa para pagamento, em rateio, dos concorrentes, com observância da *par condicio creditorum*;

c) a *convocação geral dos credores*, por editais (*provocatio ad agendum*) (art. 761, II do CPC/73), como medida de ampla publicidade do estado de insolvência do devedor e como elemento delimitador da oportunidade de os credores reclamarem seus direitos no juízo universal da insolvência, sob pena de perda de preferências e de direito a cotas na realização do ativo;

d) a nomeação de *administrador* para a massa, com poderes de representação, ativa e passiva, em juízo e fora dele, e com exclusão do devedor da gestão e disponibilidade de seus bens (arts. 752 e 763 do CPC/73);

e) a *extinção das obrigações* do insolvente, ainda que não inteiramente resgatadas (art. 778 do CPC/73).

6. Algumas diferenças entre a falência e a insolvência civil

Muito embora a insolvência, no âmbito do Código de Processo Civil, seja similar à falência,[25] desempenhando, de fato, função análoga à do processo falimentar, notam-se algumas diferenças entre o tratamento legal da insolvência mercantil e da insolvência civil, que em linhas gerais podem ser assim resumidas:

a) Enquanto a falência produz efeitos diversos, conforme seja classificada em *fraudulenta* ou *fortuita*, a insolvência civil não sofre influência de tal classificação. Apenas no direito ao pensiona-

24 LIMA, Cláudio Vianna de. Rio de Janeiro: Forense, 1973, p. 1.259.

25 No direito comparado, há ordenamentos jurídicos que tratam a insolvência num único estatuto legal, disciplinando-a indistintamente em face tanto do devedor empresário como do devedor civil. É o caso, por exemplo, da Alemanha, cujo *direito das falências* prevê um processo de insolvência uniforme (Insolvenzordnung – InsO).

mento durante o processo é que o Código cogita da falta de culpa do devedor por sua ruína financeira (art. 785 do CPC/73).

b) Como decorrência da irrelevância de ter sido fortuita ou fraudulenta a insolvência civil, não instituiu o legislador figuras penais análogas aos crimes falimentares para o devedor civil. E por isso mesmo inexiste o inquérito judicial, que é obrigatório na falência.

c) Diversamente do que se passa com a falência, a sentença de declaração de insolvência não estipula um período suspeito, nem goza de eficácia retroativa e muito menos gera para os credores remédios processuais revocatórios especiais de atos do insolvente. Assim, a impugnação ou desconstituição de negócios jurídicos fraudulentos ou lesivos do devedor, realizados anteriormente à sentença declaratória, só podem ser postuladas segundo as normas gerais do Direito Civil referentes a ações comuns de fraude contra credores.[26]

d) O comerciante insolvente tem o dever de requerer a autofalência (Lei nº 11.101/2005, arts. 94 e 105). Já o devedor civil desconhece tal obrigação, pois o que o Código lhe dá é a faculdade de lançar mão do processo de insolvência (art. 759 do CPC/73).

e) Para evitar a falência, há remédios legais que a antiga Lei de Falências denominava de concordata, e que a Lei nº 11.101/2005 classificou como "recuperação judicial" da empresa (art. 47 e segs.). Na regulamentação da insolvência civil inexiste figura análoga, embora se admita, após a aprovação do "Quadro Geral dos Credores", a possibilidade de acordo entre o insolvente e os credores habilitados, com o objetivo de estabelecer uma forma consensual de pagamento dos créditos concursais (CPC/1973, art. 783).

f) Porque, ao contrário da falência, não se baseia a insolvência civil na cessação de pagamentos ou na impontualidade do devedor, não há obrigatoriedade de ser a petição inicial instruída com o *protesto* do título insatisfeito.

7. Apuração ou verificação da insolvência. Natureza jurídica do processo

Tal como ocorre no processo falimentar, a execução do devedor insolvente compreende duas fases: uma inicial, que tende à verificação do

26 PRIETO-CASTRO Y FERRÁNDIZ, Leonardo. *Op. cit.*, n. 92, p. 121-122.

estado de insolvência do devedor, e uma subsequente em que são executados seus bens para saldar os créditos concorrentes.

Como ensina Prieto-Castro, o processo concursal está convocado a realizar fins que são próprios de processo de cognição, de processo de execução e até de processo cautelar.[27]

Com efeito, o estado de insolvência, com seus efeitos inerentes, não o pode criar o devedor por si mesmo e só a sentença judicial tem poderes para produzir semelhante *status*, como se passa, aliás, em todos os casos em que no mundo jurídico se reclama uma sentença constitutiva.[28]

Por isso, na primeira fase do processo de insolvência não se pode ainda falar em execução forçada, pois a atividade jurisdicional então desenvolvida é tipicamente de cognição, encontrando sua culminância na sentença que declara, ou não, o estado de insolvência do devedor.

Se não se prova o *deficit* patrimonial, a demanda será rejeitada por improcedência e a sentença terá a natureza de decisão declaratória negativa. Se o pedido é acolhido, com o reconhecimento da insolvência, a sentença terá, segundo o melhor entendimento, força constitutiva, donde nascerá o processo de execução coletiva do insolvente.

Daí dizer Celso Neves que "à atividade *jurisdicional* que culmina com a sentença declaratória da insolvabilidade segue-se, *incontinenti*, a atividade *juris-satisfativa* própria da execução concursal", que se inicia com a nomeação de administrador, a arrecadação de bens e a convocação geral dos credores.[29]

Na primeira fase da insolvência não há sequer universalidade, já que o pronunciamento jurisdicional se dá apenas diante de um pedido unilateral do devedor (jurisdição voluntária) ou de uma lide travada entre um credor e o devedor (jurisdição contenciosa).

É, pois, a sentença que decreta a insolvência que abre ou inicia a execução, gerando nova relação processual, já então aberta à participação da generalidade dos credores.

Do reconhecimento do estado de insolvência, decorrem várias medidas de resguardo aos interesses da massa, como o afastamento do devedor da administração dos bens e entrega destes a um administrador

---

27 PRIETO-CASTRO Y FERRÁNDIZ, Leonardo. *Op. cit.*, n. 4, p. 23-24.

28 PRIETO-CASTRO Y FERRÁNDIZ, Leonardo. *Op. cit.*, n. 21, p. 45.

29 NEVES, Celso. *Op. cit.*, n. 127, p. 284.

judicial, medidas essas a que Prieto-Castro reconhece o cunho de providências cautelares ou preventivas.[30]

A constitutividade da sentença de decretação da insolvência é preponderante, pois, "após ela, há um estado jurídico que antes não existia".[31] Basta lembrar que por força dela ocorre o vencimento antecipado das dívidas do insolvente, a arrecadação de seus bens, e a perda da administração e disponibilidade do devedor sobre os mesmos bens[32].

Aberta a insolvência, cria-se um juízo duplamente universal, por abranger a universalidade dos bens do devedor e a universalidade de seus credores. Diz-se, por isso, que a universalidade da insolvência é tanto objetiva como subjetiva.[33]

Nessa execução coletiva,

> "liquida-se para que todos os credores sejam satisfeitos com todos os bens e para que se saiba o que restou de bens ou o que faltou para que a satisfação fosse completa. Parte-se do princípio da *par condicio creditorum* ou princípio do igual tratamento dos credores e somente se atendem as exceções que a lei crie a esse princípio".[34]

Tais exceções são, por exemplo, os direitos reais de garantia e os privilégios especiais de certos credores.

A universalidade objetiva consiste na *expropriação ou transferência forçada* de todo o patrimônio do insolvente para apurar-se o numerário com que pagar os credores concorrentes. Naturalmente, só os bens alienáveis podem ser penhorados, de maneira que o concurso universal não atinge aqueles legalmente inalienáveis, nem os restritamente impenhoráveis (art. 751, II do CPC/73).

---

30 PRIETO-CASTRO Y FERRÁNDIZ, Leonardo. *Op. cit.*, n. 4, p. 23-24.

31 PONTES DE MIRANDA, Francisco Cavalcanti. *Tratado das Ações*. São Paulo: RT, 1972, v. III, § 95, p. 375.

32 "A insolvência civil é ação de cunho declaratório/constitutivo, tendente a aferir, na via cognitiva, a insolvabilidade do devedor, condição esta que, uma vez declarada judicialmente, terá o efeito de estabelecer nova disciplina nas relações entre o insolvente e seus eventuais credores" (STJ, 4ª T., REsp 621.492/SP, Rel. Min. João Otávio de Noronha, ac. 15.10.2009, *DJe* 26.10.2009).

33 PONTES DE MIRANDA, Francisco Cavalcanti. *Op. cit.*, III, § 94, p. 369.

34 PONTES DE MIRANDA, Francisco Cavalcanti. *Op. cit.*, III, § 94, p. 370.

Nos processos de execução coletiva, como a falência e a insolvência, não há apenas uma relação processual, mas várias e sucessivas, enfeixadas numa relação maior, que é a iniciada com a decretação do estado de quebra ou insolvência e que só vai terminar com a sentença final de encerramento do processo. Essa relação maior é, no dizer de Pontes de Miranda, "a estrada larga" aberta pela decretação de insolvência, em cujo leito caminharão outras relações menores como a de verificação de contas, a dos procedimentos para a admissão de credores, as concordatas etc.

O concurso de credores, propriamente dito, é apenas um incidente da execução do devedor insolvente, no qual os credores disputarão entre si o direito ao rateio e suas preferências, culminando com o julgamento do quadro geral. Sua natureza é de processo de cognição, pois visa apreciar, discutir e definir direitos dos concorrentes.[35]

8. Caracterização da insolvência

A insolvência, como pressuposto da execução concursal, para o Código, pode ser *real* ou *presumida*.

É *real* aquela definida pelo art. 748 do CPC/73 e que se dá, efetivamente, "toda vez que as dívidas excederem a importância dos bens do devedor". Revela-se pelo balanço concreto da situação patrimonial do obrigado.

A insolvência é *presumida* pela lei, nos casos do art. 750 do CPC/73, isto é, quando:

I - o devedor, ao ser executado, não possuir outros bens livres e desembaraçados para nomear a penhora, o que se verifica por já estarem todos os seus bens penhorados em outras execuções ou por não possuir bens penhoráveis; ou, ainda, por estarem onerados todos os seus bens;

II - forem arrestados bens do devedor, com fundamento no art. 813, I, II e III do CPC/73, ou seja:

35 THEODORO JÚNIOR, Humberto. O Concurso de Credores e a Execução Singular. *Revista dos Tribunais*, São Paulo, v. 437, p. 40, mar.1972; CASTRO, Amílcar de. *Comentários ao Código de Processo Civil.* 2. ed. Rio de Janeiro: Forense, 1963, v. X, n. 516, p. 510; REDENTI, Enrico. *Profili Pratici del Diritto Processuale Civile.* Milano: A. Giuffrè, 1939, pn. 326 e 344, pp. 563-564 e 594.

> 1) quando o devedor sem domicílio certo intenta ausentar-se ou alienar os bens que possui, ou deixa de pagar a obrigação no prazo estipulado;
>
> 2) quando o devedor, que tem domicílio: a) se ausenta ou tenta ausentar-se furtivamente; b) caindo em insolvência, aliena ou tenta alienar bens que possui; c) contrai ou tenta contrair dívidas extraordinárias; d) põe ou tenta pôr os seus bens em nome de terceiros; e) ou comete outro qualquer artifício fraudulento, a fim de frustrar a execução ou lesar credores;
>
> 3) quando o devedor, que possui bens de raiz, intenta aliená-los, hipotecá-los ou dá-los em anticrese, sem ficar com algum ou alguns, livres e desembargados, equivalentes às dívidas.

Nas hipóteses de admissibilidade de arresto já apontadas, o credor de título não vencido poderá legitimar-se extraordinariamente a propor a insolvência do devedor, mediante utilização do procedimento cautelar como preparatório (art. 750, II do CPC/73). "Obtido o arresto e efetivado este, o credor terá o prazo do art. 806 do CPC [CPC/2015, art. 308] (30 dias) para ajuizar o pedido de decretação da insolvência".[36]

Cabe ao credor promovente o ônus de provar o fato de que decorre a presunção de insolvência. E mesmo diante dessa prova, a presunção, em todos os casos, é *juris tantum*, e é lícito ao devedor ilidi-la mediante produção de prova em contrário, que consistirá em demonstrar que seu ativo supera o passivo.

Diante do interesse social envolvido nas ações de insolvência, pois a decretação tem eficácia *erga omnes* e atinge credores que não figuram na relação processual inicial, admite-se que o juiz desenvolva investigação *inquisitória* e não fique vinculado aos princípios comuns de ônus da prova para a solução do caso.[37]

9. Legitimação

Tomando por base a provocação inicial do processo, a insolvência pode ser, segundo a classificação de Prieto-Castro, *voluntária* ou *neces-*

36 CARVALHO MANGE, Roger de. A Insolvência no Novo Código de Processo Civil. *Revista dos Tribunais*, São Paulo, v. 464, p. 34, jun.1974.

37 MOURA ROCHA, José de. *Op. cit.*, p. 155, apoiando-se na lição de Satta.

sária, conforme sua decretação se dê em virtude de manifestação do próprio devedor, ou seja, requerida pelos credores.[38]

Nosso Código conhece as duas espécies de insolvência, pois o art. 753 do CPC/73 admite que sua declaração possa ser requerida:

I - por qualquer credor quirografário;

II - pelo devedor;

III - pelo inventariante do espólio do devedor.

No caso de iniciativa do credor estabelece-se um contraditório, ficando o credor promovente como sujeito ativo e o devedor como passivo, indo culminar a cognição numa sentença de mérito que, acolhendo o pedido, constituirá para o demandado uma nova situação jurídica: a de insolvente, com todos os consectários de direito.

Nos casos dos itens II e III, não há controvérsia ou contraditório, pois o próprio devedor, ou seu espólio, reconhece o estado deficitário de seu patrimônio e pede a declaração judicial a respeito, com a posterior convocação geral dos credores. Trata-se da *autoinsolvência*, similar da *autofalência*, em que a relação processual inicial é apenas bilateral (devedor-juiz), configurando, assim, uma espécie de procedimento de jurisdição voluntária. Todavia, para os fins de legitimação ao juízo concursal, a expressão *devedor* há de ser tomada em sentido amplo, de modo que abranja não só o *devedor stricto sensu,* mas também o apenas *responsável* por obrigação alheia, como fiador, sócio solidário e equivalentes.

O Código não prevê a decretação de insolvência *ex officio* pelo juiz, nem como iniciativa originária de processo, nem como incidentes de execução singular. Prova disso é que o fato de não serem encontrados bens a penhorar não conduz ao reconhecimento da insolvência do devedor, mas apenas a suspensão da execução singular, como dispõe expressamente o art. 921, III, do CPC/2015.

Destarte, e tendo presente o princípio geral do *ne procedat judex ex officio*, esposado pelo art. 2º do CPC/2015, a possibilidade de iniciativa do juiz para a declaração de ofício de insolvência deve ser repelida.

38 PRIETO-CASTRO Y FERRÁNDIZ, Leonardo. *Op. cit.*, n. 87, p. 118.

Como já decidiu o Tribunal de Justiça de Minas Gerais,

> "Nula se revela a decisão que admite a transformação do processo de ação iniciada como execução contra devedor solvente em execução contra devedor insolvente, transformação esta alicerçada no simples fundamento de não se encontrarem bens ou foram estes insuficientes para satisfação da dívida executada. É que a declaração de insolvência exige processo de conhecimento que não é processo de execução, e cujo rito se inscreve na lei como procedimento ordinário".[39]

Por fim, somente os não empresários, pessoas físicas e jurídicas, é que se submetem ao regime da insolvência civil, sob o rito da execução por quantia certa contra o devedor insolvente.[40]

O concurso universal dos credores do empresário só pode ser obtido mediante decretação da respectiva falência. Há, contudo, pessoas jurídicas qualificadas como não empresárias, como alguns casos de administradoras de planos de saúde e cooperativas[41] que se sujeitam à insolvência civil, hipótese em que se permite a inclusão no concurso até mesmo do patrimônio dos "administradores, gerentes, conselheiros ou assemelhados".[42]

Há, porém, possibilidade de concurso particular na execução de devedor empresário, nos casos de intercorrência de penhoras sobre o

39 T. J. M. G. – Ap. 41.768, ac. 19.6.75, Rel. SANTIAGO, Assis. *in* "D. Jud. M. G.", de 16-9-75; TJMG, 3ª Câm. Civ., Ap. Civ. 2.0000.00.401337-4/000(1), Rel. Des. Albergaria Costa, ac. 26.11.2003 e 6.12.2003; TJSP, 31ª Câm. D. 6º Grupo (Ext. 2º TAC), Ag. In. 0067986-64.2006.8.26.0000, Rel. Des. Antônio Rigolin, ac. 7.11.2006, DJSP 8.11.2006.

40 "Por força do art. 24-D da Lei 9.656/1998, as normas do Código de Processo *Civil* aplicam-se, subsidiariamente, à liquidação extrajudicial, falência e *insolvência civil* das operadoras de planos de saúde, no que for compatível com a legislação especial, como ocorre com os dispositivos que versam sobre o poder geral de cautela, sobretudo por se tratar de poder com acento em princípios processuais gerais como o da efetividade da jurisdição e o da segurança jurídica" (STJ, 3ª T., REsp 1.845.214/RJ, Rel. Min. Nancy Andrighi, ac. 20.10.2020, *DJe* 26.10.2020).

41 "As cooperativas são sociedades de pessoas, com forma e natureza jurídica próprias, de natureza civil, não sujeitas a falência, constituídas para prestar serviços aos associados, distinguindo-se das demais sociedades pelas seguintes características" (Lei nº 5.764/1971, art. 4º, *caput*).

42 STJ, REsp 1.845.214/RJ, *cit.*

mesmo bem ou de existência de privilégios de direito material anteriores à penhora, na forma prevista nos arts. 908 e 909 do CPC/2015, o que se processará como simples incidente da execução singular, sem ensejar, por isso mesmo, a declaração de insolvência, nem tampouco a convocação geral de credores.

10. Competência

A competência para processamento da auto-insolvência está expressamente determinada pelo Código e cabe ao juízo da Comarca onde o devedor tem seu domicílio (art. 760, *caput do CPC/73*). Não o prejudica o foro contratual, nem a convenção de local diverso para pagamento de dívidas.[43]

Com relação ao pedido de insolvência formulado por credor, a competência é fixada pela regra geral de que o réu deve ser demandado em seu domicílio (CPC/2015, art. 46). Também aqui não influi o foro contratual nem o local de cumprimento da obrigação, visto que o procedimento de declaração de insolvência não se confunde com a ação de cobrança, por ter objeto e finalidade diversos. Como lembra Prieto-Castro, a doutrina jurisprudencial estabelece como foro o do domicílio do insolvente presuntivo. E "a competência territorial, no processo de insolvência, não pode ter o caráter dispositivo, no sentido de que não são admissíveis os pactos de prorrogação ou submissão".[44] É fácil de compreender que assim o seja, dada a circunstância de que os efeitos da insolvência não se restringem aos participantes da relação de conhecimento inicialmente travada em juízo entre credor e devedor, mas atingem, ao contrário, toda a universalidade subjetiva dos credores do insolvente.

Observe-se que, consoante dispunha o art. 92, I, do CPC/73,[45] só os *juízes de direito*, isto é, os *togados*, com as garantias constitucionais, é que poderiam funcionar nos processos de insolvência. Essa exigência, todavia, foi derrogada pelo art. 22, § 2º da Lei Complementar nº 35/1979 (Lei da Magistratura), ao dispor que os juízes "mesmo que não hajam ad-

---

43 FADEL, Sérgio Sahione. *Código de Processo Civil Comentado.* Rio de Janeiro: J. Kofino, 1974, t. IV, p. 159-160; RESTIFFE NETO, Paulo. *Garantia Fiduciária.* São Paulo: RT,1975, n. 133, p. 570.

44 PRIETO-CASTRO Y FERRÁNDIZ, Leonardo. *Op. cit.*, n. 7, p. 28.

45 CPC/2015, sem correspondência.

quirido a vitaliciedade, poderão praticar todos os atos reservados por lei aos juízes vitalícios".

Uma vez decretada a insolvência, ocorre o mesmo fenômeno que se dá com a falência; o juízo concursal exerce *vis atractiva* sobre todas as ações patrimoniais contra o insolvente.

> "O desígnio fundamental do processo de execução coletiva se frustraria se à margem dele continuassem subsistindo outros processos singulares anteriores contra o insolvente, de conteúdo patrimonial, que afetassem à massa passiva (de credores) e chegassem a seu fim com execução separada, consagrando discriminação contrária à regra da *par condicio creditorum*. Este resultado insatisfatório é evitado mediante a aplicação de uma norma de cumulação que atende à conexão que se origina entre os processos pendentes e a concursal".[46]

Ademais, perdendo o devedor insolvente a capacidade processual, as ações passam a correr contra o administrador da massa, que atua sob a supervisão permanente do juiz do concurso.

Por isso mesmo, entende Paulo Restiffe Neto que, em matéria de alienação fiduciária, não pode haver ação de depósito contra o insolvente, cabendo ao adquirente fiduciário voltar sua pretensão contra o administrador da massa, com observância da competência universal do juízo à insolvência (art. 762 do CPC/73).[47]

11. Declaração judicial de insolvência

Acolhido o pedido do credor ou do próprio devedor (ou de seu espólio), o juiz proferirá sentença, encerrando a fase preliminar ou de cognição do processo de insolvência.

Essa sentença, embora tenha a função evidente de declarar um estado de fato do devedor (a insuficiência patrimonial para cobrir todas as dívidas), reveste-se, também, de preponderante eficácia constitutiva, criando uma situação jurídica nova para o devedor e para os credores.[48]

46 PRIETO-CASTRO Y FERRÁNDIZ, Leonardo. *Op. cit.*, n. 8, p. 28.

47 RESTIFFE NETO, Paulo. *Op. cit.*, n. 133, p. 570.

48 NEVES, Celso. *Comentários ao Código de Processo Civil, cit.*, n. 117, p. 266.

Basta dizer que, por força da sentença de insolvência, o devedor perde a administração e disponibilidade dos bens e que os credores perdem os privilégios decorrentes de penhoras anteriores e são arrastados pela força atrativa do concurso universal.

Ensina Celso Neves que os efeitos questionados dependem do trânsito em julgado da sentença ou, excepcionalmente, da pendência de apelação apenas devolutiva.[49]

Como, no entanto, das sentenças que julgam improcedentes os embargos, a apelação sempre tem apenas o efeito devolutivo (CPC/2015, art. 1.012, § 1º, III), força é convir em que a decretação de insolvência, ordinariamente, produzirá eficácia imediata[50].

Desde que a execução coletiva não pode ser instaurada sem a sentença declaratória da insolvência, exerce ela, além da função de encerrar a fase vestibular do processo, a importantíssima eficácia de produzir a "execução por concurso universal".[51] Pois é com ela que se iniciam os autos executivos propriamente ditos, representados pela apreensão de bens para preparar a transferência forçada e a satisfação dos direitos dos credores.

Daí a procedência da lição de Satta e Provinciali no sentido de que em tal sentença há "uma declaração constitutiva, onde se encontra caráter probatório de título executivo",[52] isto é, a sentença de insolvência "exercita a função que na execução singular tem o título executivo, para abertura de expropriação coletiva, enquanto lhe declara as condições de legitimidade".[53]

---

49 NEVES, Celso. *Op. cit.*, n. 118, p. 269.

50 "A sentença que declara a insolvência civil do devedor tem eficácia imediata, produzindo efeitos na data de sua prolação, tanto para o devedor como para os credores, independentemente do trânsito em julgado" (STJ, 4ª T., REsp 1.074.724/MG, Rel. Min. Raul Araújo, ac. 27.04.2017, *DJe* 18.05.2017). Mostra-se de todo apropriado o entendimento jurisdicional que equipara os embargos à insolvência aos embargos à execução opostos por devedor solvente, para fins de aplicação da regra ínsita no art. 520, inciso V, do Código de Processo Civil [art. 1.012, III, do CPC/2015], que determina o recebimento da apelação apenas no seu efeito devolutivo" (STJ, 4ª T., REsp 621.492/SP, Rel. Min. João Otávio de Noronha, ac. 15.10.2009, *DJe* 26.10.2009).

51 NEVES, Celso. *Op. cit.*, n. 117, p. 267.

52 SATTA e PROVINCIALI, *apud* MOURA ROCHA, José de. *Comentários ao Código de Processo Civil.* São Paulo: RT, 1974, v. IX., p. 161.

53 PROVINCIALI, Renzo. *apud* NEVES, Celso. *Op. cit.*, n. 117, p. 267.

Na mesma sentença, o juiz ao declarar a insolvência nomeará, dentre os maiores credores, um administrador da massa (art. 761, I do CPC/73) e mandará expedir edital, convocando todos os credores para que apresentem, no prazo de vinte dias, a declaração de crédito, acompanhada do respectivo título (art. 761, II).

Embora não conste expressamente do Código, é intuitivo que os credores domiciliados no foro da causa devem ser preferidos para a administração da massa. A publicação do edital será feita segundo a regra geral do art. 257 do CPC/2015: em jornal local de ampla circulação ou por outros meios, considerando as peculiaridades da comarca.

A universalidade do juízo da insolvência, como já ficou ressaltado, atrai para seu âmbito todos os credores do insolvente, sejam privilegiados os quirografários (art. 762 do CPC/2015). A execução é coletiva e concursal. Excetuam-se unicamente os créditos fiscais, que não se sujeitam aos juízos universais por expressa disposição de lei (CTN, art. 187), mas que devem, contudo, ser reclamados perante o administrador da massa e não em face do devedor insolvente.

Mesmo os credores de cédulas rurais hipotecárias e pignoratícias, cujas garantias se revestem de impenhorabilidade perante os credores quirografários do devedor comum (Dec.-Lei nº 167, de 14.02.1967, art. 69), não se excluem do juízo universal da insolvência.[54]

Todas as execuções individuais serão remetidas para o juízo comum da insolvência (art. 762, § 1º do CPC/73)[55]. As penhoras perdem a eficácia e os exequentes os privilégios de ordem de penhoras. As execuções são neutralizadas, cessando os respectivos cursos, salvo apenas no caso de existir praça ou leilão já designados, quando, então, a alienação judicial será realizada, mas o produto não beneficiará mais o exequente singular, visto que entrará para a massa (art. 762, § 2º).

54 1º TACivSP – Apel. 215.321, ac. de 17-12-75, *in* "RT", 487/104.

55 "A remessa das execuções individuais ao juízo universal da insolvência não supre a necessidade de habilitação. À exceção da Fazenda Pública, todos os credores estão sujeitos a habilitação através de petição escrita que atenda aos requisitos do art. 282, CPC" (STJ, 4ª T., REsp 45.634/MG, Rel. Min. Sálvio de Figueiredo Teixeira, ac. 26.05.1997, *DJU* 23.06.1997, p. 29.133). O próprio requerente da insolvência e o credor nomeado administrador da massa não escapam da obrigatoriedade da declaração de crédito (CPC/1973, art. 765, mantido em vigor pelo CPC/2015, art. 1.052).

A perda da capacidade processual do devedor e a representação da massa pelo administrador judicial fazem com que a universalidade do juízo concursal atinja toda e qualquer ação patrimonial instaurada contra o insolvente, inclusive aquelas em que haja intervenção da União ou Território, na forma do art. 51 do CPC/2015.[56] A atração do juízo da insolvência exerce-se sobre todas as ações patrimoniais movidas contra o insolvente, exceto as execuções fiscais (arts. 5º e 29 da Lei nº 6.830/1980). Não afeta aquelas que forem ajuizadas pela massa contra devedores do insolvente. Estas se sujeitarão às regras comuns de competência fixadas no CPC.

Após a verificação e classificação dos créditos – que se verificará segundo os critérios de privilégios previstos no Código Civil (arts. 955 a 965), depois de observados os preconizados pela legislação trabalhista e tributária – o contador organizará o quadro geral de credores.

Sobre o quadro geral, poderão opinar todos os interessados (devedor e credores concorrentes). As eventuais reclamações só poderão versar sobre equívocos ou incorreções materiais ocorridas na feitura do quadro, com erro de conta ou de classificação dos concorrentes, já que as questões de mérito estão preclusas desde o encerramento da fase das impugnações. O juiz apreciará de plano as alegações.

Haja ou não impugnação, o Quadro Geral será objeto de sentença (art. 771), cuja função é meramente declaratória dos direitos dos credores concorrentes, pois nesta fase não pode mais o juiz indeferir ou restringir as habilitações de crédito.[57] O juiz apenas aprovará o quadro geral dos credores para que os concorrentes nele figurantes possam participar do rateio sobre o produto de execução coletiva, segundo a força e na proporção de cada crédito habilitado.[58]

---

56 NEVES, Celso. *Op. cit.*, n. 128, p. 285.

57 FADEL, Sérgio Sahione. *Op. cit.*, IV, p. 174.

58 MOURA ROCHA, José de: "A natureza desta sentença será eminentemente executiva. Dir-se-ia ser tal sentença título para justificar o crédito por ela declarado e assim é, bastando que se considere o fato de que para o concurso não se faz novo pronunciamento" (*Op. cit.*, p. 227). Assim, reconhecida à sentença de julgamento do Quadro Geral a natureza de título executivo para admissão dos credores ao produto da execução coletiva, fica corroborada a natureza de processo de cognição ou acertamento que Redenti e Amílcar de Castro atribuem ao concurso de credores como incidente da insolvência. Nessa ordem de ideias a sentença de abertura da insolvência é o título executivo geral, que abre a possibilidade da comunidade de credores executar globalmente o devedor insolvável; e a sentença do Quadro Geral é a sentença que confere título executivo especial e particular a cada credor habilitado, legitimando a respectiva atuação nos atos executivos posteriores.

Com essa sentença encerra-se uma das várias relações processuais de cognição incidentes no processo principal da insolvência: o concurso de credores.[59] Dela é interponível o recurso de apelação, no duplo efeito de direito.[60]

12. Apuração do ativo e pagamento dos credores

Compete ao administrador apurar o ativo da massa, promovendo a alienação dos bens arrecadados, com prévia anuência do juiz da causa (art. 766, IV). A alienação judicial se submete apenas ao leilão (CPC/2015, art. 881). A hasta pública realizar-se-á com observância das regras ordinárias das arrematações, previstas nos arts. 879 a 903 do CPC/2015.

O fim último da execução concursal é a satisfação, quanto possível, dos direitos dos credores. Diferentemente da execução singular, que admite meios indiretos de satisfação (adjudicação de imóveis ou usufruto de empresas), a execução coletiva só conhece a transferência forçada como meio de obter os recursos para ultimar seus objetivos.[61]

Apurado o preço das arrematações, e atendidos previamente os encargos da massa como custas, remuneração do administrador, débitos fiscais etc., segue-se, *incontinente,* o pagamento dos credores, que observará a gradação de preferência e os quocientes estabelecidos no quadro geral de credores. Assim como a realização do ativo pode ser fracionada em vários atos de disposição, também o pagamento aos credores não é obrigatoriamente efetuado numa só oportunidade e pode ser levado ao efeito paulatinamente à medida das disponibilidades do juízo concursal.

13. Encerramento do processo

O processo de insolvência pode terminar de três maneiras diversas:

1) sem chegar à execução coletiva, quando os embargos do devedor são acolhidos, na primeira fase do processo;

---

59 CASTRO, Amílcar de. *Comentários ao Código de Processo Civil.* 2. ed. Rio de Janeiro: Forense, 1963, v. X, t. II, ns. 516 e 517, p. 510-512.

60 NEVES, Celso. *Op. cit.*, n. 137, p. 297.

61 PRIETO-CASTRO Y FERRÁNDIZ, Leonardo. *Derecho concursal, Procedimientos sucesorios, Jurisdicción Voluntaria, Medidas Cautelares.* Madrid: Tecnos, 1974, n. 43, p. 67.

2) pelo cumprimento do acordo de pagamento ajustado entre devedor e credores, na forma do art. 783 do CPC/73; e

3) por ter atingido o seu fim próprio e específico que é a liquidação total do ativo e rateio de todo o produto apurado entre os credores concorrentes.

Qualquer que seja a forma de término da insolvência, há sempre uma sentença de encerramento, cujo trânsito em julgado, nos casos de incompleta satisfação dos credores, funcionará como marco do reinício do curso das prescrições (art. 777 do CPC/73) e como ponto de partida do prazo de extinção das obrigações do insolvente (art. 778 do CPC/73).

Seria conveniente que tal sentença fosse publicada por edital, como acontece na falência. No entanto, o Código não instituiu essa modalidade de publicação, de forma que os credores terão de ser intimados na forma usual.

14. Saldo devedor

A sentença de encerramento, embora ponha momentaneamente fim à execução, não desobriga, de pronto, o devedor pelo remanescente de débitos da insolvência. Continua ele, pois, obrigado pelo saldo (art. 774 do CPC/73).

Diante do princípio de que o devedor responde pelas obrigações com todos os seus bens presentes e futuros (CPC/2015, art. 789), dispõe o Código que pelo pagamento do saldo insatisfeito responderão os bens que o insolvente vier a adquirir enquanto não declarada a extinção de suas obrigações, na forma do art. 778 do CPC/73, desde que sejam bens penhoráveis (art. 775 do CPC/73).

Não há início de outra execução contra o devedor. Aparecendo novos bens, a arrecadação deles será feita nos próprios autos da insolvência, que serão reabertos a requerimento de qualquer dos credores incluídos no quadro geral (art. 776 do CPC/73). Enquanto não satisfeitos todos os créditos ou não extintas as obrigações, pode-se dizer que "subsiste o processo concursal".[62]

Não é lícito, porém, o procedimento *ex officio* do juiz da execução. E também os terceiros, ainda que interessados, não serão legitimados a

62 MOURA Rocha, José de. *Comentários ao Código de Processo Civil.* São Paulo: RT, 1974, v. IX, p. 243.

promover a medida do art. 776 do CPC/73, se não figuraram no quadro geral dos credores.

Pode, naturalmente, o devedor defender-se contra essas novas arrecadações arguindo, por exemplo, a impenhorabilidade dos bens supervenientes, a inexistência de saldo de seu débito ou a prescrição dos direitos dos credores. O incidente será sumariamente processado, e se improcedente, seguir-se-á a alienação judicial para imediata distribuição do produto, entre os credores, na proporção de seus saldos (art. 776), conforme plano que o contador do juízo organizará.

O administrador, para a reabertura do feito, salvo impedimento, continuará a ser o que figurou na fase primitiva do processo de insolvência.[63]

15. Extinção das obrigações

A execução por quantia certa contra o insolvente é uma autêntica falência civil, culminando, por isso, com a extinção das obrigações, ainda que não inteiramente satisfeitas, tal como ocorre com o comerciante submetido ao regime falimentar típico. Decorridos cinco anos, contados da data do encerramento do processo de insolvência, "consideram-se extintas todas as obrigações do devedor" (art. 778 do CPC/73).

O *dies a quo* da contagem deste prazo é, portanto, o do trânsito em julgado da sentença proferida após o pagamento dos credores concorrentes com o produto apurado na arrematação dos bens arrecadados.[64]

Com a instauração do concurso universal de credores, interrompe-se a prescrição de todas as obrigações do insolvente. Só a partir do trânsito em julgado da sentença de encerramento é que se reinicia a fluência do prazo prescricional (art. 777 do CPC/73), com referência aos saldos insatisfeitos na execução.

Esses prazos são variáveis, conforme a natureza do título de cada credor e decorrem de disposições do direito material. Podem, outrossim, ser novamente suspensos ou interrompidos conforme prevê o Código Civil de 2002 (arts. 197 e 204).

63 LIMA, Cláudio Vianna de. *Processo de Execução.* Rio de Janeiro: Forense, 1973, p. 265.

64 NEVES, Celso. *Op. cit.*, n. 144, p. 306.

Mas, ultrapassado o prazo de cinco anos da referida sentença, haja ou não verificado a prescrição, todas as obrigações do devedor insolvente serão consideradas extintas (art. 778 do CPC/73). Esse prazo é decadencial, ou fatal, de modo que não admite nem suspensão nem interrupção, preterindo qualquer outro mais longo previsto de maneira específica para o crédito de algum concorrente à execução.

A extinção alcança todos os créditos que concorreram no processo de insolvência, privilegiados ou não, e também aqueles outros que tinham condições de concorrer mas não foram habilitados pelos interessados.

A extinção no caso é direito inconteste do devedor, e resulta do simples decurso do prazo legal,[65] mas depende de declaração judicial para operar seus efeitos jurídicos (art. 782 do CPC/73).

Observe-se que, enquanto não declaradas extintas suas obrigações, o devedor está privado da livre gestão de seus bens (art. 782 do CPC/73). As alienações porventura feitas após o encerramento do processo, mas antes da sentença liberatória, serão, portanto, ineficazes, configurando fraude de execução e propiciando aos credores o direito de arrecadar os bens em poder dos terceiros adquirentes, sem necessidade de prévia ação anulatória.

A sentença, que declarar extintas as obrigações, será publicada por edital e só transitará em julgado, se não houver recurso, após a ultrapassagem do prazo estipulado na publicação, que será o comum das intimações (CPC/2015, art. 257, III).[66]

Trata-se de sentença *constitutiva* e não meramente declarativa, pois dependem dela a eficácia da extinção das dívidas do insolvente e a reabilitação do devedor para praticar livremente todos os atos da vida civil (art. 782 do CPC/73).

Do exposto, é de concluir-se que, na verdade, "o processo de execução só se encerra com a sentença declaratória que tenha por objeto a extinção das obrigações do devedor".[67]

65 NEVES, Celso. *Op. cit., loc. cit.*

66 MOURA ROCHA, José de: "note-se que o edital é forma de publicação da sentença, não de comunicação da mesma sentença" (*Op. cit.*, p. 265).

67 MOURA ROCHA, José de. *Op. cit.*, p. 261.

16. Concordata civil

A insolvência levada às últimas consequências gera a ruína do devedor. Para obviar esse mal, quando ainda remediável, a antiga Lei de Falências previa a possibilidade da concordata (preventiva ou suspensiva), que é a moratória deferida ao devedor para lhe propiciar exoneração das dívidas sem encerramento da atividade comercial e sem ruína total da empresa (a Lei nº 11.101/2005 instituiu um sistema de múltiplos remédios para tentar recuperar a empresa em dificuldades, inclusive a moratória).

Para o devedor civil, o art. 783 do CPC/73 prevê também um sucedâneo da antiga concordata suspensiva, como uma forma especial de reabilitar-se o devedor antes que a insolvência atinja a liquidação de todo o ativo. Segundo aquele dispositivo, o devedor insolvente poderá, depois da aprovação do quadro geral, acordar com seus credores, propondo-lhes a forma de pagamento.

Apresentada a proposta de liquidação, o juiz ouvirá todos os credores habilitados, assinando-lhes prazo razoável para pronunciamento. Se não houver oposição, o juiz aprovará a proposta por sentença (art. 783 do CPC/73), aperfeiçoando-se assim a concordata do devedor civil, mediante negócio jurídico processual.[68]

Não se requer a concordância expressa dos credores pois basta a tácita, representada pela ausência de oposição, conforme se deduz do art. 783, *in fine*. Mas será suficiente a oposição de um ou alguns credores, ainda que em minoria, para que fique frustrada a concordata do devedor civil.[69] Sua admissibilidade e estruturação pelo Código foram, como se vê, tímidas e pouco práticas.

A sentença de aprovação da concordata, na insolvência é homologatória apenas, de sorte que não extingue, por si, as obrigações do devedor, nem elimina a possibilidade de ser restabelecida a execução, caso haja descumprimento do acordo.[70] Provoca, portanto, a suspensão apenas da execução coletiva.

---

68 NEVES, Celso. *Op. cit.*, n. 148, p. 311. Também para José de Moura Rocha, "a aceitação das proposições formadoras do acordo implicará na constituição de contrato processual de índole novativa" (*Op. cit.*, p. 272).

69 MOURA ROCHA, José de. *Op. cit.*, p. 271.

70 FADEL, Sérgio Sahione. *Código de Processo Civil Comentado.* Rio de Janeiro: J. Kofino, 1974, t. IV, p. 188.

17. Da prevenção e do tratamento do superendividamento do consumidor

Em 1º de julho de 2021 foi editada a Lei n.º 14.181, que acrescentou vários artigos ao Código de Defesa do Consumidor com o duplo objetivo de prevenir e solucionar o problema do superendividamento do consumidor. Trata-se de lei "que tem como alvo aperfeiçoar o mercado, reforçando a cultura do pagamento das dívidas, por meio da educação para um consumo consciente de todos os envolvidos no mercado de crédito".[71] Visa a proteção do mínimo existencial, para, em última instância, preservar a dignidade da pessoa humana.

A nova lei, de um lado, oferece aos consumidores que não conseguem pagar seus empréstimos e crediários em geral uma forma de renegociação consensual ou compulsória das dívidas e de recuperação de sua saúde financeira. E de outro lado, como meio de prevenção do superendividamento, a lei obriga o fornecedor de crédito a prestar informações prévias e adequadas sobre a operação, a fim de que o consumidor tenha total conhecimento de todos os custos do negócio, de modo a obter um crédito responsável (CDC, arts. 54-B, 54-C, 54-D e 54-G). Tudo isso se passa fora do processo de execução do devedor insolvente e sem prejuízo dele (art.104-A, §5º, do CDC).

A norma criou dois novos princípios para o microssistema: (i) o fomento de ações direcionadas à educação financeira e ambiental dos consumidores;[72] e (ii) a prevenção e o tratamento do superendividamento como forma de evitar a exclusão social do consumidor (art. 4º, IX e X).

Em países como o Brasil, em que a desigualdade social é grande, o crédito mostra-se bastante relevante, razão pela qual o legislador incluiu, como dever do Estado, o fomento à educação financeira e o estímulo ao crédito responsável.[73]

---

71 SAMPAIO, Marília de Ávila e Silva; FREITAS FILHO, Roberto. Apontamentos sobre a responsabilidade civil na Lei n.º 14.181/2021. *Revista Síntese: direito civil e processual civil*, São Paulo, n.º 138, p. 9, jul-ago.2022.

72 "A educação financeira do consumidor é objetivo em comum a ser alcançado pelo Estado, pela sociedade e pelos próprios fornecedores, e agora está disciplinada explicitamente no Código de Defesa do Consumidor como um princípio importante na prevenção e tratamento do superendividamento" (OLIVEIRA, Júlio Moraes. Mudanças trazidas pela lei do superendividamento. *Revista Bonijuris*, Curitiba/PR, n.º 34, p. 72, jun.jul 2022).

73 OLIVEIRA, Júlio Moraes. Mudanças trazidas pela lei do superendividamento *cit.*, p. 72.

Além disso, instituiu novos instrumentos para a execução da Política Nacional das Relações de Consumo, quais sejam: mecanismos de prevenção e tratamento extrajudicial e judicial do superendividamento e de proteção do consumidor pessoa natural e núcleos de conciliação e mediação de conflitos oriundos de superendividamento (art. 5º, VI e VII). Essa política visa "garantir direitos constitucionais mínimos de acesso a bens e serviços disponíveis no mercado de consumo".[74]

Criou, ainda, três novos direitos básicos do consumidor, referentes à: (i) garantia de práticas de crédito responsável, de educação financeira e de prevenção e tratamento de situações de superendividamento, preservado o mínimo existencial, por meio da revisão e da repactuação da dívida; (ii) preservação do mínimo existencial na repactuação de dívidas e na concessão de crédito; e (iii) informação acerca dos preços dos produtos por unidade de medida, tal como por quilo, por litro, por metro ou por outra unidade, conforme o caso (art.6º, XI, XII e XIII). Por fim, passou a considerar abusivas cláusulas contratuais que (i) condicionem ou limitem de qualquer forma o acesso aos órgãos do Poder Judiciário; e, (ii) estabeleçam prazos de carência em caso de impontualidade das prestações mensais ou impeçam o restabelecimento integral dos direitos do consumidor e de seus meios de pagamento a partir da purgação da mora ou do acordo com os credores (art. 51, XVII e XVIII).

18. Dever de informação, regulação da publicidade e proibição de assédio

O dever de informação foi rigorosamente tratado pela lei, ao enumerar as informações extras, a par das obrigatórias previstas no art. 52 do CDC, que devem ser repassadas, de forma prévia e adequada, ao consumidor no momento da oferta (art. 54-B). Procurou-se proibir práticas irresponsáveis na concessão de crédito, extremamente prejudiciais ao consumidor.

Com efeito, "a complexidade dos contratos de crédito e de algumas informações exigem que elas se associem a uma outra obrigação: aquela de esclarecimento e conselho, especialmente considerando a idade do consumidor".[75]

---

74 OLIVEIRA, Júlio Moraes. *Ob. cit., loc. cit.*.

75 MARQUES, Cláudia Lima; BENJAMIN Antonio Herman Vasconcellos; MIRAGEM, Bruno. *Comentários ao Código de Defesa do Consumidor.* 7. ed. São Paulo: RT, 2021, p. 1283.

Juntamente com a informação, o fornecedor é obrigado a avaliar, de forma responsável, as condições de crédito do consumidor, mediante a análise das informações disponíveis em bancos de dados de proteção ao crédito (art. 54-D, III). Esse dever possui duas dimensões, individual e coletiva:

> Representa o dever de boa-fé em relação ao candidato tomador do crédito, visando impedir, dar causa ou agravar situação de superendividamento; mas é também dever que o fornecedor do crédito respeita em favor da coletividade, prevenindo seu próprio risco de sofrer inadimplemento em níveis que comprometa sua própria higidez econômica, e sua repercussão para o próprio sistema financeiro e ao mercado em geral.[76]

Além disso, regulou a publicidade da oferta de crédito, vedando as seguintes condutas lesivas ao consumidor: (i) indicar que a operação de crédito poderá ser concluída sem consulta a serviços de proteção ao crédito ou sem avaliação da situação financeira do consumidor; (ii) ocultar ou dificultar a compreensão sobre os ônus e os riscos da contratação do crédito ou da venda a prazo; e (iii) condicionar o atendimento de pretensões do consumidor ou o início de tratativas à renúncia ou à desistência de demandas judiciais, ao pagamento de honorários advocatícios ou a depósitos judiciais (art. 54-C).

A lei coibiu, ainda, o assédio,[77] ao proibir o fornecedor de pressionar o consumidor para contratar o fornecimento de produto, serviço ou crédito, principalmente se se tratar de consumidor idoso, analfabeto, doente ou em estado de vulnerabilidade agravada ou se a contratação envolver prêmio.

A proteção contra o assédio tem fundamento na "frustração do direito do consumidor exercer a liberdade e a autodeterminação no âmbito do mercado de consumo", possuindo natureza extrapatrimonial e, até mesmo, transindividual, na medida em que "protege a higidez do próprio mercado de consumo".[78]

---

76 MARQUES, Cláudia Lima; *et al. Comentários, cit.*, 7. ed., *cit.*, p. 1.285.

77 A Diretiva Europeia 2005/29/CE, relativa às práticas comerciais desleais das empresas face aos consumidores, considera o assédio como prática comercial agressiva, enumerando, em seu art. 9º, os elementos para a caracterização do assédio, da coação e da influência indevida.

78 SAMPAIO, Marília de Ávila e Silva; FREITAS FILHO, Roberto. Apontamentos sobre a responsabilidade civil na Lei n.º 14.181/2021 *cit.*, p. 12.

O descumprimento de qualquer das obrigações previstas nos arts. 52 e 54-C da lei pode acarretar "a redução dos juros, dos encargos ou de qualquer acréscimo ao principal e a dilação do prazo de pagamento previsto no contrato original, conforme a gravidade da conduta do fornecedor e as possibilidades financeiras do consumidor, sem prejuízo de outras sanções e de indenização por perdas e danos, patrimoniais e morais, ao consumidor" (art. 54-D, parágrafo único). Trata-se de nova espécie de revisão do contrato de consumo, em razão de descumprimento de dever legal no oferecimento de crédito ao consumidor.

19. Superendividamento

Entende-se por superendividamento, segundo a lei, "a impossibilidade manifesta de o consumidor pessoa natural, de boa-fé, pagar a totalidade de suas dívidas de consumo, exigíveis e vincendas, sem comprometer seu mínimo existencial" (art. 54-A, §1º, do CDC).

A lei limitou a utilização da prevenção e tratamento do superendividamento às pessoas naturais, talvez porque as pessoas jurídicas possuem instrumento próprio na lei de recuperação judicial e falência, (Lei nº 11.101/2005). Questiona-se, na doutrina, se essa exclusão não seria contraditória ao próprio microssistema, que conceitua o consumidor como sendo toda pessoa física ou jurídica que adquire ou utiliza produto ou serviço como destinatário final (art. 2º), e à orientação jurisprudencial que adota, para a qualificação de consumidor, a teoria do finalismo aprofundado.[79] Há, também, quem defenda que as regras do superendividamento se aplicam ao empresário individual.[80]

Outro requisito para a aplicação da lei é a boa-fé do consumidor, que se presume, cabendo ao credor demonstrar, no caso concreto, a má-fé.[81]

79 Essa teoria abrandou a concepção finalista, para acrescer à noção de destinatário final econômico a ideia de hipossuficiência. Assim, admite-se a aplicação do CDC, excepcionalmente, às pessoas jurídicas que demonstrarem vulnerabilidade.

80 VASCONCELOS, João Paulo A.; GODOY, Sandro Marcos; MARCONI, Lícia Pimentel. O empresário individual como destinatário da lei do Superendividamento? https://www.migalhas.com.br/depeso/349433/o-empresario-individual-como-destinatario-da-lei-do-superendividamento. Acesso em 09/08/2022.

81 MARQUES, Cláudia Lima; *et al. Comentários, cit.*, p. 1.257.

20. Dívidas abrangidas pela lei

As dívidas abrangidas pela lei são "quaisquer compromissos financeiros assumidos decorrentes de relação de consumo, inclusive operações de crédito, compras a prazo e serviços de prestação continuada" (art. 54-A, §2º). São as chamadas dívidas de consumo, a exemplo das contas de água, luz, empréstimos e financiamentos. Podem ser exigíveis ou vincendas (art. 54-A, §1º).

Não se beneficiam, contudo, dessa lei os consumidores "cujas dívidas tenham sido contraídas mediante fraude ou má-fé, sejam oriundas de contratos celebrados dolosamente com o propósito de não realizar o pagamento ou decorram da aquisição ou contratação de produtos e serviços de luxo de alto valor" (art.54-A, §3º, do CDC).

Além das dívidas fraudulentas, excluem-se do regime especial do superendividamento, também, aquelas provenientes de "contratos de crédito com garantia real, de financiamentos imobiliários e de crédito rural" (art. 104-A, §1º, CDC).

21. Conexão entre contratos

A lei determinou que os contratos de crédito são conexos, coligados ou interdependentes ao contrato principal de fornecimento de produto ou serviço, quando o fornecedor de crédito, (i) recorrer aos serviços do fornecedor de produto ou serviço para a preparação ou a conclusão do contrato de crédito ou (ii) oferecer o crédito no local da atividade empresarial do fornecedor de produto ou serviço financiado ou onde o contrato principal for celebrado (art. 54-F, I e II).

Assim, o direito de arrependimento exercido em relação ao contrato principal, implica a resolução de pleno direito do contrato que lhe seja conexo (art. 54-F, §1º). Da mesma forma, havendo inadimplemento de qualquer das obrigações e deveres do fornecedor do produto ou serviço, o consumidor poderá requerer a rescisão do contrato não cumprido contra o fornecedor do crédito (§2º). Além disso, a invalidade ou a ineficácia do contrato principal implicará, de pleno direito, a do contrato de crédito que lhe seja conexo, ressalvado, contudo, ao fornecedor do crédito o direito de obter do fornecedor do produto ou serviço a devolução dos valores entregues, inclusive relativamente a tributos (§4º).

22. Práticas abusivas

O art. 54-G enumerou uma série de práticas consideradas abusivas em relação ao crédito, bem como estabeleceu a obrigação de o fornecedor informar e esclarecer o consumidor a respeito de qualquer ponto contratual e entregar-lhe a minuta do negócio e cópia do contrato após a sua conclusão.

23. Procedimento traçado pela lei

A grande novidade trazida pela Lei n.º 14.181/2021 é a possibilidade de o consumidor fazer uma negociação em bloco de todas as suas dívidas, com o que viabilizará o pagamento do "conjunto das suas dívidas com sua única fonte de renda", pondo fim ao "tormento psicológico de pagar uma dívida e faltar dinheiro para pagar outras"[82]. Trata-se de uma espécie de recuperação judicial para o consumidor pessoa física.

O procedimento traçado pela inovação do CDC pode ser assim esquematizado:

a) O juízo competente para processar e julgar a repactuação do consumidor superendividado é o do domicílio do autor, segundo a regra geral do artigo 101, inc. I, do CDC.

b) Na expectativa de obter uma solução consensual, o consumidor requererá ao juiz a designação de audiência conciliatória presidida pelo magistrado ou por conciliador credenciado no juízo, para a qual serão chamados a participar todos os credores, pessoalmente ou por procurador com poderes especiais e plenos para transigir. Na oportunidade, o consumidor apresentará proposta de plano de pagamento com prazo máximo de 5 (cinco) anos, preservados o mínimo existencial, as garantias e as formas de pagamento originalmente pactuadas (art. 104-A, do CDC).

c) O credor que não comparecer, injustificadamente, à audiência, terá a exigibilidade do crédito suspensa, com a interrupção dos encargos da mora. A sua ausência (ou do procurador) também poderá acarretar a sujeição compulsória ao plano de pagamento da dívida, se o montante de seu crédito for certo e conhecido do consumidor, devendo o pagamento a esse credor ocorrer apenas após a quita-

82 Informativo CNJ Serviço: o que muda com a lei do superendividamento? *In: Revista Síntese direito civil e processual civil*, São Paulo, n.º 133, p. 66, set-out.2021.

ção de todos os credores presentes à audiência (art. 104-A, §2º, do CDC).

d) A conciliação será feita haja, ou não, adesão de todos os credores. Com qualquer número de aderentes, lavrar-se-á termo de acordo contendo o plano de pagamento da dívida, o qual uma vez homologado pelo juiz, adquirirá entre os signatários eficácia de título executivo e força de coisa julgada (art. 104-A, §3º, do CDC).

e) Do plano constarão: (i) medidas de dilação dos prazos de pagamento e de redução dos encargos da dívida ou da remuneração do fornecedor, entre outras destinadas a facilitar o pagamento da dívida; (ii) referência à suspensão ou à extinção das ações judiciais em curso; (iii) data a partir da qual será providenciada a exclusão do consumidor de bancos de dados e de cadastros de inadimplentes; e (iv) condicionamento de seus efeitos à abstenção, pelo consumidor, de condutas que importem no agravamento de sua situação de superendividamento (art. 104-A, §4º, do CDC).

f) O pedido de renegociação não importará declaração de insolvência civil e poderá ser repetido após o prazo de dois anos, "contado da liquidação de todas as obrigações previstas no plano de pagamento homologado" (art. 104-A, §5º, do CDC).

g) Não havendo êxito na conciliação em relação a qualquer credor, o juiz, a pedido do consumidor, "instaurará processo por superendividamento para revisão e integração dos contratos e repactuação das dívidas remanescentes, mediante plano judicial compulsório", promovendo a citação de todos os credores cujos créditos não foram incluídos no acordo porventura celebrado (art. 104-B, *caput*, do CDC).

h) Citados, os credores terão 15 dias para juntar documentos e expor as razões da negativa de aceder ao plano voluntário ou de renegociar (art. 104-B, § 2º., do CDC).

i) O juiz poderá nomear um administrador, se isso não onerar as partes, o qual, em até 30 dias, deverá apresentar um plano de pagamento que contemple medidas de temporização ou de atenuação de encargos (art. 104-B, §3º, do CDC). Esse plano judicial compulsório deverá assegurar aos credores, no mínimo, o valor do principal, corrigido monetariamente por índices oficiais de preço, com prazo de pagamento de, no máximo, 5 anos, assegurando ao devedor até 180 dias para o pagamento da primeira parcela. O restante da dívida deverá ser pago em parcelas mensais iguais e sucessivas (art. 104-B, §4º, do CDC).

j) Por fim, é facultado aos órgãos públicos integrantes do Sistema Nacional de Defesa do Consumidor realizar a fase conciliatória e preventiva do processo de repactuação de dívidas. Os acordos firmados com a participação desses órgãos registrarão a data a partir da qual será providenciada a exclusão do consumidor do banco de dados e cadastros de inadimplentes, bem como o condicionamento de seus efeitos "à abstenção, pelo consumidor, de condutas que importem no agravamento de sua situação de superendividamento, especialmente a de contrair novas dívidas" (art. 104-C, §§ 1º. e 2º., do CDC).

Caso, entre os credores, exista pessoa jurídica de direito público federal, a competência, para alguns autores, continuará sendo da Justiça Comum. Isto porque, se o art. 109, I, da CF excepciona a competência da Justiça Federal em causas de falência, a regra deve ser abrangida para qualquer procedimento de natureza concursal.[83]

24. Superendividamento do consumidor e insolvência civil

O pedido de repactuação de dívida, nos moldes da Lei 14.181/2021, não importa confissão de insolvência para efeito de execução concursal contra devedor civil (art. 104-A, §5º, do CDC). Por sua vez, os credores de obrigações sujeitas à referida repactuação, aderindo ou não ao plano, ficam impedidos de recorrer ao procedimento comum da insolvência civil: (i) os aderentes, porque se sujeitam aos tempos e condições de pagamento do plano de repactuação; (ii) os não aderentes, porque somente terão retomada a exigibilidade de seus créditos após cumprido o plano de repactuação.

Ocorrendo, porém, descumprimento do acordo homologado, autorizado estará a sua resolução e consequentemente aberta estará a oportunidade para a execução singular ou coletiva contra o consumidor inadimplente.

83 GAGLIANO, Paulo Stolze; OLIVEIRA, Carlos Eduardo Elias de. Lei do superendividamento: questões práticas no procedimento judicial de repactuação das dívidas. *Revista Jus Navigandi*, ano 26, n.º 6.732, dez/2021. Disponível em: https://jus.com.br/artigos/95307. Acesso em 05/08/2022.

Os efeitos do plano de repactuação não atingem os credores excepcionados pelo artigo 104-A, parágrafo primeiro (débitos provenientes de contratos de crédito com garantia real, de financiamento imobiliário e de crédito rural), motivo pelo qual não ficam impedidos de promover a execução cabível.

25. Referências bibliográficas

CARVALHO MANGE, Roger de. A Insolvência no Novo Código de Processo Civil. *Revista dos Tribunais*, São Paulo, v. 464, jun.1974.

CASTRO, Amílcar de. *Comentários ao Código de Processo Civil.* 2. ed. Rio de Janeiro: Forense, 1963, v. X.

FADEL, Sérgio Sahione. *Código de Processo Civil Comentado.* Rio de Janeiro: J. Kofino, 1974, t. IV.

GAGLIANO, Paulo Stolze; OLIVEIRA, Carlos Eduardo Elias de. Lei do superendividamento: questões práticas no procedimento judicial de repactuação das dívidas. Revista Jus Navigandi, ano 26, nº 6.732, dez.2021. Disponível em: https://jus.com.br/artigos/95307. Acesso em 05/08/2022.

LIMA, Cláudio Vianna de. *Processo de Execução.* Rio de Janeiro: Forense, 1973.

MARQUES, Cláudia Lima; BENJAMIN Antonio Herman Vasconcellos; MIRAGEM, Bruno. Comentários ao Código de Defesa do Consumidor. 7ª ed. São Paulo: RT, 2021.

MONIZ DE ARAGÃO, Egas Dirceu. Execução contra o Devedor Insolvente. I*n: Revista Forense*, Rio de Janeiro, v. 246, abr-jun.1974.

MOURA ROCHA, José de. *Comentários ao Código de Processo Civil.* São Paulo: RT, 1974, v. IX.

NEVES, Celso. *Comentários ao Código de Processo Civil.* Forense: Rio – São Paulo: s/d, v. VII.

OLIVEIRA, Júlio Moraes. Mudanças trazidas pela lei do superendividamento. Revista Bonijuris, Curitiba/PR, nº 34, jun.jul 2022.

PONTES DE MIRANDA, Francisco Cavalcanti. *Tratado das Ações.* São Paulo: RT, 1972, v. III.

PRIETO-CASTRO Y FERRÁNDIZ, Leonardo. *Derecho concursal, Procedimientos sucesorios, Jurisdicción Voluntaria, Medidas Cautelares.* Madrid: Tecnos, 1974, nº 1.

PROVINCIALI, Renzo. *Apud* MOURA ROCHA, José de. *Comentários ao Código de Processo Civil.* São Paulo: RT, 1974, v. IX.

REDENTI, Enrico. *Profili Pratici del Diritto Processuale Civile.* Milano: A. Giuffrè, 1939.

RESTIFFE NETO, Paulo. *Garantia Fiduciária.* São Paulo: RT, 1975.

SAMPAIO, Marília de Ávila e Silva; FREITAS FILHO, Roberto. Apontamentos sobre a responsabilidade civil na Lei n.º 14.181/2021. Revista Síntese: direito civil e processual civil, São Paulo, nº 138, jul-ago.2022.

THEODORO JÚNIOR, Humberto. *O Concurso de Credores e a Execução Singular.* Revista dos Tribunais, São Paulo, v. 437, mar.1972.

VASCONCELOS, João Paulo A.; GODOY, Sandro Marcos; MARCONI, Lícia Pimentel. O empresário individual como destinatário da lei do Superendividamento? https://www.migalhas.com.br/depeso/349433/o-empresario-individual-como-destinatario-da-lei-do-superendividamento. Acesso em 09/08/2022

OS RUMOS DA REFORMA TRIBUTÁRIA

Ives Gandra Martins[1]

Desde o Governo Collor fala-se em reforma tributária. À época, o primeiro mandatário constituiu uma Comissão (1990) presidida pelo jurista Arioswaldo de Mattos Filho e com expressões reconhecidas da área econômica, como os Professores Carlos Alberto Longo e Celso Martone para reformular o sistema.

Quero lembrar que a seção do Capítulo do Sistema Tributário aprovada pelos Constituintes de 1988, quando da promulgação, foi particularmente elogiada pela imprensa e especialistas, tendo eu mesmo participado de audiência pública na Subcomissão de Tributos, acompanhando todo o desenvolver de seus trabalhos com algumas opiniões acatadas pelo então presidente Francisco Dornelles. Preparei, quando recomeçaram os debates no Plenário provocados pelo deputado Roberto Cardoso Alves, um texto novo, aproveitando os trabalhos da Subcomissão com a colaboração do professor Hamilton Dias de Souza que, de rigor, por ser o que a Subcomissão oficializara na entrega para a Comissão de Sistematização, aquele que foi aprovado.

Aspecto interessante, à época, foi o telefonema que recebi de Dornelles para saber minha opinião sobre o texto final da Subcomissão da 6ª Comissão dedicada ao sistema. Cumprimentei-o pela qualidade do texto – que havia recebido poucas horas antes por fax –, mas perguntei-lhe se queriam eliminar parte considerável do CTN. Respondeu-me, até com bom humor, que não. Disse-lhe, então, que o artigo 146 criara "numerus clausus" de hipóteses sujeitas à lei complementar. O que não estivesse nestas hipóteses, não seria mais sujeito à disciplina do CTN. Retrucou-me que seria difícil algo mudar, pois já havia sido aprovado pela Comissão.

Reforcei, então, questionando se a Subcomissão realmente desejara eliminar parte do CTN, como lei complementar, subordinando suas alte-

---

1 Professor Emérito da Universidade Mackenzie, das Escolas de Comando e Estado-Maior do Exército - ECEME, Superior de Guerra - ESG e da Magistratura do Tribunal Regional Federal – 1ª Região; Professor Honorário das Universidades Austral (Argentina), San Martin de Porres (Peru) e Vasili Goldis (Romênia); Doutor Honoris Causa das Universidades de Craiova (Romênia) e das PUCs-Paraná e RS, e Catedrático da Universidade do Minho (Portugal); Presidente do Conselho Superior de Direito da FECOMERCIO - SP; Presidente Emérito da Academia Paulista de Letras-APL e ex presidente do Instituto dos Advogados de São Paulo-IASP.

rações, pelo princípio da recepção, ao legislador originário. Respondeu-me que não. Ora – retruquei-, *vamos fazer uma mudança pela Comissão de Redação, acrescentando o advérbio "especialmente", com o que transformaremos as hipóteses de "numerus clausus" em hipóteses exemplificativas*, com o que ele concordou.

Comentamos o episódio, quando aprovada a Constituição num programa do jornalista Ferreira Neto, ao falarmos sobre os bastidores da Constituinte.

O sistema elogiado, todavia, por não contemplar muitas exceções, foi sendo sucessivamente degradado por inúmeras emendas constitucionais, acréscimos impositivos, adoção de regimes especiais e toda a série de exceções à tributação geral, cada uma das alterações afetando a higidez do sistema.

É de se lembrar que, por ter perdido fatia relevante do IPI e do IR, com uma partilha maior para Estados e Municípios (de 37% para 47%), rememorando ainda que no IPI haveria mais 10% na exportação, a União, gradativamente, foi privilegiando um tributo não partilhável, tendo passado o Finsocial de 0,5% para ao fim chegar a 7,6% na alíquota não cumulativa, assim como elevando o PIS de 0,65% para 1,65%.

Tais distorções levaram, novamente, a União a ter aproximadamente 60% da carga tributária e Estados e Municípios ficarem com os 40% restantes.

O certo é que, no Governo Collor, as distorções já estavam aparecendo, mas naquele momento discutia-se a ideia do brilhante economista Marcos Cintra, ou seja, do imposto único, a que antepus – os dois discutíamos apenas no plano acadêmico – uma proposta de 5 tributos, a saber: 1) imposto sobre o comércio exterior, abrangendo importação e exportação; 2) imposto sobre a renda, os dois de competência impositiva da União; 3) imposto de circulação de bens e serviços de competência dos Estados; 4) imposto sobre o patrimônio imobiliário e de competências dos Municípios e 5) uma contribuição social de competência da União. Todos os tributos seriam partilháveis.

Os nossos modelos eram apenas acadêmicos e, apesar de Arioswaldo ter adotado o meu modelo acrescentado de dois tributos, as propostas não avançaram.

Itamar pretendeu uma reforma mais simples e de legislação infraconstitucional com Ozires Lopes de Azevedo, mas a implantação do Plano Real consumiu o tempo da equipe econômica do governo sob a batuta de Fernando Henrique, nada sendo feito.

Fato é que o tema voltou à baila nos 2 mandatos de Fernando Henrique com a PEC 175, que sofreu durante sua tramitação inúmeras alterações, sendo a mais relevante a proposta de Pedro Parente que modificou a PEC 175, principalmente no concernente aos tributos circulatórios.

Assim, ao fim do governo Fernando Henrique havia 3 propostas de Emenda Constitucional com a mesma origem palaciana, a saber: de Pedro Parente, a do presidente da Comissão de Tributos, deputado Germano Rigotto e a do relator da Comissão de Tributos, deputado Mussa Demis.

Eleito o presidente Lula, formou-se nova Comissão de Reforma Tributária, agora de relatoria do Deputado Virgílio Guimarães, que depois de intensas discussões (PEC 41), resultou numa Emenda Constitucional (42), que praticamente não mudou nada, mas assegurou a prorrogação da CPMF.

O Governo de Dilma Roussef, desde o início pretendeu uma reforma, já a esta altura com a presença do economista Bernardo Appy, lembrando-se que os deputados Flávio Rocha e Luis Carlos Hauly tinham apresentado suas PECs no passado, sem êxito maior senão o de permitir o aprofundamento dos debates a respeito.

No seu governo, todavia, o tema não prosperou e a desaceleração da economia com sucessivos PIBs negativos, a meu ver, ajudou seu impeachment no Congresso, assim como o esforço de Michel Temer para recuperar a economia, o que conseguiu. O país saiu de um PIB negativo crescente para um PIB positivo com um crescimento de aproximadamente 2% no seu governo. A reforma tributária tornou-se um assunto secundário no Congresso, apesar da apresentação das PECs 45 na Câmara (veiculada através do deputado Baleia Rossi) e 110 no Senado, ambas de autoria de Bernardo Appy e Luis Carlos Hauly.

As duas PECs, propostas de emenda constitucional, continuaram a ser debatidas sem maior evolução no Governo Bolsonaro, no qual uma nova PEC (46) do Senador Guimarães do Paraná também foi proposta para discussão.

Neste ínterim, é importante lembrar que o STF foi consolidando determinados conceitos, que com a promulgação da Constituição de 1967 foram judicializados. Décadas decorreram, por exemplo, para a conformação, na Suprema Corte, do que seria "mercadoria", "operação" e "circulação" para o ICMS, visto que o termo constitucional não esclarecia o conteúdo econômico ou não da movimentação das mercadorias. A própria circulação de mercadoria abrangeria qualquer bem negociado ou apenas os negociados por estabelecimentos comerciais? Assim uma série de outros aspectos controversos foram levados ao Pretório Excelso para definição jurisprudencial da melhor interpretação daqueles princípios colocados na Lei Suprema.

Talvez, por esta razão é que o senador Guimarães resolveu não mudar a nomenclatura constante do texto constitucional de 1967 e 1988, pois sobre a questão já solucionada não mereceria reiniciar-se novos debates à luz da mudança de nomenclatura.

Aliás, algo que sempre me impressionou foi a insistência de se dizer que não teríamos um IVA (imposto sobre valor agregado). O IVA nós temos no Brasil desde 1958, quando se introduziu o princípio da não cumulatividade no imposto de consumo pela Lei 3.520, de 30 dezembro daquele ano.

Em 1975, no 2º Congresso Internacional de Direito Tributário que coordenei com o Professor Manuel de Juano, presidente da "Associación Interamericana de Tributacion", trouxemos o Professor Jean Jacques Phillippe, um dos introdutores do IVA europeu, para uma palestra, e ele reconheceu ser o princípio da não cumulatividade brasileiro uma das formas de tributação sobre o valor agregado.

Enfim, este é o quadro histórico das discussões sobre a reforma tributária, que agora ganha uma nova dinâmica com a aprovação na Câmera, apenas de um texto principiológico, sem projeções de impacto.

A PEC aprovada na Câmara e, no momento, em discussão no Senado, embora como substitutiva da PEC 45, desta difere em inúmeros pontos, sendo, de rigor, uma nova proposta ou projeto de emenda constitucional.

Deveria ter sido objeto de aprovação na Comissão de Constituição e Justiça, em uma Comissão Especial e aguardado 40 seções em Plenário até a primeira votação e mais um espaço de 5 dias entre o 1º e o 2º turno.

Curiosamente, este rito processual não foi seguido. Apresentou o presidente da Câmara, através do relator da nova PEC, somente um ideário do que deveria ser o novo sistema, para apenas alguns dias antes da votação, dar a conhecer o próprio texto, que recebeu alterações até poucas horas antes da 1ª votação, que concluída, poucas horas depois foi novamente aprovada em 2º turno.

O presidente da Câmara disse ter adotado por "analogia" não só o novo processo para votação – não entendi do que – e considerou que pela vitória da última versão concluída no primeiro dia em que foi aprovada a PEC, o "novo procedimento" deveria sanar a utilização das Comissões de Constituição e Justiça, Especial, 40 seções e 5 dias entre os turnos.

Os novos processo e procedimento adotados pelo presidente não foi o único ponto controvertido na aprovação da proposta de emenda constitucional.

Reza o artigo 60, §4º da Constituição, que exterioriza as cláusulas pétreas da Lei Suprema que:

> Art. 60. A Constituição poderá ser emendada mediante proposta:
>
> § 4º Não será objeto de deliberação a proposta de emenda tendente a abolir:
>
> I - a forma federativa de Estado;
>
> II - o voto direto, secreto, universal e periódico;
>
> III - a separação dos Poderes;
>
> IV - os direitos e garantias individuais.

Qualquer aluno de direito, em seu bacharelado, ao estudar a autonomia das entidades federativas sabe que ela se caracteriza pela tríplice competência de atuação, a saber: política, administrativa e financeira.

Esta tríplice autonomia que tem na financeira aquela que assegura a realização das outras duas, visto que sem recursos para a entidade federativa as outras são relativizadas, pois sendo dependentes de valores para sua capacidade de agir, pouco poderiam fazer sem eles.

O projeto de emenda constitucional, ao unir ICMS e ISS num único tributo a ser administrado por um Conselho Federativo, ainda sem perfil definido, retirou autonomia financeira de Estados e Municípios para submetê-la a um Conselho composto de 27 representantes dos 26 Estados e Distrito Federal e 27 representantes dos 5.570 Municípios.

Esta perda de autonomia para definir as regras da tributação destes dois tributos leva a questão de saber se o pacto federativo não estaria ferido e se não seria inconstitucional essa fragilização da Federação pela retirada parcial da autonomia federativa. Pessoalmente, entendo que sim, mas temos que aguardar a opinião dos Tribunais, que será aquela que valerá.

Por outro lado, a proposta inicial do projeto seria a adoção de uma alíquota única para todos os setores ao substituir-se PIS/Cofins, IPI, ICMS e ISS por CBS/ IBS e imposto seletivo, este com alíquota distinta e única, mas as pressões na Câmera levaram o relator a reduzí-la em 60% para parques, restaurantes, saúde, educação, clubes esportivos, agropecuária, o que certamente trará um impacto sobre a idealizada alíquota – falava-se em 25% -, prevendo alguns setores que deverá ficar entre 28% a 30%.

Felipe Salto calcula em 33,5% a alíquota possível. Parte do princípio de que os 4 tributos que comporão a CBS/ IBS arrecadam hoje 11,8% do PIB. Escreve, então:

> "(...) Um dos muitos desafios é conter os grupos de interesse que pressionam por tratamento diferenciado. Quanto mais exceções, maior será a alíquota somada do IBS e da CBS para gerar 11,8% do PIB (12,5% me0,796 de IPI). O mesmo raciocínio vale para a sonegação.
>
> Assumamos que a base de cálculo somada dos dois IVAs seja de cerca de 62% do PIB, isto é, o tamanho do consumo das famílias, de acordo como IBGE. Não é essa exatamente a base, mas a aproximação é boa. Se não houvesse exceções ou sonegação, a alíquota somada do IBS e da CBS seria de 19% (11,8% dividido por 62%), de modo direto.
>
> Mas há vazamentos da base com sonegação e exceções. Simulemos. Se a base corresponder a 80% dos 62% do PIB, conforme nossos cálculos, a alíquota já subiria a 23,6%. Se houver também a intenção de compensar a receita do IPI, a alíquota saltaria a 25%. Com perda 40% da base, a alíquota avançaria para 33,5% (com IPI). Uma alíquota de 25% já seria uma das maiores do planeta. Isso para os pobres mortais não contemplados em exceções e quetais. (...)". (Jornal O Estado de São Paulo, pag. A10 – de 03/08/2023).

Distorções, à evidência, decorrerão desta mudança de sistemática. Os serviços, por exemplo, que pagavam no máximo 5% de ISS e mais PIS/Cofins pulam para uma alíquota que poderá chegar a 33,5%. A agropecuária, mesmo com a redução, subirá de 4,5% aproximadamente para em torno de 13% e o comércio de 18% mais PIS/Cofins para possivelmente 33,5%.

Apenas a indústria e o mercado financeiro terão redução porque sairão de 18% de ICMS, mais uma alíquota média de IPI de 10%, mais PIS/Cofins, para a alíquota projetada por Felipe Salto.

Como a indústria poderá deduzir tudo e os serviços quase nada, à falta de insumos, qualquer prestador de serviços recolherá mais IBS/ CBS que, por exemplo, a indústria automobilística.

Por esta razão, espera-se uma inquietação maior de todos os setores afetados, que tenderão a pressionar o Congresso por uma solução, seja na PEC, seja na discussão da legislação infraconstitucional, com o que o problema anterior de excesso de exceções que levou ao desejo dos governos de implementar uma reforma tributária sem regimes especiais, provavelmente, se tornará inviável.

É bem verdade que estabelecida a alíquota, Estados e Municípios poderão alterá-la, baixando-a, mas a adoção do regime de destino dificulta tal alteração.

Com efeito, adotou-se o regime pelo qual CBS e IBS serão cobrados no destino da operação, o que vale dizer: toda uma sistemática terá que ser criada para calcular o imposto e os limites do exercício das competências estaduais e municipais, se quiserem alterar o peso das alíquotas nas operações internas e interestaduais.

Fundos compensatórios serão criados para o desenvolvimento de Estados e Municípios que perderão receitas com o novo sistema e que serão compensados pela União, visto que as entidades que forem beneficiadas não terão que devolver seus ganhos. Ora, se uns ganharem tais acréscimos e os que perderem forem compensados, à evidência, é o contribuinte quem pagará a conta .

Finalmente, neste breve resumo, o sistema de IPI, ICMS, ISS, PIS/Cofins adotados até hoje continuarão vigendo até 2033, convivendo com o novo sistema com alíquotas decrescentes, enquanto as do IBS/CBS crescerão até a exclusão do sistema atual, no referido ano. O início programado para a CBS é 2026 e o IBS 2029.

À evidência, todos os problemas ainda não equacionados até o presente, a falta de cálculos autoriais sobre os impactos nos orçamentos públicos e dos textos de legislações complementar e ordinária, serão debatidos neste ano e no próximo. Tais textos e cálculos não foram apresentados na Câmara.

Teria preferido uma solução mais modesta, mas mais eficaz que consistiria em reduzir as exceções de IPI, ICMS, ISS, PIS/Cofins; eliminar parcela das obrigações acessórias e simplificar a legislação infraconstitucional existente. Por esta razão, preferiria a PEC 46 do Senador Guimarães.

Enfim, o futuro dirá se a reforma proposta será a verdadeira redenção da economia, com a reindustrialização nacional, à custa da redução da tributação sobre o setor e aumento sobre agropecuária, comércio e serviços, lembrando-se que a agropecuária salvou o país na crise provocada pela pandemia, permitindo saldos consideráveis na balança comercial e crescimento do PIB nacional.

Dois pontos finais para reflexão. O peso da carga tributária do Brasil exterioriza também o peso da máquina burocrática esclerosada. Infelizmente, não se estuda a reforma administrativa, que aliviaria para o contribuinte o peso dos tributos, com o que o custo da máquina pública continuará sobrecarregando-o e dificultando o desenvolvimento econômico.

Segundo ponto: para simplificar o sistema tributário brasileiro, aprovou-se um texto na Constituição a ser interpretado que, como lembra Everardo Maciel em artigo para "O Estado de São Paulo", é três vezes maior do que o atual!!!

ANTECIPAÇÃO DE RECEBÍVEIS, UM *CASO CONTROVERTIDO*[1]

Jorge Lobo[2]

"As organizações não morrem devido à falta de lucros. Elas morrem de falta de caixa."
(Willian Lazier)[3]

1. A teoria da discricionariedade judicial nos *casos controvertidos*

A antecipação de recebíveis, de que são espécies o desconto bancário, a faturização, ou fomento mercantil, ou *factoring*, a cessão de direitos creditórios, ou securitização de recebíveis, e a cessão fiduciária de direitos creditórios, doravante denominada antecipação de recebíveis, foi criada e implementada - em larga escala e com êxito – com a finalidade de propiciar crédito rápido para fortalecer o capital de giro e estruturar o fluxo de caixa das pequenas, médias e grandes empresas.

Se as *causas* da antecipação e da securitização[4] de recebíveis são idênticas para a fiduciante e a securitizada (capitalizarem-se) e idênti-

---

1 Em 1.976, ao assumir a 1ª. Curadoria de Massas Falidas do MP-RJ, reuni uma série de livros sobre concordatas e falências. Dentre eles, O novo Direito Falimentar, do Prof. Dr. Nelson Abrão, obra pioneira, que, indiscutivelmente, foi precursora, no país, do Direito da Crise Econômica da Empresa, leitura obrigatória para todos os que se interessam pelo tema. Relembre-se, a propósito, que a doutrina do Homenageado exerceu forte influência na elaboração da atual Lei nº 11.101/2.005, consoante destacou o Deputado Oswaldo Biolchi, Relator do Projeto de Lei, na "Apresentação" do livro Comentários à Lei de Recuperação de Empresas e Falência, coordenadores Paulo F. C. Salles de Toledo e Carlos Henrique Abrão, Saraiva, 5ª. ed., p. 39.

2 Mestre em Direito Empresarial pela UFRJ e doutor e livre-docente em Direito Comercial pela UERJ. Colaboraram na pesquisa e transcrições deste artigo os Drs. Antonio de Faria Guimarães e Berliet Rodrigues Monteiro Filho e o estagiário João Felipe Pinto Bandeira de Mello.

3 Professor de Negócios, Emérito, na *Stanford University's Law Scholl, apud,* Jim Collins, *in Como as gigantes caem*, Campus-Élsevier, 2.010, p.82.

4 Para simplificar a exposição do tema, não incluo o desconto bancário, pois há antiga discussão se se trata de uma venda de cheques, duplicatas, do cliente para o banco ou de um empréstimo garantido por títulos de crédito, nem a faturização, porque apenas a convencional é cessão de crédito; a *maturity factoring,* mera cobrança mediante o pagamento de uma comissão.

cas, as *finalidades* para a fiduciária e securitizadora (obter lucros com minimização dos riscos), por que ambas *não estão excluídas* dos efeitos da recuperação judicial?

Dir-se-á com razão: a uma, porque a antecipação de recebíveis é uma cessão condicional, limitada, resolúvel; a securitização, uma cessão pura e simples, definitiva, irrevogável, irretratável, irreversível (salvo se invalidada por decreto judicial); a duas, devido à omissão do legislador em regulá-la.

Essa incompreensível e injustificável omissão gerou um *caso controvertido*[5] (nos. 2 e 3 infra), cuja solução exige um mergulho nos fatos e atos do cotidiano das empresas dedicadas à extração mineral, ao agronegócio, ao comércio, à indústria e à prestação de serviços e o uso prudente do poder discricionário do juiz.[6]

Esse protagonismo judicial, esse poder discricionário do juiz,[7] deve ser exercido a partir de uma *abordagem empírica* e *econômica* e com base no "critério pragmatista das consequências práticas" [8], porque a "interpretação dos textos não é um exercício de lógica". [9]

2. Fundamentos a favor e contra a submissão da antecipação de recebíveis aos efeitos da recuperação judicial da fiduciante.

Atenta leitura de especialistas na matéria e da jurisprudência dos tribunais evidencia que o emprego *apenas* dos elementos filológico, lógico, sistemático e teleológico na interpretação do § 3º, do art. 49, da LFRE é insuficiente.

Se não, vejamos.

À míngua de disciplina legal e apesar da orientação do c. STJ, permanece a polêmica se a antecipação de recebíveis está sujeita aos efeitos da recuperação judicial da fiduciante, o que redunda no pior dos males: a *insegurança jurídica*.

---

5 Hart, *O conceito de direito*, Martins Fontes, 2.018, p. 326.

6 Na esteira do ensinamento de Robert Alexy, *"la ciencia del derecho, tal como es cultivada en la actualidad, es, ante todo, una disciplina práctica", in Teoria de los derecho fundamentales, Centro de Estudios Constitucionales,* 1ª., p. 33.

7 Hart, ob. cit., pp. 351 e segs.

8 Richard A. Posner, *Para além do direito*, Martins Fontes, pp. 419 e 422.

9 Richard A. Posner, ob. cit., p. 422.

Ambas as correntes de opinião alinham respeitáveis argumentos – todos de ordem exclusivamente jurídica.

Os favoráveis à sujeição dos créditos decorrentes da antecipação de recebíveis ao regime legal da recuperação da empresa têm se baseado, em síntese, nos seguintes fundamentos:

(1º) as normas dos arts. 66-B, § 3º, da Lei nº 4.728, de 1.965, e 49, § 3º, da LRFE são excepcionais, por isso devem ser interpretadas restritivamente, sendo, por conseguinte, vedado ao exegeta equiparar a cessão fiduciária de recebíveis à alienação fiduciária em garantia de coisas móveis;

(2º) se o legislador quisesse equiparar a cessão fiduciária de créditos à propriedade fiduciária de bens móveis o teria feito de forma expressa, tal qual no art. 66-B, § 3º, da Lei nº 4.728, de 1.965, incluído pela Lei nº 10.931, de 2.004;

(3º) créditos garantidos por direitos creditórios submetem-se ao § 5º, do art. 49, da LRFE, que trata de garantia fiduciária, e não ao § 3º, que regula o crédito do titular da posição de proprietário fiduciário de bens móveis;

(4º) eventuais pagamentos ao fiduciário redundam, em última análise, em violação do princípio da igualdade entre os credores e a inversão dos critérios de preferência eleitos pelo legislador e

(5º) a exclusão dos recebíveis da recuperação judicial atenta contra o princípio da preservação da empresa, que inspira o art. 47 da LRFE[10], e busca proteger a atividade empresarial.

A Terceira e Quarta Turmas do Superior Tribunal de Justiça têm decidido, embora, às vezes, por maioria de votos, que a antecipação de recebíveis, por possuir natureza jurídica de propriedade fiduciária, não se sujeita aos efeitos da recuperação judicial da fiduciante.

Eis os principais fundamentos em que se escudam os ministros com votos vencedores:

10 "Art. 47 – A recuperação judicial tem por objetivo viabilizar a superação da situação de crise econômico-financeira do devedor, a fim de permitir a manutenção da fonte produtora, do emprego dos trabalhadores e dos interesses dos credores, promovendo, assim, a preservação da empresa, sua função social e o estímulo à atividade econômica."

(1º) os arts. 49, § 3º, da LRFE c/c. 82 e 83 do Código Civil (CC) deixam claro que os bens móveis são, para todos os efeitos legais, "os direitos pessoais de caráter patrimonial e respectivas ações", *ex vi* do art. 83 do CC, inclusive os bens incorpóreos, como os recebíveis;

(2º) o art. 49, § 3º, da LRFE, ao mencionar o gênero – bens móveis – não haveria porque especificar suas categorias arroladas nos arts. 82 e 83 do CC, assim como não se fez necessário discriminar o sentido legal de bens imóveis (CC, arts. 79 a 81);

(3º) o fato de o art. 49, § 3º, da LRFE utilizar a palavra coisa (bens corpóreos) em nada diminui a garantia outorgada por lei aos titulares de cessão fiduciária de bens incorpóreos, tal qual os créditos, e,

(4º) o direito positivo brasileiro só admitia a propriedade fiduciária para fins de garantia de bens móveis infungíveis (CC, art. 1.361), situação que foi profundamente alterada pelo art. 66-B da Lei nº 4.728, de 1.965, com a redação da Lei nº 10.931, de 2.004, para passar a abranger, *ex vi* do art. 49, § 3º, a "alienação fiduciária de coisa fungível e a cessão fiduciária de direito sobre coisas móveis, bem como de títulos de crédito".

3. O dissídio jurisprudencial no TJSP sobre a antecipação de recebíveis não performados

Criteriosa pesquisa sobre a antecipação de recebíveis não performados, realizada por Teixeira Fortes Advogados, concluiu que há um gravíssimo dissenso sobre essa matéria no Tribunal de Justiça de São Paulo.

A propósito do minudente trabalho, João Paulo Ribeiro Cucatto escreve: "(...) foram analisadas 30 decisões proferidas entre os anos de 2.014 e 2.022 a respeito deste assunto, e se observou que as 1ª e 2ª Câmaras Reservadas de Direito Empresarial do TJSP (responsáveis por julgar recursos em recuperação judicial) mantém um placar bastante apertado:"

> "Neste universo de decisões analisadas, em 16 ocasiões, decidiu-se que estes créditos não estão sujeitos ao processo de recuperação, enquanto em 14 adotou-se conclusão no sentido contrário, para sujeitar os créditos ao plano de reestruturação econômico-financeira do devedor."
>
> "Mesmo dentro das próprias Câmaras Reservadas de Direito Empresarial não existe consenso. A pesquisa constatou que, no caso

> da 1ª Câmara, cerca de 65% das decisões excluem o crédito do processo recuperacional. Na 2ª Câmara, este cenário foi observado em aproximadamente 38% das decisões. Consideradas todas as decisões avaliadas, também se verificou que 26% não são unânimes." [11]

Dentre os julgamentos, destaca-se o da c. Segunda Câmara Reservada de Direito Empresarial, no Ag.Inst. nº 2193987-06.2019.8.26.0000, Rel. Des. Grava Brazil, reg. 23/06/2.020, cuja ementa do v. acórdão resume a controvérsia: "Cessão fiduciária em garantia de créditos futuros - Créditos performados (constituídos) até a data de ajuizamento do pedido de recuperação judicial, que são de titularidade do credor fiduciário e podem, ante o inadimplemento da obrigação principal, ter seu produto por ele apropriado - Créditos não performados (não constituídos) na data do ajuizamento do pedido de recuperação judicial, em relação aos quais a garantia é ineficaz - Propriedade fiduciária não constituída na data de ajuizamento do pedido de recuperacional, não se podendo constituir posteriormente, ante o que dispõe o art. 49, caput, da lei 11.101/05 - À luz do que dispõe o art. 49, § 3°, do mesmo diploma legal, a existência da propriedade fiduciária deve ser aferida na data do pedido de recuperação - Retenções relativas aos créditos a performar, ou seja, aos recebíveis constituídos posteriormente à distribuição da recuperação que devem ser integralmente liberados à devedora - Precedentes desta C. 2ª Câmara Reservada de Direito Empresarial - Decisão agravada reformada em parte. Recurso provido em parte, com observação e aplicação de multa por litigância de má-fé."

Em seu voto, após transcrever partes de v. acórdãos do c. STJ, o e. Relator ressalta: "É necessário, contudo, distinguir que uma coisa é a garantia constituída com base em créditos futuros, no momento da celebração do contrato, que venham a performar até o momento do pedido recuperacional, daqueles não performados, que dizem com ou que sejam oriundos de negócios – compra e venda ou prestação de serviços – ainda não realizados ou que somente serão realizados após o pedido de recuperação judicial."

---

11 Disp. em https://www.fortes.adv.br/2023/03/13/tratamento-da-cessao-fiduciaria-de-recebiveis-a-performar-e-a-recuperacao-judicial-no-tjsp/. Ver também *"Trava Bancária" em Recuperação Judicial – Efetividade ou Flexibilização da Garantia das Instituições Financeiras na Contemporaneidade?*, Cláudia Ribeiro Pereira Nunes, disp. www.publicadireito.com.br

E enfatiza: "**Aqui reside o ponto fulcral do entendimento ora esposado,** distinguir, dentre os créditos futuros cedidos fiduciariamente em garantia, aqueles já performados (i.e., créditos já constituídos) na data do pedido de recuperação judicial, daqueles ainda não performados (i.e., ainda não constituídos). Essa distinção – que, s.m.j., não foi objeto de apreciação pelo C. STJ nos julgados cotejados - é de suma importância no caso em exame." (grifo do original)

E esclarece: "Com efeito, a cessão fiduciária de créditos futuros se sujeita ao regime jurídico análogo ao da compra e venda de coisa futura. Não existe propriedade sobre algo que ainda não existe. A propriedade somente se constitui a partir do momento em que seu objeto passa a existir."

A seguir, reporta-se a Francisco Sátiro de Souza Jr.: "(...) o *caput* do art. 49 da Lei 11.101/2.005 estabelece como marco para averiguação da classificação do crédito a data da distribuição do pedido de recuperação judicial. E no caso de cessão fiduciária de créditos futuros, se o bem dado em garantia (o crédito) ainda não existir nesse momento, a ineficácia da garantia deve ser reconhecida com a classificação do crédito como quirografário."[12]

E arremata: "Por fim, anote-se que essa distinção entre créditos performados e a performar, na data do pedido de recuperação judicial, sendo inoperante a garantia em relação aos segundos, já foi adotada por esta C. 2ª. Câmara, embora com outros fundamentos, mas com similar racional."

Com razão o e. Desembargador Grava Brazil, porquanto a matéria examinada, debatida e julgada pela c. 2ª Câmara Reservada de Direito Empresarial do TJSP (2ª. CRDE-TJSP) "não foi objeto de apreciação pelo C. STJ nos julgados cotejados", e, frise-se, a distinção entre créditos performados e não performados *apenas uma única vez* foi *objeto de decisão de mérito* no STJ[13].

12 *Recuperação judicial e a excepcionalidade dos créditos garantidos por cessão fiduciária de créditos futuros, in* Ricardo Lupion Garcia (Oreg), 10 anos da lei de falências e recuperação judicial de empresas: inovações, desafios e perspectivas, Porto Alegre, Ed. Fi, 2.016, pp. 171-178.

13 No Recurso Especial nº 1.797.196/SP (2.017/0238573-1), da Terceira Turma, Rel. Min. Marco Aurélio Bellizze, j. 09/04/2.019, DJe. 12/04/2.019, tal qual no AgInt nos EDcl no AgInt no REsp nº 1.816.967/PR (2.019/0152954-5), j. 31/08/2.020,

4. Os recebíveis não performados nos julgamentos do STJ

A cessão fiduciária de direitos creditórios não performados foi objeto do Agravo de Instrumento em Recurso Especial nº 1.932.780-SP (2.021/0110156-7), distribuído à e. Terceira Turma, Rel. Min. Marco Aurélio Bellizze, j. 29/11/2.021, DJe. 02/12/2.021.

O Relatório diz: "Insistem (as Agravantes) na tese" – eis o "objeto" do Agravo – "de que os créditos a serem performados após o pedido de recuperação judicial diferem daqueles já performados naquele marco temporal. Na sua visão somente existem os performados até a data do pedido de recuperação judicial."

"(...) As Agravantes assim verberam (e-STJ, fl. 2.005): o que 'se quer demonstrar neste RECURSO, especialmente, é o fato de que É INSUBISISTENTE A GARANTIA REAL DE ALGO INEXISTENTE, já que os direitos creditórios sobre esta possível industrialização é FUTURO; INEXISTENTE; VIRTUAL e ALEATÓRIO' (e-STJ, fl. 2.032)." (grifo do original)

Destaca que as Agravantes "resumem a irresignação (e-STJ, fl. 2.012): 42. (...) os creditos cedidos fiduciariamente em garantia performados até a data do ajuizamento do pedido de recuperação judicial são propriedade do credor fiduciário, abarcados pelos § 3º, do art. 49. Em relação a estes, deve ser mantida a decisão agravada. 43. No que tange aos créditos não performados e, portanto, inexistentes até a data do ajuizamento do pedido de recuperação judicial, em relação aos quais inexiste propriedade fiduciária constituída naquela data, a cessão fiduciária anterior resta ineficaz."

Na fundamentação, o e. Relator reproduz excerto do v. acórdão da c. Terceira Turma no REsp. nº. 1.797.196/SP, de sua lavra, j. 09/04/2.019, DJe. 12/04/2.019: "5. Registre-se, inclusive, que a lei especial de regência (Lei nº 10.931/2.004, que disciplina a cédula de crédito bancário) é expressa em admitir que a cessão fiduciária em garantia da cédula de crédito bancário recaia sobre um crédito futuro (a

DJe. 08/09/2.020, Rel. Min. Marco Aurélio Bellizze, também da Terceira Turma, a questão de fundo era decidir se "o título de crédito (duplicatas virtuais) se encontraria devidamente descrito no instrumento contratual", assim como nos julgados pela e. Min. Nancy Andrighi.

performar), o que, per si, inviabiliza a especificação do correlato título (já que ainda não emitido)."

À unanimidade, foi negado provimento ao Agravo Interno, esclarecendo a ementa do v. acórdão: "Contrato de cessão fiduciária em garantia de recebíveis. Ausência de diferença entre créditos a serem performados após a decisão de processamento da recuperação judicial e aqueles já performados até aquele marco temporal (...) 3. É desinfluente, portanto, o momento em que é performado, se antes ou depois do processamento da recuperação. Julgados desta Corte nesse sentido."[14]

Em dois outros julgamentos – o do REsp. nº 1.797.196/SP (2.017/0238573-1), j. 09/04/2.019, DJe. 12/04/2.019, e o do AgInt nos EDcl no AgInt no REsp nº 1.816.967/PR (2.019/0152954-5), j. 31/08/2.020, DJe. 08/09/2.020, - ambos da Terceira Turma e ambos relatados pelo e. Min. Marco Aurélio Bellizze - os créditos não performados são empregados como *argumento* e *não* são examinados como *matéria de mérito*, consoante sê constata do voto do e. Relator no citado agravo interno: "(...) A controvérsia posta no presente recurso especial cinge-se a saber se é possível a exclusão do credor titular da posição fiduciária dos efeitos da recuperação judicial (...), (sustentando a Recorrente) "que a garantia não foi regularmente constituída, em razão da ausência de individualização dos creditos."[15] (grifo do original) (a Quarta Turma ainda não enfrentou a matéria).

Há, também, *duas decisões monocráticas* da e. Ministra Nancy Andrighi em que antecipação de recebíveis não performados é *mencionada*, porém a *questão de fundo* versava:

(a) no REsp. nº 1.934.153/SP (2.021/0116128-1), j. 05/08/2.021, DJe. 06/08/2.021, se "(...) a condição de proprietário é alcançada desde a contratação da garantia, de modo que, uma vez preenchidos os requisitos exigidos pelos arts. 66-B da Lei de Mercado de

14 Os julgados mencionados no v. acórdão *não* decidiram se os créditos não performados sofrem os efeitos da LFRE, mas se é indispensável que haja menção específica da cada título de crédito encaminhado ao credor-fiduciário, ou, como consta do v. acórdão da Quarta Turma no AgInt. no REsp. nº 1.492.454/PR, Rel. Min. Raul Araújo, j. 21/11/2.019, DJe. 19/12/2.019, que "os títulos de crédito sejam descritos e caracterizados na carta, relação, borderô ou arquivo(s) eletrônico(s)".

15 AgInt nos EDcl no AgInt no REsp 1.816.967/PR (2.019/0152954-5), j. 31/08/2.020, DJe. 08/09/2.020.

Capitais e 18 da Lei nº 9.514/97, opera-se a transferência plena da titularidade para o cessionário (...)";

(b) no AREsp. nº 2.320.092/SP (2.023/0073203-7), j. 05/06/2.023, DJe. 12/06/2.023, se é "dispensável a discriminação individualizada de todos os títulos representativos do crédito para perfectibilizar o negócio fiduciário (...)."

Apesar do resultado do julgamento do citado REsp. nº 1.932.780-SP, da relatoria do e. Ministro Marco Aurélio Bellizze, o c. TJSP tem, por vezes, contrariado a orientação do c. STJ, i.e., acórdãos (a) da 1ª. CRDE-TJSP no AI nº. 2295554-12.2.021.8.26.0000, j. em 16/08/2.022, e (b) da 2ª CRDE-TJSP: (b.i) no AI nº. 2191193-41.2.021.8.26.0000, j. em 01/06/2.022; (b.ii) no AI nº. 2137944-78.2.021.8.26.0000, j. em 01/06/2.022; (b.iii) no AI nº. 2005901-46.2.022.8.26.0000, j. em 14/06/2.022.

5. A revisão da LFRE

Não obstante persista a controvérsia na doutrina e se acumulem as divergências na jurisprudência dos tribunais de Justiça, a extensa revisão da LFRE (melhor teria sido reformá-la) não regulou a cessão fiduciária de direitos creditórios, espécie de cessão fiduciária de direitos sobre coisas/bens móveis e títulos de crédito e subespécie de negócio fiduciário.

6. Negócio fiduciário[16]

"Na teoria do negócio fiduciário", observa Judith H. Martins Costa, "tudo é discutível, sua admissibilidade e sua estrutura, as suas relações com os negócios indiretos, e os simulados, ou ainda a fraude, razão possuindo De Martini ao sublinhar a 'desordem conceitual' que, nessa matéria, é imperante, em razão do que se poderia chamar de 'poliedricidade da fidúcia'"[17].

---

16 Ver meus artigos *Cessão Fiduciária de Recebíveis*, pub. no jornal Valor Econômico em 24/02/2.010, e *Cessão Fiduciária de Recebíveis performados e a performar*, pub. no livro *10 anos de vigência da LRFE*, coord. Carlos Henrique Abrão, Nancy Andrighi e Sidney Beneti, Ed. Saraiva, 2.015, pp.71 e segs.

17 *Os negócios fiduciários - Considerações sobre a possibilidade de acolhimento do "trust" no Direito Brasileiro*, Revista dos Tribunais, vol. 657, p. 38.

7. Espécies e subespécie de negócio fiduciário

São espécies de negócio fiduciário[18]: (a) a alienação fiduciária em garantia de coisa fungível[19]; (b) a alienação fiduciária em garantia de bem imóvel[20]; (c) a propriedade fiduciária de coisa móvel infungível[21]; (d) a alienação fiduciária em garantia de bem imóvel[22]; (e) a cessão fiduciária de direitos decorrentes de alienação de unidades habitacionais[23]; (f) a cessão fiduciária de direitos decorrentes de contratos de alienação de imóveis[24] e (g) a cessão fiduciária de direitos sobre coisas/bens móveis e títulos de crédito[25].

---

18 "A alienação fiduciária é efetivamente uma espécie do gênero negócio fiduciário, guardando os traços comuns deste. O devedor aliena a coisa sob a condição suspensiva de retorno *ipso jure* do domínio, mediante o pagamento da dívida assim garantida. E o credor investe-se temporariamente no domínio da coisa alienada em garantia fiduciária, sob condição resolutiva." (Paulo Restiffe Neto e Paulo Sérgio Restiffe. *Garantia Fiduciária: direito e ações: manual teórico e prático com jurisprudência*, RTs, 2.000, 3: ed rev. atual. e ampl, p.313). "A *alienação fiduciária em garantia*, introduzida no direito brasileiro pela Lei de Mercado de Capitais" (lei n. 4.728/65, art. 66, com a redação dada pelo Dec.Lei n. 911/69), é espécie do gênero/negócio fiduciário." (Fábio Ulhoa Coelho, *Curso de Direito Comercial*. Saraiva, 2.000, vol. 3, p. 137). "Em absoluto rigor técnico, são espécies de negócio fiduciário a alienação fiduciária em garantia, a cessão fiduciária em garantia e o negócio fiduciário de administração e são sub-espécies as discriminadas no texto: a alienação fiduciária tem por objeto coisas móveis, coisas fungíveis e imóveis e a cessão fiduciária de direitos de diferentes naturezas, inclusive a cessão fiduciária para fins societários." (Melhin N. Chalhub, *Negócio Fiduciário*. Renovar, 2.000, p. 63/4). Em sentido contrário, José Carlos Moreira Alves: "Em conclusão, verifica-se que a alienação fiduciária em garantia, negócio jurídico típico que é, não se enquadra entre os negócios fiduciários propriamente ditos, diferenciando-se, também, dos negócios fiduciários do tipo germânico; e, ainda, que apresente semelhanças com o *trust receipt* e vários pontos de contato com o *chattel mortgage*, é instituto próprio do direito brasileiro, em cujo sistema - do qual, à primeira vista, parece aberrar - se ajusta dogmaticamente, já prestando amplo benefício como instrumento jurídico adequado à segurança do crédito". (*Da Alienação Fiduciária em garantia*, Forense, 1.987, 3ª ed., p. 46 e 137).

19 Art. 66-B, § 3º, da Lei nº 4.728, de 1.965, incluído pela Lei nº 10.931, de 2.004.

20 Art. 17, IV, da Lei nº 9.514, de 1.997, que visa facilitar o financiamento imobiliário.

21 Art. 1.361 do Código Civil.

22 Art. 17, IV, da Lei nº 9.514, de 1.997, que visa facilitar o financiamento imobiliário.

23 Art. 22 da Lei nº 4.864, de 1.965, que se destina a estimular a construção civil.

24 Art. 17, II, da Lei nº 9.514, de 1.997.

25 Art. 66-B, § 3º, da Lei nº 4.728, de 1.965, incluído pela Lei nº 10.931, de 2.004.

É subespécie de negócio fiduciário e espécie de cessão fiduciária de direitos sobre coisas/bens móveis e títulos de crédito[26] a cessão fiduciária de direitos creditórios.

8. Noção de antecipação de recebíveis [27]

Antecipação de recebíveis é a transmissão voluntária[28] da propriedade fiduciária[29] de recebíveis performados e não performados[30] da fiduciante para o fiduciário, sob condição resolutiva[31] e em caráter

26 A Quarta Turma, no REsp. nº 1.263.500/ES, Rel. Min. Maria Isabel Gallotti, j. 05/02/2.013, DJe. 12/04/2.013, Informativo de Jurisprudência nº 514, de 20/03/2.013, decidiu que não se submetem aos efeitos da recuperação judicial "a cessão fiduciária de direitos sobre coisas móveis e títulos de crédito". Sobre o tema, recomenda-se a leitura da ótima dissertação de mestrado de Cláudia Patrícia Borges Azevedo, sob a orientação do Prof. Dr. Newton De Lucca, *Cessão Fiduciária de Direitos sobre Coisas Móveis no Âmbito do Mercado Financeiro e de Capitais*, disp. www.bndes.gov.br.

27 A cessão fiduciária é uma cláusula especial do contrato de empréstimo ou de financiamento, denominada "pacto adjeto", ou pacto acessório", que pode ser acordada em uma cláusula do contrato principal ou em documento apartado, conforme leciona Orlando Gomes, in Contratos, Forense, 2.009, 3ª. ed., p. 305, e que visa resguardar o fiduciário de eventual inadimplemento da fiduciante da obrigação de quitá-lo.

28 "Assim, num caso típico de negócio fiduciário, a transferência da propriedade para fins de garantia, a transmissão de propriedade é efetivamente desejada pelas partes, não, porém, para o fim de troca, mas para um fim de garantia" (Tullio Ascarelli, *Problemas das Sociedades Anônimas e Direito Comparado,* Saraiva, 1.945, p. 106).

29 Cláudia Patrícia Borges de Azevedo, na mencionada dissertação, com supedâneo em lição de José Carlos Moreira Alves, esclarece a "diferença entre alienação fiduciária e propriedade fiduciária: alienação fiduciária em garantia é, tão somente, o contrato que serve de título à constituição da propriedade fiduciária, que – esta, sim – é a garantia real criada, em nosso direito, pelo art. 66 da Lei nº 4.728, modificado, posteriormente, pelo Decreto-Lei nº 911." (p. 85)

30 *Diferenças entre recebível performado, não performado e fluxo futuro, in* SINFAC-SP – Sindicato das Sociedades de Fomento Mercantil e Factoring do Estado de São Paulo, disp. www.sinfacsp.com.br

31 "O fiduciário é titular de um direito sob condição resolutiva; em face da transferência em garantia, é dono dos bens transferidos de modo restrito e resolúvel. A extinção desse direito de propriedade está prevista no próprio título constitutivo. É um negócio jurídico (por conseguinte, contrato fundado em relação obrigacional) que constitui um direito real de garantia condicional. A condição resolutiva, na hipótese, é adimplemento da obrigação assumida. Emerge daí sua característica essencial, que a define." (Luiz Edson Fachin, *Comentários ao Código Civil,* Saraiva, 2.003, Vol. 15. p. 340).

temporário e limitado,[32] oriundos de negócios jurídicos ou de contratos de prestação de serviços.

9. Pluralidade de negócios jurídicos

Apregoa-se que a tipologia contratual, criada, ordenada e desenvolvida pelo direito romano, permanece quase inalterada, não obstante o direito *precise* e *deva* evoluir, para satisfazer os anseios e as necessidades do cotidiano do homem.

O ordenamento jurídico, muitas vezes, nem através de contratos típicos, nem atípicos, atende aos propósitos das partes, o que as obriga a realizarem avenças múltiplas, a entrelaçarem pactos nominados e inominados, o que enseja uma "pluralidade de negócios jurídicos ou de contratos"[33].

Esses negócios jurídicos, típicos e atípicos, nominados e inominados, vinculados por uma causa comum e dirigidos a uma única finalidade, são estudados pela doutrina pátria e alienígena quando trata da classificação do negócio jurídico pelo critério de sua composição estrutural.

O negócio jurídico, classificado pelo critério de sua composição estrutural, pode ser simples, complexo e coligado: o negócio jurídico considera-se (a) simples quando deriva de um ato unitário, de um ato único, a despeito da pluralidade de partes; (b) complexo quando vários contratos são acessórios, subordinados, dependentes de outros[34], e (c)

---

32 Melhin N. Chalhub, em seu excelente livro *Negócio Fiduciário*, ao tratar da definição da cessão fiduciária de direitos creditórios imobiliários, leciona: "Por esse contrato, o tomador de um financiamento transfere seus direitos de crédito à instituição financiadora, que os adquire, como cessionária fiduciária. Essa transferência de titularidade não se faz em caráter pleno e definitivo, mas, tendo escopo de garantia, tem caráter limitado quanto ao conteúdo dos direitos transmitidos ao titular e, também, caráter temporário – serve a cessão somente para que o cessionário-fiduciário receba recursos para satisfazer seu crédito e perdura somente enquanto perdurar esse crédito." (Ob. cit., p. 323).

33 Arnoldo Wald, *Estudos e pareceres de direito comercial*, 1.979, p. 192.

34 Ao lecionar sobre "contratos conexos e grupos de contratos", Arnoldo Wald ensina: "A conexidade do plano contratual corresponde à acessão nas relações entre os bens. Do mesmo modo que certos bens são acessórios em relação a outros, determinados contratos são dependentes, subordinados ou conexos com outros. A conexão surge entre dois contratos independentes ou entre um contrato principal e outro acessório. (...) Deste modo, há conexão entre o contrato de locação (principal) e contrato de fiança (acessório), ou numa venda de

coligados quando há dois ou mais negócios conexos, todos destinados à obtenção do mesmo resultado.

Orlando Gomes, ao escrever sobre os negócios coligados, calcado em Betti, pontifica: "Conforme se constituam por ato único ou resultem da fusão de vários atos sem eficácia independente, os negócios jurídicos são simples ou complexos. (...) se a cada declaração se seguem, como próprias e independentes, os efeitos jurídicos correspondentes à sua finalidade, têm-se vários negócios coligados. (...) dois negócios coligados conservam a fisionomia própria, produzem seus efeitos específicos, embora, entre eles, exista nexo que os une substancialmente." [35]

Após distinguir o negócio fiduciário dos negócios simulado e indireto e realçar que naquele há, a um só tempo, um *negócio translativo* (transferência do domínio em caráter precário e resolúvel) e um *negócio obrigacional* (a obrigação do fiduciário de restituir a coisa à fiduciante), Orlando Gomes declara que, no negócio fiduciário, "podem ser objeto da transmissão tanto a propriedade como os direitos de crédito."[36]

Na antecipação de recebíveis, há uma pluralidade de negócios jurídicos, por exemplo: a compra e venda de coisas móveis, a abertura de crédito ou o mútuo feneratício e a antecipação de recebíveis, sendo diferentes, em cada um deles, o *objeto da obrigação* e o *objeto da prestação*.

imóvel na planta, em que as partes distinguiram a venda da quota do terreno e a construção de benfeitorias, entre os contratos de venda do solo e de empreitada (em relação ao apartamento ou casa a ser construída)", *in* Arnoldo Wald, *Direito civil: direito das obrigações e teoria geral dos contratos*, Saraiva, 2.011, 2ª ed., p. 291.

35 *Introdução ao direito civil*, Forense, 1.971, 3ª ed., pp. 342/343, nºs. 268/269.

36 Ob. cit., p. 322/325.

10. Objeto da obrigação e objeto da prestação no contrato de compra e venda e no de prestação de serviços [37]

O objeto da obrigação é a prestação, o ato humano, a ação positiva,[38] v.g., na compra e venda, o vendedor entrega coisa certa ou incerta, específica ou genérica,[39] ao comprador; na prestação de serviços, a realização de um serviço[40], v.g., o prestador do serviço conclui a obra e a entrega ao cliente.

O objeto da prestação é o bem que deve ser entregue - a coisa que se transfere -, ou o serviço a ser prestado - o trabalho que o devedor se comprometeu a realizar.

É a doutrina dos consagrados mestres Pontes de Miranda, Orlando Gomes Caio Mário da Silva Pereira e Roberto de Ruggiero.

Em seu inigualável *"Tratado de Direito Privado"*, ao discorrer sobre o "Objeto da Prestação", Pontes de Miranda elucida: "... objeto da prestação é o ato no que há de satisfazer (o dar *isso* ou *aquilo*, o fazer *isso* ou *aquilo,* o não fazer *isso* ou *aquilo).* (...) "Então se percebe que, ainda nas obrigações de dar coisas corpóreas, como o prédio, o livro, ou o relógio, o objeto não é propriamente o prédio, o livro, ou o relógio, mas a *dação* do prédio, do livro, ou do relógio." [41] (grifo do original)

Orlando Gomes, ao lecionar sobre a "estrutura da obrigação", adverte: "Para dissipar dúvidas, deve-se distinguir, na relação (obrigacional),

37 Pontes de Miranda, *in Tratado de Direito Privado, Parte Especial, Tomo XXII, Capítulo I*, RT, 1.984, p. 41: "No art. 1.174 do Código Civil italiano, diz-se que a *prestação* que é *objeto da obrigação* deve ser suscetível de valoração econômica." (grifo do autor)

38 "A prestação, em última análise, é um ato ou uma abstenção a que fica adstrito o devedor em benefício do credor. A prestação, portanto, pode ser positiva ou negativa, aquela consistente em ação e esta em omissão. Essencial é que a prestação seja lícita, possível, útil ao credor, determinada ou determinável e econômica, isto é, avaliável em dinheiro." (J.M. Carvalho Santos, *Código Civil Brasileiro Interpretado*, Freitas Bastos, 1.961, vol. VI, p.11).

39 "Na obrigação de dar, compromete-se o devedor a entregar alguma coisa, que pode ser, todavia, certa ou incerta, específica ou genérica". (Washington de Barros Monteiro, *Curso de Direito Civil, Direito das Obrigações, 1ª. Parte*, Saraiva, 20ª. ed., p 55).

40 "Nas obrigações de fazer, a prestação consiste num ato do devedor, ou num serviço deste. Qualquer forma de atividade humana, lícita e possível, pode constituir objeto da obrigação." (Washington de Barros Monteiro, ob. e vol. cits., p. 86).

41 Ob. cit., *Tomo XXII, Capítulo IV*, RT, 1.984, p. 43/44.

o *objeto imediato* do *objeto mediato*, ou, por outras palavras, o *objeto da obrigação* do *objeto da prestação*." (grifo do original)

E prossegue: "O objeto *imediato* da obrigação é a prestação, a atividade do devedor destinada a satisfazer o interesse do credor. Objeto *mediato*, o bem ou o serviço a ser prestado, a coisa que se dá ou o ato que se pratica. O objeto da obrigação específica de um comodatário é o ato de restituição da coisa ao comodante. O objeto dessa prestação é a coisa emprestada, seja um livro, uma joia, ou um relógio. Costuma-se confundir o objeto da obrigação com o objeto da prestação ... Tecnicamente são coisas distintas."[42] (grifo do original)

Por último, categoricamente afirma: "A ação, ou a omissão, do devedor chama-se *prestação*, que é, com efeito, o *objeto da obrigação*."[43] (grifo do original)

Caio Mário da Silva Pereira ensina: "Toda obrigação há de ter um objeto, que é a prestação do devedor. Não é de confundir-se o objeto da obrigação com a coisa em que a prestação se especializa, e seria errôneo dizer que o objeto da obrigação decorrente de um título cambial seria o dinheiro expresso no mesmo."[44]

Roberto de Ruggiero, em suas "Instituições de Direito Civil", parágrafo 92, que tem por título "Objeto das obrigações: a prestação", doutrina: "(...) qualquer forma de atividade humana pode constituir objeto da obrigação. Esta não tem, porém, como objeto, como muitos dizem e às vezes mesmo o próprio legislador, a coisa a que a prestação se refere, mas a própria prestação, isto é, um ato positivo ou negativo do devedor, que, como *dar* ou *fazer*, pode ter por seu turno como objeto a próprio coisa."[45] (grifo do original)

11. Objeto da obrigação e objeto da prestação na antecipação de recebíveis

Na antecipação de recebíveis, o *objeto da obrigação* é a prestação, o ato, a ação positiva do devedor de ceder recebíveis de determinado

42 Obrigações, Forense, 16ª. ed., p. 21

43 Ob. cit., p. 23.

44 *Instituições de Direito Civil, Teoria Geral das Obrigações*, Forense, 21ª. ed., vol. II, p. 21.

45 Saraiva, vol. III, 1.973, p. 22.

valor, discriminados, ou não, no respectivo contrato, ou em documento apartado, ou em lançamento eletrônico.

O *objeto da prestação* são os direitos creditórios[46] (bens incorpóreos[47]) e os títulos de crédito[48], "originários de operações realizadas em qualquer segmento econômico"[49].

Por isso e muito mais, assiste razão ao e. Min. Marco Aurélio Bellizze, da Terceira Turma do STJ, no julgamento do REsp. nº 1.797.196 (2.017/0238573-1), j. 09/04/2.019, DJe. 12/04/2.019, quando, em seu primoroso voto, distinguiu o objeto da antecipação de recebíveis e o título, que o representa: "O objeto da cessão fiduciária é o crédito propriamente dito (...) e não o título que o representa; a garantia da cédula de crédito bancário, por expressa disposição legal, pode ser constituída por crédito futuro (a performar)". [50]

"Saliente-se, a título de exemplo, ser dado ao empresário ceder, em garantia fiduciária a um empréstimo bancário por ele tomado, os créditos advindos de uma futura venda comercial a ser realizada com um de seus clientes (corporificada em uma duplicata), os quais ingressarão, a esse título (em garantia fiduciária), na conta vinculada do banco fiduciário."

"Veja-se, assim, que "os recebíveis", objeto da cessão fiduciária, devidamente especificados no contrato, podem se referir a créditos já constituídos (performados) ou a créditos futuros (a performar), na medida em que o negócio jurídico, para sua validade, deve ostentar objeto lícito, possível e determinado ou passível de determinação, nos termos do art. 100, II, do Código Civil."

---

46 Entende-se por direitos creditórios segundo a ICVM nº 356/2.0001: "Art. 2º Para efeito do disposto nesta instrução, considera-se: I – direitos creditórios: os direitos e títulos representativos de crédito, originários de operações realizadas nos segmentos financeiro, comercial, industrial, imobiliário, de hipotecas, de arrendamento mercantil e de prestação de serviços, e os warrants, contratos e títulos referidos no § 8º do art. 40, desta Instrução."

47 Lei de Mercado de Capitais, art. 66-B c/c Código Civil, art. 83, III.

48 Lei de Mercado de Capitais, art. 66-B, c/c Código Civil, art. 83, III.

49 Art. 2º, IV, da Resolução CVM nº 60/2.021.

50 J. 09/04/2.019, DJe. 12/04/2.019.

12. Recebíveis performados

Entende-se por recebíveis performados os "direitos e títulos representativos de crédito, originários de operações realizadas em qualquer segmento econômico" (cf. art. 2º, IV, da RCVM nº 60/2.021), cujo objeto foi entregue ou o serviço foi prestado.

O art. 7º, § 2º, do Anexo Normativo II, da RCVM nº. 60/2.001, ao tratar da emissão de CRAs, reza: "Por créditos performados, (...) entende-se aqueles em que o produto objeto da compra e venda já tenha sido entregue ou em que a prestação de serviço já tenha ocorrido".

O art. 4º, par. único, I, do Anexo Normativo I, da citada RCVM nº. 60/2.001, ao dispor sobre a emissão de CRIs, esclarece que performados são os créditos que não dependem da ocorrência de qualquer fato futuro.

Eis um exemplo corriqueiro de antecipação de recebíveis performados: na compra e venda mercantil realizada com uma empresa varejista, o cliente escolhe o produto, dirige-se ao caixa, paga o preço à vista ou parcelado e, entregue o produto, sai com ele; se o pagamento tiver sido através de cartão de crédito para liquidação em parcelas, a varejista pode negociar os carnês/parcelas/faturas do cartão de crédito, *rectius*, os recebíveis performados e antecipar o recebimento.

13. Recebíveis não performados

Entende-se por recebíveis não performados os créditos decorrentes de negócio jurídico cujo bem, objeto do contrato, não foi entregue, ou cujo serviço não foi prestado.

No plano legislativo, há, pelo menos, duas leis - Leis nºs. 10.931/2.004 e 8.987/1.995, atualizada pela Lei nº. 11.196/2.005 -, e no plano administrativo, duas instruções da CVM - ICVM nº 356/2.001 e ICVM nº 444/2.006 -, que se referem a "créditos não performados", a "créditos futuros", "créditos a performar".

Confira-se.

Ao regular a emissão de cédula de crédito bancário e discriminar os bens que podem servir de garantia da operação, a Lei no. 10.931/2.004, no art. 31, elenca, entre os bens patrimoniais, os bens presentes e *futuros*: "A garantia da Cédula de Crédito Bancário poderá ser fidejussória ou real, neste último caso constituída por bem patrimonial de qualquer espécie, disponível e alienável, móvel ou imóvel, material ou imaterial, presente ou futuro, fungível ou infungível, consumível ou não, cuja titularidade pertença ao próprio emitente ou a terceiro garantidor da obrigação principal."

A Lei Geral das Concessões de Serviços Públicos (Lei nº 8.987/1.995, art. 28-A, incluído pela Lei 11.196/2.005), ao referir-se a créditos operacionais *futuros*, estabelece: "Para garantir contratos de mútuo de longo prazo, destinados a investimentos relacionados a contratos de concessão, em qualquer de suas modalidades, as concessionárias poderão ceder ao mutuante, em caráter fiduciário, parcela de seus créditos operacionais futuros (...)"; III - os créditos futuros cedidos nos termos deste artigo serão constituídos sob a titularidade do mutuante, independentemente de qualquer formalidade adicional."

A ICMV nº 356/2.001, que "dispõe sobre o funcionamento de Fundos de Investimento em Direitos Creditórios Padronizados (FIDC)", diz: "Art. 40º, § 8º. As aplicações do fundo em warrants e em contratos mercantis de compra e venda de produtos, mercadorias e/ou serviços para entrega ou prestação futura (...)."

A ICMV nº 444/2.006, que "dispõe sobre o funcionamento de Fundos de Investimento em Direitos Creditórios Não-Padronizados (FIDC-NP)", esclarece: Art. 1º, § 1º: "Para efeito do disposto nesta Instrução, considera-se Não-Padronizado o FIDC cuja política de investimento permita a realização de aplicações, em quaisquer percentuais de seu patrimônio líquido, em direitos creditórios: VI – de existência futura e montante desconhecido, desde que emergentes de relações já constituídas."

Essas instruções serão revogadas em 02/10/2.023, ao entrar em vigor a RCVM nº 175/2.022, que também prevê a validade e eficácia de "direitos creditórios (recebíveis) não performados", originários de "contratos mercantis de compra e venda de produtos, mercadorias e serviços para entrega ou prestação futura".

O art. 2º, do Anexo Normativo II, da RCVM nº 60/2.001, dispõe: "Para os fins deste Anexo Normativo, entende-se por (...) XVII – lastro dos direitos creditórios: documentação necessária para o exercício das prerrogativas decorrentes da titularidade dos ativos, e capaz de comprovar a origem, a existência e a exigibilidade do direito creditório, sem prejuízo das hipóteses de aquisição de direitos creditórios não-performados".

O art. 13 estabelece: "A distribuição de cotas junto ao público em geral requer o cumprimento, cumulativo, dos seguintes requisitos: IV – a política de investimento não admita a aplicação em: a) direitos creditorios que sejam originados por contratos mercantis de compra e venda de produtos, mercadorias e serviços para entrega ou prestação futura."

Eis um marcante exemplo de antecipação de recebíveis não performados, *extraído da prática bancária*: um *pool* de 15 (quinze) bancos e a Câmara de Comercialização de Energia Elétrica (CCEE) celebraram um "contrato de abertura de linha de crédito" não rotativo e não renovável com a finalidade de enfrentar "os impactos financeiros no setor elétrico decorrentes da situação de escassez hídrica" no valor de mais de R$ 5.5 bilhões (cinco bilhões e quinhentos milhões de reais), obrigando-se a devedora a "emitir eletronicamente cédula(s) de crédito bancário equivalente ao Valor da Linha de Crédito", lastreada em diversas garantias (cl. XIII. Garantias) com destaque para a "cessão fiduciária dos direitos creditórios *futuros* da CCEE, representados pelos Boletos Operação a *serem* emitidos ..." (cl.13.1. (d)) (grifo do original).

Eis outros casos marcantes de antecipação de recebíveis não performados, ou futuros: em operações de antecipação de recebíveis, a Companhia Brasiliana de Energia deu em garantia "direitos creditórios sobre fluxo de dividendos e de juros de capital próprio"; a Ecorodovias Concessões e Serviços também cedeu "direitos provenientes de dividendos no contexto de sua emissão de debêntures"; a TPI - Triunfo Participações e Investimentos S.A. cedeu em garantia "direitos provenientes de eventual indenização do poder concedente nos contratos de concessão (...) de dividendos, juros de capital próprio e quaisquer distribuições declaradas ou pagas e (...) da totalidade dos direitos creditórios atuais e futuros provenientes de recebíveis (...)."[51]

14. Vantagens econômicas e competitivas da antecipação de recebíveis

Toda e qualquer operação industrial, comercial, financeira, imobiliária, hipotecária, arrendamento mercantil, agrícola, de prestação onerosa de serviços etc. - para pagamento a prazo - gera *créditos, direitos creditórios, recebíveis*, negociáveis no sistema de organização da produção, distribuição e consumo, através de uma instituição financeira e não financeira.

51 Cf. Rafael Arsie Contin, *A cessão fiduciária do direito do acionista aos dividendos no direito privado brasileiro*, dissertação de mestrado, notas 21 a 23, disp. www.teses.usp.br

Esses créditos, enquanto permanecerem contabilizados no ativo circulante ou não circulante da empresa – contas a receber -, somente servem para melhorar o seu *rating* e facilitar a pactuação de contratos com fornecedores de bens, serviços, empréstimos e financiamentos.

Isso, contudo, não basta.

Não basta que o balanço e as demonstrações financeiras tornem pública a existência de direitos creditórios, que poderão vir a ser convertidos - no *futuro* - em dinheiro.

Não basta possuir ativos realizáveis no congelador: para quem quer, antes de tudo, manter-se *viva* e, depois e sempre, expandir-se, é necessário transformar créditos atuais ou futuros em ativos líquidos, em ativos disponíveis - em dinheiro novo e rápido e barato e constante -, que serão depositados em uma conta corrente de livre movimentação ou em uma conta vinculada, ou *scrow account.*

Um dos instrumentos mais simples e eficazes para tornar líquido o ativo representado por créditos é a antecipação de recebíveis, porque ela gera vantagens econômicas e vantagens competitivas para quem dela se vale.

São vantagens econômicas: os recebíveis permitem que as pequenas, médias e grandes empresas (a) os convertam em recursos financeiros líquidos com rapidez (sem a tirania do aparelho burocrático), por vezes sem garantias (pessoais ou reais, do devedor ou de terceiros, dependo do seu risco de crédito) e a custos reduzidos (menores taxas de juros e despesas); (b) estruturem o caixa, dinamizem o capital de giro e melhorem os indicadores de liquidez; (c) se tornem mais eficientes e prósperas etc.

E vantagens competitivas: com dinheiro em conta corrente e aplicações financeiras disponíveis, as empresas têm possibilidade de (a) negociar, com êxito, condições diferenciadas com fornecedores de bens e serviços e instituições bancárias e não financeiras; (b) rivalizar com as concorrentes; (c) enfrentar a ameaça de produtos substitutos; (d) vender bens ou prestar serviços a custos menores; (e) produzir e/ou vender produtos diferenciados etc.

15. Fato incontestável: a antecipação de recebíveis futuros contribui decisivamente para o sucesso das pequenas, médias e grandes empresas

Eis alguns exemplos de operações creditícias com lastro em recebíveis não performados, realizadas diariamente, realizadas milhares de vezes, realizadas em todos os cantos do país: (a) compra de um automóvel a fabricar para pagamento a prazo: escolhida a marca, o modelo, o ano de fabricação, a cor etc., e acordado o preço, o comprador irá receber não o automóvel que ele viu no prospecto, não determinado automóvel, em que se conhece a especificação dos números do motor e do chassis, porém um com as características que constavam do prospecto e do recibo de sinal, para formalizar a compra; (b) compra de um imóvel na planta, ou sequer na planta, cuja identificação da unidade se limita ao local, ao andar e ao número; (c) compra de uma lancha, para ser entregue dentro de determinado prazo, que é identificada exclusivamente pelo nome do fabricante e o modelo.

E mais: (a) compra (i) de um bem negociado pela internet em uma plataforma de compras – portanto, para entrega futura, muitas vezes sem data certa para chegar ao destino -, (ii) de qualquer bem que não foi produzido, ou ainda está em produção, ou em uma aquisição através de uma ordem de compra, em que são especificadas a espécie, a quantidade e qualidade do bem, além de outros dados (v.g., nome e qualificação do comprador, data da compra, valor da venda, condições de pagamento, prazo de entrega etc.); (b) prestação de serviços em data futura previamente aprazada, cujos pagamentos das parcelas são realizados em etapas de acordo com o cronograma das obras etc.

O *project finance* é o paradigma da antecipação de recebíveis não performados.

O *project finance* é um tipo de financiamento destinado a empreendimentos de grande porte, *v.g.*, obras e construções de infraestrutura de energia elétrica, saneamento, energia, transportes (Eurotúnel); construção e ampliação de portos, aeroportos e rodovias etc.

O pagamento da dívida começa a partir da fase operacional, é realizado a longo prazo por meio dos fluxos de caixa futuros do próprio projeto e se caracteriza pela transferência do risco de crédito para uma SPE e pela redução do nível de endividamento da empreendedora.

Essa e todas as incontáveis hipóteses de antecipação de recebíveis, - que beneficiam, direta e indiretamente, empresas, empregados, prestadores de serviços, credores, consumidores, municípios, estados e a União Federal, a coletividade -, deveriam induzir/estimular/compelir a elaboração, discussão, votação, promulgação, sanção e publicação de lei sobre essa matéria de sumo interesse econômico e social em regime de urgência urgentíssima.

À míngua de norma legal clara e precisa que preveja a inclusão ou a exclusão da antecipação de recebíveis no processo de recuperação judicial da cedente-fiduciante, os tribunais de Justiça e o e. STJ continuarão a ser chamados, dia após dia, ininterruptamente, a decidir este *caso difícil*[52], *este caso controvertido*[53], *este direito controvertido.*[54]

16. *Casos difíceis: direito incompleto,* ou *lacuna da lei,* e *obscuridade da lei*

Richard A. Posner, ao discorrer sobre a interpretação das leis, assevera: "(...) os juízes norte-americanos veem-se frequentemente na posição do comandante do pelotão de meu exemplo. Os comandos do poder legislativo são pouco claros, e os juízes não podem pedir aos legisladores que os esclareçam."[55] (...) "não é incomum que as leis escritas contenham erros tipográficos ou lógicos inexplicáveis. A redação das leis é frequentemente um processo apressado e pouco cuidadoso"[56], ministrando dois exemplos "para mostrar a profundidade do problema da interpretação das leis indeterminadas."[57]

São *casos difíceis* aqueles em que não há norma aplicável para dirimir a controvérsia, aqueles em que se verifica uma lacuna da lei, ou, nas palavras Hart: "(...) o direito é, nesses casos, fundamentalmente *incompleto*: não oferece *nenhuma* resposta aos problemas em pauta. Estes não são regulamentados juridicamente; e, para chegarem a uma decisão em tais casos, os tribunais precisam exercer a função legislativa limitada que denomino 'discricionariedade."[58] (grifo do original)

São também *casos difíceis* aqueles em que a lei é obscura, quer em virtude da linguagem ambígua, polissêmica, abstrata, quer em virtude

52 Ronald Dworkin, *Levando os direitos a sério*, Martins Fontes, 2.002, p. 127/203.

53 Hart, ob. cit., p. 324.

54 Hart, idem, p. 326.

55 *Problemas de Filosofia do Direito*, Martins Fontes, 2.007, p. 363.

56 Ob. cit., p. 360.

57 Idem, p. 377.

58 Hart, ob. cit., p. 326. Na atualidade, com o desenvolvimento da IA e das inúmeras operações globais decorrentes de novas tecnologias digitais, são comuns os "casos inéditos", por conseguinte que não estão previstos no direito positivo.

de sua "textura aberta"[59] (artigos de lei redigidos sob a forma de conceitos jurídicos indeterminados ou cláusulas gerais).

São *casos difíceis*, para Ronald Dworkin, aqueles em que "o direito não tem nenhuma resposta"[60], em que "nenhuma regra estabelecida dita uma decisão em qualquer direção"[61], e aqueles em que as regras, ao invés de serem "bastantes precisas", (...) "assumem a forma daquilo que frequentemente se chama de padrões 'vagos' (...), 'clausulas vagas.'"[62]

Nos casos de lacuna ou obscuridade da lei, para Hart, o juiz deve agir com discricionariedade, inclusive com apoio em valores morais; para Dworkin, o juiz deve empreender uma interpretação sistemática, integrativa e construtiva com respaldo nos princípios e regras do ordenamento jurídico, sob pena de violação do princípio da legalidade e da cláusula pétrea da separação dos poderes, porquanto, frisa, não há lacunas na lei, nem obscuridades, nem o fato de o legislador ter usado linguagem vaga impede o magistrado de julgar."[63]

17. *Casos difíceis* que se transformam em *casos contraditórios*

Casos difíceis podem transformar- se em *casos contraditórios*, que são aqueles em que o juiz se depara com interpretações díspares, de autoria de juristas de nomeada, e decisões conflitantes, proferidas por insignes magistrados, todas muitíssimo bem fundamentadas.

Para desincumbir-se com louvor de sua nobre missão de julgar *casos contraditórios*, o juiz não pode desprezar os fatos, nem ignorar as consequências do seu julgamento, quer em relação aos litigantes, quer em relação à sociedade, nem deve ficar prisioneiro dos textos legais, mas sentir–se "(...) livre para ver, para além das normas, as considerações substantivas a elas subjacentes",[64] e *criar* o direito.

---

59 Hart, ob. cit., p. 161/166 e 325/327. Nestes casos, Hart considera que eles estão numa *zona de penumbra de incerteza.* (p. 325).

60 *Uma questão de princípio*, Martins Fontes, 2.000, p. 177.

61 *Levando os direitos a sério*, cit., p. 131.

62 *Levando os direitos a sério*, cit., pp. 209/210.

63 Hart, no Pós-escrito de sua obra seminal, diz que Dworkin acabou formulando, tempos depois, uma "concepção teórica muito próxima da minha ao reconhecer que os tribunais têm de fato exercido uma discricionariedade na criação do direito, e o fazem com frequência." (p. 392)

64 Martin Stone, professor titular de direito e de filosofia da *Duke University, in Interpretação e método na teoria jurídica, Direito e Interpretação – Ensaios de Filosofia do Direito*, coord. Andrei Marmor, Martins Fontes, 2.000, p. 123.

Atente-se, contudo, que a *criação* do direito pelo juiz está sujeita a rigorosos limites, limites que restringem o seu poder de julgar, limites que coarctam suas escolhas, limites que o impedem de decidir arbitrariamente.

Eis a doutrina de Hart, consagrado titular da cátedra de filosofia do direito na Universidade de Oxford, sobre os estreitos limites do poder discricionário judicial: "É importante observar que o poder de criar o direito que atribuo aos juízes, para habilitá-los a regulamentar os casos em que o direito deixa parcialmente não regulamentados, é diferente daquele de um poder legislativo: não só os poderes do juiz estão sujeitos a muitas limitações *que restringem sua escolha,* limitações das quais o poder legislativo pode ser totalmente isento, mas também, como são exercidos apenas para decidir casos específicos, o juiz não pode utilizá-los para introduzir reformas amplas ou novos códigos legais. Assim, seus poderes são *intersticiais*, além de sujeitos a muitas restrições substantivas. Não obstante, haverá aspectos sobre os quais o direito existente não aponta nenhuma decisão correta; e, para julgar essas causas, o juiz tem de exercer seu poder de criar o direito. Mas não deve fazê-lo arbitrariamente." [65] (grifo do original).

Por conseguinte, quando há discordância de opiniões e incompatibilidade de julgados, como *in casu*, o juiz deve deter-se na observação dos atos e fatos - e de suas consequências - e está livre para criar o direito com o auxílio da teoria do *pragmatismo jurídico*.

18. Pragmatismo jurídico

O pragmatismo jurídico combate as ideias metafísicas dos jusnaturalistas e o formalismo dos juspositivistas, baseia-se no conceito empírico e materialista da realidade, vale-se dos princípios da observação e verificação e prega que o juiz deve ter em mente, quando do julgamento do caso concreto, os efeitos imediatos e mediatos que a sua decisão vai gerar a respeito de fatos e atos de natureza política, jurídica, econômica, financeira e social, isto é, o juiz, ao julgar a lide, deve considerar, com absoluta prioridade, o que Alf Ross designa por "razoabilidade prática do resultado".

65 Hart, ob. cit., p. 352

Ross afirma que, para boa aplicação da legislação, é mister eliminar os apriorismos racionalistas ou axiomáticos, criados pelos idealistas (o direito faz parte essencial do mundo das ideias), eis que o direito é simplesmente um inquestionável fato social, que só pode ser entendido através de critérios empíricos, jamais com o recurso a princípios apriorísticos morais, racionais ou ideológicos.[66]

Quanto à prestação jurisdicional, Ross assinala: "Os fatores pragmáticos na administração da justiça são considerações baseadas numa valoração da razoabilidade prática do resultado apreciado em relação a certas valorações fundamentais pressupostas. Os fatores pragmáticos são colocados aqui em contraste com os fatores puramente linguísticos."[67]

Por que o preclaro doutor em filosofia da Universidade de Uppsala faz essa peremptória afirmação?

A resposta se encontra no seu admirável "*Hacia una ciencia realista del derecho – critica del dualismo en el derecho*": *"(...) el derecho es concebido al mismo tiempo como un fenómeno susceptible de observación en el mundo de los hechos, y como una norma obligatoria en el de la moral o de los valores; al mesmo tiempo como algo físico y metafísico, como empírico y a priori, como real y como ideal, como algo que existe y algo que vale, como un fenómeno y como una proposición."*[68]

Richard A. Posner, expoente da Universidade de Chicago, a seu turno e com igual convicção, critica os formalistas (jusnaturalistas e positivistas) por insistirem - contra todas as evidências de ontem e de hoje - que o direito é um sistema homogêneo, completo e autônomo de ideias, fundamentalmente um "conceito ou um grupo de conceitos". (...) "Enfatizei as dificuldades, no contexto forense, da análise tanto factual quanto jurídica, e observei que frequentemente o sistema jurídico se decide pela exatidão 'formal', e não pela 'material.'"[69] (grifo do original)

Posner considera o direito uma atividade que visa à tomada de decisões, razão pela qual se deve, na prática jurídica, adotar uma concepção pragmatista, eis que ela "representa uma rejeição progressivamente mais enfática de dualismos iluministas como sujeito e objeto, mente e

---

66 *Direito e Justiça*, Edipro, 2.000, pp. 165/174.

67 Ob. cit., p. 175.

68 Ob.cit., Abeledo-Perrot, 1.961, p. 15.

69 *Problemas de Filosofia do Direito*, Martins Fontes, 2.007, p. 614.

corpo, percepção e realidade, forma e substância." [70] (...) "o pragmatismo significa olhar para os problemas concretamente, sem ilusões, com plena consciência das limitações da razão humana."[71]

Em outra obra de filosofia do direito – *"Para além do direito"* –, ao analisar "a abordagem pragmática", Richard Posner discorre: "Não há um conceito canônico de pragmatismo. Defino-o, para começar, como uma abordagem prática e instrumental, e não essencialista: interessa-se por aquilo que funciona e é útil, e não por aquilo que 'realmente' é. Portanto, olha *para a frente* e valoriza a continuidade com o passado somente na medida que essa continuidade seja capaz de ajudar-nos a lidar com os problemas do presente e do futuro."[72] (grifo do original)

E acrescenta: "A atitude pragmática é *ativista* (...) uma filosofia de ação e de aperfeiçoamento, embora isso não signifique que o *juiz* pragmatista seja necessariamente um ativista[73] (...) Por ser antimetafísico e antidogmático, o pragmatista vê as teorias científicas como ferramentas (...), sua fonte de inspiração é cientista *experimental.*"[74] (grifo do original)

Destaque-se, a propósito, que o Supremo Tribunal Federal adotou, mais de uma vez, o pragmatismo jurídico para resolver um *caso difícil*, v.g., descriminalização do aborto, união homoafetiva, registro civil para transgêneros, equiparação entre injúria racial e racismo, porte de maconha, lei da ficha limpa.

Também assim o fizeram os Poderes Legislativo e Executivo: a LINDB – Lei de Introdução às Normas do Direito Brasileiro, com os acréscimos da Lei nº 13.655, de 2.018, determina que o juiz, ao sentenciar com base em valores abstratos, avalie as consequências práticas da decisão (art. 20); na fundamentação, deve demonstrar a necessidade e adequação da medida imposta (par. único do art. 20), sob pena de nulidade por falta de motivação (CF, arts. 93, IX, c/c. CPC, 11 e 489, § 1º, II).

70 Ob. cit., p. 618.

71 Idem, p. 621.

72 Martins Fontes, 2.009, p.4.

73 Ob. cit., p. 5.

74 Idem, p. 7.

19. Objeções à exclusão da antecipação de recebíveis dos efeitos da recuperação judicial da fiduciante

Primeira: *Antes e acima de tudo* a LFRE objetiva a preservação da empresa econômica e financeiramente viável.

Ao se distinguir o *objeto* da recuperação judicial dos seus *fins* e *ponderar os princípios* inspiradores da lei, chegar-se-á à inelutável conclusão de que a LFRE não visa proteger e beneficiar *apenas e tão somente* a devedora-fiduciante, sobrelevando notar, de pronto, que as três *finalidades* são *cumulativas* e *não alternativas*.

Foi o que sustentei na 1ª. edição (2.006) e reiterei na 6ª. edição (2.016) dos *Comentários à LFRE* e reafirmo agora, porquanto, na induvidosa dicção do art. 47, a LFRE "tem por objetivo viabilizar a superação da situação de crise econômico-financeira do devedor, a fim de permitir a manutenção da fonte produtora, do emprego dos trabalhadores e dos interesses dos credores, promovendo, assim, a preservação da empresa, sua função social e o estímulo a atividade econômica".

Eis o que escrevi:

> "8. Objeto: A recuperação judicial tem por objeto sanear o estado de crise econômico-financeira do empresário e da sociedade empresária."
>
> "9. Finalidades: A recuperação judicial tem por finalidades imediatas a preservação dos negócios sociais, a continuidade do emprego e a satisfação dos direitos e interesses dos credores; por finalidades mediatas, estimular a atividade empresarial, o trabalho humano e a economia creditícia."
>
> "10. Princípios: A recuperação judicial baseia-se nos princípios da conservação e função social da empresa, da dignidade da pessoa humana e valorização do trabalho e da segurança jurídica e efetividade do direito."
>
> "11. Ponderação de fins e de princípios: Juridicamente, ponderação — de bens, de valores, de interesses, de fins ou finalidades, de princípios — significa "atribuir pesos a elementos que se entrelaçam" com o escopo de "solucionar conflitos normativos", sendo certo que "a solução do conflito terá de ser casuística" e estará "condicionada pelas alternativas pragmáticas para o equacionamento do problema." [75]

75 Daniel Sarmento, *Os princípios constitucionais e a ponderação de bens, in Teoria dos direitos fundamentais*, coord. Ricardo Lobo Torres, Renovar, 2.001, p.56.

"No caso da recuperação judicial, a assembleia geral de credores e o juiz da causa deverão entregar-se à *ponderação de fins* — salvar a empresa, manter os empregos e garantir os créditos — com apoio no *princípio da razoabilidade ou proporcionalidade*, cientes que os processos concursais são "*procedimentos de sacrifício*, que limitam os poderes do devedor e restringem os direitos dos credores."

"Deverão, ao mesmo tempo, empenhar-se na *ponderação de princípios* — o da conservação e função social da empresa, o da dignidade da pessoa humana e valorização do trabalho e o da segurança jurídica e efetividade do Direito —, por meio do *teorema da colisão* de Alexy, para o qual, diante de um choque de princípios, as circunstâncias fáticas determinarão qual deve prevalecer, pois 'possuem uma dimensão de peso', verificável caso a caso.'" [76]

Por fim, elaborei um quadro sinótico da ponderação de fins e de princípios:

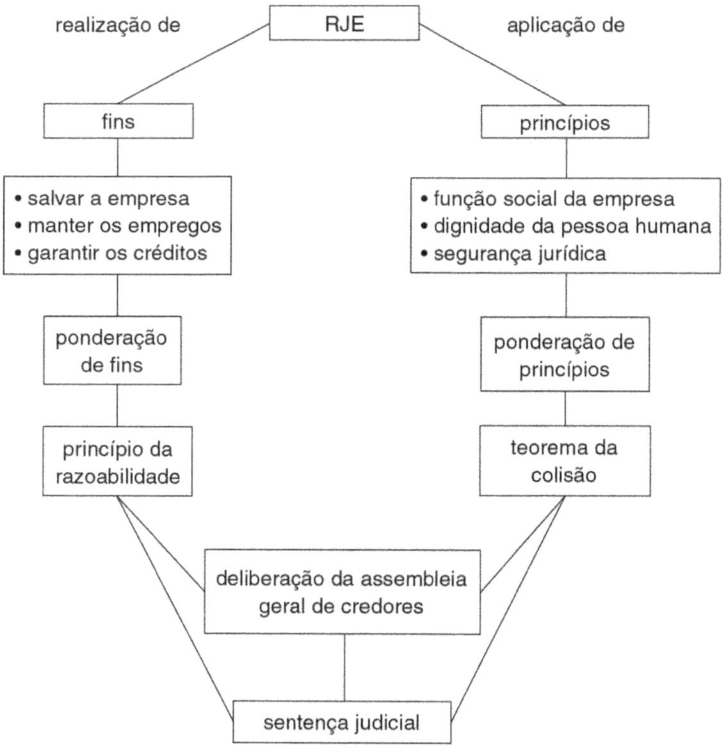

76 Coord. Carlos Henrique Abrão e Paulo F.C. Salles de Toledo, Saraiva, 6ª. ed., pp. 183/185.

Segunda: a questão muito bem aflorada e muitíssimo bem defendida pelo e. Des. Grava Brazil, da c. Segunda CRDE-TJSP, ao relatar o Ag.Inst. nº 2193987-06.2019.8.26.0000, reg. 23/06/2.020, *verbis:* "Com efeito, a cessão fiduciária de créditos futuros se sujeita ao regime jurídico análogo ao da compra e venda de coisa futura. Não existe propriedade sobre algo que ainda não existe. A propriedade somente se constitui a partir do momento em que seu objeto passa a existir." (Item 3. supra)

Ao dissertar sobre a pluralidade de negócios jurídicos (itens 9 e segs. supra), procurei demonstrar que o objeto da obrigação na antecipação de recebíveis é a prestação, o ato, a ação positiva do devedor de ceder recebíveis de determinado valor; o objeto da prestação são os direitos creditórios, os créditos (bens incorpóreos) e os títulos de crédito, originários de operações realizadas em qualquer segmento do mercado.

Os créditos futuros, ou a performar, ou não performados, objeto da prestação da antecipação de recebíveis, tal qual o objeto do contrato de compra e venda, podem ser coisas (bens) atuais ou futuras, ficando "sem efeito o contrato se estas não vierem a existir", conforme taxativamente dispõe o art. 483 do Código Civil.

Terceira: os créditos futuros estão submetidos aos efeitos da LFRE porque, "à luz do que dispõe o art. 49, *caput,* do mesmo diploma legal, a existência da propriedade fiduciária deve ser aferida na data do pedido de recuperação. Retenções relativas aos créditos a performar, ou seja, recebíveis constituídos posteriormente à distribuição da recuperação que devem ser integralmente liberados à devedora". (transcrição de parte do v. acórdão da c. Segunda CRDE-TJSP) (item 3 supra).

Pelo contrato de cessão fiduciária, a fiduciante transmite o domínio e a posse direta dos recebíveis performados e o domínio dos não performados para o fiduciário, passando, desde então, o "fiduciário a ser dono dos bens transferidos de modo restrito e resolúvel"[77], razão pela qual, na data da distribuição do pedido de recuperação judicial, os créditos cedidos - todos - pertencem ao fiduciário, e, por conseguinte, não podem estar sujeitos aos efeitos da recuperação judicial da fiduciante.

Aos argumentos de ordem legal a favor da exclusão dos recebíveis performados e a performar dos efeitos da recuperação judicial da fiduciante, acrescente-se o exercício do poder discricionário judicial na solução deste *caso controvertido.*

77 Luiz Edson Fachin, *Comentários ao Código Civil,* Saraiva, 2.003, vol. 15, p. 340.

20. A discricionariedade judicial na antecipação de recebíveis

Diante do fato de o emprego dos elementos, meios, métodos, processos de interpretação da lei – gramatical, lógico, sistemático e finalístico – não ter logrado extinguir a controvérsia, o que deve o juiz fazer, como deve agir?

O juiz deve agir com judiciosa discricionariedade e fazer uso esclarecido do "critério pragmatista das consequências práticas" com a finalidade de manter intocadas as vantagens econômicas e competitivas discriminadas no item 15 supra.

Submeter à recuperação judicial os recebíveis performados e não performados, cedidos pela fiduciante ao fiduciário, acarretará sérias e imediatas consequências para ambas as partes, o mercado e a sociedade, v.g., vai encarecer as operações com recebíveis (taxas de juros mais altas), retardá-las (a avaliação dos riscos será trabalhosa e dispendiosa), restringi-las (a concessão de empréstimos e financiamentos será extremante seletivo, eis que, como sabido, o banco é avesso ao risco), aumentar o *spread* (devido ao risco de crédito e à diminuição do número de negócios, que reduz o ganho em escala do fiduciário) etc.

O devedor, na recuperação, *ganha*, ao fazer caixa, ao ter o seu ativo circulante acrescido de valores inexistentes na sua contabilidade na data do pedido de recuperação; porém, frise-se, que, quando em pleno funcionamento, o devedor *perde*, porque o fiduciário, ciente de que se submeterá aos efeitos da recuperação da fiduciante, elevará a taxa de juros e o prêmio de risco: elevada a taxa de juros e o prêmio de risco, a fiduciante terá dificuldades para obter capital de giro, manter o negócio funcionando (por falta de caixa), honrar suas dívidas com fornecedores de bens e serviços e instituições financeiras e não financeiras, adquirir matéria prima/produtos à vista, ou com abatimento, ou em mais longo prazo etc.

Incluído na recuperação judicial, o fiduciário *perde*: quando faz o desembolso, porque, ao invés do pagamento dos recebíveis ser destinado a amortizar/liquidar o empréstimo/financiamento, irá "encher" os cofres da recuperanda; quando é compelido a participar da recuperação e receber – talvez - na forma do plano de recuperação judicial, inexoravelmente prejudicial aos credores devido aos deságios, carências, forma e prazos de pagamento etc.

O mercado *perde* - não só o mercado de capitais, mas toda a cadeia produtiva e os consumidores – porque a obtenção de recursos financeiros se tornará mais onerosa, demorada, seletiva.

Perderiam, hoje, mais de 2,1 milhões de empresas ativas para beneficiar cerca de 3,8 milhões, que se encontravam em recuperação em junho deste ano (2.023), segundo a manchete do Valor, ed. 5.824, onde se lê: "Brasil tinha 3,8 mil companhias em recuperação judicial no 1º. semestre".

Ao comentar o *perigo* de a lei priorizar os interesses dos devedores, Richard Posner vale-se de um exemplo macabro: "(...) concessão de mais direitos aos devedores em caso de falência, longe de provocar uma avalanche de tomadas de empréstimo irresponsáveis, poderia reduzir a quantidade de empréstimos e, consequentemente, a incidência das falências, pois levaria os credores a emprestar quantias menores a devedores de risco. Portanto, os credores podem se opor à flexibilização das regras de falência por temerem não o aumento da inadimplência, mas a redução do volume dos empréstimos. (Imagine quão poucos empréstimos haveria se os tomadores não tivessem *nenhuma* obrigação de reembolsar os credores.) Note-se também que tanto as regras de falência excessivamente rígidas quanto aquelas excessivamente lenientes prejudicam os credores: se, a exemplo do que acontecia na Roma antiga, a lei determinasse que o devedor inadimplente poderia ser esquartejado em tantas partes quantos fossem os seus credores, o índice de inadimplência de empréstimos seria muito baixo. Em compensação, a maioria das pessoas teria medo de tomar dinheiro emprestado. Entende-se assim por que os agiotas quebram as pernas do devedor inadimplente, mas não o matam."[78]

Por derradeiro, recorde-se a lição de Fernand Derrida, professor honorário na Faculdade de Direito da Universidade de Alger, e Jean-Pierre Sortais, professor na Faculdade de Direito da Universidade de Lausanne e diretor do Instituto de Direito Francês: "*7. Pouvoir du tribunal.- La loi de 1985 au fait du tribunal le grand maître de la procédure nouvelle. Certes, le dirigisme judiciaire* était *déjà perceptible sous les réformes de 1.967 (...), où le tribunal* était *investi de pouvoirs nouveaux lui permettant de prendre des décisions de nature* économique. *Aussi, dès cette époque, avait-on pu se reférer à une magistrature* économique."[79]

78 *Fronteiras da Teoria do Direito*, Martins Fontes, 2.011, p. 1

79 *Redressement et Liquidation Judiciaires des Entreprises*, Dalloz, 3ª. ed., p.17. Na p. 19, os e. professores lecionam; "*Dans la mesure ou le tribunal se voit conférer le pouvoir de prendre des décisions de caractere exclusivement* économique, *il est certain qu'il se produit une 'déjuridicisation" de la matière qui n'est plus proprement juridique.*"

* * *

Em suma: ciente da experiência exitosa e da importância da antecipação de recebíveis para o mercado de bens e serviços e o mercado financeiro e de capitais; consciente dos efeitos econômicos e sociais que a sua sentença produzirá, atento à advertência de Willian Lazier – as empresas morrem de falta de caixa -, o juiz deve decidir que a *antecipação de recebíveis performados e a performar não se submete aos efeitos da recuperação judicial da fiduciante.*

REPENSANDO REGIMES DE INSOLVÊNCIA A PARTIR DA AED: SOLUÇÕES DEPENDENTES DA ESTRUTURA DE INCENTIVOS, DO ESTADO DA ECONOMIA, DA ESPECIFICIDADE DOS ATIVOS E DA MODELAGEM DO PROCESSO DE ALIENAÇÃO

Orlando Celso da Silva Neto[1]
Luciano Benetti Timm[2]

The purpose of a business law, it is now widely believed, is to facilitate the creation of economic wealth. Law and economics approaches to bankruptcy ask how an insolvency law can help with this task[3].

"Debtors, like some poets, do not go 'gentle into that good night'. They struggle to keep their firms alive, even if sometimes the firm would be better-off dead by any rational calculation. They are often assisted in those efforts at life-support by a bankruptcy Code that materially strengthen their hands in negotiation with the creditors"[4]

---

1 Mestre e Doutor em Direito pela USP

2 Professor da FGVSP e Doutor em Direito. Advogado e árbitro. Foi presidente da ABDE e ex Secretário Nacional do Consumidor/Ministério da Justiça.

3 Alan Schwarz. The law and economics approach to corporate bankruptcy. Doutrinas essenciais: Direito empresarial. Volume VI. É desse autor a fantástica passagem: *"a business bankruptcy law should facilitate the creation of economic wealth. The law can do this by creating institutional structures that permit the maximization of creditor returns in the insolvency state. Such structures – a good bankruptcy law – increase the set of positive value projects that credit markets can fund and improve the incentives of firms to invest effort in these projects."* (p. 49).

4 Merton H. Miller . Leverage. In: Bhandari, Jagdeep and Adler, Barry. Corporate bankruptcy: economic and legal perspectives. Cambridge University Press, 1996.

Introdução ao problema. Para que devem servir sistemas de insolvências?

A teoria neoclássica econômica considera contratos livremente contratados como instrumento de maximização da riqueza dos contratantes[5]. Esta premissa, no entanto, é válida *'ex ante'*, ou em outras palavras, pressupõe o cumprimento do contrato, pressupõe que as prestações assumidas pelas partes sejam entregues sem contestação e conforme o entendimento da parte que receberá a prestação.

Não é (sempre) assim que o mundo funciona. Com a quebra de contratos, surge toda uma série de problemas, uma série de ações (judiciais e extrajudiciais) e uma série de consequências. De forma geral, a lei (qualquer que seja o país) permitirá que o credor tome certas medidas para reaver seu crédito, medidas variáveis conforme o 'pacote de direitos' que o credor tem, o qual pode depender da natureza do crédito e as vezes até dos sujeitos envolvidos[6]. Em tempos antigos, estes meios eram a escravidão ou a execução, com tomada irrestrita de ativos do devedor. Mais modernamente, no entanto, esses meios são a retomada de bens (para extinguir a obrigação – pagamento - ou como medida preparatória à alienação extrajudicial de bens), a cobrança ou execução judicial do crédito e, de certo modo, o pedido de falência[7], que não é teoricamente uma forma de cobrança de crédito (mas que na prática funciona como).

Sistemas jurídicos tratam da crise empresarial grave de duas grandes maneiras[8] - liquidar ou reorganizar[9]. Aqui falaremos dos re-

---

Como o leitor perceberá, no Brasil o "suporte à vida" vem não do 'Código' (Lei 11.101/2005), mas da interpretação que as Cortes lhe dão.

---

5 Não necessariamente riqueza monetária, mas utilidade, que por sua vez é definida em função das preferências individuais.

6 Por exemplo, o pacote de direitos pode variar em função do credor ser instituição financeira ou não, ou do devedor ser consumidor.

7 Na sistemática brasileira atual, o credor não pode solicitar que o devedor inicie um procedimento de recuperação judicial, o que é objeto de críticas que serão analisadas mais a frente.

8 Neste artigo não será abordada a *'non-business bankruptcy'*, ou seja, a falência pessoal (que no Brasil geralmente é doutrinariamente referida como situação de superendividamento ou sobreendividamento), cujo regime atual é o procedimento referente à insolvência civil.

9 Não falaremos aqui de 'bail outs' (resgates) governamentais excepcionais, geralmente ligados a preocupações com ripple effects e riscos sistêmicos.

gimes jurídicos que tratam da situação da inadimplência significativa e generalizada, trazendo soluções que pressupõem o exercício coletivo de pretensões creditícias; ou seja, o tratamento jurídico da insolvência do devedor[10-11].

No Brasil, o ordenamento jurídico da insolvência do devedor é composto por regras sobre falência e recuperação de empresas (Lei nº 11.101/2005, reformada parcialmente pela Lei nº 14.112/2020 como principal, com conexões com a legislação esparsa) e regulações esparsas para a insolvência de certos agentes econômicos específicos (Lei nº 5.764/71, para cooperativas, Lei nº 6024/74 para instituições financeiras, Lei nº 9.658/98 para operadoras de planos de saúde, DL 73/66 para seguradoras, além de várias outras). Existe uma preocupação legislativa em dar solução adequada[12] a interesses envolvidos, incluindo aqueles de detentores de interesse não diretamente objeto da relação jurídica inadimplida (ou seja, que não apenas o devedor e o credor).

Todos (ou quase) os sistemas jurídicos mundiais possuem regimes jurídicos específicos para tratar da insolvência do devedor empresário. Alguns dão conjuntos de direitos mais favoráveis ao devedor, outros aos credores, alguns incentivam tentativas de reorganização, outros tem como preferência a liquidação. Há uma gama de possibilidades, de for-

10 Não é impossível que exista situação em que um devedor possua um único credor cujo montante da exigibilidade ou soma das exigibilidades seja tal que, por si só, torne o devedor insolvente. Aliás, na jurisprudência do DL 7661/45 (antiga lei de falências) esta chegou a ser uma questão relevante, hoje superada. A situação é rara e não tem maiores consequências jurídicas.

11 Existe uma discussão de interesse mais teórico do que prático a respeito da aplicação de um dos regimes de insolvência quando não existe insolvência propriamente dita, mas apenas inadimplência. Na prática, se um devedor está em uma situação na qual ele corre risco real de entrar em um dos regimes, seja por iniciativa própria, seja por ação de terceiros, o devedor estará insolvente.

12 Por adequada se quer dizer uma solução que seja socialmente menos gravosa (implique em menor perda de valor) à soma dos envolvidos do que a que seria obtida com a aplicação do regime jurídico ordinariamente aplicável às obrigações, seu descumprimento e às ações dos credores. A lei brasileira não expressa esta preocupação de forma matemática, mas se pode verifica-la nos propósitos de política pública mencionados nos artigos 47 e 75 da lei. Há, ao menos na base teórica que justifica regras especiais tanto da recuperação quanto da falência, uma preocupação com a preservação e maximização do valor da empresa. Obviamente, nem todos os envolvidos são satisfeitos ou sequer minimamente contemplados ao final do processo.

ma que qualquer análise econômica deverá levar em consideração as características específicas substanciais e procedimentais dos respectivos sistemas para a solução de problemas concretos. Em uma perspectiva normativa, há também espaço para a análise e enunciação de regras gerais, que podem orientar mudanças legislativas.

Há objetivos básicos que norteiam a ideia de permitir a tentativa de recuperação de empresa em um regime jurídico distinto das regras aplicáveis às inadimplências de devedores solventes. Um deles é preservar o valor da empresa. A ideia, por um lado, é evitar que credores exerçam direitos de cobrança, constrição e alienação de ativos produtivos, prevenindo-se uma 'corrida judicial' entre credores, que poderiam levar à inviabilidade da continuidade dos negócios decorrentes da interrupção brusca ou redução significativa das atividades[13][14]; por outro lado, no regime jurídico regular (fora do regime da insolvência) o exercício destes direitos de cobrança é (ou ao menos deveria ser) um direito dos credores, cuja satisfação se dá (conforme a relação jurídica originária) por meio da retomada do bem, penhora e alienação de ativos.

Nestas situações, a única opção do devedor em crise (para evitar a perda de seus ativos essenciais ou sua total liquidação em casos ainda mais graves), quando sua crise não encontra solução de mercado[15] é

13 Michelle White (*Economic Analysis of corporate and personal bankruptcy Law*, p. 6): *"When creditors realize that a debtor firm might be insolvent, they have an incentive to race against each other to be the first to collect. This is because, as in a bank run, the earliest creditors to collect will be paid in full, but later creditors will receive nothing. The race to be first is inefficient, since the first creditor to collect may seize assets that the firm needs for its operations and, as result, may force the firm to shut down. Early shutdown wastes resources because the piecemeal value of the firm's assets may be less than their value if the assets are kept together and the firm sold as a going concern."*

14 A ideia básica é evitar uma situação de 'comuns' modificada, que ocorreria se todos pudessem ter pleitos desorganizados sobre o comum – os ativos do devedor. Alguns credores 'sobreutilizariam' – receberiam todo seu crédito – enquanto outros 'subutilizariam – nada receberiam ou receberiam muito pouco de seu crédito. Além disso, por outro lado, com execuções individuais, novos custos seriam criados – custas judiciais, tempo do Judiciário, honorários de sucumbência, enquanto valor (goodwill, fundo de comércio) seria perdido na medida em que alienações 'piecemeal' (de bens específicos) realizadas em ambiente de incerteza jurídica não consideram estes intangíveis e mesmo o valor específico de bens objeto de leilão são sub-ótimos.

15 Por solução de mercado ou solução pura de mercado quer se referir a qualquer conjunto de ações tomados sem participação do Judiciário, para a qual são aplicáveis as regras gerais usadas no dia a dia das transações empresariais.

tentar uma recuperação 'assistida' pelo Judiciário, a qual se dará sob um conjunto de regras que dão aos devedores uma série de direitos (mas também obrigações) que não teriam no regime normal.

A ideia predominante é evitar a paralisação da empresa viável (que ocorreria no cenário de 'race to collect' mencionado, em função da perda dos ativos essenciais à produção). A ideia é que a venda forçada de seus ativos levaria a uma perda de valor tanto da empresa (pessoa jurídica) quanto para os acionistas, trabalhadores, outros stakeholders e para os próprios credores[16].

Isto faz sentido em muitos casos, mas há sérios problemas (em todos os ordenamentos de forma geral, mas especialmente no brasileiro) com a estrutura legal que permite definir a viabilidade da empresa e as regras materiais e processuais para guiar esta tentativa de recuperação. Aqui também, análise econômica - principalmente a normativa - pode proporcionar subsídios relevantes aos legisladores.

Outra ideia que também orienta - ou deve orientar - os sistemas jurídicos nacionais é permitir a maior recuperação de crédito possível aos credores[17]. Ordenamentos diversos darão pesos diversos a estas duas

---

16 Essa é uma ideia bem estabelecida na doutrina e jurisprudência, mas já questionada por Baird e Rasmussen (The end of bankruptcy. Stanford Law Review, 2002): *"To the extent we understand the law of corporate reorganizations as providing a collective forum in which creditors and their common debtor fashion a future for a firm that would otherwise be torn apart by financial distress, we may safely conclude that its era has come to an end."*

17 Um credor de uma sociedade insolvente já se encontra em uma situação difícil, em qualquer ordenamento, mesmo naqueles com regras mais pró-credor e com melhor administração de procedimentos. Fisher, Martel, cit., pp. 131-132, relatando a experiência canadense (British Columbia) afirmam: *"On average, ordinary creditors of reorganizing firms are offered 38.2 cents per dollar of claims. More than 90 percent of payments are made by installment at least one month after court confirmation. The typical proposal reimburses creditors within 14 months in three installments. As shown in Table 4, creditors of liquidating firms are much worse off. Ordinary creditors receive an average of 2.5 cents per dollar of claims in liquidation. Preferred creditors, who are by law fully reimbursed in reorganization, receive 23.2 cents per dollar of claims in liquidation. Ordinary creditors receive nothing in 77 percent of the liquidations; preferred creditors receive nothing in 53 percent of the liquidations. Lastly, administration costs average $48,400 for reorganization files and $6,200 for liquidation files. The largest component of administration costs in reorganization is the fee paid to the bankruptcy trustee, which typically accounts for 69 percent of the costs. For the liquidation files, trustees' fees account for 80 percent of total administration costs. Administration costs are relatively small relative to total debt: for both reorganization and liquidation files, they amount to less than 5 percent of debt."*

ideias (máxima recuperação de crédito x preservação da empresa), não absolutamente antagônicas, mas que muitas vezes podem conflitar. Os ordenamentos (e a maneira como são aplicados[18]) trarão regras para o *trade-off* nas áreas de incompatibilidade destas duas concepções. A análise econômica do Direito pode proporcionar bons fundamentos para definir os efeitos de cada uma das possíveis soluções, bem como seus 'vencedores' e seus 'perdedores'.

A ideia de preservar a empresa com restrição dos direitos dos credores é sensata e pode potencialmente ser aplicada de forma eficiente, mas há grandes riscos de aplicações ineficientes, derivando principalmente da arquitetura legal, tanto no que diz respeito ao direito positivo quanto à aplicação jurisprudencial. Na jurisprudência brasileira, por exemplo, o dogma de 'preservação da empresa', muitas vezes confunde-se com a preservação das atividades e dos elementos da atividade com a preservação da estrutura de controle da sociedade empresária de empresa com valor negativo (e sem perspectivas), mesmo naqueles casos em que a empresa[19] não deve ser preservada[20] ou só deve ser preservada dissociada do

18 A advertência de que a aplicação efetiva é relevante (e que pode ser diferente da lei escrita) e pertinente porque, em todo o mundo, os ordenamentos referentes à insolvência deixam grande espaço para a atividade das cortes, muitas vezes porque as práticas da economia se modernizam mais rapidamente do que as leis escritas. Assim, é importante entender e analisar tanto as regras escritas quanto sua efetiva aplicação prática.

19 É fundamental distinguir-se entre empresa, o exercício organizado da atividade empresarial, e sociedade empresária (ou empresário), o titular da atividade empresarial organizada. Muitas vezes, a empresa merece ser preservada, mas somente se dissociada do seu titular; outras nem mesmo a empresa merece ser preservada, por ser ineficiente. Infelizmente, essa diferenciação assume pouca relevância nas discussões jurisprudenciais.

20 Fábio Ulhoa Coelho (citado, pp. 245-6) coloca, com muita propriedade, que: *"nem toda falência é um mal. Algumas empresas, porque são tecnologicamente atrasadas, descapitalizadas ou possuem organização administrativa precária, devem mesmo ser encerradas. Para o bem da economia como um todo, os recursos – materiais, financeiros e humanos – empregados nessa atividade devem ser realocados para que tenham otimizada a capacidade de produzir riqueza. Assim, a recuperação da empresa não deve ser vista como um valor jurídico a ser buscado a qualquer custo. Pelo contrário, as más empresas devem falir para que as boas não se prejudiquem. Quando o aparato estatal é utilizado para garantir a permanência de empresas insolventes inviáveis, opera-se uma inversão inaceitável: o risco da atividade do empresário para os seus credores."*
Deve ser considerado que há valor a ser preservado mesmo na liquidação, seja com venda de ativos individualmente considerados, seja mediante venda de universalidades (total ou parcial).

empresário. Além disso, há pouca atenção das decisões que aplicam este princípio[21] com os resultados efetivamente alcançados[22].

Há também um fato frequentemente esquecido no Direito brasileiro: a empresa, dissociada do empresário, também pode ser preservada mediante processo de falência bem conduzido[23]. A falência (liquidação) sempre romperá o vínculo dominial entre o empresário e os ativos de sua propriedade, mas não há qualquer razão para que este processo, se bem conduzido, implique em perda de valor de empresa (atividade econômica), se comparado com a reorganização.

Definir quando a liquidação é melhor do que a reorganização é uma tarefa difícil e complexa, respondida de forma diversa conforme o ordenamento específico, e nem sempre de maneira mais eficiente. É nessa seara que a análise econômica proporciona bons critérios para a decisão.

Diz Alan Schwarz, sob uma perspectiva exclusiva de análise econômica (portanto, sem considerar a normativa jurídica vigente), que as características da crise vivenciada – de natureza exclusivamente financeira ou econômica – indicam a solução adequada –recuperação judicial ou fa-

21 Muitas vezes contra expressa disposição de lei.

22 Sobre os resultados, apesar da ausência de pesquisas de maior amplitude, ver, do autor Orlando Celso da Silva Neto 'an analysis of reorganizing bankruptcies in Brazil:assessing and understanding failure or success', disponível em https://papers.ssrn.com/sol3/papers.cfm?abstract_id=3095529 e 'Abuse of vote by prevalent creditors in reorganizing bankruptcies: the unintended consequences of judicial activism. (January 27, 2020). Available at SSRN: https://ssrn.com/abstract=, nos quais se verifica que na quase totalidade das intervenções judiciais 'ativistas', os resultados foram os exatos opostos daqueles desejados. Ver também os impressionantes dados do Observatório da Insolvência da PUC/SP, especialmente a 3ª fase, cujos dados estão disponíveis em https://abj.org.br/pesquisas/3a-fase-observatorio-da-insolvencia/

23 Marcelo Guedes Nunes e Marco Aurélio Freire Barreto. Alguns apontamentos sobre comunhão de credores e viabilidade econômica. In: Castro, Rodrigo R. Monteiro e Aragão, Leandro Santos. *Direito societário e nova lei de falências e recuperação de empresas.* São Paulo: Quartier Latin, 2006, p. 310. Apontam: "*"o fato é que a recuperação não deve ser vista como uma panaceia a ser utilizada por todos os empresários que não conseguem cumprir com as suas obrigações. A falência da empresa também possui a sua função social e evitá-la a qualquer custo não seria um objetivo correto. Se o empresário não reúne as condições econômicas e intelectuais necessárias à condução de seu negócio, a manutenção do capital empregado sob sua gestão estará ocorrendo de maneira ineficiente e em prejuízo da maximização da riqueza da sociedade em que ele atua."*

lência. Ele afirma[24]: *"such a {insolvent} firm may be experiencing economic distress, financial distress or both. A firm that is experiencing economic distress cannot earn revenues sufficient to cover its costs, exclusive of financing costs. A firm in financial distress would have positive earnings were it not required to service its debt. Since the amount that firms borrow is sunk when insolvency occurs, a firm's debt is irrelevant to the question whether the firm should be continued or not. It then follows that economically distressed firms should be liquidated because these firms have negative economic value. Firms that are only financially distressed, however, should be continued as economic entities, with their debts canceled or rescheduled.[25]"*

Outra justificativa para regimes jurídicos especiais para tratar a crise da empresa é que a empresa possui stakeholders (detentores de interesses) além dos acionistas, e estes interesses também devem ser considerados[26]. Entender a empresa como um polo gravitacional de diversos interesses e seus detentores (os 'stakeholders') é uma abordagem interes-

---

24 The law and economics approach to corporate bankruptcy. *Doutrinas essenciais: Direito empresarial.* Volume VI, pp. 26-27. ""*a empresa pode estar experimentando dificuldades econômicas, financeiras ou ambas. Uma empresa que está sofrendo dificuldades econômicas não consegue receitas suficientes para cobrir seus custos, sem contar os custos financeiros. Uma empresa em dificuldades financeiras teria resultados positivos se não tivesse que pagar o serviço de sua dívida. Na medida em que os valores que a empresa tomou emprestado são perdidos quando a insolvência ocorre, a dívida de uma empresa é irrelevante para a questão de se a empresa deve continuar ou não. Daí se conclui que empresas em dificuldades econômicas devem ser liquidadas porque estas empresas têm valor econômico negativo. Empresas que são apenas financeiramente complicadas, entretanto, devem ser continuadas como entidades econômicas, com suas dívidas canceladas ou renegociadas"*
Ainda que indiretamente, Guilherme Fowler A. Monteiro, Silvia Morales Q. Caleman. (Bankruptcy reorganization plans,: strategic components, management change and firm performance) parecem concordar com esta proposta. Dizem eles: *"Regarding firm performance, we are primarily interested in segregating the companies into two groups: those companies that improved their performance during the reorganization bankruptcy period and those that failed to do so. To accomplish this, we build an indicator based on the EBITDA of each company7. EBITDA is an acronym for earnings before interest, taxes, depreciation and amortization. It represents the operating cash flow of the company, i.e., how much money the firm generates only in its operations, not considering the financial and tax effects. The use of EBITDA in our research is an appropriate measure because it represents the firm's own ability to generate financial resources to overcome its crisis."*

25 É importante se considerar que Schwarz não menciona se devem ocorrer mudanças na propriedade da empresa, assunto que acaba sendo o principal.

26 Mais ou menos, conforme estabelecido na normativa interna vigente.

sante e que encontra, além da base econômica, fundamento legal, na medida em que a própria lei enuncia propósitos múltiplos para sua aplicação (no Brasil, Lei nº 11.101/2005, art. 47 – recuperação; art. 75- falência).

Há diversas outras discussões relevantes sobre quais devem ser os propósitos e funções de um sistema de insolvência. Uma outra função constantemente mencionada é proporcionar liquidez para empresas em problemas predominantemente financeiros[27][28]

Repensando a preservação da empresa. Geralmente há um valor extra na preservação, mas quem deve se beneficiar deste valor?

Feita esta apresentação sobre as diversas possibilidades legais e diversos interesses envolvidos, a AED também permite uma compreensão diferenciada da problemática envolvida na preservação da empresa. O 'princípio da preservação da empresa' que orienta as decisões dos agentes envolvidos (incluindo o juiz) deve ter seu real significado e conteúdo bem compreendidos, não apenas para que se possa fazer a adequada análise (econômica ou puramente dogmática), mas também para possibilitar o controle *ex post* dos resultados da política.

A primeira premissa para a adequada e eficiente aplicação das regras de preservação de empresa é que o valor promovido pela lei (ou seja, o objetivo de política pública) é a preservação da atividade produtiva organizada, mas não a preservação da relação de propriedade da pessoa que a opera, ou seja, do vínculo de propriedade existente entre o sujeito (empresário) e o objeto (ativos tangíveis, intangíveis e a organização destes para a realização da atividade) e nem mesmo o vínculo indireto (acionistas v. patrimônio da sociedade). Obviamente, o direito à propriedade (e o respeito a este direito) são elementos importantes de qualquer sistema jurídico, inclusive o da empresa inadimplente/insolvente, mas a partir do momento em que ocorre a insolvência[29] (situação

27 Ver, por exemplo, Ayotte, Kenneth M. and Skeel, David A. Jr., "Bankruptcy Law as a Liquidity Provider" (2013). *Faculty Scholarship at Penn Law*. 447. https://scholarship.law.upenn.edu/faculty_scholarship/447

28 Ver Orlando Celso da Silva Neto. O financiamento do devedor sobreendividado em recuperação: o que muda com a reforma(Lei nº 14.112/2020). In *Revista de Direito Empresarial – RDEmp ano 18, nº 03, set/dez 2021.*

29 Insolvência e inadimplência são distintos e tem consequências jurídicas distintas. A situação de crise é geralmente caracterizada por situação de inadimplência -

na qual o valor dos ativos, incluindo intangíveis e também o valor que só existe na universalidade, é inferior ao do passivo) e a empresa não consegue uma solução de mercado, deve ser lembrado que, se houver a liquidação, o valor da empresa se torna negativo para os 'credores residuais' (os acionistas).

Apesar do valor negativo, a manutenção de sua operação (mesmo não viável) pode ter um valor positivo para estes, ao mesmo tempo em que a manutenção (se não viável e se operacionalmente deficitária) reduz o valor da empresa insolvente para os credores. Para os credores, ou a 'torta' (o patrimônio) é reduzido ou, o que é ainda pior, o patrimônio é reduzido (ou mesmo fica igual) mas agora temos mais credores (os posteriores à entrada do devedor no regime de insolvência) para dividir a 'torta'. Mais do que isso, credores com provavelmente mais direito sobre a torta, devido aos privilégios da concessão de crédito pós adoção do regime de insolvência.

Há um claro conflito nesse caso, na medida em que acionistas e a própria gestão têm incentivos para manter a operação, mesmo que inviável e às custas da dilapidação de valor que deveria ser destinado aos credores. Tão ruim quanto isso, se a renda a ser extraída pelos acionistas ou gestores for superior ao valor residual que teriam direito em caso tanto de liquidação[30] quanto em caso de reorganização que reduzisse significativamente sua participação societária na modelagem final, estes acionistas podem não ter os incentivos para a tomada de medidas para possibilitar a viabilidade da operação. Ao contrário, o incentivo é para extrair o máximo possível de rendimentos em detrimento do patrimônio e dos credores.

Por essa razão, frequentemente, preservar a empresa será incompatível com manter o vínculo de propriedade do empresário com os ativos, sendo necessário que a propriedade passe a terceiros, credores ou novos investidores. Em outras palavras, muitas vezes (na maioria delas), para se preservar a empresa será necessário que o empresário perca a

critério da lei brasileira que autoriza a liquidação iniciada por credores - aliada também à situação de insolvência 'não programada' (ou seja, que não faz parte do plano de negócios).

30 E geralmente, de acordo com a experiência prática brasileira, o valor residual de uma falência para os acionistas é negativo (pelo princípio da limitação de responsabilidade, deveria limitar-se a zero), mas o fato é que os gestores e controladores provavelmente terão responsabilidade por sucessão tributária e trabalhista.

propriedade e a gestão dos ativos, valendo estas regras tanto para a recuperação (em que esta ruptura da propriedade com a atividade e seus ativos é opcional) quanto para a falência (na qual a ruptura é obrigatória). Se não há qualquer dúvida da necessidade desta ruptura na falência, para muitos magistrados esta necessidade prática é desconhecida na recuperação judicial. Para piorar, a lei brasileira não traz mecanismos práticos que permitam impor este rompimento contra a vontade do devedor[31][32], permitindo o comportamento oportunista e a extração de valor da empresa às custas dos credores, resultando em ineficiência social[33].

A segunda premissa é a de que há empresas (novamente, a ênfase é pertinente - atividades econômicas organizadas, não as sociedades empresárias que as exploram) que simplesmente não devem ser preservadas e seus ativos devem ser liquidados de forma a simplesmente gerar a maior receita possível aos credores. É claro que há stakeholders -detentores de interesse - que tem interesse na manutenção da atividade empresária da empresa inviável, mas há situações em que a atividade econômica deve ser simplesmente encerrada.

A empresa em crise, solução judicial e solução de mercado

Os regimes de insolvência visam oferecer respostas às empresas que não conseguem obter uma solução de mercado para sua crise, superável (resposta: reorganização) ou insuperável (resposta: liquidação). É importante questionar: se o mercado não oferece uma solução, será que

31 Neste aspecto, a lei brasileira é extremamente favorável ao devedor, além de ser ineficiente no que diz respeito à preservação da empresa na recuperação judicial. Sobre estas deficiências, vide, de um dos autores, 'an analysis of reorganizing bankruptcies in Brazil:assessing and understanding failure or success', disponível em https://papers.ssrn.com/sol3/papers.cfm?abstract_id=3095529,.

32 A Lei nº 14.112 permite a imposição de plano alternativo (ao apresentado pelo devedor) pelos credores (art. 56, parágrafo 6º alterado da Lei nº 11.101/2005) mas impõe certas condições a este plano. É um avanço, mas ainda restringe demais as alternativas disponíveis aos credores. Além disso, os custos transacionais para criação de plano alternativo são altos, os riscos significativos e os retornos incertos.

33 A prática tem mostrado que eventuais ganhos dos administradores e acionistas são inferiores ao prejuízo dos credores, o que torna a situação ineficiente (mesmo nos termos de Kaldor-Hicks, porque sequer é possível a compensação hipotética dos perdedores pelos vencedores).

a empresa merece ter acesso a uma solução judicial (ou mista[34]) para tentar se recuperar? O consenso doutrinário e jurisprudencial parece ser que sim[35], e a fundamentação é que esta solução judicial (na verdade, o regime jurídico associado) pode preservar valor a todos os envolvidos, ainda que na prática isto raramente ocorra. Mesmo quando há preservação de valor, esta não ocorre de forma isonômica e alguns dos envolvidos (aqueles que tem a propriedade - acionistas do devedor - ou gestão - administradores do devedor - dos ativos) tendem a beneficiar-se muito mais do que outros (e nem sempre em observância dos parâmetros legais pré-definidos) .

Diversas podem ser as razões que impossibilitam a recuperação empresarial mediante a utilização da (ou um conjunto de) solução de mercado, tais como valoração idiossincrática que impossibilita a alienação das empresas a novos controladores[36] (que poderiam investir e tirá-la da crise[37]), incerteza a respeito da segurança jurídica da opera-

34 Uma 'solução mista' para o estado de crise, cuja aplicação seria limitada a empresas de razoável concentração de mercado, é a aplicação da *'failing firm theory'*. Esta solução passa por mitigar a aplicação da legislação concorrencial sobre atos de concentração, permitindo que a empresa em crise seja incorporada ou se funda com outra empresa saudável, mesmo que resultando em uma concentração de mercado que se mostre ordinariamente incompatível com a proteção da concorrência.

35 A análise econômica tradicional dá uma resposta diferente. Para esta (chamada de Creditors' Bargain Theory), os regimes existem para recriar uma hipotética barganha *ex ante* e para proporcionar respeito aos direitos dos credores contratados no regime negocial. Um recente paper de Anthony Casey (Casey, Anthony Joseph, Chapter 11's Renegotiation Framework and the Purpose of Corporate Bankruptcy (March 16, 2019). Columbia Law Review, Forthcoming. Available at SSRN: https://ssrn.com/abstract=3353871 or http://dx.doi.org/10.2139/ssrn.3353871) questiona este consenso e afirma que, do ponto de vista econômico, o propósito da lei de insolvências é resolver o problema da incompletude de contratos que acompanha a crise econômica.

36 Richard Thaler criou a expressão 'endowment effect' (efeito dotação) para descrever a tendência geralmente observada em seres humanos de "set a higher selling price on what we own (are endowed with) than what we would pay for the identical item if we did not own it". (Peter Bernstein, *Against the Gods: the remarkable story of risk,* Nova Iorque, Wiley, 1995, p. 294 - 'colocar um preço mais alto naquilo que possuímos (somos dotados de) do que aquele que pagaríamos pelo item idêntico, se não o possuíssemos).

37 Fábio Ulhoa Coelho (p. 248): *"Por vezes, o controlador resiste à realização dos negócios voltados à recapitalização e reorganização do negócio porque não sente devidamente considerado pelos adquirentes ou investidores o esforço pessoal dele impregnado na empresa."*

ção, existência de apenas uns poucos credores contrários ao negócio[38] e assim por diante[39]. Alguns destes obstáculos podem ser superados mediante recurso ao regime da recuperação judicial.

Quando a recuperação da empresa em crise não é possível, então somente a solução judicial passa a ser a transferência forçada de ativos (a falência)[40]. A empresa também pode ser preservada por meio da falência[41-42], o que foi expressamente reconhecido pela reforma parcial do sistema trazida pela Lei nº 14.112, mas na maior parte das vezes,

---

38 A chamada estratégia de 'hold-out', que é comentada mais adiante.

39 Um aspecto interessante é que mudar exige sacrifícios e renúncias, e muitas vezes só um estado significativo de gravidade da situação terá a força necessária para persuadir o empresário a vencer as barreiras (muitas vezes significativas) à mudança. Se muitas vezes a situação de crise é tal que não se encontra no mercado uma solução viável, o regime jurídico especial da crise pode proporcionar os meios – inclusive a mudança cultural na administração do devedor - para viabilizar a solução da crise.

40 Há todo um simbolismo envolvido no ato de decretar a falência. Por exemplo, algumas leis utilizam o termo bancarrota (ou similar) para indicar a situação falimentar. A origem do termo vem do antigo costume medieval italiano de quebrar os bancos (a banca) de um banqueiro ou comerciante que não honrava seus pagamentos, em praça pública. Há, ainda hoje em dia, forte estigma contrário à falência.

41 A propósito, interessante decisão da lavra da Ministra Nancy Andrighi:
COMERCIAL. AGRAVO NO CONFLITO POSITIVO DE COMPETÊNCIA. JUSTIÇA COMUM E DO TRABALHO. LEI Nº 11.101/05. RECUPERAÇÃO JUDICIAL. SUSPENSÃO DE AÇÕES E EXECUÇÕES. PRAZO.
(...)
- A função social da empresa exige sua preservação, mas não a todo custo. A sociedade empresária deve demonstrar ter meios de cumprir eficazmente tal função, gerando empregos, honrando seus compromissos e colaborando com o desenvolvimento da economia, tudo nos termos do art. 47 da Lei nº 11.101/05. Nesse contexto, a suspensão, por prazo indeterminado, de ações e execuções contra a empresa, antes de colaborar com a função social da empresa, significa manter trabalhadores e demais credores sem ação, o que, na maioria das vezes, terá efeito inverso, contribuindo apenas para o aumento do passivo que originou o pedido de recuperação.
- Agravo não provido.
AgRg no CC 110.250/DF, Rel. Ministra NANCY ANDRIGHI, SEGUNDA SEÇÃO, julgado em 08/09/2010, DJe 16/09/2010.

42 No sentido de que se os ativos forem alienados rapidamente e em conjunto (estabelecimento(s)) não há necessidade de interromper a produção (ou interrompê-la apenas por poucas semanas) e empregos podem ser preservados (em novos contratos), com pouca ou nenhuma interrupção.

decretar uma falência é uma decisão difícil para o magistrado[43], em função de suas implicações sociais, as quais são maximizadas pela histórica má-condução dos processos. Não deveria ser assim, e mais falências deveriam ser decretadas, como se verá mais adiante.

A análise econômica do sistema de insolvências: as perspectivas para o uso de leilões

Feita esta introdução, pode-se passar à análise de alguns aspectos dos regimes de recuperação e falência usando ferramentas econômicas. A análise leva em consideração a teoria econômica sobre *'bankruptcy'* (reorganização e liquidação) norte-americana[44], mas com contextualização própria para os fenômenos nacionais.

Conforme já se mencionou, uma boa legislação de insolvência deve visar dissolver rapidamente empresas ineficientes, realocar os ativos produtivos para agentes mais competentes e, em relação aquelas empresas que são operacionalmente viáveis, mas que tenham sido atingidas por situações financeiras desfavoráveis, criar regras e incentivos que possam permitir seu soerguimento, considerando os diversos interesses envolvidos. Deste conjunto de objetivos aparentemente simples, surgem inúmeras questões e discussões, e muitas vezes as respostas doutrinárias e jurisprudenciais são insuficientes ou inadequadas.

A principal razão destas falhas do regime é que não são levados em consideração os incentivos e o comportamento estratégico das par-

---

43 Há extensa literatura sobre racionalidade do juiz. Decretar a falência de uma empresa, especialmente em uma comarca pequena, por juízo não especializado, traz um alto custo social e pessoal ao magistrado (custo reputacional, custo moral, pressões, ameaças, etc). É racional que o juiz, face a uma gama de escolhas, não escolha a falência, ainda que essa seja a melhor decisão.

44 É importante mencionar que o sistema norte-americano não é, ao contrário do que muitos acreditam, fortemente pró-credor. Como apontam Rafael La Porta and Florencio Lopez-de-Silanes (Creditor protection and bankruptcy reform. In: Claessens, Stijn, Djankov, Simeon e Mody, Ashoka. Resolution of financial distress. WBI Development studies, Washington, 2001, disponível em https://elibrary.worldbank.org/doi/pdf/10.1596/0-8213-4906-6, p. 71): *"The United States remains one of the most anticreditor common law countries: it permits automatic stay on assets, allows unimpeded petition for reorganization, and lets managers keep their jobs following reorganization. The average aggregate creditors' rights score for common law countries is 3.11, by far the highest among the four families, but the United States scores only 1 on creditors rights."*

tes envolvidas. Juízes e outros operadores muitas vezes não possuem as ferramentas que a análise econômica proporciona para a compreensão do complexo conjunto de incentivos e interesses em jogo na insolvência, nem conhecimento das consequências de certas decisões.

Várias discussões relevantes dizem respeito aos aspectos envolvendo a opção pelo regime de insolvência, incluindo tomada de decisão, momento para tanto e agentes responsáveis. A utilização do procedimento de insolvência será eficiente se os ativos da empresa tiverem mais valor em um uso alternativo do que no uso atual, e a não utilização – continuar operando, mesmo em dificuldades - será eficiente se os ativos da empresa tiverem maior valor na empresa do que se leiloados.

Obviamente, eficiência nem sempre é a preocupação do tomador de decisão, cuja opção racional é uma estratégia de maximização da riqueza individual em detrimento da riqueza geral, mas deveria ser a preocupação do legislador e dos agentes estatais envolvidos. Um bom sistema seria aquele que induzisse o tomador de decisão a decidir de acordo com os parâmetros de eficiência supra mencionado, mas não é isso que se vê na prática.

A análise econômica tradicional da '*bankruptcy*' (no Brasil, recuperação e falência, neste artigo referidos como 'regimes de insolvência') preconiza que o mercado (mais especificamente, os credores, ou um conjunto formado por credores e potenciais investidores) deve decidir se a empresa continua ou se será liquidada.

Se continuar a funcionar, o mercado (seus integrantes que tiverem o poder de votar) deve também decidir[45] se os controladores reterão este controle, se permanecerão com participação minoritária ou se serão completamente excluídos da participação na entidade, assim como decidirão se haverá alienação de ativos. Para as decisões que envolverem alienação de ativos, um agente governamental (no Brasil, essa função caberia ao juiz, auxiliado pelo administrador judicial e leiloeiro) conduziria leilões ou outras formas de alienação. A prática atual é que o

45 Para deixar absolutamente claro, esta é a formulação teórica. No Brasil, a lei dispõe que esta decisão é apenas parcialmente dos credores, na medida em que é o devedor que propõe sua recuperação, não podendo ser forçado pelos credores a fazê-lo, e também é o devedor que apresenta o plano, o qual pode apenas ser aceito ou rejeitado pelos credores. Uma mudança da arquitetura institucional e da regra do jogo com a Lei nº 14.112, permitindo a apresentação do plano dos credores, ainda não foi adequadamente testada.

objeto e forma do leilão sejam pré-definidos pelos agentes responsáveis pela modelagem, mas teoricamente poderiam existir lances de diversas modalidades e versando sobre objetos diversos.

Esta maior flexibilização levaria à maximização de valor, porque se credores e terceiros interessados preferissem aquisições individuais dos diversos bens ao invés da compra da totalidade da empresa em atividade (*'going concern'*), o maior valor seria obtido pela soma dos lances específicos; se preferissem a continuidade da empresa, o maior lance (que ultrapassaria a soma dos lances individuais pelos bens específicos) seria o da compra da totalidade[46]. Isto geraria o maior valor, mas não considera os efeitos sobre outros stakeholders. Mesmo entre os credores, poderia não haver interesse nessa modalidade, porque as regras de prioridade de crédito resultariam que alguns credores (os prioritários) receberiam a integralidade de seus créditos, enquanto outros nada receberiam.

Surge aqui a oportunidade de entender as diferenças entre análise econômica teórica e prática dos regimes de insolvência. A sistemática enunciada acima é a preferência teórica da análise econômica (ou de uma parte da literatura), porque maximiza valor dos ativos (individuais ou do conjunto), mas nenhum sistema jurídico atual adota exatamente esta fórmula.

A abordagem econômica pode estudar e propor a arquitetura do sistema, de forma a verificar sua eficiência. Em relação aos sistemas estatais já existentes, eventualmente, orientar mudanças no sentido de torná-los eficiente (se for este o desejo do formulador de políticas públicas). O segundo passo é determinar, se existirem pagamentos decorrentes da alienação de ativos ou da empresa, como "dividir a torta', e novamente a análise econômica pode propiciar informações relevantes.

Começa-se pela análise propositiva. A aplicação das ferramentas da economia ao Direito levará à conclusão de que a forma mais eficiente de distribuição dos recursos disponíveis aos credores é respeitando-se arranjos particulares (conforme os contratos da empresa). Credores podem proteger-se *'ex ante'* do risco de insolvência (e inadimplência) me-

46 Schwarz (cit., p. 27) afirma: *"... a state official should auction insolvent firms to the market, free of current claims. If economic value would be maximized by a piecemeal liquidation, the highest bids will be for individual assets; if continuing the firm as an economic entity would maximize value, then the highest bids would be for the firm as an unit."*

diante contrato (se estes forem respeitados[47]), exigindo 'vínculos' entre o crédito e determinados ativos do devedor, que ficarão indisponíveis a terceiros e 'reservados' para a satisfação do crédito[48].

Se estas indisponibilidades e 'reservas' não forem transparentes e respeitadas pelo Judiciário, a insegurança gerada levará a um aumento do custo de crédito vinculado a estas operações. Esse é um problema enfrentado na prática brasileira, com intervenções judiciais ativistas nas recuperações judiciais que estendem o *stay period* (período de suspensão das ações), restringem direitos de credores titulares de bens em posse do devedor, em função da criação de uma 'teoria da essencialidade do ativo' não prevista em lei[49], e criam teorias justificadoras de 'abuso de voto' que na prática impedem o direito de voto previsto em lei aos credores[50], e assim por diante. Isso, obviamente, tem um custo no preço dos financiamentos. Esse acréscimo é difícil de medir[51], mas certamente existe.

Na prática, no entanto, ordenamentos nacionais raramente deixam a critério das partes contratantes fixar em contrato a prioridade do cré-

47 Conforme se verá, no Brasil, o Judiciário não respeita os direitos decorrentes da lei em nome do princípio da preservação da empresa. Se regras legais não são respeitadas, não há porque acreditar que arranjos contratuais o seriam.

48 Obviamente, este modelo simplificado pode apresentar problemas de externalidades em relação a credores preexistentes ou em ambientes de muitos credores, com obrigações nascidas em momentos diferentes. Mas em um ambiente com poucos credores, ou com informação dos credores que o universo patrimonial disponível no devedor pode ser reduzido posteriormente em função das indisponibilidades de patrimônio especificamente destinado a credores posteriores, não há porque deixar de acreditar que possa ser aplicado.

49 Tecnicamente, a previsão existe, mas limita-se ao período de suspensão (artigo 49, Lei nº 11.101/2005).

50 Ver Silva Neto, Orlando, Abuse of vote by prevalent creditors in reorganizing bankruptcies: the unintended consequences of judicial activism. (January 27, 2020). Available at SSRN: https://ssrn.com/abstract=.........................

51 Formação do preço de financiamento é complexa e influenciada por muitas variáveis, algumas macroeconômicas, sendo difícil atribuir a medida exata do aumento do custo em função do ativismo judicial. Jacopo Ponticelli (Court enforcement and firm productivity: evidence from a bankruptcy reform in Brazil, 2014), no entanto, aponta que: *"The evidence in the literature indicates the relevance of creditors' legal protection in supporting the development of credit markets. However, as stated by Djankov et al. (2008), institutions that regulate insolvency usually perform poorly, mainly in developing countries. This happens because bankruptcy procedures in these countries are often extremely inefficient (too long and costly) and secured creditors rights are not well protected."*

dito em caso de insolvência. Ao contrário, a maior parte (se não todos) dos sistemas impõe a observância obrigatória de certa ordem de preferências, que é dependente da natureza do crédito. A análise econômica vai recomendar que ordenamentos criem 'regras-padrão' (default)[52], mas que permitam às partes negociar prioridades diferentes[53][54]. A estruturação de preferências decorrente da natureza dos créditos chama-se (na doutrina norte-americana) de regra da prioridade absoluta (*absolute priority rule*), prioridade (conjunto de direitos) que pode ser decorrente tanto do contrato quanto da lei. No Brasil só faz sentido se falar em regra de prioridade como um conjunto de prioridades decorrentes da lei *(par conditio creditorum)*, tanto na recuperação (em que estas prioridades podem ser objeto de certa negociação *ex post*, na fase negocial da recuperação) quanto na falência (em que estas prioridades decorrem da lei e não podem ser negociadas, nem *ex ante [contrato]* nem *ex post [falência]*). Credores e devedor não podem contratar preferências específicas, apenas adequar suas contratações pré-crise para que se encaixem nas preferências legais em caso de futura instauração de procedimento de insolvência.

---

52 Eduardo Goulart Pimenta (*Direito, Economia e Recuperação de empresas*, p. 67) afirma: *"Os concursos de credores – e particularmente a falência - reservados às situações de devedor insolvente almejam constantemente submeter estes credores a pagamentos que mais se assemelhem aos resultados de uma execução singular contra devedor solvente. É o que se pode chamar de paradoxo falimentar: a falência é um procedimento concursal que tem por objetivo aproximar seus resultados efetivos, para os credores, o máximo possível de situações extraconcursais. Atingir esta meta seria a concretização da eficiência no processo falimentar."*
É verdade que os sistemas estatais de insolvência organizam a execução coletiva com base em direitos preexistentes, mas parece que a eficiência no processo falimentar se mede também por outros parâmetros, conforme se demonstra neste artigo.

53 O direito norte-americano permite, dentro das classes, notadamente no âmbito dos *'unsecured credits'* (créditos sem garantia, credores quirografários), a existência de 'acordos de subordinação' que concedem a certos créditos prioridade sobre outros. Estes acordos podem prever ordem cronológica (a regra "me- first"), ordem cronológica inversa ("last-lender-first rule) ou outras regras.

54 O único problema aqui é o que diz respeito à afetação de credores por estipulações posteriores, mas este é um problema que já existe hoje na medida em que credores universais (sem garantia específica) já são atingidos (no sentido de ter o universo patrimonial que responde por débitos reduzido) por transações posteriores do devedor que vinculem ativos.

Outro objeto de estudo da análise econômica é a eficiência dessas alocações legais de prioridades[55], e a doutrina majoritária vai no sentido de considerar eficiente a alocação de prioridades absolutas até o limite do valor do bem para aqueles créditos garantidos (secured) por bens específicos[56-57].

Uma característica da análise econômica da insolvência é que ela também considera os efeitos que o regime tem sobre o comportamento das partes (credores e devedores) antes da insolvência, ou seja, na definição das condições de contratação do crédito. Partes sofisticadas considerarão a insolvência um risco e anteciparão (precificarão) os retornos que terão em caso de instauração de um dos regimes de insolvência, considerando também que *"these payoffs and constraints affect the interest rate the borrowing firm must pay, and the interest rate in turn affects the firm's ability to finance projects and its incentive to invest effort in them*[58-59]*'*.

---

55 Por exemplo, será que é eficiente (maximiza o total de recursos) priorizar trabalhadores sobre fornecedores de insumos essenciais? E trabalhadores que recebiam salários significativos sobre fornecedores microempresários? E priorizar o fisco sobre credores empresariais? O que é ser eficiente em se tratando de definições de prioridades? Será que a definição de ordens legais de prioridade deve pautar-se pela eficiência? São questões importantes, geralmente não consideradas propriamente pelo legislador.

56 Vale notar, no entanto, que Lucien Bebchuk e Jesse Fried (The uneasy case for the priority of secured claims in bankruptcy) "*"find that according full priority to secured claims leads to distortions in the arrangements negotiated between commercial borrowers and their creditors, which in turn generate a number of inefficiencies. Our analysis indicates that these inefficiencies could be reduced or eliminated by according only partial priority to secured claims, and that a rule of partial priority therefore may well be superior to the rule of full priority from the perspective of efficiency."*

57 O racional é simples. O credor que tiver seu crédito garantido por um ativo específico facilmente realizável pode conceder crédito a custo baixo, na medida em que o risco de não realização é baixo. Por outro lado, a especificação (em contraposição, por exemplo, a recebíveis não especificados) do ativo e vinculação a certa relação creditícia permite que credores posteriores possam dimensionar seu risco já considerando que este patrimônio não responderá pelo débito.

58 Schwarz, p. 29.

59 Interessante notar que tanto a insolvência em si quanto a escolha do regime de insolvência pelo devedor afetam as taxas de juros *ex ante*. Não precisar do regime de insolvência leva a juros menores, mas a escolha do regime eficiente também leva a juros menores do que a escolha ineficiente. Michelle White (cit., p. 13) afirma que *"when managers (...) make inefficient bankruptcy decisions, creditors' return is likely to be lower and they respond by raising interest rates and/or reducing credit availability."*

Nessa perspectiva, um bom sistema é aquele que facilita a criação de riqueza por seu efeito na taxa de juros *ex ante*, e *"the set of good projects that firms can finance and the incentive for firms to invest efficiently (...) are maximized when the interest rate is minimized*[60]*."*, não se podendo esquecer que *"one objective of bankruptcy is to repay creditors enough that credit remains available on reasonable terms. Reduced access to credit makes debtors worse off because business need to borrow in order to start up and grow*[61]*..."*

A partir dessas constatações, pode-se perceber, mais uma vez, quão nefasto para o sistema é o ativismo judicial que desconsidera regras legais claras e que, mesmo de boa-fé, desconhece as consequências de sua intervenção, o que acontece com frequência no Brasil. O Judiciário deve respeitar e aplicar o sistema legal em vigor. Um Judiciário ativista que tome decisões sem adequada informação, baseado exclusivamente em critérios vagos de preservação da empresa, e sem reconhecer os nefastos efeitos práticos de suas decisões, aumentará o custo e reduzirá a recuperação de crédito. Nesse cenário, as partes considerarão que o sistema de insolvência apresenta riscos e incertezas que acarretam reduzida recuperação de crédito, exigindo em contrapartida maiores taxas de juros *ex ante*, inviabilizando o financiamento de muitos projetos de menor retorno e penalizando todo e qualquer potencial tomador de recursos, mesmo aqueles com menor risco de insolvência. Não é nenhuma coincidência – embora não seja a única causa – que o Brasil figure em péssimas colocações nos rankings mundiais de recuperação de crédito[62].

Outro 'insight' que a análise econômica do Direito proporciona é a constatação de que um bom sistema de insolvências serve para maximizar o conjunto de projetos que o mercado financiará, tanto *ex ante* quanto durante o regime (no caso da recuperação). Ficou claro o efeito que o regime de insolvência pode ter no custo do crédito, mas ele também pode afetar a liquidez (quantidade disponível de crédito) do mercado. Essa é uma percepção que passa longe do operador jurídico tradicional, mas que é pertinente, porque qualquer projeto de retorno positivo é so-

---

60 Schwarz, p. 29.

61 Michelle White, Economic analysis of corporate and personal bankruptcy law.p. 3.

62 O mais conhecido deles é o índice 'Doing business' do Banco Mundial. O Brasil figurou em 2020 na 77ª posição na resolução da insolvência (https://portugues.doingbusiness.org/pt/data/exploreeconomies/brazil), com uma taxa de recuperação de 18,2 centavos por dólar.

cialmente relevante, na medida que aumenta a riqueza geral. Desta forma, quanto maior a disponibilidade de crédito para projetos de retorno positivo, melhor em termos sociais, e um bom sistema de insolvências faz aumentar a disponibilidade de recursos a baixo custo no mercado[63][64].

Outra revelação da análise econômica é que um sistema de insolvência que aumenta a recuperação de crédito aumenta o nível de esforços do devedor no desempenho de suas funções[65], tanto *ex ante* (quando da definição dos projetos) quanto *ex post* (durante a execução de projetos), depurando o mercado de investimentos e proporcionando que bons projetos encontrem financiamento, reduzindo o número de projetos de má qualidade (valor negativo) buscando financiamento.

Finalmente, mas não menos importante, a análise econômica oferece ferramentas conhecidas e testadas para aplicação do artigo 20 da LINDB, que trata da ponderação dos efeitos decisórios judiciais. Há, assim, um ferramental para o pragmatismo jurídico, ponderando-se as consequências decisórias, que podem ser desastrosas para o mercado (entendido como espaço público de interação entre agentes econômicos) e criar incentivos perversos à litigância oportunista e até mesmo predatória.[66]

---

63 Obviamente, este não é o único fator para a liquidez de crédito. Um bom sistema de insolvência não consegue vencer, por exemplo, um governo gastador que toma recursos a juros altos ou um ambiente regulatório em que se exigem depósitos compulsórios significativos.

64 Sobre isso, ver Orlando Celso da Silva Neto. O financiamento do devedor sobreendividado em recuperação: o que muda com a reforma(Lei nº 14.112/2020). In *Revista de Direito Empresarial – RDEmp ano 18, nº 03, set/dez 2021.*

65 Alan Schwarz faz este raciocínio em termos de esforço no sucesso de projetos, mas a extrapolação para um nível geral de sucesso da companhia é igualmente válida. O raciocínio é facilmente percebido do ponto de vista econômico, e pode ser assim simplificado: Na medida em que bons projetos geram bons retornos, o ganho do credor (ser repago) é limitado ao valor do contrato, enquanto os ganhos excedentes (ao pagamento do credor) são auferidos e retidos pela sociedade. Isso incentiva a companhia a só engajar-se em bons projetos; em um sistema de insolvência que privilegie a recuperação de crédito, só esses bons projetos serão aceitos e propostos pelo devedor, porque ele nada ganhará em razão do fracasso do projeto; em um sistema de insolvência que privilegie a continuidade da sociedade, com valor residual aos acionistas do devedor, projetos piores serão captados e menor esforço (no exemplo de Schwarz, ou piores práticas de gestão, no nosso exemplo) será empreendido pelo devedor, porque mesmo que ocorra o fracasso e a insolvência, o devedor receberá algum benefício.

66 TIMM, Luciano; TRINDADE, Manoel Gustavo Neubarth. ; MACHADO, R. B. "O Problema da Morosidade e do Congestionamento Judicial no Âmbito do Processo Civil

Conclusão

Nos temas abordados neste artigo, percebe-se que a análise econômica permite uma compreensão das funções dos regimes de insolvência diferente, mais ampla e com melhores resultados do que aquela obtida da análise puramente jurídica. A metodologia econômica permite perguntas e respostas ousadas sobre tópicos tais quais 'Para que servem os regimes de insolvência', 'quais os conjuntos ou características das regras desejadas em tais regimes', 'como se comportam os agentes', 'quais as externalidades geradas', 'onde encontram-se as eficiências e as ineficiências', dentre diversas outras.

O pensamento econômico pode levar a conclusões surpreendentes (para o jurista), como por exemplo, de que liquidação é geralmente preferível à reorganização (desde que bem conduzida), que falência também é meio de preservação da empresa, que as partes não se orientam pelo bem estar-social, mas sim pela maximização do interesse próprio (e que isso é normal e desejável), que uma lei de insolvências deve facilitar a criação de riqueza focando na recuperação de crédito, o que gera uma externalidade positiva de refinar o número de bons projetos que é financiado e reduzir seu custo financeiro, que o devedor terá incentivos para manter funcionando uma empresa com valor negativo e que a maximização do valor supostamente derivada da continuidade da empresa nem sempre ocorre, dentre diversas outras.

Quer o leitor concorde ou não com estas descobertas (conclusões) decorrentes da aplicação das ferramentas da economia aos regimes de insolvência, esta maneira de pensar permite insights diferenciados, que enriquecem a aplicação prática e a discussão normativa do assunto, especialmente para mensuração dos efeitos decisórios no mercado e na litigância.

Brasileiro: Uma Abordagem de Law and Economics." Revista De Processo, v. 290, pp. 441-469, 2019.

Referência bibliográfica

AKERLOF, George and Romer, Paul. Looting: the economic underworld of bankruptcy for profit. Available at: https://www.brookings.edu/wp-content/uploads/1993/06/1993b_bpea_akerlof_romer_hall_mankiw.pdf

ARAUJO, Aloísio P., Ferreira, Rafael and Funchal, Bruno. The Brazilian bankruptcy law experience, J. Corp. Finance (2012). Available at: doi:10.1016/j.jcorpfin.2012.03.001

AYOTTE, Kenneth and Morrison, Edward R., Creditor Control and Conflict in Chapter 11 (August 28, 2009). The Journal of Legal Analysis, Vol. 1, No. 2, pp. 511-551, Summer 2009. Available at SSRN: https://ssrn.com/abstract=1463413

AYOTTE, Kenneth & Morrison, Edward R. *Valuation Disputes in Corporate Bankruptcy*, 166 U. Pa. L. Rev. 1819 (2018). Available at: https://scholarship.law.upenn.edu/penn_law_review/vol166/iss7/7

AYOTTE, Kenneth, Casey, Anthony J. and Skeel Jr., David A., *Bankruptcy on the Side*, 112 Nw. U. L. Rev. 255 (2017). Available at: https://scholarlycommons.law.northwestern.edu/nulr/vol112/iss2/3

AYOTTE, Kenneth and Ellias, Jared A., Bankruptcy Process for Sale (May 26, 2020). UC Hastings Research Paper No. 382, Available at SSRN: https://ssrn.com/abstract=3611350 or http://dx.doi.org/10.2139/ssrn.3611350

AYOTTE, Kenneth M. and Skeel, David A. Jr., "Bankruptcy Law as a Liquidity Provider" (2013). *Faculty Scholarship at Penn Law*. 447.

BAIRD, Douglas. The uneasy case for corporate reorganization. The Journal of Legal studies, Vol. 15, 1 (Jan. 1986) pp. 127-147.

BAIRD, Douglas e Rasmussen, Robert. The end of bankruptcy. Stanford Law Review, Vol. 55, 2002. Também Available at SSRN: https://ssrn.com/abstract=359241 or http://dx.doi.org/10.2139/ssrn.359241:

BAIRD, Douglas G. and Bernstein, Donald S., Absolute Priority, Valuation Uncertainty, and the Reorganization Bargain (September 1, 2005). Yale Law Journal, Vol. 115, p. 1930, 2006; U Chicago Law & Economics, Olin Working Paper No. 259. Available at SSRN: https://ssrn.com/abstract=813085 or http://dx.doi.org/10.2139/ssrn.813085

BAIRD, Douglas. The rights of secured creditors after RESCAP. 2015 U. Ill. L. Rev. 849. Available at: https://illinoislawreview.org/wp-content/ilr-content/articles/2015/2/Baird.pdf

BEBCHUK, Lucien e Fried, Jesse. The uneasy case for the priority of secured claims in bankruptcy. Yale Law Journal, Vol. 105, pp. 857-934.

BRIS, Arturo; Welch, Ivo; Zhu, Ning. The Cost of Bankruptcy: Chapter 7 Liquidation vs. Chapter 11 Reorganization. *The Journal of Finance*, v. 61, nº 3, pp. 1253-1303, 2006.

CASEY, Anthony Joseph, Chapter 11's Renegotiation Framework and the Purpose of Corporate Bankruptcy (March 16, 2019). Columbia Law Review, Forthcoming. Available at SSRN: https://ssrn.com/abstract=3353871 or http://dx.doi.org/10.2139/ssrn.3353871

EASTERBROOK, Frank H. Is Corporate Bankruptcy Efficient? *Journal of Financial Economics*, v. 27, nº 2, pp. 411-417, 1990.

FISHER, Timothy e Martel, Jocelyn. An empyrical analysis of the firm's reorganization decision. Revue de la association française de finance. Vol. 30, 1/2009.pp. 121- 149

JUPETIPE, Martins, Mario and Carvalho. Bankruptcy costs in Brazil in comparison to north American studies. Revista Direito GV. Vol. 13, N.1, 2017. Available at: http://www.scielo.br/scielo.php?script=sci_arttext&pid=S1808-24322017000100020

LA PORTA, Rafael e Lopez-de-Silanes, Florencio. Creditor protection and bankruptcy reform. In: Claessens, Stijn, Djankov, Simeon e Mody, Ashoka. Resolution of financial distress. WBI Development studies, Washington, 2001, disponível em https://elibrary.worldbank.org/doi/pdf/10.1596/0-8213-4906-6, pp. 65-90.

LEITE, Luiz Eduardo. Legal uncertainty on financing distress companies refinancing in Brazil. International Journal of insolvency Law. Available at: http://ojs.imodev.org/index.php/IJIL/article/view/225

LUKASON, Oliver and Urbanik, Artjom, Why Reorganization of Firms Fails: Evidence from Estonia (March 4, 2013). Discussions on Estonian economic policy: Theory and practice of economic Policy in the European Union, 2013, No.1 . Available at SSRN: https://ssrn.com/abstract=2335982or http://dx.doi.org/10.2139/ssrn.2335982

MILLER, Merton H. Leverage. In: Bhandari, Jagdeep and Adler, Barry. Corporate bankruptcy: economic and legal perspectives. Cambridge University Press, 1996

MONTEIRO, Guilherme Fowler, Caleman, Silvia Morales Q and Pongeluppe, Leandro. Bankruptcy reorganization plans: strategic components, management change and firm performance. Proceedings of the Academy of Management. https://doi.org/10.5465/ambpp.2016.13746abstract

MORRISON, Edward R. Bankruptcy Decisionmaking: An Empirical Study of Continuation Bias in SmallBusiness Bankruptcies, JOURNAL OF LAW & ECONOMICS, VOL. 50, P. 381, 2007; COLUMBIA LAW SCHOOL,

THE CENTER FOR LAW & ECONOMIC STUDIES WORKING PAPER NO. 239 (2006). Available at: https://scholarship.law.columbia.edu/faculty_scholarship/2422

NUNES, Marcelo Guedes e Barreto, Marco Aurélio Freire. Alguns apontamentos sobre comunhão de credores e viabilidade econômica. In: Castro, Rodrigo R. Monteiro e Aragão, Leandro Santos. *Direito societário e nova lei de falências e recuperação de empresas.* São Paulo: Quartier Latin, 2006.

ORENG, Mariana, Saito, Richard e Silva, Vinícius A.B. Bank responses to corporate reorganization: evidence from an emerging economy. BAR – Brazilian Administration Review Maringá, PR, Brazil, v. 16, nº 1, art. 3, e180053, 2019 http://dx.doi.org/10.1590/1807-7692bar2019180053

PISTOR, Katharina. The code of capital. Princeton University Press, 2019.

PONTICELLI, Jacopo. Court enforcement and firm productivity: evidence from a bankruptcy reform in Brazil, 2014.

PONTICELLI, Jacopo and Alencar, Leonardo. Court Enforcement, Bank Loans and Firm Investment: evidence from a bankruptcy reform in Brazil. Banco Central do Brasil working paper series 425, 2016. ISSN 1518-3548.

QUEIRÓZ, Bruna Pamplona de. O (des)incentivo ao financiamento às empresas em recuperação judicial no Brasil: uma análise comparativa com o modelo norte-americano de DIP financing, dissertação de mestrado.

ROE, Mark J., Three Ages of Bankruptcy (April 26, 2017). Available at SSRN: https://ssrn.com/abstract=2871625 or http://dx.doi.org/10.2139/ssrn.2871625

SCHWARZ, Alan. The law and economics approach to corporate bankruptcy. *Doutrinas essenciais: Direito empresarial.* Volume VI

______ A theory of loan priorities. In: Bhandari, Jagdeep and Adler, Barry. Corporate bankruptcy: economic and legal perspectives. Cambridge University Press, 1996

SILVA NETO, Orlando. 'An analysis of reorganizing bankruptcies in Brazil:assessing and understanding failure or success', disponível em https://papers.ssrn.com/sol3/papers.cfm?abstract_id=3095529,

SILVA NETO, Orlando, Abuse of vote by prevalent creditors in reorganizing bankruptcies: the unintended consequences of judicial activism. (January 27, 2020). Available at SSRN: https://ssrn.com/abstract=

SILVA NETO, Orlando. O financiamento do devedor sobreendividado em recuperação: o que muda com a reforma (Lei 14.112/2020). In *Revista de Direito Empresarial – RDEmp ano 18, nº 03, set/dez 2021.*

SZTAJN, Rachel. A Recuperação de Empresas em Crise: Incompletude Contratual e Reputação. Revista de Direito Empresarial - ReDE. São Paulo, nº 4, jul. 2014, p. 114.

TIMM, Luciano; TRINDADE, Manoel Gustavo Neubarth. ; MACHADO, R. B. "O Problema da Morosidade e do Congestionamento Judicial no Âmbito do Processo Civil Brasileiro: Uma Abordagem de Law and Economics." Revista De Processo, v. 290, pp. 441-469, 2019.

TIMM, Luciano. "A tragédia da justiça: não existe justiça de graça". Publicado no Jota com acesso em 30/08/23: https://www.jota.info/opiniao-e-analise/colunas/coluna-da-abde/a-tragedia-da-justica-nao-existe-justica-de-graca-29112018

WARREN, Elizabeth & Westbrook, Jay L. *The Success of Chapter 11: A Challenge to the Critics, 107 Mich. L. Rev. 603 (2009). Available at: http://repository.Law.umich.edu/mlr/vol107/iss4/2.*

WAISBERG, Ivo, Sacramone, Marcelo Guedes Nunes, Marcelo and Corrêa. Recuperação judicial no Estado de São Paulo - 2ª fase. Available at: https://abj.org.br/wp-content/uploads/2019/04/Recuperacao_Judicial_no_Estado_de_Sao_Pa.pdf

WESTBROOK, Jay. Systemic corporate distress: a legal perspective. In: Claessens, Stijn, Djankov, Simeon e Mody, Ashoka. Resolution of financial distress. WBI Development studies, Washington, 2001, disponível em https://elibrary.worldbank.org/doi/pdf/10.1596/0-8213-4906-6, pp. 47-64.

WHITE, Michelle J. Economic analysis of corporate and personal bankruptcy law. NBER working paper 11536, disponível em ssrn.com, vários acessos.

-------. The corporate bankruptcy decision. *Journal of Economic perspectives* – Volume 3, Number 2, Primavera 1989, pp. 129-151.

FISCO NÃO PODE REQUERER FALÊNCIA POR DÉBITO DA RECUPERANDA - ILEGITIMIDADE E FALTA DE INTERESSE DE AGIR – PEDIDO QUE CARACTERIZA ABUSO DE DIREITO E LITIGÂNCIA DE MÁ-FÉ[1]

Luiz Eduardo Trindade Leite[2]
Manoel Justino Bezerra Filho[3]

Introdução

Apesar de conhecidíssimo, o art. 57 da Lei nº 11.101/2005 (LREF) vai aqui transcrito, pois sua análise será o tema condutor da análise feita. Diz este dispositivo legal: *"Art. 57. Após a juntada aos autos do plano aprovado pela assembleia-geral de credores ou decorrido o prazo previsto no art. 55 desta Lei sem objeção de credores, o devedor apresentará certidões negativas de débitos tributários nos termos dos arts. 151, 205, 206 da Lei nº 5.172, de 25 de outubro de 1966 – Código Tributário Nacional".* A reforma trazida pela Lei nº 14.112, de 24.12.2020, não alterou este dispositivo, embora desde a promulgação da LREF, de 2005, o artigo tenha gerado as mais acerbas discussões sobre a forma correta de sua aplicação.

Este art. 57 pode ser examinado a partir de diversos aspectos, como aliás normalmente acontece com dispositivos legais, mais ainda quando o artigo compõe lei de amplo espectro, como é a LREF, um verdadeiro código de recuperação e falência, hoje com 261 artigos. Para determinar

---

1 Este artigo foi encaminhado para publicação no livro em elaboração, em homenagem ao Prof. Modesto Carvalhosa, artigo de autoria do subscritor, em parceria com Luiz Eduardo Trindade Leite. Está sendo repetido aqui, com atualização.

2 Mestre em Direito da Empresa e dos Negócios pela UNISINOS. Especialista em Direito tributário pelo IBET. Especialista em Gestão de Operações Societárias e Planejamento Tributário pelo Instituto Nacional de Estudos Jurídicos. Advogado e Professor.

3 Doutor e Mestre em Direito Comercial (USP), Professor da Universidade Presbiteriana Mackenzie em São Paulo, Professor da Escola Paulista da Magistratura. Desembargador (aposentado) do TJSP; advogado atuando na área de consultoria em Direito Empresarial.

exatamente o objeto do presente trabalho, fica formulada aqui desde logo, a pergunta que se pretende responder (ou tentar responder) e que é a seguinte: Se o processo de recuperação chegar à fase do art. 57 e a empresa recuperanda não apresentar as certidões negativas de débito, pode o juiz decretar a falência ou, alternativamente, que medida deverá tomar?

Para que seja facilitada a leitura e a condução do pensamento do leitor, desde já fica esclarecido que a resposta que parece ser correta é: em tal situação o juiz não pode decretar a falência, por falta de amparo legal e ao juiz mais incisivo, apenas caberá, em uma decisão radical, porém incorreta, extinguir o processo (o que trará inúmeras consequências danosas, a desaconselhar tal caminho) ou, de forma correta, em uma decisão mais ponderada, conceder a recuperação sob o fundamento de que as execuções fiscais devem prosseguir normalmente, na forma do art. 38 da Lei nº 6.830/1980, uma vez que o crédito fiscal não está sujeito aos efeitos da recuperação.

Formulada a pergunta e proposta a solução a que se quer chegar, o leitor desde logo pode dirigir seu pensamento crítico para, ao final da leitura, dizer se está de acordo com a conclusão ou se, ao contrário, dela discorda. A formulação da questão e a resposta que se propõe a ela é bom método, exatamente por facilitar o acompanhamento do raciocínio, quer se concorde com ele, quer se discorde.

Ausente previsão legal específica, a falência não pode ser decretada

No campo da aplicação do direito, há certas regras que, escritas ou não, são sacrossantamente observadas e uma delas, diz respeito à impossibilidade de aplicação analógica no direito penal, para condenar à prisão alguém, que teria praticado algum ato que, embora não previsto como crime, aproxima-se muito de outra situação que é tipo penal específico. Nesta situação, incidiria o princípio *"nullum crimen nulla poena sine lege"*, no sentido de que não há crime, nem pena, sem prévia lei que o defina. A prisão investe contra o fundamental princípio da liberdade e, portanto, a liberdade humana só pode sofrer limitação, no campo penal, se houver previsão expressa. Não se cria figura penal por analogia.

A tentativa aqui é tentar transplantar para o direito empresarial este princípio, uma vez que a falência, com certa liberdade de expressão, pode ser considerada como aplicação de verdadeira pena de morte para o empresário e para a atividade empresarial e, *mutatis mutandis,* a manutenção da vida (empresarial) é princípio fundamental, a ser defendido com o mesmo rigor com que é defendida a liberdade individual. Ou seja, se não houver específica previsão de decreto de falência, a falência não pode ser decretada.

Com as escusas de praxe pela autocitação, conta-se com a benevolência do leitor para transcrever (Bezerra Filho, pg. 437) o seguinte excerto: *"A falência representa praticamente a morte da sociedade empresária e, por isto mesmo, não pode ser decretada por inferência ou analogia; só pode ser decretada nos casos específicos em que haja previsão".* No caso do art. 57 ora sob análise, não há previsão de decreto de falência em caso de não apresentação da certidão negativa de débito tributário e, portanto, a falência não pode ser decretada.

Os interessados que acompanharam os trabalhos de elaboração e promulgação do projeto que veio a se tornar a LREF, lembram-se que, no texto aprovado e encaminhado pela Câmara dos Deputados à Presidência da República para sanção ou veto, constava um inciso IV no art. 73, inciso que literalmente "desapareceu" e que, antes do desaparecimento, previa o decreto de falência *"se não forem apresentadas as certidões de que trata o art. 57".* O art. 73, que tinha então seis incisos, passou a ter apenas quatro. Como fartamente noticiou a imprensa da época, o texto de lei encaminhado pela Câmara foi ilegalmente devolvido pela Presidência à Câmara para que, como se dizia, fossem efetuadas correções ortográficas. No entanto, na realidade, o texto sofreu diversas alterações, em desrespeito ao processo constitucional de elaboração legislativa, entre elas a modificação que ora se examina. De qualquer maneira, sem embargo da ilícita manobra política, o que se verificou é que a lei que finalmente emergiu destas manobras, deixou de prever decreto de falência para o caso de descumprimento do art. 57.

A posição da doutrina

Sérgio Campinho (pg. 300) lembra que a Fazenda Pública carece de *"legítimo interesse econômico e moral para postular a falência de seu devedor. A ação pretendida pela Fazenda tem, isso sim, nítido sentido de coação moral, dadas as repercussões que um pedido de falência tem em relação às empresas solventes".* **Rachel Sztjan e Vera Helena de Mello Franco** (pg. 208) afirmam faltar legitimidade ao Fisco para o pedido de falência, uma vez que tem à sua disposição o art. 38 da Lei nº 6.830/1980: *"Por tal razão carece o fisco de interesse processual para requerer a falência do devedor inadimplente".*

O Enunciado 56 da Primeira Jornada de Direito Comercial do Conselho da Justiça Federal firmou posição no mesmo sentido, ao dizer: *"A Fazenda Pública não possui legitimidade ou interesse de agir para requerer a falência do devedor empresário".*

Como se vê, estas afirmações são mais abrangentes, entendendo que o Fisco, em qualquer situação, não tem interesse ou legitimidade para pedir falência. No entanto, mesmo que não fosse assim, mesmo que não houvesse tais impedimentos, ainda assim a falência não poderia ser requerida com fundamento no descumprimento do art. 57, pois não há previsão em tal sentido, no referido artigo. Examinando os incisos do art. 73 poder-se-ia imaginar que o Fisco, após a reforma trazida pela Lei nº 14.112/2020 estaria habilitado ao requerimento de falência, o que porém não é verdade, como se tentará demonstrar no título seguinte.

Impossibilidade de pedido de falência com base na reforma trazida pela lei nº 14.112/2020

A Fazenda Pública pode requerer a falência (sempre em tese) do seu devedor, com base no descumprimento do parcelamento ou da transação específicos (LREF, art. 73, V). Neste ponto, a reforma propiciou ao devedor a possibilidade de promover o parcelamento dos seus débitos tributários, utilizando-se do parcelamento especial trazido pela mesma Lei nº 14.112/2020 ou pela transação tributária. Na prática, o art. 3º da Lei nº 14.112/2020 alterou o artigo 10-A e inseriu os artigos 10-B e 10-C na Lei nº 10.522/2002 (a chamada Lei Geral do Parcelamento), que trata dos parcelamentos de débitos com a União, alterando as regras anteriores do parcelamento especial para empresas em recuperação judicial; também incluiu a transação, com a inserção do art.10-C.

A transação tributária foi instituída pela Lei nº 13.988/2020 regulamentada pela Portaria PGFN 9.917/2020. A Lei nº 14.112/2020 inseriu o inciso V no artigo 73 da Lei nº 11.101/2005, que autorizou a Fazenda Pública a pedir a convolação em falência, da empresa que descumprir a transação ou o parcelamento especial. A rescisão da transação ou do parcelamento por inadimplemento, somente ocorrerá na falta de pagamento de 6 (seis) parcelas consecutivas ou de 9 (nove) parcelas alternadas e na falta de pagamento de 1 (uma) até 5 (cinco) parcelas, conforme o caso, se todas as demais estiverem pagas, segundo a letra da lei.

Assim, como primeira consequência, se não houver parcelamento especial nem transação, não há qualquer possibilidade de aplicação de tal dispositivo; se o Fisco requeresse a falência com fundamento no inc. V, sem que tivesse havido parcelamento especial ou transação, o pedido seria abusivo, por absoluta falta de fundamento legal. Tal pedido seria suficiente para caracterizar a má-fé do peticionário pois aplica-se, após a reforma, o § 7º-B do art. 6º, que prevê o andamento normal da execução fiscal "*até o encerramento da execução fiscal*", aspecto que será novamente examinado, com maior detalhamento, mais adiante.

Já o inciso VI do art. 73 fala em "esvaziamento patrimonial", expressão que ainda não se apresenta com conceituação jurídica clara; ao contrário, é expressão bastante vaga e imprecisa. Como se sabe, uma das formas mais usuais de reestruturação é exatamente a venda de ativos, como forma de gerar caixa para cumprimento das obrigações. A própria legislação fiscal traz esta previsão, pois o § 2º-A do art. 10 da Lei nº 10.522/2020, introduzido pela reforma, estabelece que "*Para aderir ao parcelamento de que trata este artigo, o sujeito passivo firmará termos de compromisso, no qual estará previsto: ... ... II – o dever de amortizar o saldo devedor do parcelamento de que trata este artigo com percentual do produto de cada alienação de bens e direitos integrantes do ativo não circulante realizada durante o período de vigência do plano de recuperação judicial, sem prejuízo do disposto no inciso III do art. 4º deste artigo;*". Este inciso II deve ser lido em conjunto com o § 2º-B logo em seguida, que estabelece ao devedor que fez o parcelamento, a obrigação de que, a cada alienação de bens e direitos integrantes do ativo não circulante (por meio de UPI), realizada durante a recuperação, resguarde até 30% do produto da venda para amortizar o saldo do parcelamento.

Prosseguindo no exame do art. 10 da Lei nº 10.522/2020, verifica-se que no inciso III do § 4º estão relacionadas as causas de exclusão da empresa do parcelamento especial, e daí surge uma disposição polêmica: "*a constatação, pela Secretaria Especial da Receita Federal do Brasil ou pela Procuradoria-Geral da Fazenda Nacional, de qualquer ato tendente ao esvaziamento patrimonial do sujeito passivo como forma de fraudar o cumprimento do parcelamento*". A Portaria PGFN nº 33 classifica como fraude, a alienação ou venda de um bem, com o objetivo do devedor de ficar sem patrimônio para responder pelo débito inscrito na Dívida Ativa da União. Neste aspecto, muitas discussões serão travadas sobre o conceito de "esvaziamento patrimonial" visto que, em grande parte dos planos de recuperação judicial, a maneira mais comum de obter numerário é justamente a venda dos ativos em forma de UPI. Este mecanismo é usual na recuperação judicial e está autorizado pelo art. 50, nos incisos VII e XVIII e pelos artigos 60 e 60-A da Lei nº 11.101/2005. Em muitas situações, configura a única forma da empresa pagar seus credores concursais; portanto, existe um conflito do inciso III do § 4º do artigo 10-A da Lei nº 10.522/2002 com os incisos VII e XVIII do artigo 50, artigos 60 e 60-A e com o próprio artigo 47, todos da Lei nº 11.101/2005.

Mas, repita-se, mesmo com temor de insistência demasiada, se não houver adesão ao parcelamento propiciado pela reforma da LREF, o exame do art. 10 da Lei nº 10.522/2002, introduzido pela Lei nº 14.112/2020, é feito por abundância. Bastaria aqui lembrar a existência dos incisos VII e XVIII do art. 50, para que se constate a impossibilidade de decreto de falência, mesmo que haja requerimento pelo Fisco. Relembre-se também que se o Fisco fizer pedido neste sentido, correrá o risco de ser condenado em ônus de sucumbência e litigância de má fé, por apresentação de pedido abusivo e sem fundamento legal, como se verá a seguir.

O pedido de falência como abuso de direito, coação moral e sanção político tributária

Da festejada obra de Luis Felipe Salomão e Paulo Penalva Santos ("Recuperação judicial, extrajudicial e falência", 6ª ed., 2021, pg. 352/353), extrai-se a observação de que "*o princípio da razoabilidade deve sempre servir de parâmetro de validade dos atos emanados do Poder Público, o qual tem na adequação, na proporcionalidade e na necessidade da medida, os seus requisitos essenciais*". Os autores, logo a seguir, relembram que, a partir da premissa de que o instituto da falência "*destina-se à preservação do crédito, como mecanismo de circulação das riquezas, é possível admitir que o mesmo não foi criado nem é utilizado habitualmente para a cobrança de tributos. E, mais ainda, o pedido de falência pelo Fisco pode até mesmo ser considerado abuso de direito, caracterizando assim a violação ao princípio constitucional da razoabilidade*". Trata-se de obra escrita já sob a égide da reforma trazida pela Lei nº 14.112/2020.

O Ministro Francisco Falcão, no julgamento do REsp 287.824-MG, j. 20.10.2005, examina exatamente este ponto, ao falar do requerimento como forma de coação. Extrai-se da ementa: "*... ... IV – Afigura-se impróprio o requerimento de falência do contribuinte comerciante pela Fazenda Pública, na medida em que esta dispõe de instrumento específico para cobrança do crédito tributário. V – Ademais, revela-se ilógico o pedido de quebra, seguido de sua decretação, para logo após informar-se ao Juízo que o crédito tributário não se submete ao concurso falimentar, consoante dicção do art. 187 do CTN. VI – O pedido de falência não pode servir de ins-*

trumento de coação moral para satisfação de crédito tributário. A referida coação resta configurada na medida em que o art. 11, § 2º, do Decreto-Lei nº 7.661/45 permite o depósito elisivo da falência. VII – Recurso especial improvido. (STJ – REsp: 287824 MG 2000/0119099-7, Relator: Ministro FRANCISCO FALCÃO, Data de Julgamento: 20/10/2005, T1 - PRIMEIRA TURMA, Data de Publicação: DJ 20/02/2006 p. 205RDDT vol. 128 p. 147)".

Um outro aspecto, embora longo, não pode deixar de ser examinado, pois diz respeito ao próprio sistema que se pretende implantar nos procedimentos de recuperação judicial, com o objetivo, sem dúvida correto, de que o crédito fiscal seja satisfeito. Porém, este objetivo correto não pode desconsiderar as naturais fronteiras que um bom sistema de direito impõe a todos, particulares ou poder público. No caso, é necessário examinar até que ponto o decreto de falência, como forma de cobrança do tributo, é legal ou, dito de outra forma: este sistema de cobrança seria ilícito, por configurar sanção político tributária?

Como se sabe, sanções político tributárias, também conhecidas como meios indiretos coercitivos de cobrança, são quaisquer imposições ou limitações de ordem administrativa, ainda que estabelecidas em lei, que obstem o exercício de direitos das pessoas físicas ou jurídicas, com a finalidade de forçá-las a pagar tributos. Nesse sentido é remansoso o entendimento, tanto do STJ quanto do STF, no sentido de que o Estado não pode adotar sanções políticas para constranger o contribuinte ao pagamento de tributos em atraso.

Hugo de Brito Machado (pg. 46) observa que, em direito tributário, a expressão *"sanções políticas corresponde a restrições ou proibições impostas ao contribuinte, como forma indireta de obriga-lo ao pagamento de tributos, tais como, interdição do estabelecimento, a apreensão de mercadorias, o regime especial de fiscalização, entre outras. Qualquer que seja a restrição imposta ao contribuinte com cerceamento da liberdade de exercer atividade lícita é inconstitucional, porque contraria o disposto nos artigos 5º, inciso XIII, e 170, parágrafo único do Estatuto Maior do País".*

Parece claro que o eventual direito concedido à Fazenda Pública de pedir a decretação de falência de uma empresa, com o objetivo exclusivo de cobrar tributos, implica em verdadeira proibição do exercício da atividade econômica pelo contribuinte. Tal atitude afronta a liberdade constitucional de exercício de atividade econômica lícita, configurando-se como sanção político tributária.

Confira-se o Julgamento do RMS 53.989-SE, Rel. Min. Gurgel de Faria, por unanimidade, julgado em 17/04/2018, DJe 23/05/2018:

"TEMA: Contribuinte inadimplente. Enquadramento na condição de "inapto". Sanção política. Impossibilidade. Inicialmente, observa-se que o Supremo Tribunal Federal, por ocasião do julgamento do RE 565.048-RS, DJe 09/10/2014, submetido ao rito da repercussão geral, firmou o entendimento de que o Estado não pode adotar sanções políticas, que se caracterizam pela utilização de meios de coerção indireta que impeçam ou dificultem o exercício da atividade econômica para constranger o contribuinte ao pagamento de tributos em atraso, estando o ente público vinculado ao procedimento de execução fiscal para a cobrança de seus créditos, no qual é assegurado ao devedor o devido processo legal. No caso analisado, contribuinte impetrou mandado de segurança com o objetivo de cancelar inscrição de seu nome comercial em cadastro de inadimplentes perante a Fazenda Estadual, que o enquadrou na situação de "contribuinte inapto". Com base na legislação estadual de regência, essa classificação não representa mero "diferencial terminológico" a orientar o trabalho da fiscalização, uma vez que, notadamente no tocante às operações interestaduais, cujo recolhimento do ICMS se realiza por meio de denominada "antecipação tributária", traz consigo regra própria de responsabilização tributária para o transportador, procedimento diferenciado para recolhimento do imposto e até mesmo majoração direta da carga tributária, com o estabelecimento de maior percentual de margem de valor agregado em comparação com o contribuinte apto. Ponderados esses elementos, fica evidenciado que a inscrição de empresa no rol de contribuintes considerados inaptos pelo Fisco Estadual configura um meio de coerção indireta para cobrança dos débitos inscritos na dívida ativa, pois implica tratamento tributário diferenciado que dificulta o exercício da atividade econômica, inclusive com o indevido aumento da carga tributária, sendo, assim, clara a sanção política, não admitida pela Constituição Federal, conforme o decidido pela Suprema Corte, nos autos do citado RE 565.048/RS".

O tema relacionado com a possibilidade de o Fisco aplicar sanções políticas, como forma indireta de cobrança da dívida ativa, teve a sua repercussão geral reconhecida pelo Supremo Tribunal Federal, nos autos do RE 565.048/RS, Rel. Min. Marco Aurélio, j. 29.4.2014, nos termos da seguinte ementa: *"TRIBUTO – ARRECADAÇÃO – SANÇÃO POLÍTICA. Discrepa, a mais não poder, da Carta Federal a sanção política objetivando a cobrança de tributos – Verbetes nº 70, 323 e 547 da Súmula do Supremo. TRIBUTO – DÉBITO – NOTAS FISCAIS – SANÇÃO POLÍTICA – IMPROBIDADE. Consubstanciada sanção política visando o recolhimento de tributo, condicionar a expedição de notas fiscais a fiança, garantia real ou fidejussória por parte do contribuinte. Inconstitucionalidade do parágrafo único do artigo 42 da Lei nº 8.820/89, do Estado do Rio Grande do Sul".*

Extrai-se, do corpo do julgado, a objetiva conclusão do Min. Marco Aurélio: "*"O Estado não pode privar o cidadão do meio idôneo, estabelecido no arcabouço jurídico e informado pelo princípio da ampla defesa – o executivo fiscal –, para utilizar mecanismos indiretos e mais opressivos de cobrança de tributos. Atuando dessa forma, acaba por desrespeitar o devido processo legal tanto na dimensão processual quanto na substancial. Olvida as regras adequadas e moderadas do jogo, bem como impõe restrições carentes de razoabilidade aos direitos e liberdades dos contribuintes. Incorre em verdadeiro desvio de poder legislativo".*

Do voto proferido pelo Min. Joaquim Barbosa, extrai-se pequeno, porém significativo excerto: *"Senhores Ministros, esta Suprema Corte tem uma venerável série de precedentes que consideram inconstitucionais quaisquer instrumentos de indução indireta, por sacrifícios de direitos fundamentais, destinados a levar o sujeito passivo ao recolhimento do valor do tributo que se supõe devido. As chamadas sanções políticas são absolutamente incompatíveis com a Constituição".*

Do voto do venerável **Min. Celso de Mello**, decano ora aposentado do Supremo Tribunal Federal, transcreve-se: *"O fato irrecusável, nesta matéria, como já evidenciado pela própria jurisprudência desta Suprema Corte, é que o Estado não pode valer-se de meios indiretos de coerção, convertendo-os em instrumentos de acertamento da relação tributária, para, em função deles – e mediante interdição ou grave restrição ao exercício da atividade empresarial, econômica ou profissional –, constranger o contribuinte a adimplir obrigações fiscais eventualmente em atraso. [...]Em suma: a prerrogativa institucional de tributar, que o ordenamento positivo reconhece ao Estado, não lhe outorga o poder de suprimir (ou de inviabilizar) direitos de caráter fundamental constitucionalmente assegurados ao contribuinte, pois este dispõe, nos termos da própria Carta Política, de um sistema de proteção destinado a ampará-lo contra eventuais excessos cometidos pelo poder tributante ou, ainda, contra exigências irrazoáveis veiculadas em diplomas normativos por este editados".*

Enfim, tanto o STJ quanto o STF consagram o firme entendimento no sentido de que não é permitido ao Estado, adotar sanções políticas ou estabelecer qualquer tipo de coerção que impeça, prejudique ou simplesmente dificulte o exercício da atividade econômica, como forma de constranger o contribuinte ao pagamento de tributos em atraso. Ao contrário, e de forma definitiva, o credor fiscal está vinculado ao procedimento da execução fiscal, sistema especial para guarnecer o Fisco de forma especial de cobrança, ao mesmo tempo em que propicia ao devedor a oportunidade de apresentação da mais ampla defesa, por meio do devido processo legal. Enfim, novamente com escusas pela insistência, pedido de falência pelo Fisco, caracterizaria sanção político tributária, abuso de direito e coação moral.

Impossibilidade de decreto de falência por descumprimento do art. 57, A partir da reforma da lei nº 14.112/2020

Embora a matéria já tenha sido examinada rapidamente acima, é recomendável analisar com maior detalhamento a disposição do § 7º-B do art. 6º, trazido pela reforma da Lei nº 14.112/2020. Em primeiro lugar, observe-se que as discussões relativas ao art. 57 tomavam todos os foros do País e, mesmo assim, o legislador da reforma resolveu passar ao largo delas e manteve o referido artigo sem qualquer alteração.

Ou seja, pela intensidade da discussão sobre poder ou não ser decretada a falência em caso de descumprimento do art. 57, deveria o legislador da reforma, sem dúvida, resolver a questão e fixar definitivamente qual o caminho a ser tomado. Como sempre, a lei positiva seria o melhor caminho no sentido de pacificar, ou pelo menos tentar pacificar, a jurisprudência. No entanto, indicando que, ao que parece, o legislador não quer mesmo que seja decretada a falência, deixou de trazer qualquer alteração.

Ao contrário, a partir do exame do § 7º-B do art. 6º, parece que a lei resolveu a questão, no sentido de que a falência não deve ser decretada nos casos de descumprimento do art. 57. Com efeito, o § 7º-B estabelece a competência do *"... juízo da recuperação judicial para determinar a substituição dos atos de constrição que recaiam sobre bens de capital essenciais à manutenção da atividade empresarial <u>até o encerramento da recuperação judicial ..."</u>* (sem grifo no original).

Ou seja, este dispositivo está prevendo a continuação de execuções fiscais mesmo após a concessão da recuperação, estabelecendo que tais execuções podem continuar correndo, pois prevê ato judicial *"até o encerramento da recuperação judicial"*. Se há execução fiscal correndo até o encerramento, isto indica que não houve parcelamento ou transação tributária, o que determinaria a suspensão da execução.

Fechando o raciocínio, se a execução fiscal pode continuar correndo até o encerramento da recuperação, isto significa que a recuperação foi concedida, sem parcelamento, sem transação tributária e, consequentemente, sem apresentação de certidão negativa de débito tributário. A existência de parcelamento, de transação tributária e/ou de certidão negativa implica a suspensão de todas as execuções fiscais. A reforma, por meio deste par. 7º-B do art. 6º, trouxe a previsão de existência de execução fiscal em andamento até o momento do encerramento da recuperação judicial, a reafirmar, portanto, o entendimento de que a não apresentação de certidão negativa não é fundamento para que seja decretada a falência.

Há um argumento bastante curioso, não examinado quando da elaboração do texto anterior. É que os incisos V e VI do art. 73 estipulam que o juiz decretará a falência nas situações ali previstas. No entanto, se ocorrer descumprimento dos parcelamentos (inc. V), o Fisco é que deverá informar ao juízo e pedir a falência. Claro que o pedido é necessário, pois ao próprio Fisco pode não interessar o decreto de falência e, por outro lado, o juiz não pode decretá-la de ofício. O mesmo ocorre com relação ao inc. VI.

Como tentamos argumentar desde o princípio, o Fisco não pode pedir falência, por falta de legitimidade. No entanto, se acaso se relevasse este aspecto e se concluísse que o Fisco pode requerer falência neste caso do art. 73, estaria formada uma situação contraditória. Isto porque, se o Fisco estivesse nesta situação do art. 73, poderia requerer falência; se não estivesse nesta situação, não poderia requerer falência. Ora, tanto um credor quanto um devedor, não podem ser tratados assim de forma tão discriminatória.

Portanto, admitindo-se, apenas para poder argumentar, que o Fisco teria legitimidade e interesse para o pedido de falência, estaria criada uma situação de desigualdade, intolerável para o direito. Ou seja, o Fisco não poderia pedir falência de nenhuma sociedade empresária, conforme jurisprudência e doutrina pacificadas. No entanto, se o devedor pedisse recuperação judicial e ficasse colocado na situação prevista nos referidos incisos V e VI, estaria então (o Fisco), colocado em situação diversa relativamente às empresas que não pediram recuperação judicial. Parece configurar contradição em termos, o exame feito a partir destas considerações.

Maria Denise Poffo Wilhelm ("O pedido de falência pelo Fisco", Lumen Juris, 2023, pg.134) bem analisa esta questão, ao anotar: *"Destaca-se o princípio da isonomia na avaliação da constitucionalidade do pedido de falência pelo Fisco, pois se é facultado ao Estado requerer a falência de inadimplentes fiscais apenas das empresas que estão em recuperação judicial, há contrassenso com os demais devedores que não* *pediram recuperação judicial".*: "E prossegue na página seguinte: *"A empresa que deveria ser protegida é a que está sob ataque. A empresa que não ingressou com o pedido de falência (*rectius: recuperação*) não tem qualquer previsão legal de receber a mesma penalidade, que é o pedido de falência. Certamente, representa uma inversão de valores pelo Fisco e que não poderá ser chancelada pelo Judiciário".*

Impossibilidade de decretação da falência de ofício pelo poder judiciário

Imaginando-se como possível afastar os argumentos alinhados nos itens acima, retoma-se aqui a análise sobre a positivação legal da possibilidade da Fazenda Pública pedir a convolação da recuperação judicial em falência. Em caso de descumprimento das regras do parcelamento especial, é necessário atentar para o inciso IV do § 4º-A do art. 10-A da Lei nº 10.522/2002, no qual se inseriu como uma das consequências da exclusão do parcelamento especial: *"a faculdade de a Fazenda Nacional requerer a convolação da recuperação judicial em falência."*

O mencionado dispositivo é interligado aos incisos V e VI do artigo 73 da LREF, em especial quando o caput do art.73 dispõe que: *"O juiz decretará a falência durante o processo de recuperação judicial".* Ou seja, a falência será decretada quando houver o descumprimento do parcelamento especial – e tão somente do especial para empresas em recuperação judicial –, não se aplicando ao ordinário, nem aos parcelamentos especiais gerais, da transação ou se configurar o esvaziamento patrimonial.

A correta interpretação dos dispositivos não pode ser feita de forma isolada e revela a regra preciosa de que os incisos V e VI do art. 73 da LREF não são normas de ordem pública ou cogentes - que possam ser aplicadas de ofício pelo Poder Judiciário - pois, o inciso IV do § 4º-A do art. 10-A da Lei nº 10.522/2002, deixa claro que é uma *"faculdade da Fazenda Nacional"* – e não uma "obrigatoriedade" – por se tratar de uma norma de cunho patrimonial.

Portanto, o inciso IV do § 4º-A do art. 10-A da Lei nº 10.522/2002 é o gatilho que pode (ou não) desencadear as consequências previstas no caput do artigo 73 da LREF, cabendo ao magistrado a análise do caso concreto, decidindo pela sua aplicação ou não, quando solicitado pelo Fisco.

Ou seja, nos casos em que o juiz convolar de ofício uma recuperação judicial em falência pela mera ausência de CND, sem que o Fisco tivesse feito tal requerimento, estaremos ante uma decisão nula, pois, o exercício da função jurisdicional fica condicionado à manifestação de vontade do interessado para postular o seu direito, no caso o Fisco.

A regra é processual e está prevista no art. 492 do CPC. Diz este dispositivo legal: *"Art.492. É vedado ao juiz proferir decisão de natureza diversa da pedida, bem como condenar a parte em quantidade superior ou em objeto diverso do que lhe foi demandado."*

É necessário estabelecer um harmônico equilíbrio entre os limites objetivos da demanda e os poderes cognitivos do órgão jurisdicional, assim dispõe o art. 141 do CPC que determina: *"O juiz decidirá o mérito nos limites propostos pelas partes, sendo-lhe vedado conhecer de questões não suscitadas a cujo respeito a lei exige iniciativa da parte".*

Rogério Cruz e Tucci (pg.125) explica: *"O julgador não deve, pois, pronunciar-se sobre coisa não demandada, não podendo também deferir mais do que lhe foi postulado... Se o fizer, vale dizer, atribuir ao autor mais ou fora do que demonstrou pretender, irrompe, por certo, viciado o julgado. Diz-se que, nesta hipótese, a sentença, respectivamente, é ultra, extra ou citra petita."* Teresa Arruda Alvim (pg. 259) conclui: *"Será ultra petita a sentença que for capaz de exarar efeitos jurídicos mais amplos do que os pleiteados pela parte".*

Resta clara a conclusão de que a eventual possibilidade de requerer a convolação da recuperação judicial em falência, por descumprimento ao parcelamento especial ou transação – embora seja ilegal, imoral e inconstitucional - é um direito disponível que só cabe à Fazenda Nacional invocar; assim, não estamos diante de uma norma de ordem pública. Isto, evidentemente desde que se imagine possível superar os argumentos dos itens já acima alinhados.

Sua invocação também não pode ser exercida por nenhum outro credor, nem mesmo pelo administrador judicial, por não estar no rol taxativo estabelecido na alínea *b* do inciso II do art. 22 da LREF. Lembrando que sua aplicação de ofício pelo juiz mais rigoroso ou menos formalista, configura decisão *ultra petita*, portanto nula.

A jurisprudência do STJ após a reforma

A reforma trazida pela Lei nº 14.112/2020 foi mais que tímida com relação ao art. 57 e ao Fisco em geral. Não fez qualquer alteração no art. 57, que sempre foi centro de acalorada discussão desde a promulgação da LREF em 2005 e que não tinha encontrado pacificação, mesmo passados 15 anos. Apesar disto, como já acima ressaltado, andou pessimamente o legislador neste ponto e não tomou conhecimento de que a alteração do art. 57 era imprescindível.

Por isto mesmo, fez com que permanecesse a pendência para ser solucionada pela doutrina e pela jurisprudência. Como resultado direto, o STJ continuou mantendo o entendimento anterior, conservando o entendimento consagrado no sentido de que o art. 57 não impede a concessão da recuperação judicial, mesmo que não haja apresentação da certidão negativa de débito. Enfim, sem embargo da amplitude da reforma, manteve-se a insegurança gerada a partir da má redação do art. 57.

Tanto é assim que, embora promulgada a lei da reforma há pouquíssimo tempo, em 2020, já há decisões do STJ permitindo a concessão da recuperação judicial sem a apresentação da certidão negativa de débitos fiscais. Ou seja, mais uma comprovação de que andou mal o legislador e, com seu absenteísmo, permitiu que os problemas existentes deixassem de ser sanados.

No julgamento do REsp 2.053.240-SP-, 3ª Turma, Rel. o Min. Marco Aurélio Bellizze, j. em 15.6.2023, que reformou decisão do TJSP, consta: "*1. A apresentação de certidão negativa de débitos fiscais não é condição imposta ao deferimento do seu pedido de recuperação judicial. Precedentes*". E, como precedentes, são mencionados: AgInt no AREsp nº 1.841.841-RJ-. Rel. Min. Luis Felipe Salomão, DJe de 11.5.2022. A seguir o julgado faz análise das reformas trazidas pela Lei nº 14.112/2020 e conclui: "*Diante do exposto, dou provimento ao recurso especial para possibilitar, nos termos da jurisprudência desta Corte, o deferimento da recuperação judicial sem a exigência de apresentação de certidões negativas de débitos fiscais, mesmo após a edição da Lei nº 13.043/2014*".

No mesmo sentido, o REsp 1.989.920-PR-, 3ª Turma, Rel. Min. Paulo de Tarso Sanseverino, j. em 13.3.2023, do qual se extrai: "*Nesse contexto, a interpretação literal do artigo 57 daquele diploma legal, com a exigência obrigatória da prévia comprovação de regularidade fiscal como condição da homologação do plano de recuperação, seria incompatível com o estímulo à atividade econômica, os princípios da preservação e da função social da empresa, e, assim, a própria finalidade do instituto da recuperação judicial*".

Neste julgado, o Min. Sanseverino traz à colação a conclusão do Supremo Tribunal Federal que, ao negar seguimento à Reclamação 43.169/SP, interposta contra a decisão do REsp nº 1.864.625-SP-, deixou fixado o seguinte: "*O que fez a Terceira Turma do Superior Tribunal de*

Justiça foi olhar a teleologia da Lei nº 11.101/05, como um todo, e procurar a solução que apresentava menor restrição possível às normas legais que nortearam o instituto da recuperação judicial que é 'viabilizar a superação da situação de crise econômico-financeira do devedor, a fim de permitir a manutenção da fonte produtora, do emprego dos trabalhadores e dos interesses dos credores, promovendo, assim, a preservação da empresa, sua função social e o estímulo à atividade econômica'(REsp 1.187.404/MY, Corte Especial, Rel. Min. Luis Felipe Salomão, DJe 21/8/2013)".

No mesmo sentido, é de se conferir ainda: REsp 1.597.261; REsp 1.864.625; AgInt. TP 3.539; AgInt TP 14.287; TP 4.113.

Conclusão

Postas as premissas acima, admitindo-se ainda que não há pacificação a permitir a sempre procurada segurança jurídica, é possível chegar a (ou pelo menos sugerir) algumas conclusões. Para evitar repetição inútil, expõe-se a conclusão a que se quis chegar, de forma bem objetiva e resumida, sem repetir os argumentos trazidos no texto, a cuja leitura se remete.

Ante as consequências do decreto de falência, que com certa liberdade de linguagem, pode-se dizer que causa a morte da sociedade empresária, conclui-se que a falência só pode ser decretada se houver específica previsão legal, não cabendo qualquer tipo de analogia para fundamentar a quebra.

Há fundamentação "histórica", a partir da qual é possível afirmar que o legislador de 2005 pretendia afastar a possibilidade de decreto de falência por descumprimento do art. 57 (item "8"). A reforma trazida pela Lei nº 14.112/2020 veio confirmar tal impossibilidade, nos termos do § 7ºB do art. 6º da LREF.

Mesmo superada a conclusão "b", ainda assim a reforma da Lei nº 14.112/2020 não é de molde a permitir o pedido de falência por parte do Fisco, se não houve pedido de parcelamento ou de transação por parte da recuperanda (itens "12" a "14). Mesmo após vir a ser fixado o correto entendimento do vago termo "esvaziamento patrimonial", utilizado no inc. VI do art. 73, também não há possibilidade de pedido de falência pelo Fisco sob tal fundamento.

O pedido de falência por parte do Fisco, em qualquer situação, caracteriza abuso de direito, coação moral e sanção político tributária, o que não é tolerado em nosso sistema de direito, por afrontar o princípio constitucional do direito ao exercício de atividade econômica ao contribuinte (itens "18" a "29"). Como resultado de tal pedido, o Fisco poderia ser condenado pelos danos causados, como litigante de má-fé.

A decisão judicial que convolar de ofício a recuperação judicial em falência, seja pela ausência de CND ou pelo descumprimento dos incisos V e VI do art. 73 da LREF é nula de pleno direito, por não se tratar de norma de ordem pública e sim de norma de cunho patrimonial, que depende de impulso da Fazenda Nacional.

O entendimento que se extrai a partir de todo o exposto, é no sentido de que, não cumprido o art. 57, o juiz deve conceder a recuperação judicial, uma vez que ao Fisco, não sujeito aos efeitos da recuperação, fica garantido o direito de utilizar-se da execução prevista especificamente no art. 38 da Lei nº 6.830/1980.

É equivocado o pensamento de que o interesse público deva se sobrepor ao interesse do particular a qualquer custo; ambos devem ser preservados e interpretados de forma harmônica, pois é a iniciativa privada que investe, gera empregos e riqueza ao país. Este é o conflito existente entre a LREF e a satisfação do crédito tributário; não podendo a LREF se tornar um "cercadinho da execução fiscal" por pressão da Fazenda, desequilibrando a balança e atendendo somente aos interesses do Fisco.

A jurisprudência do Superior Tribunal de Justiça caminha no sentido de firmar que, mesmo após a reforma trazida pela Lei nº 14.112/2020, permanece o entendimento de que a não apresentação de certidão negativa de débitos fiscais não é impedimento à concessão da recuperação judicial.

Referência bibliográfica

ARRUDA ALVIM, Tereza. *Nulidades do processo e da sentença.* 9ª edição. São Paulo: Thomson Reuters Brasil, 2018.

BEZERRA FILHO, Manoel Justino. *Dez Anos da Lei nº 11.101/2005.* Coord. de Sheila C. Neder Cerezetti e Emanuelle Urbano Maffioletti. São Paulo: Almedina, 2015.

CAMPINHO, Sérgio. *Falência e Recuperação de Empresa.* 7ª edição. Rio de Janeiro: Ed. Renovar, 2015.

CRUZ E TUCCI, José Rogério. Comentários ao Código de Processo Civil:(arts.485 ao 538) 2ª edição. São Paulo: Thomson Reuters Brasil, 2018. – (Coleção

Comentários ao Código de Processo Civil; v.VIII/Direção Luiz Guilherme Marinoni; Coord. Sérgio Cruz Arenhart e Daniel Mitidiero)

MACHADO, Hugo de Brito. *Sanções Políticas no Direito Tributário. In* Revista Dialética de Direito Tributário, nº 30, 1998

SALOMÃO, Luis Felipe e **SANTOS**, Paulo Penalva. *Recuperação judicial, extrajudicial e falência.* Rio de Janeiro: 6ª ed., 2021.

SZTJAN, Rachel. FRANCO, **MELLO**, Vera Helena de Mello. *Falência e recuperação da empresa em crise.* Rio de Janeiro: Ed. Elsevier, 2008.

WILHELM, Mara Denise Poffo. *O pedido de falência pelo Fisco.* Rio de Janeiro: Ed. Lumen Juris, 2023.

SOBRE A (IR)RESPONSABILIDADE DOS SÓCIOS REMANESCENTES PELO PAGAMENTO DOS HAVERES NA DISSOLUÇÃO PARCIAL DE SOCIEDADE LIMITADA

Marcelo Vieira Von Adamek[1]

O acórdão sob comentário enfrenta duas questões jurídicas que, com alguma frequência, despontam nas ações de dissolução parcial de sociedades e que são (*i*) o regime de responsabilidade dos sócios da sociedade limitada pelo pagamento dos haveres e (*ii*) a aplicação, nesse contexto, do instituto da desconsideração da personalidade jurídica e do correlato incidente processual. Ainda quando essas questões não sejam em si novas, ambas receberam no acórdão respostas dissonantes das tradicionais e que, além de merecerem análise crítica, se explicam, em larga medida, pela insuficiente disciplina unitária trazida pelo Código de Processo Civil para as ações de dissolução parcial *stricto sensu* e para as ações apuração de haveres, tratadas conjuntamente sob a equívoca designação comum de "ação de dissolução parcial de sociedades".

ACÓRDÃO

Vistos, relatados e discutidos estes autos de Agravo de Instrumento nº 2049489-06.2022.8.26.0000, da Comarca de Barueri, em que são agravantes MARCIO MARTINI FERREIRA DA CUNHA e MARCELO

---

1 Doutor e Mestre em Direito Comercial pela Faculdade de Direito da USP. Professor Doutor do Departamento de Direito Comercial da Faculdade de Direito da USP.

MARTINI FERREIRA DA CUNHA, é agravado JOÃO FERRAZ DE ALMEIDA PRADO.

ACORDAM, em sessão permanente e virtual da 1ª Câmara Reservada de Direito Empresarial do Tribunal de Justiça de São Paulo, proferir a seguinte decisão: Negaram provimento ao recurso, v.u., de conformidade com o voto do relator, que integra este acórdão.

O julgamento teve a participação dos Desembargadores FORTES BARBOSA (Presidente), JANE FRANCO MARTINS e J. B. FRANCO DE GODOI.

São Paulo, 3 de junho de 2022

FORTES BARBOSA
Relator

Agravantes: Marcio Martini Ferreira da Cunha e Marcelo Martini Ferreira da Cunha

Agravado: João Ferraz de Almeida Prado Interessada: Speedy Service Logística Ltda.

EMENTA

Dissolução parcial de sociedade – Pagamento de haveres – Deferimento do pedido de penhora de bens componentes do patrimônio de sócios remanescentes, patente a insuficiência daqueles encontrados em nome da pessoa jurídica para a satisfação do crédito exequendo – Possibilidade – Não é admissível que os sócios remanescentes, pura e simplesmente, capturem o capital do antigo sócio, usufruam do patrimônio alheio (muitas vezes, como no caso concreto, durante anos) e, ao final, imponham um inadimplemento irreversível, inviabilizando, em virtude dos resultados negativos da atividade empresarial realizada após o rompimento do vínculo societário, o pagamento dos haveres devidos pela pessoa jurídica, ficando isentos de qualquer responsabilidade patrimonial –Interpretação sistemática dos arts. 601 e 604, §1º do CPC/2015 – Decisão mantida – Recurso desprovido.

VOTO (nº 18.117)

Cuida-se de agravo de instrumento tirado contra decisão proferida pelo r. Juízo de Direito da 1ª Vara Cível da Comarca de Barueri, que, em sede de cumprimento de sentença proferida em ação de dissolução parcial de sociedade e apuração de haveres, considerando terem os sócios da pessoa jurídica ré figurado também como réus na fase de conhecimento, deferiu pedido de penhora de bens componentes do patrimônio desses sócios (fls. 1.065 dos autos de origem).

Os agravantes frisam, de início, terem integrado o polo passivo da relação processual apenas por força do litisconsórcio necessário previsto no artigo 114 do CPC de 2015, ou seja, "por mera disposição contratual e legal, não sendo os mesmos responsáveis pelo pagamento dos haveres societários ao sócio retirante João", cabendo esse pagamento, isso sim, à própria sociedade. Ressaltam se tratar de ação "em parte de cunho declaratório, onde a presença dos sócios remanescentes se fazia necessária pois alcança o ato constitutivo da empresa ", visto que, somente com a ação, poderiam anuir, ou não, com a retirada do ora agravado, conforme impõem os artigos 999, 1.002 e 1.029 do Código Civil de 2002. Negando haver solidariedade da sociedade com os sócios remanescentes, reiteram que a dissolução passa pela apuração de haveres de responsabilidade exclusiva da empresa. Invocando o disposto no artigo 1.031 do Código Civil de 2002, destacam, outrossim, que não houve incorporação da quota parte do sócio retirante, ficando a sociedade com o capital social reduzido. Finalizam, requerendo a concessão de efeito suspensivo reforma da decisão recorrida, sobrestando-se os atos expropriatórios junto aos Agravantes" (fls. 01/08).

Foi indeferido o efeito suspensivo (fls. 27/31).

Em contraminuta, o agravado requer a manutenção da decisão recorrida (fls. 35/56).

Não houve oposição ao julgamento virtual.

É o relatório.

Por sentença proferida em 8 de janeiro de 2018, foi julgada procedente a presente ação de dissolução parcial de sociedade, promovida a exclusão do autor, ora agravado, do quadro social da Speedy Service Logística Ltda, fixado o dia 6 de maio de 2013 como data do rompimento do vínculo societário. Ficou estabelecido, simultaneamente, que, aos sócios remanescentes, caberia deliberar acerca do destino das quotas sociais respectivas, avaliada, ainda, a participação societária do antigo sócio importe de R$ 595.705,97, (quinhentos e noventa e cinco mil, setecentos e cinco reais e noventa e sete centavos), conforme o apurado em exame pericial, valor previsto para ser pago ao agravado a título de haveres, com os acréscimos de correção monetária e juros de mora legais (fls. 1.472/1.476 do Proc. 1013270-16.2013.8.26.0068).

Esta Câmara Reservada confirmou a sentença na parcela que declarou a dissolução da sociedade 'porque inequívoca e de vontade comum das partes'. Houve, porém, sua reforma parcial, fixada, como data de dissolução do vínculo societário, o dia 6 de julho de 2013, havendo de serem consideradas para a apuração dos haveres todas as dívidas comprovadas pelos recorrentes 'no curso do processo existentes até 6 de julho de 2013 e que são de titularidade da sociedade empresária, ainda que não contabilizadas' (fls. 1.558 do Proc. 1013270-16.2013.8.26.0068).

Iniciado o cumprimento de sentença, foi, enfim, homologado o laudo pericial, declarando o saldo apontado como devido ao agravado no importe de R$ 431.082,48 (quatrocentos e trinta e um mil, oitenta e dois reais e quarenta e oito centavos), referenciado para o dia 30 de julho de 2020.

A parte executada, na forma do artigo 513, § 2º, do CPC de 2015, foi intimada para que pagasse, no prazo de 15 (quinze) dias, a quantia então apontada, sob pena de incidência dos acréscimos previstos no artigo 523 do mesmo diploma legal (fls. 859 dos autos de origem).

Confirmada a decisão homologatória do laudo pericial, decorreu o prazo concedido para o depósito do "quantum" apurado (fls. 870/879 e 883 dos autos de origem).

O exequente atualizando o montante devido, requereu a "realização de pesquisas Sisbajud e Renajud em nome da Executada, para bloqueio de ativos financeiros e veículos, visando o pagamento do débito" (fls. 886/887 dos autos de origem).

Não conseguindo localizar bens da sociedade por meio de pesquisas realizadas pelo Sisbajud e pelo Renajud (fls. 897 dos autos de origem), o ora agravado pleiteou a realização de uma nova pesquisa, com o uso dos mesmos sistemas e com a finalidade de ser efetuada a penhora de bens componentes do patrimônio dos sócios ora agravados (fls. 901/902 dos autos de origem), o que foi deferido pela decisão ora recorrida.

E, irresignados, os agravantes pretendem reforma, mas o recurso não comporta provimento.

No presente cumprimento de sentença, restou frustrada a tentativa de bloqueio de valores de titularidade da sociedade executada por meio do Sisbajud (fls. 897) e, ao depois, por meio de pesquisa realizada via Renajud (fls. 900), foram localizados dois automóveis (Fiat Strada, ano 2009 e Fiat Palio, ano 2003), ambos com restrições, restando patente sua insuficiência para a satisfação do crédito exequendo, o qual, em agosto de 2021, atingia o montante de R$ 643.774,87 (seiscentos e quarenta e três mil, setecentos e setenta e quatro reais e oitenta e sete centavos) (fls. 887).

Há de se ponderar, em confronto com o expedindo nas razões recursais, que esta Câmara Reservada, em julgamentos realizados desde o ano de 2019, tem discutido qual a interpretação mais adequada e correta para o artigo 601 do CPC de 2015, identificando responsabilidade efetiva dos sócios remanescentes, que usufruem do capital fornecido pelo sócio retirante ou excluído enquanto não pagos seus haveres, e não podem, simplesmente, impor a transferência dos riscos empresariais para quem teve rompido o vínculo societário.

Não é admissível que os sócios remanescentes, pura e simplesmente, capturem o capital do antigo sócio, usufruam do patrimônio alheio (muitas vezes, como no caso concreto, durante anos) e, ao final, imponham um inadimplemento irreversível, inviabilizando, em virtude dos resultados negativos da atividade empresarial realizada após o rompimento do vínculo societário, o pagamento dos haveres devidos pela pessoa jurídica, ficando isentos de qualquer responsabilidade patrimonial.

Os artigos 601 e 604, §1º do CPC de 2015 precisam ser interpretados de maneira conjugada e em consonância com a dinâmica funcional da atividade empresarial exercida por uma sociedade, como ente imaterial, não sendo viável, nas circunstâncias concretas aqui expostas, deixar de reconhecer a responsabilidade patrimonial dos agravantes.

Não é, nem mesmo, necessária a desconsideração da personalidade jurídica e a perquirição das hipóteses concretas previstas no artigo 50 do Código Civil, pois, conforme as regras processuais regentes do procedimento especial da ação de dissolução parcial de sociedades, os sócios remanescentes são, desde o início do trâmite do processo, incluídos na relação processual.

Há de se destacar, inclusive, que esta inclusão obrigatória perderia sua razão de ser caso não pudessem ser extraídos os reflexos patrimoniais em relevo, os quais, como o acima exposto, derivam de uma interpretação sistemática da legislação vigente.

Nesse mesmo sentido, merecem ser reproduzidas as ementas de julgados recentes atinente à matéria:

'Ação de apuração de haveres ajuizada por sócios retirantes. Decisão que declarou os sócios remanescentes da pessoa jurídica partes ilegítimas. Agravo de instrumento dos autores. O litisconsórcio passivo necessário entre sócios e sociedade decorre do art. 601 do CPC, aplicável tanto à dissolução parcial de sociedade, quanto à apuração de haveres. Jurisprudência do STJ, desta 1ª Câmara Reservada de Direito Empresarial e outros Tribunais pátrios. Interpretação sistemática do CPC que conduz à mesma conclusão, até porque sempre se há de prestigiar interpretação que conduza à vigência de dispositivo legal (no caso, o art. 601 do CPC), não ao contrário. A norma em análise pelo exegeta deve ter seu significado e seu valor encontrados no contexto da lei em que inserida, ou no de todo do Direito Positivo: 'Commodissimum est, id accipi, quo res de qua agitur, magis valeat quam pereat' (prefira-se a inteligência dos textos que torne viável seu objetivo, em vez da que os reduza à inutilidade). Segunda linha de fundamentação da reforma da decisão recorrida buscada na doutrina de Carlos Maximiliano. Decisão agravada reformada. Recurso provido' (TJSP, AI 2056902-75.2019.8.26.0000, Rel. Des. Cesar Ciampolini, 1ª Câm. Dir. Emp., j. 21/08/2019).

'Sociedade Limitada – Morte de sócio – Ação de apuração de haveres Sentença de procedência parcial Ausência de insurgência acerca da quantificação dos haveres apurados na perícia ou com respeito à extinção de medida cautelar preparatória – Responsabilidade patrimonial subsidiária do sócio remanescente reconhecida, interpretados os artigos 601, 'caput' e 604, §1º do CPC/2005 – Pagamento dos haveres numa única parcela ordenada, a ser feita imediatamente após a liquidação, dado o término, durante o trâmite do processo, dos prazos de pagamento parcelado previstos nos contratos sociais – Juros moratórios incidentes a partir da citação, por aplicação dos arts. 397, parágrafo único do CC/2002 e 240 do CPC/2015, não tendo os réus iniciado o pagamento dos haveres efetivamente devidos até serem trazidos ao processo – Mora configurada – Litigância de má fé dos réus configurada, mantida a multa imposta à parte ré – Sucumbência recíproca corretamente reconhecida – Inviabilidade, no entanto, de arbitramento da verba honorária sucumbencial por equidade – Incidência dos arts. 85, §§ 2º e 14 e 86, 'caput', do diploma processual Sentença parcialmente reformada – Apelo e recurso adesivo parcialmente providos' (TJSP, Ap. 1000194-24.2015.8.26.0562, rel. Des. Fortes Barbosa, 1ª Câm. Dir. Emp., j. 04/11/2021).

'Agravo de Instrumento – Liquidação de sentença –Apuração de haveres em ação de dissolução de sociedade julgada procedente – Decisão que rejeitou a alegação de ilegitimidade passiva de coexecutado – Preliminar de nulidade por vício de fundamentação – Decisão

> agravada suficientemente fundamentada – Ausência de ofensa ao art. 93, IX, da CF – Preliminar rejeitada – Mérito – Por ocasião do ajuizamento da ação com pedidos cumulados de dissolução parcial de sociedade e apuração de haveres integraram o polo passivo a sociedade e os sócios remanescentes – Litisconsórcio necessário – Inteligência dos arts. 601 e 604, §1º do CPC – Precedentes jurisprudenciais – Sentença de procedência que determinou a exclusão e apuração de haveres – Sentença declarada para fixar o percentual de honorários de sucumbência – Particularidades do caso concreto – Publicações oficiais que tiveram o nome do procurador do corréu, agravante, mas necessitaram republicação por omissão de advogados de outros réus – Ausência de recursos da parte ré – Republicações que fizeram o trânsito em julgado ser certificado mais de dois anos após prolatada a sentença de mérito – Réus que teriam realizado uma alteração societária, também dois anos após a sentença proferida, para excluir dois dos corréus, sem mencionar a existência da ação judicial, tampouco as anotações realizadas pela própria Junta Comercial para dar cumprimento à sentença – Averbação da alteração na JUCESP após o trânsito em julgado Manutenção do polo passivo que se impõe – Necessidade de respeito à coisa julgada – Permanência de interesse subjetivo dos réus para integrarem a fase de apuração de haveres – Possível responsabilidade subsidiária dos sócios que eram os remanescentes na data do ajuizamento da ação de dissolução e da sentença, que transitou em julgado, inclusive em razão da posse de documentos e informações que poderão contribuir para a fase de apuração de haveres - Inteligência do art. 1.032 do Código Civil - Decisão agravada mantida – Recurso improvido' (TJSP, AI 2211127-82.2021.8.26.0000, rel. Des. Jane Franco Martins, 1ª Câm. Dir. Emp., j. 27/01/2022).

Destarte, constatada a ausência de bens passíveis penhoráveis suficientes no patrimônio da sociedade submetida à dissolução parcial, é de rigor a pesquisa de ativos e bens dos sócios remanescentes, não merecendo, portanto, reparo a decisão ora recorrida.

Nega-se, por isso, provimento ao presente agravo.

FORTES BARBOSA
Relator

Comentário do acórdão por Marcelo Vieira von Adamek

1. Introdução[2]

Ainda quando se reconheça que "a essência da função jurisdicional reside na solução de conflitos *concretos* envolvendo indivíduos ou grupos, não no estabelecimento de normas *gerais* e *abstratas* a serem autuadas por outrem para a solução de conflitos que no futuro venham a surgir"[3], não há como ignorar que, diante do atual sistema de processo civil brasileiro, a *jurisprudência* teve o seu *vigor reforçado* (CPC, arts. 489, § 1°, VI, 926 e 927) e que, desde sempre, julgados emanados de órgãos jurisdicionais respeitabilíssimos e relatados por cultos e renomados Juízes (como os do caso em análise) desfrutam de acentuada *força persuasiva*, assim exercendo notável *influência* na cristalização de certas interpretações. Resulta daí que, ao aplicar o direito ao caso concreto, aos julgadores em geral (e os de tribunais, em especial), se coloca a difícil missão de encontrar soluções justas para as causas concretas que lhes são submetidas envolvendo situações e fatos pretéritos[4] e, ao mesmo tempo, estruturá-las sobre sólidas bases dogmáticas, eis que os seus julgados tendem a ser inevitavelmente invocados e as suas soluções reproduzidas em um sem-número de causas posteriores.

Abstraindo, por isso mesmo, da discussão sobre a justeza ou não da solução dada à causa no acórdão em análise (de cuja fundamentação sobressai o compreensível desejo de impedir que possíveis atos de desvio patrimonial restem impunes e minem a própria efetividade do

---

2 O presente trabalho destina-se a compor a obra em memória do Prof. NELSON ABRÃO, antigo lente da Faculdade de Direito da Universidade de São Paulo que deixou significativa produção na área do direito comercial, expressa em numerosos livros e estudos que, ainda hoje, ao ensejo da comemoração do seu centenário, iluminam e auxiliam na compreensão dos atuais problemas que se colocam na disciplina das atividades econômicas.

3 CÂNDIDO RANGEL DINAMARCO, *Instituições de direito processual civil*, vol. I, 10ª ed. SP: Malheiros, 2020, n° 33, p. 102.

4 Afinal, conforme anotou JEAN CRUET, "o juiz está em contato quotidiano com a vida jurídica nas suas manifestações mais especiais, mais excepcionais; a sua preocupação essencial, diretamente oposta à do legislador, é, por assim dizer, *individualizar* o direito procurando combinar as suas linhas gerais com os traços característicos de cada um dos casos particulares de que sucessivamente se ocupa. Vê em suma a lei *através da espécie* e o seu espírito, por um movimento natural, vai da questão de fato à questão de direito" (*A vida do direito e a inutilidade das leis*, Lisboa: José Bastos & C.ª, 1908, p. 77).

direito assegurado à parte credora por anteriores decisões da causa), os fundamentos para tanto invocados comportam reflexões adicionais. Porém, antes de expô-las (nos itens 3 e 4, adiante), vale pôr em destaque a causa submetida à apreciação da Turma Julgadora e os fundamentos adotados na decisão.

2. A causa decidida e a sua fundamentação

Trata o acórdão sob comentário de julgamento de recurso de agravo de instrumento interposto contra decisão de primeira instância que – nos autos de ação de dissolução parcial de sociedade, em fase de cumprimento de sentença para cobrança do valor dos haveres devidos a antigo sócio – deferiu a pesquisa para penhora de bens em nome dos sócios remanescentes, porquanto já positivada a inexistência de ativos da própria sociedade limitada. Ao negar provimento ao recurso e, ao fazê-lo, inequivocamente assentar a responsabilidade dos sócios remanescentes pelo pagamento dos haveres devidos ao retirante (responsabilidade essa que, ademais, foi reafirmada em posterior julgamento do mesmo órgão[5]), a Turma Julgadora baseou-se nos seguintes fundamentos: (***i***) os sócios remanescentes compuseram o polo passivo da ação de dissolução parcial e, nessas condições, "esta inclusão obrigatória perderia sua razão de ser caso não pudessem ser extraídos os reflexos patrimoniais em relevo, os quais (...) derivam de uma interpretação sistemática da legislação vigente"; (***ii***) "os artigos 601 e 604, §1º do CPC de 2015 precisam ser interpretados de maneira conjugada", de modo a indicar "responsabilidade efetiva dos sócios remanescentes, que usufruem do capital fornecido pelo sócio retirante ou excluído enquanto não pagos seus haveres, e não podem, simplesmente, impor a transferência dos riscos empresariais para quem teve rompido o vínculo societário"; (***iii***) "não é admissível que os sócios remanescentes, pura e simplesmente, capturem o capital do antigo sócio, usufruam do patrimônio alheio (muitas vezes, como no caso concreto, durante anos) e, ao final, imponham um inadimplemento irreversível, inviabilizando, em virtude dos resultados negativos da atividade empresarial realizada após o rompimento do vínculo societário, o pagamento dos haveres devidos pela pessoa jurídica, ficando isentos de qualquer responsabilidade patrimonial"; e, para

5 *Cf.*: TJSP, AI 2040083-24.2023.8.26.0000, 1ª Câm. Dir. Emp., Rel. Des. FORTES BARBOSA, v.u., j. 02.05.2023.

que essa responsabilidade possa ser efetivada, (*iv*) "não é, nem mesmo, necessária a desconsideração da personalidade jurídica e a perquirição das hipóteses concretas previstas no artigo 50 do Código Civil, pois, conforme as regras processuais regentes do procedimento especial da ação de dissolução parcial de sociedades, os sócios remanescentes são, desde o início do trâmite do processo, incluídos na relação processual". Eis, na essência, a decisão e os seus fundamentos.

Como facilmente se nota, duas são, na essência, as questões jurídicas que se destacam no julgado, a saber, a existência ou não de responsabilidade dos sócios da sociedade limitada pelo pagamento dos haveres devidos ao antigo sócio ou a seus sucessores, e a aplicação, nesse contexto, do instituto da desconsideração da personalidade jurídica e do correlato incidente processual. Vejamos cada qual, separadamente.

3. Sobre a responsabilidade patrimonial dos sócios da sociedade limitada (e a correlata legitimidade passiva *ad causam*)

Para assentar a responsabilidade patrimonial dos sócios remanescentes pelo pagamento dos haveres, a Turma Julgadora afirmou que: (*i*) a responsabilidade dos sócios remanescentes pelo pagamento dos haveres devidos àquele que se desligou da sociedade resultaria da interpretação sistemática da legislação vigente e, em especial, da compreensão conjunta dos arts. 601 e 604, § 1°, do CPC; (*ii*) se semelhante interpretação não fosse feita e, portanto, se dela não se extraíssem reflexos patrimoniais, os citados artigos perderiam a sua razão de ser; e (*iii*) os sócios remanescentes não podem "impor a transferência dos riscos empresariais para quem teve rompido o vínculo societário" e, portanto, se na pendência da lide capturaram e usufruíram do capital alheio e, no entretempo, levaram ao inadimplemento irreversível da sociedade, em virtude dos resultados negativos da atividade empresarial, não podem ser "isentos de qualquer responsabilidade patrimonial".

Pois bem. Respeitada a visão diversa, não nos parece que essa responsabilidade dos sócios possa ser assentada em caráter geral ou que se justifique pelos fundamentos invocados no aresto. Explica-se:

3.1. O litisconsórcio nas ações de dissolução e o regime de responsabilidade dos sócios: uma correlação imperfeita

No direito processual civil brasileiro, o litisconsórcio necessário resulta da lei ou da natureza da relação jurídica (CPC, art.

114)[6]. É dizer, o seu fator legitimante decorrerá sempre da natureza da relação jurídica subjacente ou, então, da imposição do legislador[7].

Na ação de dissolução parcial *stricto sensu*, quer tenha sido ela deduzida isoladamente (CPC, art. 599, I e III, 1ª parte) ou cumulada com a apuração de haveres (CPC, art. 599, I e II), a demanda tem carga predominantemente constitutivo-negativa, e a fonte matriz da necessariedade repousa na própria natureza da relação jurídica – sendo essa, ademais, uma hipótese típica de litisconsórcio necessário e unitário. Os sócios remanescentes são convocados a compor o polo passivo simplesmente porque a extinção do vínculo que une o sócio à sociedade atinge, de igual modo, o vínculo que aquele mantém com os demais sócios (CC, art. 981) e, por essa razão, tendo estes também a sua esfera jurídica atingida, são litisconsortes necessários. Por outras palavras, é a incindibilidade da relação jurídica litigiosa, a conclamar decisão homogênea para todos os partícipes, que impõe a necessariedade do litisconsórcio, que ademais é unitário.

Sucede que, se essas observações valem para o pedido de dissolução propriamente dito, o mesmo já não se verifica na ação de apuração de haveres (CPC, art. 599, II). Nesta, que é demanda de carga predominantemente condenatória (e, portanto, nada tem de dissolução[8]), de

6 O CPC atual desfez a confusão presente no art. 47 do CPC/1973, em que o litisconsórcio necessário vinha conjuminado à ideia de litisconsórcio unitário. Na regra atual, "o litisconsórcio será necessário por disposição de lei ou quando, pela natureza da relação jurídica controvertida, a eficácia da sentença depender da citação de todos os que devam ser litisconsortes" (art. 114).

7 Segundo bem notou Ovídio A. Baptista da Silva, "o denominado litisconsórcio necessário simples, resultante de uma imposição legal, independentemente da natureza da relação jurídica litigiosa, não oferece problemas conceituais significativos, uma vez que, nele, a necessariedade decorre de uma determinação imposta por lei. O litisconsórcio é indispensável porque a lei assim o quer" (*Comentários ao Código de Processo Civil*, vol. 1, SP: RT, 2000, p. 209). E mais: "No chamado litisconsórcio necessário simples, a sentença não necessita ser uniforme para todos os litisconsortes" (*op. cit.*, p. 211), eis que "nas hipóteses de litisconsórcio necessário simples, caso não houvesse aquela especial exigência legal, impondo a citação de todos os que devem figurar como litisconsortes, poder-se-ia demandar validamente mesmo deixando fora da causa" um dos sujeitos (*op. cit.*, p. 213).

8 É o que de há muito destacou Cândido Rangel Dinamarco, para quem a demanda seria "mera ação condenatória pelos haveres, equivocadamente chamada de 'dissolução parcial'" (*Litisconsórcio*, 4ª ed. SP: Malheiros, 1996, n° 55.2, p. 201). E, ainda referindo-se ao equívoco do uso da locução "dissolução parcial" nesse contexto, apontou: "isso é fruto de uma impropriedade; essa é uma ação condenatória, tendo por objeto dinheiro (os *haveres* do sócio) e não visa a dissolver a sociedade. Carece de significado a locução *dissolução parcial*" (*op. cit.*, n° 55.2, nota 192, p. 201).

rigor, não se exige o litisconsórcio entre a sociedade e os sócios remanescentes[9]. Pois, de acordo com o direito material aplicável ao litígio, devedora dos haveres é a sociedade limitada, e não os sócios remanescentes[10]; logo, é apenas aquela e não estes que devem figurar na causa[11].

---

9 *Cf.*: ERASMO VALLADÃO A. e N. FRANÇA e MARCELO VIEIRA VON ADAMEK, *Direito processual societário*, 3ª ed. SP: Malheiros, 2023, n° 4.3, pp. 74-78, e, também, *Apuração de haveres em sociedade limitada e ilegitimidade passiva dos sócios remanescentes*, 'in' *Contencioso societário* - coord. Pedro A. L. Ramunno, SP: Quartier Latin, 2021, pp. 327-338. *Cf.* ainda: FLÁVIO LUIZ YARSHELL e FELIPE AMARAL MATOS, *O procedimento especial de dissolução (parcial) de sociedade no Projeto de CPC*, 'in' *Processo societário* - coords. Flávio Luiz Yarshell e Guilherme Setoguti J. Pereira, SP: Quartier Latin, 2012, pp. 231-232; LUIZ FERNANDO CASAGRANDE PEREIRA, *Código de Processo Civil anotado* - coords. José Rogério Cruz e Tucci e outros, 2ª ed. RJ: GZ Editora, 2017, nota 2 ao art. 601, p. 849; JOÃO PAULO HECKER DA SILVA, *Legitimidade passiva na ação de dissolução parcial de sociedade no Código de Processo Civil de 2015: uma análise crítica*, 'in' *Processo societário III* - coords. Flávio Luiz Yarshell e Guilherme Setoguti J. Pereira, SP: Quartier Latin, 2018, pp. 356-367; SÉRGIO CAMPINHO e MARIANA PINTO, *A sociedade limitada na perspectiva de sua dissolução*, SP: Saraiva, 2022, p. 242; e TIAGO ASFOR ROCHA LIMA, *Aspectos processuais da apuração de haveres* post mortem *e o novo Código de Processo Civil*, 'in' *Processo societário II* - coords. Flávio Luiz Yarshell e Guilherme Setoguti J. Pereira, SP: Quartier Latin, 2015, pp. 818-820, e *Exclusão motivada de sócio quotista: considerações de índole material e processual à luz do CPC/2015*, 'in' *O direito dos negócios: homenagem a Fran Martins* - obra coletiva, SP: Malheiros, 2016, p. 399.

10 *Cf.*: ERASMO VALLADÃO A. e N. FRANÇA e MARCELO VIEIRA VON ADAMEK, *Direito processual societário*, cit., n° 4.3, pp. 75-76. *Cf.* ainda: ALFREDO DE ASSIS GONÇALVES NETO, *Direito de empresa*, 7ª ed. SP: RT, 2017, p. 504; ARNOLDO WALD, *Comentários ao Código Civil*, vol. XIV, RJ: Forense, 2005, n° 718, p. 241; CARLOS FULGÊNCIO DA CUNHA PEIXOTO, *A sociedade por cota de responsabilidade limitada*, vol. I, RJ: Forense, 1956, n° 315, p. 283; CELSO BARBI FILHO, *Dissolução parcial de sociedades limitadas*, BH: Mandamentos, 2004, p. 513; HERNANI ESTRELLA, *Apuração de haveres de sócio*, 4ª ed. RJ: Forense, 2004, n° 92, pp. 204-205, e n° 103, pp. 240-245; LUIS FELIPE SPINELLI, *Exclusão de sócio por falta grave na sociedade limitada*, SP: Quartier Latin, 2015, n° 3.2.3, p. 492; MODESTO CARVALHOSA, *Comentários ao Código Civil*, vol. 12, SP: Saraiva, 2003, p. 363; PRISCILA M. P. CORRÊA DA FONSECA, *Dissolução parcial, retirada e exclusão de sócio*, 5ª ed. SP: Atlas, 2012, p. 211; e WALDEMAR FERREIRA, *Tratado das sociedades mercantis*, vol. I, 4ª ed., RJ: Nacional de Direito, 1958 p. 317 - dentre tantos outros.

11 *Cf.*: TJSP, Ap. 0003336-52.2003.8.26.0278, 2ª Câm. Dir. Emp., Rel. Des. ROBERTO MAC CRACKEN, v.u., j. 16.10.2012; TJSP, Ap. 3002932-66.2008.8.26.0506, 7ª Câm. Dir. Priv., Rel. Des. RAMON MATEO JR., v.u., j. 22.05.2013; TJSP, AI 0198762-45.2012.8.26.0000, 2ª Câm. Dir. Emp., Rel. Des. JOSÉ REYNALDO, v.u., j. 25.02.2013; e TJSP, AI 0112314-35.2013.8.26.0000, 1ª Câm. Dir. Empr., Rel. Des. MAIA DA CUNHA, v.u., j. 04.07.2013 - embora a jurisprudência registre vários julgados em outro sentido (a nosso ver, equivocados).

E não é caso de litisconsórcio simplesmente porque, na ação de apuração de haveres, nenhuma pretensão é exercida contra os sócios (que, portanto, nem devem figurar em juízo como partes), mas apenas contra a sociedade; os sócios não são partes da relação jurídica litigiosa (que é a relação jurídica de liquidação que se segue à resolução do contrato) e, de rigor, não ostentam sequer legitimidade *ad causam* para figurar no polo passivo sozinhos e, por identidade de razão, em conjunto com a sociedade[12]. O art. 601 do CPC, portanto, deve ser entendido como norma processual de caráter secundário[13], de organização, ou em branco, a ser interpretada sempre com o lógico aposto implícito "conforme o caso", notadamente porque o comando genérico da lei, inserido no contexto

12 Lembre-se que "a admissibilidade do litisconsórcio depende invariavelmente da *legitimatio ad causam* de cada um dos pretendidos litisconsortes: é preciso que se trate de colegitimados, porque, como é óbvio, se por falta dessa condição da ação determinada demanda não poderia ser julgada pelo mérito, isoladamente em um processo, menos ainda poderia sê-lo em processo no qual haja duas ou várias pessoas lado a lado como autores ou como réus. 'Quem não pode entrar na porta, por faltar-lhe ingresso, não pode entrar indo com outrem (*cf.* Pontes de Miranda, *Comentários*, II, cap. V, seção I, p. 5). Antes de saber se duas ou mais pessoas poderão estar juntas no mesmo lado da relação processual, precisa saber se cada uma delas poderia de algum modo estar naquele processo, naquela posição" (Cândido Rangel Dinamarco, *Litisconsórcio*, cit. n° 37, pp. 100-101). *Cf.* idêntica lição: Cândido Rangel Dinamarco, *Instituições de direito processual civil*, vol. II, 8ª ed. SP: Malheiros, 2019, n° 657, p. 393. Institutos como o da legitimação para agir e da responsabilidade patrimonial são eminentemente bifrontes e, portanto, pressupõem que os comandos da lei processual sejam entendidos à luz do direito material subjacente, e não o contrário.

13 As normas processuais são, de regra, secundárias, consoante lembra Cândido Rangel Dinamarco: "Como o direito processual civil não se propõe a reger diretamente as relações das pessoas ou grupos na vida comum nem a atribuir-lhes bens da vida ou definir-lhes ou sancionar-lhes as condutas - mas a regular a vida *do processo* - segue-se que as normas processuais têm caráter instrumental perante as de direito material. A estas, sim, compete aquela disciplina. O caráter instrumental das normas processuais qualifica-as como *secundárias*. Situam-se num segundo plano, de onde regem as atividades mediante as quais as normas primárias ganham efetividade graças a decisões e atos materiais dotados de imperatividade. Essas atividades atingirão seu objetivo quando tiverem conduzido à definição de direitos e obrigações entre os litigantes, ou mesmo à satisfação do titular de direito (sentenças constitutivas, execução forçada) - mas as regras das quais emerge o desenho dessas situações jurídicas são substanciais e não as processuais. A atuação daquelas, em caso de conflito envolvendo indivíduos ou grupos de indivíduos, depende das atividades regidas por estas" (*Instituições de direito processual civil*, vol. I, cit., n° 22, p. 81).

de uma artificiosa disciplina processual unitária, colhe indistintamente ações de dissolução e apuração de haveres, com isso impondo ao intérprete que proceda às necessárias diferenciações.

Note-se, porém, que, a entender-se que o litisconsórcio entre sociedade limitada e sócios remanescentes se impõe também na mera ação de apuração de haveres (contrariamente àquilo que defendemos), a solução do problema posto não muda: estar-se-á, ainda assim, diante de um caso em que a necessariedade do litisconsórcio resulta da lei (CPC, art. 114, 1ª parte), e não da relação jurídica controvertida (CPC, art. 114, 2ª parte), e, portanto, diante de uma hipótese de litisconsórcio passivo necessário não-unitário, ou simples – sendo, por isso, igualmente criticável supor ou inferir que a regra de *legitimação* seja fonte da *responsabilidade*, dado que esta, segundo o direito material, sempre é da sociedade. É dizer, "a legitimidade processual para integrar o polo passivo de uma demanda de dissolução não se confunde com a legitimidade para ressarcir o sócio dissidente"[14]; ou, dito de outra forma, "legitimidade não é sinônimo de responsabilidade"[15].

Em suma, o art. 601 do CPC não impõe o litisconsórcio necessário entre sociedade e sócios remanescentes em todas as ações de dissolução parcial de sociedades, mas apenas naquelas em que, isolada ou conjuntamente, haja sido pleiteada a desconstituição do vínculo societário (CPC, art. 599, I), o mesmo não sucedendo na simples apuração de haveres (CPC, art. 599, II). Além disso, ainda que houvesse litisconsórcio necessário associado à pretensão de apuração de haveres, sê-lo-ia por força da lei e, portanto, por aí, continuaria a não se sustentar a pretendida correlação entre litisconsórcio *e* responsabilidade patrimonial, como se esta implicasse aquela ou fosse a sua única justificação teórica; pelo contrário, da eventual necessariedade do litisconsórcio, não se pode extrair, como lógica consequência, a responsabilidade dos litisconsortes, menos ainda em um caso de litisconsórcio simples, ou não-unitário.

---

14 *Cf.*: TJSP, AI 2183436-69.2016.8.26.0000, 2ª Câm. Dir. Emp., Rel. Des. Ricardo Negrão, v.u., j. 13.08.2018.

15 *Cf.*: TJSP, AI 2246458-96.2019.8.26.0000, 1ª Câm. Dir. Emp., Rel. Des. Gilson Delgado Miranda, v.u., j. 04.03.2020.

3.2. O art. 604, § 1°, do CPC e o seu alcance

De igual modo, o art. 604, § 1° do CPC – ao dispor que o juiz poderá determinar "*à sociedade ou aos sócios* que nela permanecerem que depositem em juízo a parte incontroversa dos haveres devidos" – também não permite, a nosso ver, uma interpretação meramente literal que, ampliada aos extremos, abranja o pagamento final dos haveres.

Pelo contrário. A regra processual deve ser lida à luz do direito material subjacente, sofrendo a necessária *redução teleológica* de modo a só colher a responsabilidade quando ela preexista pelo *direito material*[16]; e não como se no aludido parágrafo tivesse o legislador, de cambulhada, posto a ruir todo o sistema societário de limitação de responsabilidade e, com isso, revogado parcialmente o art. 1.052 do CC (frente ao qual, respeitadas as regras do tipo societário, os sócios não são responsáveis pelo pagamento dos haveres). Em verdade, ao indicar os potenciais destinatários da ordem judicial de pagamento de quantias incontroversas, a lei processual o fez em caráter geral, preocupada que estava em disciplinar o procedimento, mas será no direito material que se deverá identificar quem deve pagar, quem está a tanto obrigado ou tem a responsabilidade. Tanto quanto o art. 601 do CPC, também o art. 604, § 1° é norma procedimental, que carece ser complementada pelo direito material subjacente e, portanto, lida sempre com o lógico aposto "conforme o caso" ou "nos termos da lei".

Portanto, não é correto supor que a *única* interpretação possível dos arts. 601 e 604, § 1° do CPC, sem os quais os mesmos perderiam "a sua razão de ser", seria "extrair reflexos patrimoniais" da inclusão dos sócios no processo e, com isso, criar uma importante fissura no regime de responsabilidade dos sócios de uma sociedade limitada. Longe disso,

16 Com efeito, apreciada a finalidade da norma e verificado que a literalidade da mesma excede a sua finalidade e que, portanto, o legislador "dixit plus quam voluit", deve-se proceder a sua redução teleológica de modo a atender exclusivamente os fins que a justificam (*cf.*: MIKE WIENBRACKE, *Juristische Methodenlehre*, Heidelberg: C.F. Müller, 2013, p. 75; e HELMUT KÖHLER, *BGB Allgemeiner Teil*, 41ª ed. München: C. H. Beck, 2017, § 4, n° 24, p. 31). Tem-se, em casos que tais, uma hipótese de lacuna oculta (*verdeckte Lücke*) da lei – presente no caso em que "uma regra legal, contrariamente à sua literalidade, mas de acordo com a teleologia imanente da lei, necessita de uma restrição que não consta no texto legal. O preenchimento de uma tal lacuna ocorre mediante a inserção da restrição exigida pelo sentido" (KARL LARENZ e CLAUS-WILHELM CANARIS, *Methodenlehre der Rechtswissenschaft*, 3ª ed. Berlin: Springer, 1995, pp. 210-211); a restrição é, pois, a redução.

a compreensão das regras processuais dentro do seu escopo limitado e, pois, com a necessária restrição aos fins por elas perseguidos, não é só possível, mas, antes de tudo, necessária[17].

Vale dizer, a interpretação sistemática exigida para bem compreendê-los não é apenas a que se faz de ambos artigos *sozinhos entre si*, mas, sobretudo, a deles *em conjunto com os demais do CPC*, muito especialmente: (***i***) o art. 602 que, ao tratar da possibilidade de formulação de pedido contraposto "compensável com o valor dos haveres" indica apenas a sociedade como devedora da relação jurídica de liquidação dos haveres, e não os sócios (porquanto, ao indicar a contraparte da compensação, *ipso facto* apontou a devedora dos haveres); e em conjunto com (***ii***) os arts. 790, VII, e 795 que, ao disciplinarem a responsabilidade executiva secundária dos sócios, assentam-na apenas "nos termos da lei" ou "nos casos previstos em lei"[18], sinalizando ao intérprete que, em matéria de responsabilidade, a orientação do legislador processual foi a de *reverência*, e não a de sobreposição àquilo que é dado pelo direito material. Ademais, e ainda em linha com essa diretriz, a interpretação

17 Conforme explicamos em outra obra, ao comentar o art. 604, § 1° do CPC, "não seria razoável emprestar à regra processual o efeito de subverter o sistema societário; parece-nos mais correto interpretar que a alusão feita aos sócios remanescentes só se aplica (quando muito e respeitadas as regras do tipo) às sociedades não-personificadas em que o patrimônio social seja titulado em comum pelos demais sócios (CC, arts. 988 e 994); fora daí, porém, não podem estes ser instados a depositar os haveres daquele que se desligou da sociedade" (Erasmo Valladão A. e N. França e Marcelo Vieira von Adamek, *Direito processual societário*, cit., n° 7.2, p. 90).

18 É o que destacamos: "A responsabilidade do sócio 'nos termos da lei' regula-se pelo direito material (CC, arts. 1.039, 1.045 e 1.052) e em nada é alterada pelas genéricas disposições do CPC (...). Seria grave erronia vislumbrar nas regras processuais (CPC/2015, arts. 790, II, e 795; e CPC/1973, arts. 592, II, e 596) mudanças no regime de responsabilidade definido pela lei societária. Nas palavras da Cândido Rangel Dinamarco, a regra em comento "assume papel puramente organizatório" (*Instituições de direito processual civil*, vol. IV, 4ª ed. SP: Malheiros, 2019, n° 1.804, p. 392) e é no plano das leis societárias que a responsabilidade de cada membro será definida, segundo as regras do tipo societário aplicável" (Erasmo Valladão A. e N. França e Marcelo Vieira von Adamek, *Direito processual societário*, cit., n° 13.2, nota 185, p. 129). *Cf.* no mesmo sentido (arts. 790, VII, e 795 do CPC não alteraram o regime societário de responsabilidade): STJ, REsp 401.081-TO, 3ª Turma, Rel. Min. Humberto Gomes de Barros, v.u., j. 06.04.2006, DJe 15.05.2006; STJ, REsp 876.974-SP, 3ª Turma, Rel. Min. Nancy Andrighi, v.u., j. 09.08.2007, DJe 27.08.2007; e TJSP, AI 2246458-96.2019.8.26.0000, 1ª Câm. Dir. Emp., Rel. Des. Gilson Delgado Miranda, v.u., j. 04.03.2020.

sistemática exigida para bem compreender os arts. 601 e 604, § 1° do CPC é sobretudo a que também se faz *em consonância com a disciplina societária do Código Civil* (em especial com os arts. 49-A, 1.031 e 1.052) e, conforme o caso, *da Lei das S/A* (e seu art. 1º) – à luz dos quais a responsabilidade dos sócios e acionistas pelo pagamento dos haveres não resulta de nenhuma regra atinente aos tipos societários nelas regulados; não há previsão legal positivando a existência de uma suposta responsabilidade subsidiária ou solidária dos sócios pelo pagamento dos haveres. Vai daí que os sócios apenas poderão ser chamados a responder pela dívida em virtude da imputação direta de responsabilidade por ilícitos por eles porventura praticados (CC, arts. 50 e 1.080) e que venham, em razão disso, frustrar o pagamento devido ao antigo sócio.

3.3. O aproveitamento indireto do capital alheio e as suas consequências

Sempre respeitada a visão contrária, também não nos parece que as conclusões expostas nos parágrafos precedentes restem abaladas pelos argumentos, utilizados no acórdão, de que não seria admissível aos sócios remanescentes "impor a transferência dos riscos empresariais para quem teve rompido o vínculo societário" e de que, ainda nesse cenário, se na pendência da lide aqueles sócios capturaram e usufruíram do capital alheio e, no entretempo, geraram o inadimplemento irreversível da sociedade, em virtude dos resultados negativos da atividade empresarial, não podem ser "isentos de qualquer responsabilidade patrimonial".

Esses argumentos utilizados no acórdão são daqueles que tipicamente *provam demais*. Primeiro porque, de rigor, se alguém reteve capital foi a sociedade, e não os sócios (CC, art. 49-A). Segundo porque não é nem exato dizer que os riscos da atividade empresarial foram transferidos pelos sócios remanescentes ou mesmo pela sociedade ao antigo sócio, eis que, depois do desligamento deste do quadro social e, portanto, depois de fixada a data-base (CPC, arts. 604, I, e 605), o sucesso ou insucesso da empresa não influi no valor dos haveres – calculados que necessariamente são "tomando-se por referência a data de resolução" (CPC, art. 606); isto é, "com base na situação patrimonial da sociedade, à data da resolução" (CC, art. 1.031). Logo, o risco a que está sujeito o antigo sócio – e, a partir da resolução do vínculo, credor da sociedade – é simplesmente o risco de crédito, ou solvência, idêntico ao que corre qualquer outro credor da sociedade e para o qual, verdade seja dita, o sistema jurídico provê mecanismos de acautelamento ou de reação. Terceiro porque, sendo o risco de não recebimento de um valor da pessoa jurídica o mesmo a que se encontra sujeito qualquer outro credor, ter-se-ia então que desprezar, de maneira harmônica, a limitação de responsabilidade em um sem número de casos: por igual ou maior razão, o provedor de capital (banco, debenturista e mutuante), o fornecedor de insumos ou mercadorias, o prestador de serviço *etc.* todos eles teriam no "aproveitamento" indireto um pretexto para desprezar a regra de limitação de responsabilidade e, com isso, agredir o patrimônio dos sócios. Nesse cenário, a limitação de responsabilidade – já tão combalida em vários segmentos do nosso sistema jurídico, embora reafirmada pela Lei da Liberdade Econômica (CC, art. 49-A, par. ún.) – reduzir-se-ia a nada, ou muito pouco.

É claro, no entanto, que se em um caso concreto os ativos sociais não tiverem se perdido por força do exercício regular da atividade econômica a que se dedica a sociedade e, portanto, se o esvaziamento patrimonial não decorrer do mero insucesso da atividade empresarial, mas, pelo contrário, do desvio ou apropriação de bens pelos sócios, de atos de confusão patrimonial ou de deliberações sociais contrárias à lei ou ao contrato – que não podem ser simplesmente presumidos e, antes, demandam prova e regular contraditório – a responsabilidade pessoal dos sócios pela prática destes ilícitos poderá ser posta em causa, pelos mais variados fundamentos em que se admite que o seja (CC, arts. 50 e 1.080); mas, ainda para tanto, é evidente que as regras processuais precisarão ser respeitadas[19], isto é, ter-se-á que observar a exigência de incidente próprio ou demanda autônoma, conforme o caso, e que, em qualquer cenário, haja a formulação de pedido específico e a enunciação completa da correlata causa de pedir, seguido de contraditório.

Pelo que consta, porém, nada disso se verificou no caso em análise.

4. Sobre a desnecessidade de incidente de desconsideração da personalidade jurídica

Além de assentar a responsabilidade patrimonial dos sócios remanescentes por fundamentos aos quais respeitosamente não podemos

19 *Cf.*: "Pagamento dos haveres. Responsabilidade que é da pessoa jurídica e somente pode ser excepcionalmente estendida aos sócios na hipótese de desconsideração da personalidade jurídica, determinada, se o caso, em incidente próprio, em que seja garantido o contraditório e a ampla defesa, conforme previsto nos arts. 133 e seguintes do CPC/2015. Precedentes" (TJSP, AI 2098950-20.2017.8.26.0000, 1ª Câm. Dir. Emp., Rel. Des. ALEXANDRE LAZZARINI, v.u., j. 11.04.2018, DJe 12.04.2018).

aderir, a Turma Julgadora também afirmou no acórdão em análise ser desnecessária "a desconsideração da personalidade jurídica e a perquirição das hipóteses concretas previstas no artigo 50 do Código Civil, pois, conforme as regras processuais regentes do procedimento especial da ação de dissolução parcial de sociedades, os sócios remanescentes são, desde o início do trâmite do processo, incluídos na relação processual".

Sobre essa afirmação, vale notar, à partida, que, compulsando os registros do caso, verifica-se que, em realidade, a ação foi proposta pelo antigo sócio contra a sociedade e, em litisconsórcio passivo necessário, os demais sócios, para o fim de obter a sua retirada do quadro social (o que, aliás, poderia ter sido feito com muito mais facilidade nos termos do art. 1.029 do Código Civil), e dado que a sociedade e os sócios, citados, concordaram com a saída do autor, decretou-se o rompimento do vínculo societário e a demanda caminhou para a apuração de haveres.

O só fato de os sócios terem figurado no polo passivo, por conta do pedido constitutivo-negativo formulado, é insuficiente para que se possa atribuir aos remanescentes *responsabilidade* pessoal pela dívida resultante da apuração dos haveres (conforme antes explicado) e, menos ainda, para *dispensar* o incidente de desconsideração da personalidade jurídica[20-21]. Pois, para que tal dispensa fosse legítima, mais do que inte-

20 Conforme acima longamente explicado, a presença dos sócios remanescentes no polo passivo de ações de dissolução parcial de sociedade *lato sensu* *ou* se explica pelo fato de nela ter sido deduzido, isoladamente ou em conjunto com a apuração de haveres, o pedido *principaliter* de dissolução *stricto sensu* (CPC, art. 599, I), *ou* se justifica na apuração de haveres (CPC, art. 599, II) por força da lei, e neste último caso o litisconsórcio, malgrado necessário, é simples (ou não-unitário), e a pretensão condenatória é sempre dirigida contra a sociedade.

21 *Cf.*: "Dissolução parcial de sociedade. Pagamento dos haveres. Cumprimento de sentença. Exceção de pré-executividade apresentada pelo sócio. Ilegitimidade de parte. Decisão agravada que rejeitou a exceção de pré-executividade do sócio excipiente. Acolhimento. 1. O pagamento dos haveres é de responsabilidade da sociedade, e não dos sócios. No caso, os haveres do sócio excluído devem ser pagos, em princípio, pela sociedade Unep Serviços Médicos Ltda., e não pelos sócios remanescentes, uma vez que dizem respeito ao aspecto pecuniário das respectivas quotas. Daí porque o art. 604, CPC, ao dispor sobre data de resolução e definição do crédito de apuração dos haveres à vista do contrato social; e o art. 606, CPC, aludir a 'balanço de determinação'. 2 Não há título executivo contra o agravante Mario Silva, que não foi, em momento algum, condenado ao pagamento dos haveres dos agravados (art. 515, I, CPC). 3. O sócio somente pode ser afetado na hipótese de responsabilidade secundária, quando prevista em lei (art. 790, II, CPC), o que não é o caso em debate, ou em sede de incidente de desconsideração da pessoa jurídica,

grar o polo passivo da causa, seria necessário que já na petição inicial da causa houvesse o pedido de desconsideração *e* a exposição dos fatos e fundamentos jurídicos que a autorizassem – o que, no caso em análise, não sucedeu.

É dizer, ao prever o legislador que, pleiteada a desconsideração na petição inicial, o incidente é desnecessário (CPC, art. 324, § 2°), evidentemente que o faz sob o lógico e necessário pressuposto de que na petição inicial se deduza, conjuntamente com a demanda principal, a demanda incidental de desconsideração (a configurar, em tais casos, vera cumulação de demandas); consequentemente, exige-se que, para o correlato pedido de corresponsabilização dos sócios formulado na inicial da causa principal, haja pedido (CPC, art. 319, IV, e 324) e a exposição da específica causa de pedir (CPC, art. 319, III), consubstanciada na enunciação dos pressupostos de direito material que justifiquem a desconsideração (CPC, art. 133, § 1°)[22].

No mais, a fundamentação adotada no acórdão apresenta uma clara dissonância, porquanto, de um lado, se refere ao instituto da desconsideração da personalidade jurídica para afastar a exigência do incidente, e isso sob o argumento de que os sócios remanescentes já teriam figurado no polo passivo da ação de dissolução parcial, e, de outro, alude a uma responsabilidade que, segundo a Turma Julgadora, seria dedutível

na hipótese de abuso de personalidade ou confusão patrimonial (art. 50, CC), o que sequer foi instaurado para se discutir eventual fraude. 4. A questão relativa à ilegitimidade de parte, enquanto não for decidida, pode ser arguida e conhecida de ofício a qualquer tempo e grau de jurisdição, havendo que se falar em 'preclusão' (art. 485, § 3°, CPC). Recurso provido" (TJSP, AI 2033338-62.2022.8.26.0000, 2ª Câm. Dir. Emp., Rel. Des. SÉRGIO SHIMURA, m.v., j. 31.01.2023).

22 *Cf.* no mesmo sentido: "O que ocorre em tais casos, contudo, não é, propriamente, a 'dispensa' da instauração do incidente. O que se dá é que a petição inicial já trará, coerentemente com a postulação nela manifestada, não só o pedido também a causa de pedir que, na visão do autor, justificam a corresponsabilização do sócio (ou da pessoa jurídica em se tratando da 'desconsideração inversa') desde logo, independentemente de qualquer insucesso na fase de cumprimento de sentença ou, quando for o caso, na petição inicial que abre o chamado 'processo de execução'. Não há, destarte, nenhuma discussão 'incidental' nos moldes disciplinados pelos arts. 133 a 137, mas, diferentemente, cumulação de pedidos e/ou de causas de pedir que justificam, como já se sustentava mesmo antes do CPC de 2015, a formação de litisconsórcio passivo" (CASSIO SCARPINELLA BUENO, *Comentários ao Código de Processo Civil* – obra coletiva, vol. 1, SP: Saraiva, 2017, p. 576, e *Curso sistematizado de direito processual civil*, vol. 1, 12ª ed. SP: Saraiva, 2022, n° 4.6.5, p. 589).

da análise conjugada dos arts. 601 e 603, § 4°, do Código de Processo Civil. A dissonância, nesse cenário, está em que *ou* essa responsabilidade pessoal dos sócio já preexistia – por já configurar uma exceção à regra de limitação da responsabilidade própria do tipo societário (CC, art. 1.052) e, pois, nem sequer pressupor a desconsideração da personalidade jurídica (CC, art. 790, II) – *ou* não preexistia e, nesse caso, a desconsideração da personalidade jurídica era necessária para que, em razão de algum ilícito societário próprio (CC, art. 50), os sócios pudessem vir a ser condenados a responder pela dívida social (alheia) e, portanto, sofressem a partir de então atos executivos em sua esfera individual, na condição de responsáveis executivos secundários (CPC, arts. 790, VII, e 795); ou, ainda alternativamente, que uma demanda própria fosse proposta visando a responsabilizar os partícipes de ato ilegal (CC, art. 1.080). As duas (isto é, a responsabilidade dos sócios por dívidas sociais segundo as regras do tipo societário e a responsabilidade por imputação direta de ilícito) não podem nascer conjuntamente: ou a imputação é direta ou é via desconsideração.

5. Conclusões

Conforme destacado na abertura destes comentários, a situação fática retratada no acórdão não é inédita – sempre houve e haverá o risco, nas ações de dissolução parcial e, de rigor, em qualquer outra ação condenatória proposta por qualquer outro credor contra uma sociedade de responsabilidade limitada, de que, ao final, o crédito reconhecido em sentença judicial não seja satisfeito, por ausência de bens penhoráveis do devedor[23].

Lembre-se, porém, que, para mitigar esses riscos, o sistema jurídico municia o credor de instrumentos para a defesa da sua posição contra os atos praticados pelo devedor capazes de prejudicar a garantia geral de seu crédito (CC, art. 391; e CPC, art. 789) e de diminuir a consistência prática do direito de agressão sobre os bens do obrigado – e tais são as medidas de conservação da garantia patrimonial[24]. E mais: mesmo aque-

23 O processo não é fonte de dinheiro. Além disso, a incapacidade de a sociedade pagar a condenação é, por vezes, fruto de equívocos da própria apuração dos haveres (p. ex., por não inclusão de passivos no balanço de determinação ou erros de cálculo) – conduzindo o processo a um fim verdadeiramente melancólico.

24 Em sentido próprio, medidas ou meios de conservação "são remédios jurídicos que se destinam a manter, na possível integridade, o patrimônio do devedor como garantia geral dos direitos dos credores. E isso, de duas maneiras: ou procurando

le que ainda não detém uma condenação definitiva em seu favor pode, na pendência de recurso dotado de efeito suspensivo, utilizá-la como título constitutivo de hipoteca judiciária (CPC, art. 495). Existindo os meios, ao credor também cabe o ônus de ser diligente e zelar pelos seus próprios interesses. Se não for, poderá ao fim do processo – de apuração de haveres ou de qualquer outra demanda condenatória – não colher o resultado prático almejado e, pois, nada receber.

Se, porém, esse problema não é novo e nem é particular da experiência brasileira, inédito é, nesse contexto, cogitar do afastamento da regra de limitação de responsabilidade, como solução, para que a satisfação dos haveres se faça sobre o patrimônio pessoal dos sócios remanescentes.

Essa nova solução, em realidade, além de conflitar com os valores enunciados no art. 49-A, par. ún, do CC, destoa da jurisprudência dominante e longeva e se aparta das normas de regência do tipo societário, além dos bons exemplos do direito comparado.

O fato de estar agora sendo cogitada em juízo é só mais uma decorrência prática da forma imperfeita como os arts. 601 e 604, § 1º, do CPC foram redigidos e, com maior amplitude, só mais um reflexo do assaz deficiente tratamento unitário que o legislador resolveu imprimir às ações de dissolução parcial *stricto sensu* e às de apuração de haveres, congregando-as artificiosamente sob a denominação comum de "ação de dissolução parcial de sociedades" (nela compreendida, paradoxalmente, até mesmo uma demanda sem nenhum efeito dissolutório). Dado que, por força do direito material subjacente, essas demandas são entre si claramente distintas, com cargas sentenciais diversas e legitimados ativos e passivos igualmente diferentes, as previsíveis consequências do tratamento legislativo equivocado dado na lei processual civil só poderiam ser mesmo a confusão e a insegurança jurídicas. As quais, antevistas *ab initio* por nós, foram tratadas pelos opositores como crítica teórica e exagerada, e agora vêm a se confirmar com evidentes consequências práticas.

introduzir nesse patrimônio bens ou direitos que, por incúria ou má-fé, o devedor deixara escapar; ou opondo-se à retirada, fraudulenta ou simulada, de bens ou haveres que desfalcam o mesmo patrimônio. No primeiro caso, assiste aos credores a ação indireta ou *sub-rogatória*; no segundo, a *ação revogatória*" (EDUARDO ESPINOLA, *Garantia e extinção das obrigações*, RJ: Freitas Bastos, 1951, pp. 357-359).

Seja como for, urge prestigiar o entendimento tradicional da nossa doutrina e da boa jurisprudência (dominante tanto no Superior Tribunal de Justiça[25] como perante os Tribunal de Justiça do Estado de São Paulo[26]), reafirmando, como regra, a irresponsabilidade dos sócios remanescentes pelo pagamento dos haveres devidos a quem se desliga da sociedade limitada, e assentando, como exceção, a responsabilidade pessoal apenas nos casos em que ilícitos tenham sido praticados pelos sócios, caso em que haverão de ser apurados e debatidos pelas vias processuais próprias, em regular contraditório e respeitada a ampla defesa.

6. Referências bibliográficas

ADAMEK Marcelo Vieira von; e FRANÇA, Erasmo Valladão A. e N. e *Apuração de haveres em sociedade limitada e ilegitimidade passiva dos sócios remanescentes*, 'in' *Contencioso societário* – coord. Pedro A. L. Ramunno, SP: Quartier Latin, 2021.

________; e ________. *Direito processual societário*, 3ª ed. SP: Malheiros, 2023.

BARBI FILHO, Celso. *Dissolução parcial de sociedades limitadas*. BH: Mandamentos, 2004.

25 *Cf.*: "O pagamento dos haveres far-se-á com o patrimônio da sociedade" (STJ, REsp 44.132-SP, 3ª Turma, Rel. Min. EDUARDO RIBEIRO, v.u., j. 11.12.1995, DJU 01.04.1996). *Cf.* ainda: "Pela singela razão de que o pagamento dos haveres deverá ser feito com o patrimônio da empresa (...); os haveres do sócio, uma vez apurados, constituem crédito contra a sociedade" (STJ, REsp 105.667-SC, 4ª Turma, Rel. Min. BARROS MONTEIRO, v.u., j. 26.09.2000, DJU 06.11.2000).

26 *Cf.*: "Dissolução parcial de sociedade. Hipoteca judicial. Decisão que determinou o gravame sobre o patrimônio dos sócios remanescentes, e não da sociedade. Não cabimento. Salvo prova de ato ilícito praticado pelos sócios remanescentes, ou da confusão patrimonial, a obrigação de pagar os haveres do sócio retirante é da sociedade, e não dos sócios" (TJSP, AI 0157707-51.2011.8.26.0000, 4ª Câm. Dir. Priv., Rel. Des. FRANCISCO LOUREIRO, v.u., j. 15.09.2011). *Cf.* ainda: TJSP, Ap. 1022919-35.2015.8.26.0100, 1ª Câm. Dir. Emp., Rel. Des. FORTES BARBOSA, v.u., j. 14.10.2015; TJSP, AI 2033338-62.2022.8.26.0000, 2ª Câm. Dir. Emp., Rel. Des. SÉRGIO SHIMURA, m.v., j. 31.01.2023; TJSP, AI 2098950-20.2017.8.26.0000, 1ª Câm. Dir. Emp., Rel. Des. ALEXANDRE LAZZARINI, v.u., j. 11.04.2018; TJSP, AI 2119461-05.2018.8.26.0000, 1ª Câm. Dir. Emp., Rel. Des. AZUMA NISHI, v.u., j. 08.08.2018; TJSP, AI 2183436-69.2016.8.26.0000, 2ª Câm. Dir. Emp., Rel. Des. RICARDO NEGRÃO, v.u., j. 13.08.2018; TJSP, AI 2246458-96.2019.8.26.0000, 1ª Câm. Dir. Emp., Rel. Des. GILSON DELGADO MIRANDA, v.u., j. 04.03.2020; e TJSP, AI 2169471-82.2020.8.26.0000, 1ª Câm. Dir. Emp., Rel. Des. AZUMA NISHI, v.u., j. 14.10.2020.

CAMPINHO Sérgio; e PINTO Mariana. *A sociedade limitada na perspectiva de sua dissolução*. SP: Saraiva, 2022.

CARVALHOSA Modesto. *Comentários ao Código Civil*, vol. 12. SP: Saraiva, 2003.

CRUET, Jean. *A vida do direito e a inutilidade das leis*, Lisboa: José Bastos & C.ª, 1908.

CUNHA PEIXOTO, Carlos Fulgêncio da. *A sociedade por cota de responsabilidade limitada*, vol. I. RJ: Forense, 1956.

DINAMARCO, Cândido Rangel. *Instituições de direito processual civil*. 10ª ed. SP: Malheiros, 2020.

_______. *Instituições de direito processual civil*, vol. II. 8ª ed. SP: Malheiros, 2019.

_______. *Litisconsórcio*. 4ª ed. SP: Malheiros, 1996.

ESPINOLA, Eduardo. *Garantia e extinção das obrigações*. RJ: Freitas Bastos, 1951.

ESTRELLA, Hernani. *Apuração de haveres de sócio*. 4ª ed. RJ: Forense, 2004.

FERREIRA, Waldemar. *Tratado das sociedades mercantis*, vol. I. 4ª ed., RJ: Nacional de Direito, 1958.

FONSECA Priscila M. P. Corrêa da. *Dissolução parcial, retirada e exclusão de sócio*, 5ª ed. SP: Atlas, 2012.

FRANÇA, Erasmo Valladão A. e N.; e ADAMEK Marcelo Vieira von. *Apuração de haveres em sociedade limitada e ilegitimidade passiva dos sócios remanescentes*, 'in' *Contencioso societário* – coord. Pedro A. L. Ramunno, SP: Quartier Latin, 2021.

_______; e _______. *Direito processual societário*, 3ª ed. SP: Malheiros, 2023.

GONÇALVES NETO, Alfredo de Assis. *Direito de empresa*. 7ª ed. SP: RT, 2017.

KÖHLER, Helmut. *BGB Allgemeiner Teil*. 41ª ed. München: C. H. Beck, 2017.

LARENZ, Karl; e CANARIS, Claus-Wilhelm. *Methodenlehre der Rechtswissenschaft*. 3ª ed. Berlin: Springer, 1995.

PEREIRA Luiz Fernando Casagrande. *Código de Processo Civil anotado* – coords. José Rogério Cruz e Tucci e outros. 2ª ed. RJ: GZ Editora, 2017.

ROCHA LIMA, Tiago Asfor. *Aspectos processuais da apuração de haveres* post mortem *e o novo Código de Processo Civil*, 'in' *Processo societário II* – coords. Flávio Luiz Yarshell e Guilherme Setoguti J. Pereira. SP: Quartier Latin, 2015.

_______. *Exclusão motivada de sócio quotista: considerações de índole material e processual à luz do CPC/2015*, 'in' *O direito dos negócios: homenagem a Fran Martins* – obra coletiva. SP: Malheiros, 2016.

SCARPINELLA BUENO, Cassio. *Comentários ao Código de Processo Civil* – obra coletiva, vol. 1. SP: Saraiva, 2017.

_______. *Curso sistematizado de direito processual civil*, vol. 1. 12ª ed. SP: Saraiva, 2022.

SILVA, João Paulo Hecker da. *Legitimidade passiva na ação de dissolução parcial de sociedade no Código de Processo Civil de 2015: uma análise crítica*, 'in' *Processo societário III* – coords. Flávio Luiz Yarshell e Guilherme Setoguti J. Pereira. SP: Quartier Latin, 2018.

SILVA, Ovídio A. Baptista da. *Comentários ao Código de Processo Civil*, vol. 1. SP: RT, 2000.

SPINELLI, Luis Felipe. *Exclusão de sócio por falta grave na sociedade limitada*. SP: Quartier Latin, 2015.

WALD Arnoldo. *Comentários ao Código Civil*, vol. XIV. RJ: Forense, 2005.

WIENBRACKE, Mike. *Juristische Methodenlehre*. Heidelberg: C.F. Müller, 2013.

YARSHELL Flávio Luiz; e MATOS Felipe Amaral. *O procedimento especial de dissolução (parcial) de sociedade no Projeto de CPC*, 'in' *Processo societário* – coords. Flávio Luiz Yarshell e Guilherme Setoguti J. Pereira. SP: Quartier Latin, 2012.

CERTIDÃO NEGATIVA DE DÉBITO TRIBUTÁRIO E A LEI Nº 14.112/2020: INTERESSE PÚBLICO PRIMÁRIO EM FAVOR DA PRESERVAÇÃO DA EMPRESA

Paulo Penalva Santos[1]
Rodolfo Wehrs[2]

1. Introdução

A Lei nº 14.112/2020[3] promoveu relevantes alterações no sistema de recuperação da atividade empresária regulado pela Lei nº 11.101/2005[4], contemplando a relação jurídico-tributária entre o devedor em recuperação judicial e o Fisco.

Destacam-se alterações bem-vindas, como aquelas que racionalizam a tributação do lucro sobre os ganhos obtidos com a redução das dívidas na aprovação do plano de recuperação judicial e as possibilidades conferidas ao devedor em recuperação judicial para o equacionamento do passivo tributário.

Além disso, foi adotado meio de cooperação previsto na Lei nº 13.105/2015 ("Código de Processo Civil") para regular a prática de atos de constrição de modo a viabilizar o prosseguimento das execuções fiscais com constrição de bens do devedor, para garantia de execuções fiscais como condição ao oferecimento de embargos de devedor, no caso de créditos controvertidos, ou para alienação e pagamento do crédito exequendo.

O objetivo deste estudo é analisar os eventuais reflexos dessas alterações na orientação da jurisprudência do Superior Tribunal de Justiça

---

1 Advogado, professor e Ex-Procurador do Rio de Janeiro.

2 Advogado

3 Lei nº 14.112, de 24 de dezembro de 2020: "Altera as Leis n os 11.101, de 9 de fevereiro de 2005, 10.522, de 19 de julho de 2002, e 8.929, de 22 de agosto de 1994, para atualizar a legislação referente à recuperação judicial, à recuperação extrajudicial e à falência do empresário e da sociedade empresária".

4 Lei nº 11.101, de 9 de fevereiro de 2005: "Regula a recuperação judicial, a extrajudicial e a falência do empresário e da sociedade empresária".

("STJ") que abandona a literalidade do art. 57 da Lei nº 11.101/2005[5], reproduzido no art. 191-A do Código Tributário Nacional ("CTN")[6], na redação dada pela Lei Complementar nº 118/2005[7], para dispensar a apresentação de certidões negativas de débitos tributários ("CND") como condição para a concessão da recuperação judicial. Por comodidade, faremos referência apenas ao art. 57 da Lei nº 11.101/2005.

2. Interesse público primário em favor da preservação da empresa

Nenhuma Fazenda Pública tem interesse em impedir a recuperação de devedor empresário em situação de crise econômico-financeira. Não se pode, em hipótese alguma, conceber-se a ideia de que o interesse público poderia ir de encontro à recuperação da atividade empresária, que é, em verdade, sua fonte de receita.

O art. 47 da Lei nº 11.101/2005[8] expressamente declara que a *mens legis* se pauta no princípio da preservação da empresa[9]. Esta é a

---

5 Lei nº 11.101/2005: "Art. 57. Após a juntada aos autos do plano aprovado pela assembléia-geral de credores ou decorrido o prazo previsto no art. 55 desta Lei sem objeção de credores, o devedor apresentará certidões negativas de débitos tributários nos termos dos arts. 151, 205, 206 da Lei nº 5.172, de 25 de outubro de 1966 - Código Tributário Nacional".

6 CTN: "Art. 191-A. A concessão de recuperação judicial depende da apresentação da prova de quitação de todos os tributos, observado o disposto nos arts. 151, 205 e 206 desta Lei".

7 A Lei Complementar nº 118/2005, publicada na mesma data em que publicada a Lei nº 11.101/2005, tratou das matérias sujeitas à reserva de lei complementar, promovendo as necessárias alterações do CTN.

8 Lei nº 11.101/2005: "Art. 47. A recuperação judicial tem por objetivo viabilizar a superação da situação de crise econômico-financeira do devedor, a fim de permitir a manutenção da fonte produtora, do emprego dos trabalhadores e dos interesses dos credores, promovendo, assim, a preservação da empresa, sua função social e o estímulo à atividade econômica".

9 "A *mens legis* é no sentido de preservar a ordem econômica, não permitindo a supressão de uma unidade produtora que esteja atravessando momentaneamente uma situação de crise econômico-financeira, porque ela cumpre um importantíssimo papel na sociedade de gerar empregos e riquezas que propiciam, por sua vez, as receitas derivadas que constituem fontes regulares de abastecimento dos cofres públicos para atendimento das finalidades do Estado. O preceito do art. 47 sob comento tem matriz constitucional no art. 170 da CF, que versa sobre a ordem econômica e consagra o princípio fundamental da livre-iniciativa, o qual pressupõe a prevalência da propriedade privada em que se assenta a liberdade de empresa,

normatização infraconstitucional de cláusula pétrea da Constituição da República Federativa do Brasil ("CRFB"), isto é, do art. 1º, IV[10], que estabelece o valor social da *livre-iniciativa* como fundamento da República[11], bem como fundamento da ordem econômica consagrado no art. 170[12].

A livre-iniciativa manifestada na forma de atividade empresária desempenha papel fundamental no crescimento da economia e no desenvolvimento da sociedade: gera empregos diretos e indiretos, fomenta a indústria, o comércio, demanda e colabora para evolução tecnológica, para melhoria nos serviços e bens de consumo. Em última análise, na promoção daquilo que é objetivo da República: o *interesse público primário* do Estado, na forma do disposto no art. 3º, incisos I, II e III da CRFB[13].

---

a liberdade de contratação e a liberdade de lucro como marcos mínimos que dão embasamento ao regime econômico-privado adotado pela Carta Magna." (HARADA, Kiyoshi. "*Os aspectos tributários e as questões controvertidas...*" in *10 anos de vigência da Lei de recuperação e falência (Lei n. 11.101/2005): retrospectiva geral contemplando a Lei n. 13.043/2014 e a Lei Complementar n. 147/2014* / Fátima Nancy Andrighi, Sidnei Beneti, Carlos Henrique Abrão (coordenadores) – São Paulo: Saraiva, 2015, pp.454-455.

---

10 CRFB: "Art. 1º A República Federativa do Brasil, formada pela união indissolúvel dos Estados e Municípios e do Distrito Federal, constitui-se em Estado Democrático de Direito e tem como fundamentos: [...]
IV - os valores sociais do trabalho e da livre iniciativa;".

11 "O princípio da livre-iniciativa é fundamental ao Direito Empresarial, figurando no art. 170, caput, CRFB/88 e em seu parágrafo único, para além de outros dispositivos constitucionais. Tal princípio permeia texto fundamental. Do princípio da livre-iniciativa desdobram-se quatro condições fundamentais para o bom funcionamento do capitalismo: (i) imprescindibilidade da empresa privada; (ii) busca do lucro; (iii) proteção jurídica ao investimento privado; e (iv) empresa privada como gerador de empregos e bens.". (AYOUB, Luiz Roberto. *O direito empresarial em movimento e a sua constitucionalização: uma análise da recuperação e da falência nas e das empresas* – Rio de Janeiro: Instituto EDS, 2022, pp. 44-45).

12 CRFB: "Art. 170. A ordem econômica, fundada na valorização do trabalho humano e na livre iniciativa, tem por fim assegurar a todos existência digna, conforme os ditames da justiça social, observados os seguintes princípios: [...]".

13 CRFB: "Art. 3º Constituem objetivos fundamentais da República Federativa do Brasil:
I - construir uma sociedade livre, justa e solidária;
II - garantir o desenvolvimento nacional;
III - erradicar a pobreza e a marginalização e reduzir as desigualdades sociais e regionais; [...].".

Como não se submete ao regime de recuperação judicial, a execução do crédito tributário permanece a ser regida pela legislação específica, qual seja, a Lei n° 6.830/1980 (Lei de Execução Fiscal - "LEF").

Estabelecida a premissa de que o crédito tributário está excluído do regime de recuperação da Lei nº 11.101/2005, por consectário lógico, seu titular, a Fazenda Pública, não tem interesse para impugnar a concessão da recuperação judicial.

Aqui referimo-nos ao interesse de agir, no sentido que lhe atribui a doutrina processual. O que se exige para demandar em juízo não é o mero interesse, categoria em que se encarta o interesse econômico, mas o interesse jurídico, ou o legítimo interesse processual de agir, o que abrange também a adequação do meio[14].

O ordenamento jurídico exclui o crédito tributário da recuperação judicial e oferece à Fazenda Pública outra via para a cobrança do crédito tributário, que é a execução fiscal[15].

Ocorre, no entanto, que as Fazendas Públicas têm requerido o indeferimento da concessão de recuperação judicial de devedores que não apresentem certidões negativas de débitos tributários após a aprovação (tácita ou por sufrágio) do plano de recuperação, alegando o descumprimento do disposto no art. 57 da Lei nº 11.101/2005.

Levando-se em consideração (i) que a recuperação judicial é direito a ser exercido de forma facultativa pelo devedor empresário regular e (ii) a existência de lei específica para a execução do crédito fiscal tributário, conclui-se que à Fazenda Pública falta o interesse de agir, não lhe cabendo se arvorar em processo ao qual não se submete para perseguir seu interesse executório.

---

14 A respeito da utilidade como requisito para o exercício da jurisdição, confira-se Cândido Rangel Dinamarco, *Execução Civil*, 3ª Edição, Malheiros, p. 399.

15 Sobre o interesse de agir nos casos em que o sistema repele uma via e oferece outra, é útil a doutrina de Cândido Rangel Dinamarco: "Falar em interesse processual, ou interesse de agir, é falar em interesse legítimo; e a legitimidade do interesse, como está dito, consubstancia-se na coincidência entre a utilidade que pode ser esperada pelo demandante e a disposição do Estado a dispensar-lhe o provimento pretendido, na situação lamentada. Quando o sistema jurídico repele uma via e oferece outra (e especialmente quando nega a execução e oferece a cognição em caso de falta de título executivo), o interesse que o demandante possa ter existe, mas não é legítimo. Por isso é que, nesse caso ele carecerá da ação executiva." (op. cit. p. 403, apud).

Não fossem os fundamentos jurídicos acima indicados aptos e suficientes a demonstrar que a Fazenda Pública é a maior interessada na efetiva recuperação da empresa – jamais a falência –, bastaria lembrar que, no plano material, a arrecadação estatal depende da existência da empresa e dos empregos por ela gerados. Por isso, a necessidade de abastecer os cofres públicos – *interesse público secundário* – não pode ser validamente invocada para impedir concessão da recuperação judicial da atividade empresária.

3. As multas administrativas – sujeição ao regime recuperacional e não inclusão no art. 57 da Lei nº 11.101/2005

O termo "*Créditos da Fazenda Pública*" abrange tanto os créditos de natureza tributária, que compreendem os impostos, as taxas e as contribuições, quanto os créditos não tributários, como as multas de natureza administrativa, impostas pelo Poder Público no exercício do poder de polícia ou do poder de fiscalizar atividade regulamentada.

De acordo com a CRFB, tributos são os impostos, as taxas e as contribuições (arts. 145, 149, *caput*, e § 1º, 149, 149-A e 195 da CRFB). As multas, incluindo as decorrentes de infração à legislação tributária, representam sanção por ato ilícito, e não se enquadram no conceito de tributo, contido no art. 3º do CTN[16], embora haja pontos convergentes entre a multa e o tributo, tais como o fato de serem prestações pecuniárias compulsórias e que dependem de lei.

As dívidas de natureza *tributária* e as dívidas *não tributárias* contribuem para as dificuldades das empresas, considerando-se que, ao longo dos anos, o Estado tornou-se pesado, oneroso e excessivamente burocratizado.

Cerca de um terço do produto interno bruto brasileiro é transferido para o Poder Público na forma de impostos, taxas e contribuições[17]. Por isso não é difícil entender o porquê de a empresa em dificuldades, além de outras dívidas, não raro ter passivo tributário elevado.

---

16 CTN: "Art. 3º Tributo é toda prestação pecuniária compulsória, em moeda ou cujo valor nela se possa exprimir, que não constitua sanção de ato ilícito, instituída em lei e cobrada mediante atividade administrativa plenamente vinculada".

17 Disponível em: https://agenciabrasil.ebc.com.br/economia/noticia/2022-04/previa-da-carga-tributaria-sobe-para-339-do-pib-em-2021 (acesso em 24/07/2023).

Mas não é só através do exercício do poder de tributar que o Estado interfere na vida do agente empresarial e dele se torna credor.

Sem pretensão de exaurir as formas de interferência do Estado na atividade empresária, pode ser citado o poder exercido pelas agências reguladoras, que surgiram a partir da década de 1990, com os programas de privatizações, e que exercem os poderes inerentes à titularidade do serviço ou de atividade monopolizada (caso, por exemplo, da Agência Nacional de Telecomunicações - ANATEL e da Agência Nacional do Petróleo, Gás Natural e Biocombustíveis - ANP, criadas, respectivamente, pelas Leis n°s 9.472/1997 e 9.478/1977), e das agências que regulam atividade privada (caso, por exemplo, da Agência Nacional de Saúde Complementar - ANS, criada pela MP nº 2.012-2/1999, convertida na Lei nº 9.961/2000, e da Comissão de Valores Mobiliários - CVM, entidade autárquica, criada pela Lei nº 6.385/1976, que a partir da edição da Medida Provisória nº 8/2001, convertida na Lei nº 10.411/2002, passou a ter autoridade administrativa independente, assegurada pela ausência de subordinação hierárquica, mandato fixo e estabilidade dos seus dirigentes, bem como autonomia financeira e orçamentária).

As agências reguladoras - criadas com natureza jurídica de autarquia e, portanto, integrantes da administração pública indireta - têm se tornado credoras de valores expressivos, relativos a multas administrativas. Isso sem se considerar as contribuições cobradas pelas agências instituídas pela União.

No âmbito do sistema de proteção ao consumidor, encontramos os PROCONs, órgãos destinados a proteção e defesa do consumidor, investidos de poderes para impor sanções previstas na Lei nº 8.078/1990 (Código de Defesa do Consumidor - "CDC"), incluindo-se entre as sanções a penalidade pecuniária, que não tem natureza de tributo.

Os PROCONs ora integram a Administração Pública *indireta*, caso, por exemplo, dos PROCON-RJ e PROCON-MA, que têm natureza jurídica de autarquia (conforme, respectivamente, Leis Estaduais n°s 5.738/2010 e 10.305/2015), ora integram a Administração Pública *direta*, hipótese do PROCON-RS (conforme Decreto Estadual nº 38.864/98), ou, como no caso do Estado de Minas Gerais, o PROCON integra a estrutura do Ministério Público estadual (Constituição Estadual e Lei Complementar Estadual nº 61/2001, art. 22).

Como os PROCONs integram a Administração Pública, as multas por eles impostas, com base no CDC, são créditos da Fazenda Pública.

Observa-se que, ao longo do tempo, seja através do Fisco, seja através de entidades da Administração Pública indireta, o Estado tornou-se elemento importante na vida das empresas, e, através do exercício do poder de tributar e das múltiplas atividades fiscalizatórias e sancionatórias exercidas de forma legítima – e muitas vezes de forma arbitrária –, passou a ser titular de créditos de natureza *tributária* e de natureza *não tributária*, uns e outros, passíveis de contestação, tanto na esfera administrativa quanto na judicial, ante a inafastabilidade do direito ao contraditório, de observância obrigatória nos processos administrativos e judiciais.

Portanto, é importante verificar (i) se as multas estão ou não sujeitas à recuperação judicial, (ii) se a certidão referida no art. 57 da Lei nº 11.101/2005 abrange ou não as multas.

3.1. O art. 57 e os créditos públicos não tributários

Não há no art. 57 da Lei nº 11.101/2005 referência à apresentação de certidões negativas de créditos não tributários, mas, apenas, aos tributários, com remissão aos arts. 151, 205 e 206 do CTN.

O art. 151 enumera as hipóteses de suspensão da exigibilidade do crédito tributário, enquanto o art. 205 diz que a lei poderá exigir prova de quitação de determinado tributo, e o art. 206 esclarece que "*a certidão de que conste a existência de créditos não vencidos, em curso de cobrança executiva em que tenha sido efetivada a penhora, ou cuja exigibilidade esteja suspensa*" tem os mesmos efeitos da certidão de quitação.

Ante os termos do art. 57, o que está claro é que independentemente do que venha a prevalecer na jurisprudência a respeito da sujeição dos créditos não tributários à recuperação judicial, não cabe cogitar de apresentação de certidão negativa de créditos não tributários.

3.2. Sujeição dos créditos públicos não tributários[18]

Embora a Terceira Turma do STJ tenha decidido que o crédito *não tributário*, tal como o *tributário*, não se sujeita à recuperação

18 O tema foi examinado mais amplamente na obra *Recuperação judicial, extrajudicial e falência: teoria e prática*, Editora Gen/Forense, 7ª Edição, pp. 305/322.

judicial[19], a matéria não pode ser considerada pacificada[20].

O acórdão da Terceira Turma do STJ, da relatoria da Min. Nancy Andrighi, é decisão isolada de órgão fracionário que integra a Segunda Seção do STJ, que é a competente para processar e julgar a submissão do crédito à recuperação judicial[21].

A não extensão às multas administrativas de privilégio atribuído aos tributos tem fundamento na diferença de objetivos, considerando-se que, enquanto estes têm por principal objetivo a arrecadação de recursos financeiros para o funcionamento do Estado, aquelas visam punir a prática de ato ilícito.

Ainda que a multa, como sanção pecuniária que é, se traduza em um ingresso de valores nos cofres públicos, o seu propósito não é gerar receita pública.

Ricardo Lobo Torres ensina que "*São inconfundíveis o tributo e a penalidade. Aquela deriva da incidência do poder tributário sobre a propriedade privada. A penalidade pecuniária resulta do poder penal do Estado e tem por objetivo resguardar a validade da ordem jurídica*"[22].

---

19 STJ - REsp: 1931633/GO - 2020/0200214-3, Relator: Ministra NANCY ANDRIGHI, Data de Julgamento: 03/08/2021, T3 - TERCEIRA TURMA, Data de Publicação: DJe 09/08/2021.

20 É digno de destaque o voto vencido proferido no julgamento de agravo interno em suspensão de liminar e de sentença, cujo acórdão, por maioria de votos, negou a suspensão e manteve a homologação de plano de recuperação judicial que fora aprovado com previsões expressas de reestruturação de dívida não tributária cujo titular do crédito era agência reguladora. Com efeito, apesar de divergir da maioria e votar pelo provimento do agravo interno da autarquia federal, o Ministro Napoleão Nunes Maia Filho consignou em seu voto importante reflexão sobre o tema: "*Penso haver uma falha na Lei de Recuperação Judicial por não permitir a inclusão de créditos públicos na recuperação judicial, uma vez que a empresa pode se recuperar com os credores privados, mas ir à falência pelo credor público. A meu ver, todos têm que ser colocados no rol dos créditos* recuperandus *ou recuperáveis*." (STJ – AgInt na SLS 2433/RJ - 2018/0292432-6, Relator: Ministro JOÃO OTÁVIO DE NORONHA, Data de Julgamento: 05/08/2020, - CORTE ESPECIAL, Data de Publicação: DJe 20/08/2020.

21 Regimento Interno do Superior Tribunal de Justiça: "Art. 9º A competência das Seções e das respectivas Turmas é fixada em função da natureza da relação jurídica litigiosa. [...]
§ 2º À Segunda Seção cabe processar e julgar os feitos relativos a: [...]
IX - falências e concordatas; [...]".

22 TORRES, Ricardo Lobo. *Curso de direito financeiro e tributário.* 18 ª edição, Rio de Janeiro: Renovar, 2011, p. 238.

Uma vez ultrapassadas as distinções conceituais e práticas que envolvem os institutos do *tributo* e da *multa*, cumpre adentrar o arcabouço jurídico-legislativo que circunda o tratamento dado a esses créditos no âmbito de uma crise econômico-financeira empresarial.

O Decreto-Lei nº 960/1938, que dispunha sobre a cobrança judicial da dívida ativa da Fazenda Pública, no *caput* do art. 60[23] concedia à Fazenda Pública a prerrogativa de não se sujeitar ao concurso de credores ou habilitações de crédito nos processos de liquidação ou inventário, bem como nos casos de falência ou concordata, hoje substituída pelo instituto da recuperação judicial.

A função do dispositivo supramencionado era evidente: privilegiar o credor público em detrimento dos credores privados. Esse privilégio fazendário resulta de expressão direta do princípio da supremacia do interesse público frente ao interesse privado. Essa preferência, por sua vez, teria como fundamento a premissa de que os créditos fazendários, em regra, são essenciais ao custeio da atividade estatal, e esse custeio resultaria no próprio interesse público primário.

Não se desconhece os matizes históricos que sustentavam a invocação do referido princípio[24]. No entanto, o Estado Democrático de Direito tem superado a noção de supremacia, dando lugar à ponderação de valores[25].

---

23 Lei nº 4.320/64: "Art. 60. A Fazenda, na cobrança da sua dívida ativa, não está sujeita a concurso de credores, nem a habilitação de crédito em falência, concordata, ou inventário".

24 "Outra crítica foca no elemento "supremacia" desse princípio: se fosse um princípio "supremo", na prática não seria sequer um princípio jurídico, porque estes admitem ponderação e podem deixar de incidir, ou incidir com menor intensidade, à luz dos diferentes casos concretos e dos princípios e regras com os quais se contrapõem." (ARAGÃO, Alexandre Santos de. *Curso de direito administrativo*. 2. ed. rev. atual. e ampl. Rio de Janeiro: Forense, 2013, p. 83).

25 Alexandre Santos de Aragão explica que "Há, de fato, expressiva doutrina contemporânea que vem colocando em xeque a existência desse princípio. Dentre os autores que poderiam ser citados como defensores dessa posição, claro que com peculiaridades individuais, destacam-se DIOGO DE FIGUEIREDO MOREIRA NETO, ODETE MEDAUAR e HUMBERTO ÁVILA, os quais afirmam que não há uma prevalência, *a priori,* do interesse público sobre os particulares, até porque são múltiplos tanto os interesses públicos como os privados, entrando em conflitos positivos e negativos entre si. Às vezes, satisfazer o interesse público é sacrificar um interesse "do Estado" e priorizar um interesse privado." (idem, p. 83).

Com efeito, muitas das vezes esses valores deflagram que o verdadeiro interesse público é garantir um bem jurídico que, *a priori*, seria classificado como privado, mas, em razão de seus reflexos ultrapassarem a pretensão individual e irradiarem de forma difusa nos demais setores da sociedade, caracterizam o real objetivo do Estado[26].

Seguindo na evolução do tratamento dispensado ao crédito público no ordenamento pátrio, o § 2° do art. 39 da Lei n° 4.320/1964[27] define os créditos fazendários, que constituem a Dívida Ativa, distinguindo a Dívida Ativa *Tributária* da *não Tributária*:

> "A Dívida Ativa Tributária é o crédito da Fazenda Pública dessa natureza, proveniente de obrigação legal relativa a tributos e respectivos adicionais e multas, e Dívida Ativa não Tributária são os demais créditos da Fazenda Pública, tais como os provenientes de empréstimos compulsórios, contribuições estabelecidas em lei, <u>multa de qualquer origem ou natureza, exceto as tributárias</u>, foros, laudêmios, alugueis ou taxas de ocupação, custas processuais, preços de serviços prestados por estabelecimentos públicos, indenizações, reposições, restituições, alcances dos responsáveis definitivamente julgados, bem assim os créditos decorrentes de obrigações em moeda estrangeira, de subrogação de hipoteca, fiança, aval ou outra garantia, de contratos em geral ou de outras obrigações legais." (grifos acrescentados).

Na vigência do Decreto-Lei nº 7.661/1945 as multas administrativas e as multas moratórias não podiam ser cobradas na falência[28], com o que no sentido teleológico da norma, mantém-se clara a finalidade de privilegiar apenas os créditos essenciais ao funcionamento do Estado.

---

26 Sobre o tema, Celso Antônio Bandeira de Mello nos ensina que "na verdade, o interesse público, o interesse do todo, do conjunto social, nada mais é que a dimensão pública dos interesses individuais, ou seja, dos interesses de cada indivíduo enquanto partícipe da Sociedade (entificada juridicamente no Estado)" (*Curso de direito administrativo*. 32 ed. São Paulo: Malheiros, 2014, pp. 60-61).

27 Lei nº 4.320, de 17 de março de 1964: "Estatui Normas Gerais de Direito Financeiro para elaboração e contrôle dos orçamentos e balanços da União, dos Estados, dos Municípios e do Distrito Federal.".

28 Decreto-Lei nº 7.661/1945: "Art. 23. [...]
Parágrafo único. Não podem ser reclamados na falência:[...]
III - as penas pecuniárias por infração das leis penais e administrativas".

Com esse regramento, atentou-se o legislador ao fato de que a cobrança de multas por infrações das leis penais e administrativas em um processo de falência acarretaria expressivo prejuízo aos credores do falido, e o ônus da sanção pecuniária estaria sendo suportado não pelo infrator, mas sim pela universalidade dos seus credores – em violação, inclusive, ao disposto no art. 5º, XLV da CRFB.

A *mens legis* foi prestigiada pela jurisprudência e no âmbito do Supremo Tribunal Federal ("STF") foram editados os enunciados 192 e 565, que dispuseram, respectivamente:

> "Não se inclui no crédito habilitado em falência a multa fiscal com efeito de pena administrativa".
>
> "A multa fiscal moratória constitui pena administrativa, não se incluindo no crédito habilitado em falência".

A partir da promulgação da Lei nº 11.101/2005, as multas podem ser cobradas na falência, mas o pagamento destes créditos depende do prévio pagamento de diversas outras classes de credores ou da inexistência delas, figurando as multas, inclusive as tributárias e administrativas no penúltimo lugar na ordem de classificação dos créditos, à frente, apenas, dos créditos subordinados[29].

---

29 Lei nº 11.101/2005: "Art. 83. A classificação dos créditos na falência obedece à seguinte ordem:
I – os créditos derivados da legislação do trabalho, limitados a 150 (cento e cinquenta) salários-mínimos por credor, e os decorrentes de acidentes de trabalho;
II - créditos com garantia real até o limite do valor do bem gravado;
III – créditos tributários, independentemente da sua natureza e tempo de constituição, **excetuadas as multas tributárias**;
IV – créditos com privilégio especial, a saber:
a) os previstos no art. 964 da Lei nº 10.406, de 10 de janeiro de 2002;
b) os assim definidos em outras leis civis e comerciais, salvo disposição contrária desta Lei;
c) aqueles a cujos titulares a lei confira o direito de retenção sobre a coisa dada em garantia;
d) aqueles em favor dos microempreendedores individuais e das microempresas e empresas de pequeno porte de que trata a Lei Complementar nº 123, de 14 de dezembro de 2006
V – créditos com privilégio geral, a saber:
a) os previstos no art. 965 da Lei nº 10.406, de 10 de janeiro de 2002;
b) os previstos no parágrafo único do art. 67 desta Lei;
c) os assim definidos em outras leis civis e comerciais, salvo disposição contrária desta Lei;

Na recuperação judicial existem claras distinções nos tratamentos dados aos tributos e às multas administrativas.

Uma delas é em relação à prova de regularidade para a concessão da recuperação judicial, porque, como já dito anteriormente, o art. 57 da Lei 11.101/2005 refere-se apenas à prova de regularidade no cumprimento de "*obrigações tributárias*", não havendo exigência de regularidade em relação às multas administrativas para a concessão da recuperação judicial.

Outra diferença relevante diz respeito à transferência do passivo tributário de filial ou unidade produtiva. A responsabilidade tributária por transferência de filial ou unidade produtiva é a regra, o que não ocorre com as multas administrativas. Apenas não haverá a responsabilidade tributária por transferência se tal alienação ocorrer nos termos do plano de recuperação judicial aprovado (art. 133, §§1º e 2º do CTN e arts. 60 e 141 da Lei nº 11.101/2005).

A Lei nº 6.830/1980, que dispõe sobre a cobrança judicial da Dívida Ativa da Fazenda Pública, incluindo a dívida *tributária* e a *não tributária*, estende à dívida não tributária as preferências e privilégios previstos nos arts. 186 e 188 a 192 do CTN[30].

Essas disposições integram o capítulo do CTN que trata das garantias e privilégios do crédito *tributário*. O art. 186 trata da preferência na falência, distinguindo os tributos das multas tributárias:

> "Art. 186. O crédito tributário prefere a qualquer outro, seja qual for sua natureza ou o tempo de sua constituição, ressalvados os créditos decorrentes da legislação do trabalho ou do acidente de trabalho.

VI – créditos quirografários, a saber:

a) aqueles não previstos nos demais incisos deste artigo;

b) os saldos dos créditos não cobertos pelo produto da alienação dos bens vinculados ao seu pagamento;

c) os saldos dos créditos derivados da legislação do trabalho que excederem o limite estabelecido no inciso I do caput deste artigo;

VII – as multas contratuais e as penas pecuniárias por infração das leis penais ou administrativas, inclusive as multas tributárias;

VIII – créditos subordinados, a saber: [...]" (destaques acrescentados).

---

30 Lei nº 6.380/1980: "Art. 4º [...]
§ 4º - Aplica-se à Dívida Ativa da Fazenda Pública de natureza não tributária o disposto nos artigos 186 e 188 a 192 do Código Tributário Nacional".

> Parágrafo único. Na falência:
>
> I - o crédito tributário não prefere aos créditos extraconcursais ou às importâncias passíveis de restituição, nos termos da lei falimentar, nem aos créditos com garantia real, no limite do valor do bem gravado;
>
> II - a lei poderá estabelecer limites e condições para a preferência dos créditos decorrentes da legislação do trabalho; e
>
> III - a multa tributária prefere apenas aos créditos subordinados."

Para o fim de classificação na falência, o art. 186 do CTN não distingue os créditos inscritos e ajuizados dos não inscritos e não ajuizados. A distinção é feita em razão da natureza da dívida - *tributária* ou *não tributária*. Isso leva a concluir que o fato de serem cobradas através de execução fiscal não confere às multas administrativas a mesma natureza e nem os mesmos privilégios conferidos aos créditos *tributários*.

Esse entendimento é corroborado quando observamos que a LEF, ao estender privilégios à dívida *não tributária,* limitou-se aos privilégios previstos nos arts. 186 e 188 a 192, excluindo, portanto, os privilégios previstos no art. 187 do CTN, dentre eles a não sujeição à recuperação judicial: "*A cobrança judicial do crédito tributário não é sujeita a concurso de credores ou habilitação em falência, recuperação judicial, concordata, inventário ou arrolamento.*".

Em suma, existem diversas hipóteses previstas na nossa legislação que conferem um tratamento especial e privilegiado ao crédito *tributário*, o que não ocorre com a multa administrativa. A não sujeição à recuperação judicial, nos termos do art. 187 do CTN aplica-se exclusivamente ao crédito *tributário.* A LEF, quando estendeu aos créditos *não tributários* alguns privilégios concedidos aos créditos *tributários*, não incluiu o privilégio da não sujeição à recuperação judicial.

4. Críticas à não sujeição do crédito tributário à recuperação judicial e à inexistência de regime de parcelamento tributário especial para a recuperação extrajudicial

Por ser questão prejudicial à matéria analisada neste estudo, fazemos enfática crítica à não sujeição do crédito tributário ao regime de recuperação judicial.

Do ponto de vista legal, e sobretudo do econômico, faria muito mais sentido a sujeição do crédito dessa natureza para superar todos os entraves que a não sujeição impõe ao devedor, aos demais credores, à preservação da atividade empresária, a própria arrecadação fiscal e, finalmente, à sociedade.

Não se desconhece a dificuldade decorrente da mudança substancial no ordenamento que referida alteração demandaria, no entanto, "*do mesmo modo que o fisco se convenceu que a sua inclusão na falência seria a melhor solução, talvez essa alteração também ocorra na recuperação judicial*"[31].

Da mesma forma nos posicionamos quanto à inexistência de previsão legal que assegure ao devedor a possibilidade de adesão a regime de parcelamento tributário especial na hipótese de reestruturação de dívida por meio de recuperação extrajudicial.

Em que pese se reconheça alguma evolução - ainda que insuficiente - dos mecanismos de solução do passivo fiscal do devedor em recuperação judicial[32], uma vez que "*as possibilidades postas à disposição do devedor que pleiteia a recuperação judicial não são mais as mesmas de quando promulgada a Lei nº 11.101/05*", o mesmo não se observa em relação ao devedor empresário que se vale da recuperação extrajudicial.

Significa dizer que o devedor que poderia reestruturar suas dívidas por meio de recuperação extrajudicial se vê obrigado a fazê-lo por meio de recuperação judicial, pelo simples fato de não haver regime de parcelamento fiscal especial na primeira hipótese.

5. O fundamento para dispensa de CND – breve contextualização histórica da jurisprudência

Desde a época da antiga concordata, a apresentação de certidões negativas de débitos fiscais tem sido motivo de discussões e dificuldades no Brasil, país que adota o modelo federativo de Estado, no qual o poder de tributar é exercido pela União, pelos Estados-membros, Distrito

31 SANTOS. Paulo Penalva. "*Comentários ao artigo 10-A da Lei 105.22/2002: o novo parcelamento especial para empresa em recuperação judicial*" in *Comentários à Lei de Recuperação de Empresas* / Paulo Fernando Campos Salles de Toledo (coordenador) – São Paulo: Thomson Reuters. Brasil, 2021, pp. 1121-1122.

32 COUTINHO. Daniele de Lucena Zanforlin. "*Os efeitos do deferimento da recuperação judicial*" in *Fazenda Pública na recuperação judicial e falência*. Daniele de Lucena Zanforlin Coutinho... [et. al.]. – 1. ed. – Rio de Janeiro: Forense, 2022, p. 23.

Federal e Municípios, cabendo a cada uma das entidades da Federação legislar sobre os seus tributos.

Assim, compete à União, aos Estados, ao Distrito Federal e aos Municípios instituir condições especiais de parcelamento dos seus tributos. Por isso, se o devedor em recuperação judicial for sociedade empresária com atuação de âmbito nacional, poderia ser chamado a apresentar centenas ou até milhares de certidões negativas de débitos tributários, a depender da área de atuação.

A experiência mostra que além de todas as dificuldades enfrentadas por quem ousa empreender, gerar empregos, rendas, pagar tributos e contribuir para o desenvolvimento nacional, há ainda a complexidade do sistema tributário, que não raro é causa de demandas legítimas do setor privado contra exações reputadas indevidas. A burocracia, por sua vez, não facilita o cumprimento das obrigações tributárias *principal* (de pagar o tributo) e *acessória* (deveres administrativos, instituídos no interesse da arrecadação e da fiscalização).

A Lei nº 11.101/2005 surgiu com a promessa de viabilizar a superação da crise pela empresa produtiva viável e, sem nenhum favor, em muitos aspectos representou mudança de paradigma em relação ao direito anterior, atingindo, assim, a sua finalidade.

Não obstante, na questão pertinente à exigência de CND para concessão da recuperação judicial, os avanços não vieram da lei, mas da adequada ponderação de valores que a jurisprudência, designadamente do STJ soube fazer, nos quinze anos de vigência do texto original da Lei nº 11.101/2005, cuja alteração sobre esta matéria somente veio com o advento da Lei nº 14.112/2020.

Imaginou-se que a possibilidade de parcelamento, em condições favorecidas, tal como prometido no art. 68 da Lei nº 11.101/2005[33], viabilizaria o equacionamento do passivo tributário e a obtenção, pelo devedor em recuperação judicial, de certidões positivas com efeitos de negativa.

Contudo, as leis especiais ou não vieram a tempo, ou o legislador ordinário não resistiu à tentação de valer-se do parcelamento favorecido como meio de coagir o contribuinte com as finanças já combalidas a con-

33 Lei nº 11.101/2005: "Art. 68. As Fazendas Públicas e o Instituto Nacional do Seguro Social – INSS poderão deferir, nos termos da legislação específica, parcelamento de seus créditos, em sede de recuperação judicial, de acordo com os parâmetros estabelecidos na Lei nº 5.172, de 25 de outubro de 1966 - Código Tributário Nacional".

fessar todas as suas dívidas tributárias, incluindo aquelas que considera indevidas, e que ao bom gestor não é lícito pagar sem discutir.

No âmbito federal, a Lei nº 13.043/2014 alterou a Lei nº 10.522/2002, para autorizar um parcelamento com prazo estendido e escalonado, sem qualquer desconto, quer no principal, quer nas multas e encargos moratórios e, em contrapartida, condicionou o parcelamento à renúncia ao direito de discutir na via administrava ou judicial a legalidade da exação, conforme dispôs o §2º do art. 10-A da Lei nº 10.522/2002[34], na redação dada pela Lei nº 13.043/2014.

Foi nesse cenário de omissão legislativa ou de leis incompatíveis com o escopo da recuperação judicial que foi construída a jurisprudência do STJ, a partir do julgamento, pela Corte Especial, do REsp 1.187.404/MT[35], sob a relatoria do Min. Luis Felipe Salomão.

---

34 Lei nº 10.522/2002: "Art. 10-A. O empresário ou a sociedade empresária que pleitear ou tiver deferido o processamento da recuperação judicial, nos termos dos arts. 51, 52 e 70 da Lei nº 11.101, de 9 de fevereiro de 2005, poderá liquidar os seus débitos para com a Fazenda Nacional existentes, ainda que não vencidos até a data do protocolo da petição inicial da recuperação judicial, de natureza tributária ou não tributária, constituídos ou não, inscritos ou não em dívida ativa, mediante a opção por uma das seguintes modalidades: [...]
§ 2º Na hipótese de o sujeito passivo optar pela inclusão, no parcelamento de que trata este artigo, de débitos que se encontrem sob discussão administrativa ou judicial, submetidos ou não a causa legal de suspensão de exigibilidade, deverá ele comprovar que desistiu expressamente e de forma irrevogável da impugnação ou do recurso interposto, ou da ação judicial e, cumulativamente, que renunciou às alegações de direito sobre as quais se fundam a ação judicial e o recurso administrativo".

35 "DIREITO EMPRESARIAL E TRIBUTÁRIO. RECURSO ESPECIAL. RECUPERAÇÃO JUDICIAL. EXIGÊNCIA DE QUE A EMPRESA RECUPERANDA COMPROVE SUA REGULARIDADE TRIBUTÁRIA. ART. 57 DA LEI N. 11.101/2005 (LRF) E ART. 191-A DO CÓDIGO TRIBUTÁRIO NACIONAL (CTN). INOPERÂNCIA DOS MENCIONADOS DISPOSITIVOS. INEXISTÊNCIA DE LEI ESPECÍFICA A DISCIPLINAR O PARCELAMENTO DA DÍVIDA FISCAL E PREVIDENCIÁRIA DE EMPRESAS EM RECUPERAÇÃO JUDICIAL. 1. O art. 47 serve como um norte a guiar a operacionalidade da recuperação judicial, sempre com vistas ao desígnio do instituto, que é "viabilizar a superação da situação de crise econômico-financeira do devedor, a fim de permitir a manutenção da fonte produtora, do emprego dos trabalhadores e dos interesses dos credores, promovendo, assim, a preservação da empresa, sua função social e o estímulo à atividade econômica". 2. O art. 57 da Lei n. 11.101/2005 e o art. 191-A do CTN devem ser interpretados à luz das novas diretrizes traçadas pelo legislador para as dívidas tributárias, com vistas, notadamente, à previsão legal de parcelamento do crédito tributário em benefício da empresa em recuperação, que é causa

Analisando o voto do relator no REsp 1.187.404/MT, verifica-se conclusão no sentido de que *"nenhuma interpretação pode ser aceita se dela resulta circunstância que - além de não fomentar - inviabilize a superação da crise empresarial, com consequências perniciosas ao objetivo de preservação da empresa economicamente viável, à manutenção da fonte produtora e dos postos de trabalho, além de não atender a nenhum interesse legítimo dos credores"*, com forte fundamento em princípios e normas do direito concursal, consagrados na Lei nº 11.101/2005.

Destaque-se, ainda, o seguinte trecho do voto do Min. Luis Felipe Salomão:

> "Analisando a questão pelo ângulo do direito concursal, penso que a solução para o caso concreto deve observar que, no caso da recuperação judicial da empresa, esta não pode ser observada a partir da amesquinhada visão de que o instituto visa a proteger os interesses do empresário, em detrimento de outros não menos legítimos.
>
> Na verdade, o valor primordial a ser protegido é o da ordem econômica, bastando analisar com mais vagar os meios de recuperação da empresa legalmente previstos (como, por exemplo, os incisos III, IV, V, XIII e XIV do art. 50 da LRF), para se perceber que, em alguns casos, é exatamente o interesse individual do empresário que é sacrificado, em deferência da preservação da empresa como unidade econômica de inegável utilidade social.
>
> Cumpre sublinhar também que, em se tratando de recuperação judicial, a nova Lei de Falências traz uma norma-programa de densa carga principiológica, constituindo a lente pela qual devem ser interpretados os demais dispositivos.
>
> Refiro-me ao art. 47, que serve como um norte a guiar a operacionalidade da recuperação judicial, sempre com vistas ao desígnio do

de suspensão da exigibilidade do tributo, nos termos do art. 151, inciso VI, do CTN. 3. O parcelamento tributário é direito da empresa em recuperação judicial que conduz a situação de regularidade fiscal, de modo que eventual descumprimento do que dispõe o art. 57 da LRF só pode ser atribuído, ao menos imediatamente e por ora, à ausência de legislação específica que discipline o parcelamento em sede de recuperação judicial, não constituindo ônus do contribuinte, enquanto se fizer inerte o legislador, a apresentação de certidões de regularidade fiscal para que lhe seja concedida a recuperação. 4. Recurso especial não provido." (STJ - REsp: 1187404 MT 2010/0054048-4, Relator: Ministro LUIS FELIPE SALOMÃO, Data de Julgamento: 19/06/2013, CE - CORTE ESPECIAL, Data de Publicação: DJe 21/08/2013).

> instituto, que é "viabilizar a superação da situação de crise econômico-financeira do devedor, a fim de permitir a manutenção da fonte produtora, do emprego dos trabalhadores e dos interesses dos credores, promovendo, assim, a preservação da empresa, sua função social e o estímulo à atividade econômica.".

O voto do Min. Luis Felipe Salomão consignou, também, a ausência, à época, de leis especiais de parcelamento. Não obstante, no plano racional os fundamentos para a conclusão no sentido de que a apresentação de CND não é requisito para concessão da recuperação judicial estão lastreados na análise dos meios de superação da crise, contemplados na Lei e na norma principiológica do art. 47 da Lei nº 11.101/2005.

No mesmo sentido decidiu a Terceira Turma do STJ no julgamento do REsp 1.864.625/SP[36], sob a relatoria da Min. Nancy Andrighi, do qual

36 RECURSO ESPECIAL. RECUPERAÇÃO JUDICIAL. CERTIDÕES NEGATIVAS DE DÉBITOS TRIBUTÁRIOS. ART. 57 DA LEI 11.101/05 E ART. 191-A DO CTN. EXIGÊNCIA INCOMPATÍVEL COM A FINALIDADE DO INSTITUTO. PRINCÍPIO DA PRESERVAÇÃO DA EMPRESA E FUNÇÃO SOCIAL. APLICAÇÃO DO POSTULADO DA PROPORCIONALIDADE. INTERPRETAÇÃO SISTEMÁTICA DA LEI 11.101/05. 1. Recuperação judicial distribuída em 18/12/2015. Recurso especial interposto em 6/12/2018. Autos conclusos à Relatora em 30/1/2020. 2. O propósito recursal é definir se a apresentação das certidões negativas de débitos tributários constitui requisito obrigatório para concessão da recuperação judicial do devedor. 3. O enunciado normativo do art. 47 da Lei 11.101/05 guia, em termos principiológicos, a operacionalidade da recuperação judicial, estatuindo como finalidade desse instituto a viabilização da superação da situação de crise econômico-financeira do devedor, a permitir a manutenção da fonte produtora, do emprego dos trabalhadores e dos interesses dos credores, promovendo, assim, a preservação da empresa, sua função social e o estímulo à atividade econômica. Precedente. 4. A realidade econômica do País revela que as sociedades empresárias em crise usualmente possuem débitos fiscais em aberto, podendo-se afirmar que as obrigações dessa natureza são as que em primeiro lugar deixam de ser adimplidas, sobretudo quando se considera a elevada carga tributária e a complexidade do sistema atual. 5. Diante desse contexto, a apresentação de certidões negativa de débitos tributários pelo devedor que busca, no Judiciário, o soerguimento de sua empresa encerra circunstância de difícil cumprimento. 6. Dada a existência de aparente antinomia entre a norma do art. 57 da LFRE e o princípio insculpido em seu art. 47 (preservação da empresa), a exigência de comprovação da regularidade fiscal do devedor para concessão do benefício recuperatório deve ser interpretada à luz do postulado da proporcionalidade. 7. Atuando como conformador da ação estatal, tal postulado exige que a medida restritiva de direitos figure como adequada para o fomento do objetivo perseguido pela norma que a veicula, além de se revelar necessária

se destaca a conclusão sintetizada no seguinte trecho da ementa: "*Assim de se concluir que os motivos que fundamentam a exigência da comprovação da regularidade fiscal do devedor (assentados no privilégio do crédito tributário), não tem peso suficiente – sobretudo em função da relevância da função social da empresa e do princípio que objetiva sua preservação – para preponderar sobre o direito do devedor de buscar no processo de soerguimento a superação da crise econômico-financeira que o acomete*".

Afastada pela Terceira Turma do STJ a tese da violação da cláusula de reserva de plenário, a Fazenda Nacional apresentou a Rcl 43.169[37], com pedido cautelar antecedente, perante o Supremo Tribunal Federal, alegando que no julgamento do REsp 1.864.625/SP, o acórdão teria desrespeitado o enunciado constante da Súmula Vinculante nº 10 e do art. 97 da CRFB .

Com apoio nos esclarecimentos prestados pela Min. Nancy Andrighi, o Min. Dias Toffoli negou seguimento à reclamação e tornou sem efeito a liminar antes concedida, sob os seguintes fundamentos:

para garantia da efetividade do direito tutelado e de guardar equilíbrio no que concerne à realização dos fins almejados (proporcionalidade em sentido estrito). 8. Hipótese concreta em que a exigência legal não se mostra adequada para o fim por ela objetivado - garantir o adimplemento do crédito tributário -, tampouco se afigura necessária para o alcance dessa finalidade: (i) inadequada porque, ao impedir a concessão da recuperação judicial do devedor em situação fiscal irregular, acaba impondo uma dificuldade ainda maior ao Fisco, à vista da classificação do crédito tributário, na hipótese de falência, em terceiro lugar na ordem de preferências; (ii) desnecessária porque os meios de cobrança das dívidas de natureza fiscal não se suspendem com o deferimento do pedido de soerguimento. Doutrina. 9. Consoante já percebido pela Corte Especial do STJ, a persistir a interpretação literal do art. 57 da LFRE, inviabilizar-se-ia toda e qualquer recuperação judicial (REsp 1.187.404/MT). 10. Assim, de se concluir que os motivos que fundamentam a exigência da comprovação da regularidade fiscal do devedor (assentados no privilégio do crédito tributário), não tem peso suficiente - sobretudo em função da relevância da função social da empresa e do princípio que objetiva sua preservação - para preponderar sobre o direito do devedor de buscar no processo de soerguimento a superação da crise econômico-financeira que o acomete. RECURSO ESPECIAL NÃO PROVIDO. (STJ - REsp: 1864625 SP 2019/0294631-9, Relator: Ministra NANCY ANDRIGHI, Data de Julgamento: 23/06/2020, T3 - TERCEIRA TURMA, Data de Publicação: DJe 26/06/2020).

37 STF - Rcl: 43169 SP 0102138-58.2020.1.00.0000, Relator: DIAS TOFFOLI, Data de Julgamento: 03/12/2020, Data de Publicação: DJe 04/12/2020.

"Inicio por adiantar a minha convicção em sentido contrário ao que defendido na decisão que concedeu a medida liminar na presente reclamação.

A controvérsia relativa a exigência de apresentação de certidões negativas de débitos tributários na forma do art. 57 da Lei nº 11.101/05, é eminentemente infraconstitucional, como já decidiu o Plenário da Corte em sede de controle concentrado, nos autos da ADC nº 46, em que foram lançados os mesmos argumentos delineados na presente reclamação. Quais sejam: de que o Superior Tribunal de Justiça estaria pautando-se em fundamentos constitucionais para afastar a incidência dos dispositivos da Lei nº 11.101/05 e do art. 191-A do Código Tributário Nacional, o que equivaleria a reconhecer implícita e incidentalmente a inconstitucionalidade dos dispositivos lá referidos, inclusive do art. 57 da lei questionada (caso dos autos), o qual exige a apresentação de certidões negativas de débitos tributários, após a juntada aos autos do plano aprovado pela assembléia-geral de credores.

Na assentada, o Plenário da Corte entendeu que o tema envolve mera interpretação de normas infraconstitucionais, razão pela qual não conheceu da demanda, conforme ementa que segue:

[...]

A matéria também já foi apreciada pela Corte Especial do Superior Tribunal de Justiça no REsp 1.187.404/MT, de relatoria do Ministro Luis Felipe Salomão, no qual se decidiu que o art. 47 da mesma Lei nº 11.101/05, deve servir de norte a guiar a operacionalidade da recuperação judicial, sempre com vistas ao desígnio do instituto, que é "viabilizar a superação da situação de crise econômico-financeira do devedor, a fim de permitir a manutenção da fonte produtora, do emprego dos trabalhadores e dos interesses dos credores, promovendo, assim, a preservação da empresa, sua função social e o estímulo à atividade econômica".

Com base nessa orientação é que a Terceira Turma do Superior Tribunal de Justiça exerceu um juízo de ponderação entre a exigência do art. 57 da Lei 11.101/05 e os princípios gerais constantes da norma legal, notadamente no seu art. 47, concluindo, assim, pela desproporcionalidade da exigência contida na primeira norma, com os princípios gerais delineados na segunda.

Como bem esclareceu nas informações prestadas, a Ministra Nancy Andringui Relatora do acórdão reclamado, na exegese sistemática das normas infraconstitucionais se exerceu um juízo de proporcionalidade dada a "existência de aparente antinomia entre a norma do art. 57 da LFRE e o princípio insculpido em seu art. 47 (preservação da empresa)."

> A ponderação de proporcionalidade entre duas normas infraconstitucionais com base na orientação do Órgão Especial, firmada no Recurso Especial nº 1.187.404/MT, o qual foi julgado sob a sistemática dos recursos repetitivos, não tem o condão, por si só, de transformar uma controvérsia eminentemente infraconstitucional em constitucional."
>
> Vide que o embasamento de decisão em princípio constitucional não importa, necessariamente, em juízo de inconstitucionalidade. Nesse sentido os seguintes precedentes:
>
> [...]
>
> A análise das razões subjacentes à presente controvérsia, portanto, levam-me a reconhecer a inexistência, na espécie, de situação caracterizadora de desrespeito ao enunciado constante da Súmula Vinculante nº 10 e do art. 97 da Constituição Federal" (destaques acrescentados).

Observa-se que o pronunciamento do STF, assim, autorizou o STJ, na hipótese, a exercer "*um juízo de ponderação entre a exigência do art. 57 da Lei 11.101/05 e os princípios gerais constantes da norma legal, notadamente no seu art. 47, concluindo, assim, pela desproporcionalidade da exigência contida na primeira norma, com os princípios gerais delineados na segunda*", chancelando a prestação jurisdicional alcançada no REsp 1.864.625/SP.

Após o advento da Lei nº 14.112/2020, o saudoso Min. Paulo de Tarso Sanseverino deferiu pedido de tutela de urgência[38], que tem origem em caso no qual o plano de recuperação judicial foi homologado na

---

38 "AGRAVO DE INSTRUMENTO. DECISÃO QUE HOMOLOGOU O PLANO DE RECUPERAÇÃO JUDICIAL, COM DISPENSA DA CERTIDÃO NEGATIVA DE DÉBITOS TRIBUTÁRIOS. INSURGÊNCIA DA UNIÃO FEDERAL. HIPÓTESE DE PROVIMENTO. PLANO HOMOLOGADO APÓS A ENTRADA EM VIGOR DA LEI Nº 14.112/2020, A QUAL MODIFICOU A SISTEMÁTICA PARA A REGULARIZAÇÃO TRIBUTÁRIA DAS EMPRESAS EM RECUPERAÇÃO JUDICIAL, JUSTAMENTE PARA VIABILIZAR A EFICÁCIA DO ART. 57, DA LEI Nº 11.101/05. [...] ANULAÇÃO DA SENTENÇA DE HOMOLOGAÇÃO DO PLANO DE RECUPERAÇÃO NÃO IMPORTA, PORÉM, EM AUTOMÁTICA CONVOLAÇÃO DA RECUPERAÇÃO EM FALÊNCIA, POIS É POSSÍVEL A FORMULAÇÃO DE NOVO PLANO, INCLUSIVE ADEQUAÇÃO DA SITUAÇÃO FISCAL. AGRAVO DE INSTRUMENTO DA UNIÃO FEDERAL PROVIDO". (Ementa do Acórdão do TJSP, transcrita na decisão concessiva da antecipação da tutela recursal na TP: 4113/SP - 2022/0251661-1, Relator: Ministro PAULO DE TARSO SANSEVERINO, Data de Publicação: DJe 18/08/2022).

vigência das alterações legais, com dispensa da apresentação de CND, tendo o Tribunal de Justiça do Estado de São Paulo acolhido recurso da Fazenda Nacional, para anular a sentença concessiva da recuperação judicial e determinar a apresentação de novo plano. A decisão foi confirmada pela Terceira Turma do STJ, por unanimidade, em sede de julgamento de agravo interno[39]:

> "Assim, ratifico o entendimento de que presente a plausibilidade do direito alegado pelo recorrente, uma vez que a jurisprudência desta Corte excepciona a imprescindibilidade do requisito previsto no art. 57 da LRF, verbis: Após a juntada aos autos do plano aprovado pela assembleia-geral de credores ou decorrido o prazo previsto no art. 55 desta Lei sem objeção de credores, o devedor apresentará certidões negativas de débitos tributários nos termos dos arts. 151, 205, 206 da Lei nº 5.172, de 25 de outubro de 1966 - Código Tributário Nacional.
>
> E o faz em virtude do princípio da preservação da empresa e de sua relevante função social, ponderando-se o direito do devedor de buscar, nesse processo, uma superação efetiva da crise econômico-financeira que o acomete.
>
> [...]
>
> Por outro lado, o perigo na demora do provimento jurisdicional decorre da própria determinação de elaboração de novo plano de recuperação judicial por parte da ora recorrente, o que naturalmente

39 "AGRAVO INTERNO. PEDIDO DE CONCESSÃO DE EFEITO SUSPENSIVO A RECURSO ESPECIAL. JUÍZO DE ADMISSIBILIDADE PENDENTE. DEFERIMENTO EXCEPCIONAL NO CASO DOS AUTOS. 1. Em situações excepcionais o Superior Tribunal de Justiça tem admitido a apreciação de pedido de tutela de urgência visando à concessão do efeito suspensivo a recurso especial ainda pendente de juízo de admissibilidade, condicionando sua procedência à demonstração da presença concomitante do fumus boni iuris e do periculum in mora, o que restou caracterizado no caso concreto. 2. Caso dos autos em que o acórdão que deu provimento do agravo de instrumento da Fazenda Nacional, anulando a decisão que homologara o plano de recuperação judicial, em razão da não apresentação de certidões negativas de débito tributário, tem o potencial de inviabilizar o soerguimento da empresa, função precípua do instituto da recuperação. Precedentes do STJ. 3. Plausibilidade do direito e perigo na demora cuja presença, em juízo de cognição sumária, justifica o deferimento da tutela provisória de urgência. Pedido deferido. 4. AGRAVO INTERNO DESPROVIDO." (STJ - AgInt no Pedido de Tutela Provisória: 4113/SP - 2022/0251661-1, Relator: Ministro PAULO DE TARSO SANSEVERINO, Data de Publicação: DJe 16/03/2023).

> geraria indesejável tumulto e incerteza quanto à ordem e prazos de pagamento já programada e noticiada como em andamento."
>
> Portanto, em sede de cognição sumária, considerando a reiterada jurisprudência desta Corte em relação à matéria - não alterada, diga-se, com a possibilidade de parcelamento do crédito tributário - é caso de deferimento do efeito suspensivo postulado.".

Em síntese, historicamente a jurisprudência do STJ interpreta o art. 57 da Lei nº 11.101/2005 em harmonia com a norma do art. 47 da mesma lei e com outros princípios do direito recuperacional, levando em conta, inclusive, que o interesse maior é o da empresa, não raro em detrimento do próprio empresário, como apontam os meios de recuperação previstos no art. 50 da Lei nº 11.101/2005.

6. Efeitos das alterações introduzidas pelo §7º-B do art. 6º na interpretação do art. 57 da Lei nº 11.101/2005

Antes da edição da Lei nº 14.112/2020, a cobrança do crédito tributário encontrava-se em situação fragilizada porque embora o §7º do art. 6º da Lei nº 11.101/2005 estabelecesse que o deferimento do processamento da recuperação judicial não acarretava a suspensão das execuções fiscais, a jurisprudência da Segunda Seção do STJ consolidou-se no sentido de que a competência para os atos de constrição na execução era exclusivamente do juízo da recuperação judicial.

Essa jurisprudência tem origem em casos em que as instâncias ordinárias deferiram a prática de atos de constrição sobre bens essenciais ao cumprimento do plano de recuperação da empresa[40].

---

40 "CONFLITO DE COMPETÊNCIA. JUÍZO DA EXECUÇÃO FISCAL E JUÍZO DA VARA DE FALÊNCIAS E RECUPERAÇÕES JUDICIAIS. EMPRESA SUSCITANTE EM RECUPERAÇÃO JUDICIAL. COMPETÊNCIA DO JUÍZO FALIMENTAR PARA TODOS OS ATOS QUE IMPLIQUEM RESTRIÇÃO PATRIMONIAL. 1. As execuções fiscais ajuizadas em face da empresa em recuperação judicial não se suspenderão em virtude do deferimento do processamento da recuperação judicial, ou seja, a concessão da recuperação judicial para a empresa em crise econômico-financeira não tem qualquer influência na cobrança judicial dos tributos por ela devidos. 2. Embora a execução fiscal, em si, não se suspenda, são vedados atos judiciais que reduzam o patrimônio da empresa em recuperação judicial, enquanto for mantida essa condição. Isso porque a interpretação literal do art. 6º, § 7º, da Lei 11.101/05 inibiria o cumprimento do plano de recuperação judicial previamente aprovado e homologado, tendo em vista o prosseguimento dos atos de constrição do patrimônio da empresa em

A situação acabou por se agravar com a determinação de suspensão dos processos em tramitação versando sobre o tema, em razão da afetação, em 20/02/2018, pela Primeira Seção do STJ, do Tema Repetitivo nº 987, com a questão jurídica "*[p]ossibilidade da prática de atos constritivos, em face de empresa em recuperação judicial, em sede de execução fiscal*"[41].

Contudo, esse cenário alterou-se como consequência da edição da Lei nº 14.112/2020. Com efeito, após a desafetação do REsp 1.694.316/SP e do REsp 1.712.484/SP por decisões monocráticas[42], a Primeira Seção, no julgamento do REsp 1.694.261/SP, sob a relatoria do Min. Mauro Campbell Marques, "*por unanimidade, determinou a remoção da submissão do recurso especial ao regime dos recursos repetitivos, cancelando-se o Tema Repetitivo 987, nos termos da proposta do Sr. Ministro Relator*"[43].

Em seu voto no REsp 1.694.261-SP, o Min. Mauro Campbell Marques, analisando o §7º-B do art. 6º da Lei nº 11.101/2005, com a redação dada pela Lei nº 14.114/2020, destacou que "*cabe ao **juízo da recuperação judicial** verificar a viabilidade da constrição efetuada em sede de execução fiscal, observando as regras do pedido de cooperação jurisdicional*

dificuldades financeiras. Precedentes. 3. Conflito conhecido para declarar a competência do JUÍZO DA JUÍZO DA VARA DE FALÊNCIAS E RECUPERAÇÕES JUDICIAIS DO DISTRITO FEDERAL para todos os atos que impliquem em restrição patrimonial da empresa suscitante." (STJ – CC 116.213/DF, relatora Ministra NANCY ANDRIGHI, Segunda Seção, julgado em 28/9/2011, Publicação DJe: 05/10/2011).

41 Foram selecionados como representativos da controvérsia: REsp 1.694.316/SP; REsp 1.694.261/SP e REsp 1.712.484/SP.

42 Data de Publicação: DJe 23/04/2021 e 20/04/2021, respectivamente.

43 PROCESSUAL CIVIL. RECURSO ESPECIAL. SUBMISSÃO À REGRA PREVISTA NO ENUNCIADO ADMINISTRATIVO 03/STJ. PROPOSTA DE CANCELAMENTO DE AFETAÇÃO. VIGÊNCIA DA LEI 14.112/2020, QUE ALTEROU A LEI 11.101/2005. NOVEL LEGISLAÇÃO QUE CONCILIA ORIENTAÇÃO DA SEGUNDA TURMA/STJ E DA SEGUNDA SEÇÃO/STJ. 1. Em virtude de razões supervenientes à afetação do Tema Repetitivo 987, revela-se não adequado o pronunciamento desta Primeira Seção acerca da questão jurídica central ("*Possibilidade da prática de atos constritivos, em face de empresa em recuperação judicial, em sede de execução fiscal de dívida tributária e não tributária.*"). 2. Recurso especial removido do regime dos recursos repetitivos. Cancelamento da afetação do Tema Repetitivo 987. (REsp 1.694.261-SP, Primeira Seção, Relator Ministro MAURO CAMPBELL MARQUES, Data de Publicação: DJe 28/06/2021).

(art. 69 do CPC/2015), podendo determinar eventual substituição, a fim de que não fique inviabilizado o plano de recuperação judicial" (destaque do original).

Por sua vez, a Segunda Seção do STJ, no Conflito de Competência 181.190/AC[44], sob a relatoria do Min. Marco Aurélio Bellizze, em acórdão unânime, seguiu na mesma linha, concluindo, em síntese, que:

---

44 "CONFLITO DE COMPETÊNCIA. EXECUÇÃO FISCAL AJUIZADA PELA FAZENDA NACIONAL CONTRA EMPRESA EM RECUPERAÇÃO JUDICIAL. REJEIÇÃO DA EXCEÇÃO DE PRÉ-EXECUTIVIDADE, COM O PROSSEGUIMENTO DA EXECUÇÃO, A AUTORIZAR A CONSTRIÇÃO JUDICIAL DOS BENS DA RECUPERANDA. A CARACTERIZAÇÃO DE CONFLITO DE COMPETÊNCIA PERANTE ESTA CORTE DE JUSTIÇA PRESSUPÕE A MATERIALIZAÇÃO DA OPOSIÇÃO CONCRETA DO JUÍZO DA EXECUÇÃO FISCAL À EFETIVA DELIBERAÇÃO DO JUÍZO DA RECUPERAÇÃO JUDICIAL A RESPEITO DO ATO CONSTRITIVO. CIRCUNSTÂNCIA NÃO VERIFICADA. CONFLITO DE COMPETÊNCIA NÃO CONHECIDO. 1. O dissenso constante do presente incidente centra-se em saber se o Juízo em que se processa a execução fiscal contra empresa em recuperação judicial, ao rejeitar a exceção de pré-executividade e determinar o prosseguimento do feito executivo, com a realização de atos constritivos sobre o patrimônio da executada -, invade ou não a competência do Juízo da recuperação judicial, segundo dispõe o § 7º-B do art. 6º da Lei de Recuperação e Falência, com redação dada pela Lei n. 14.112/2020. 2. A divergência jurisprudencial então existente entre esta Segunda Seção e as Turmas integrantes da Seção de Direito Público do Superior Tribunal de Justiça acabou por se dissipar em razão da edição da Lei n. 14.112/2020, que, a seu modo, delimitou a competência do Juízo em que se processa a execução fiscal (a qual não se suspende pelo deferimento da recuperação judicial) para determinar os atos de constrição judicial sobre os bens da recuperanda; e firmou a competência do Juízo da recuperação judicial para, no exercício de um juízo de controle, "determinar a substituição dos atos de constrição que recaiam sobre bens de capital essenciais à manutenção da atividade empresarial até o encerramento da recuperação judicial". 3. Ainda que se possa reputar delimitada, nesses termos, a extensão da competência dos Juízos da execução fiscal e da recuperação judicial a respeito dos atos constritivos determinados no feito executivo fiscal, tem-se, todavia, não se encontrar bem evidenciado, até porque a lei não o explicita, o modo de como estas competências se operacionalizam na prática, de suma relevância à caracterização do conflito positivo de competência perante esta Corte de Justiça. 3.1 É justamente nesse ponto – em relação ao qual já se anteviu uma tênue dispersão nas decisões monocráticas e que motivou a submissão da presente questão a este Colegiado – que se reputa necessário um direcionamento seguro por parte do Superior Tribunal de Justiça, para que o conflito de competência perante esta Corte Superior não seja mais utilizado, inadvertidamente, como mero subterfúgio para se sobrestar a execução fiscal (ao arrepio da lei), antes de qualquer deliberação do Juízo da recuperação judicial a respeito da constrição judicial realizada, e, principalmente, antes de uma decisão efetivamente proferida pelo Juízo da execução fiscal que se oponha à deliberação do Juízo

> "A partir da vigência da Lei n. 14.112/2020, com aplicação aos processos em trâmite (afinal se trata de regra processual que cuida de questão afeta à competência), não se pode mais reputar configurado conflito de competência perante esta Corte de Justiça pelo só fato de o Juízo da recuperação ainda não ter deliberado sobre a constrição judicial determinada no feito executivo fiscal, em razão justamente de não ter a questão sido, até então, a ele submetida".

Em complemento à ordem de ideias, o julgado consignou que *"a caracterização do conflito de competência entre os Juízos da recuperação*

da recuperação judicial acerca da constrição judicial. 4. A partir da vigência da Lei n. 14.112/2020, com aplicação aos processos em trâmite (afinal se trata de regra processual que cuida de questão afeta à competência), não se pode mais reputar configurado conflito de competência perante esta Corte de Justiça pelo só fato de o Juízo da recuperação ainda não ter deliberado sobre a constrição judicial determinada no feito executivo fiscal, em razão justamente de não ter a questão sido, até então, a ele submetida. 4.1 A submissão da constrição judicial ao Juízo da recuperação judicial, para que este promova o juízo de controle sobre o ato constritivo, pode ser feita naturalmente, de ofício, pelo Juízo da execução fiscal, em atenção à propugnada cooperação entre os Juízos. O § 7ª-B do art. 6º da Lei n. 11.101/2005 apenas faz remissão ao art. 69 do CPC/2015, cuja redação estipula que a cooperação judicial prescinde de forma específica. E, em seu § 2º, inciso IV, estabelece que "os atos concertados entre os juízos cooperantes poderão consistir, além de outros, no estabelecimento de procedimento para a efetivação de medidas e providências para recuperação e preservação de empresas". 4.2 Caso o Juízo da execução fiscal assim não proceda, tem-se de todo prematuro falar-se em configuração de conflito de competência perante esta Corte de Justiça, a pretexto, em verdade, de obter o sobrestamento da execução fiscal liminarmente. Não há, por ora, nesse quadro, nenhuma usurpação da competência, a ensejar a caracterização de conflito perante este Superior Tribunal. A inação do Juízo da execução fiscal – como um "não ato" que é – não pode, por si, ser considerada idônea a fustigar a competência do Juízo recuperacional ainda nem sequer exercida. 4.3 Na hipótese de o Juízo da execução fiscal não submeter, de ofício, o ato constritivo ao Juízo da recuperação judicial, deve a recuperanda instar o Juízo da execução fiscal a fazê-lo ou levar diretamente a questão ao Juízo da recuperação judicial, que deverá exercer seu juízo de controle sobre o ato constritivo, se tiver elementos para tanto, valendo-se, de igual modo, se reputar necessário, da cooperação judicial preconizada no art. 69 do CPC/2015. 5. Em resumo, a caracterização de conflito de competência perante esta Corte de Justiça pressupõe a materialização da oposição concreta do Juízo da execução fiscal à efetiva deliberação do Juízo da recuperação judicial a respeito do ato constritivo. 6. Conflito de competência não conhecido." (STJ – CC 181190 AC 2021/0221593-7, Relator: Ministro MARCO AURÉLIO BELLIZZE, Data de Julgamento: 30/11/2021, S2 – SEGUNDA SEÇÃO, Data de Publicação: DJe 07/12/2021).

judicial e da execução fiscal, pressupõe a "materialização concreta da oposição concreta do Juízo da execução fiscal à efetiva deliberação do Juízo da recuperação judicial".

Portanto, restitui-se ao Juízo da execução fiscal o poder de coerção, que autoriza a prática de atos de constrição sobre o patrimônio de empresa em recuperação judicial, independentemente de prévia deliberação do Juízo recuperacional.

Como consequência dessas alterações, cabe à Fazenda Pública buscar por meio da execução fiscal a satisfação dos seus créditos, que é a via adequada, de fato e de direito – processual e material –, para obter a satisfação dos seus créditos.

Em suma, os créditos tributários não estão sujeitos à recuperação judicial e a Fazenda Pública tem a prerrogativa de constituir extrajudicialmente o seu próprio título executivo e, com base nele, ajuizar a execução fiscal para promover os atos de constrição sobre o patrimônio do devedor tendentes à satisfação do erário.

Logo, afigura-se desarrazoada, desproporcional e que não contribui para o objetivo maior da Lei – que é viabilizar a superação da crise pelo devedor em recuperação judicial – a interpretação literal do art. 57 da Lei nº 11.101/2005.

7. Efeitos das possibilidades de parcelamento e de transação na interpretação do art. 57

Ao analisar as possibilidades de parcelamento e transação, não pode o intérprete deixar de levar em consideração que a Lei nº 14.112/2020 é uma lei federal de aplicação restrita aos tributos federais, porque a possibilidade de a União conceder isenções de impostos estaduais e municipais – que era admitida na vigência da Emenda Constitucional nº 1/1969[45] – foi abolida pela Constituição de 1988[46].

O que a experiência mostra é que se são oferecidas condições atrativas para liquidação das dívidas tributárias, a Fazenda Pública não pre-

45 Confira-se a redação do § 2º do art. 19 da EC 1/1969: "A União, mediante lei complementar e atendendo a relevante interêsse social ou econômico nacional, poderá conceder isenções de impostos estaduais e municipais.".

46 Nesse sentido, a CRFB estabelece: "Art. 151. É vedado à União: [...] III - instituir isenções de tributos da competência dos Estados, do Distrito Federal ou dos Municípios.".

cisa se valer dos meios indiretos de cobrança, como a exigência de CND para concessão de recuperação judicial, porque é também interesse do devedor, em recuperação judicial ou não, equacionar o seu passivo tributário.

Além disso, diante da aprovação de um plano de recuperação judicial, sem que o devedor tenha apresentado as CND relativas aos tributos a que está sujeito, não se pode deixar de indagar a respeito da consequência da omissão.

A possibilidade de convolação da recuperação judicial em falência deve ser afastada por não haver, nesta hipótese, previsão legal expressa nesse sentido. O inciso V do art. 73 da Lei nº 11.101/2005, com a redação dada pela Lei nº 14.112/2020, permite a convolação da recuperação judicial em falência se descumprido parcelamento ou transação relativos a crédito tributário. Trata-se, contudo, de possibilidade que não comporta extensão à hipótese de não apresentação de CND, e além do mais representa um grave retrocesso no sistema recuperacional, porque não contribui para estimular a adesão aos programas de parcelamento e transação[47].

De se considerar ainda, quando se cogita de recurso manejado pela Fazenda Pública contra decisão que concede recuperação judicial, a questão do provimento a ser concedido, porque, não estando o seu crédito tributário sujeito à recuperação judicial[48], a Fazenda Pública não tem interesse e legitimidade para requerer falência. Essa orientação foi firmada na vigência do Decreto-Lei nº 7.661/1945, mas com base no

47 Nesse sentido: "Por outro lado, a nova lei apresenta sinais trocados, ao permitir que a Fazenda Nacional possa pedir a convolação da recuperação judicial em falência, e ao prever que parte dos recursos obtidos a cada alienação de bens do ativo não circulante seja destinado à amortização do saldo do parcelamento, dificultando sobremaneira a viabilidade da empresa em recuperação. Outro exemplo de retrocesso encontra-se na previsão de decretação da falência pelo descumprimento do parcelamento (na redação do artigo 73 da Lei n. 11.101/05)." (SANTOS, Paulo Penalva. "*Comentários ao artigo 10-A da Lei 105.22/2002: o novo parcelamento especial para empresa em recuperação judicial*" in *Comentários à Lei de Recuperação de Empresas* / Paulo Fernando Campos Salles de Toledo (coordenador) – São Paulo: Thomson Reuters. Brasil, 2021, p. 1126).

48 CTN: "Art. 187. A cobrança judicial do crédito tributário não é sujeita a concurso de credores ou habilitação em falência, recuperação judicial, concordata, inventário ou arrolamento".

artigo 187 do CTN, pela Segunda Seção do Superior Tribunal de Justiça, no julgamento do REsp 164.389/MG[49].

Fábio Ulhoa Coelho[50] destaca que embora no projeto de lei original houvesse previsão para a convolação da recuperação judicial em falência no caso de não apresentação de CND, essa disposição foi rejeitada no texto legal aprovado:

> "No Substitutivo Tebet, aprovado pelo Senado, em 2004, a não apresentação, pelo devedor das certidões de inexistência de débito fiscal, na forma do art. 57, autorizava a convolação da recuperação judicial em falência. Essa previsão, contudo, foi rejeitada pela Câmara dos Deputados, na votação final do projeto que resultou na Lei n.11.101/05.".

A interessante exposição histórica feita por Manoel Justino Bezerra Filho[51] sobre o processo legislativo demonstra que independentemente das razões pelas quais foram modificadas outras disposições do projeto de lei, havia um consenso acerca da impossibilidade de se decretar a falência do devedor caso este não apresentasse a CND:

> "Na versão final encaminhada pela "Câmara dos Deputados à Presidência da República, para sanção, constava um in. IV no art. 73, prevendo o decreto de falência 'se não forem apresentadas as certi-

49 PROCESSO CIVIL. PEDIDO DE FALÊNCIA FORMULADO PELA FAZENDA PÚBLICA COM BASE EM CRÉDITO FISCAL. ILEGITIMIDADE. FALTA DE INTERESSE.DOUTRINA. RECURSO DESACOLHIDO. I – Sem embargo dos respeitáveis fundamentos em sentido contrário, a Segunda Seção decidiu adotar o entendimento de que a Fazenda Pública não tem legitimidade, e nem interesse de agir, para requerer a falência do devedor fiscal. II – Na linha da legislação tributária e da doutrina especializada, a cobrança do tributo é atividade vinculada, devendo o fisco utilizar-se do instrumento afetado pela lei à satisfação do crédito tributário, a execução fiscal, que goza de especificidades e privilégios, não lhe sendo facultado pleitear a falência do devedor com base em tais créditos. (STJ – Resp: 164389 MG 1998/0010726-6, Relator: Ministro CASTRO FILHO, Data de Julgamento: 13/08/2003, S2 – SEGUNDA SEÇÃO, Data de Publicação: DJ 16/08/2004 p. 130).

50 COELHO, Fábio Ulhoa. *Comentários à lei de Falência e de Recuperação de Empresas* – 14 ed. ver., atual. e ampl. – São Paulo: Thomson Reuters, Brasil, 2021, p.239.

51 BEZERRA FILHO, Manoel Justino. *Lei de recuperação de empresas e falência: lei 11.101/2005: comentada artigo por artigo* – 11 ed. rev., atual. e ampl. – São Paulo: Editora Revista dos Tribunais, 2016, p. 195.

> dões de que trata o art. 57', inciso que desapareceu na lei promulgada. O art. 73, que tinha inicialmente seis incisos, passou a ter apenas quatro. Como noticiou a imprensa da época, a Lei encaminhada pela Câmara dos Deputados foi ilegalmente devolvida pela Presidência da República à Câmara dos Deputado, para – se dizia – serem efetuadas "correções ortográficas. Na realidade a lei sofreu diversas alterações em desrespeito ao processo constitucional de elaboração legislativa, entre elas a que ora se examina. De qualquer forma – e sem embargo do condenável procedimento –, o que se verifica é que, mesmo entre os elaboradores da lei, verificou-se a impossibilidade de se estipular pena de falência para o caso de não apresentação da certidão negativa tributária".

A extinção da recuperação judicial sem julgamento do mérito, por sua vez, também deve ser afastada, não só em razão da falta de previsão legal, mas – e principalmente – porque a Fazenda Pública é carecedora de legítimo interesse jurídico para impedir a homologação do plano de recuperação judicial aprovado pelos credores a ela sujeitos, uma vez que o crédito tributário não está sujeito ao regime de recuperação judicial.

Scalzilli, Spinelli e Tellechea[52] trazem importante reflexão sobre o alcance finalístico da alteração legislativa:

> "Observe-se, no entanto, que há sérias dúvidas se os potenciais benefícios da reforma de 2020 materializam uma efetiva melhora na posição do devedor, especialmente diante: (*i*) das críticas quanto ao prazo do parcelamento, notadamente, os 84 meses (no caso de o devedor utilizar crédito decorrente de prejuízo fiscal para o abatimento do passivo tributário), considerado exíguo em relação a outros parcelamentos já concedidos; (*ii*) da controvertida e possivelmente inconstitucional obrigação de o contribuinte desistir expressa e irrevogavelmente da impugnação ou da ação judicial que discutam créditos objeto do parcelamento ou da transação tributária; bem como (*iii*) das dúvidas sobre a efetiva disposição do Fisco em negociar seus créditos. [...]
>
> Ao fim e ao cabo, a exigência de CND para conferir eficácia ao plano aprovado pelos credores permanece uma questão complexa que de-

52 SCALZILLI, João Pedro; SPINELLI, Luis Felipe; TELLECHEA, Rodrigo. *Recuperação de empresas e falência: teoria e prática na Lei nº 11.101/2005*. 4ª ed. rev., atual e ampl. – São Paulo: Almedina, 2023, pp. 840-841.

> penderá de uma análise por parte do juízo recuperatório acerca (*i*) dos benefícios tributários concedidos pela reforma promovida pela Lei nº 14.112/2020 à luz do caso concreto e (*ii*) do real comprometimento do devedor em equacionar sua dívida fiscal e os esforços envidados junto ao Fisco nesse sentido."

Nesse sentido, merecem destaque a observação e proposta apresentadas pela professora Sheila Cerezetti[53]:

> "Se, por um lado, afigura-se compreensível a negativa da jurisprudência quanto à incidência do art. 57 da LRE, em especial face aos desafios e limitações das medidas disponíveis de negociação do passivo tributário, por outro lado, ela tem contribuído para colocar o Fisco em situação excessivamente desfavorável no regime de recuperação judicial. Uma solução equilibrada para esse problema passaria pelo envolvimento dos créditos tributários na recuperação judicial, ainda que dotados de proteções próprias buscando-se permitir a satisfação do interesse público sem prejudicar as reais chances de soerguimento dos agentes econômicos viáveis. A disciplina atual está longe, porém, de adotar essa alternativa, como demonstra a reforma promovida pela Lei nº 14.112/2020."

Portanto, as atuais possibilidades de equacionamento do passivo fiscal, oferecidas a partir das alterações introduzidas pela Lei nº 14.112/2020, devem ser interpretadas como relevante contribuição para que o devedor em recuperação judicial venha a equacionar o seu passivo tributário perante a União e, assim, superar a crise econômico-financeira.

A despeito disso, essas possibilidades de equacionamento do passivo tributário não têm qualquer influência na interpretação sistemático-teleológica[54] dos arts. 57 e 47 da Lei nº 11.101/2005 e, conse-

---

53 CEREZETTI, Sheila C. Neder. "*Comentários aos artigos 55 a 59*". in *Comentários à Lei de Recuperação de Empresas* / Paulo Fernando Campos Salles de Toledo (coordenador) – São Paulo: Thomson Reuters. Brasil, 2021, p. 377.

54 "A interpretação que impõe ao juiz o dever de exigir a apresentação da certidão negativa de tributos implica decretação de quebra do devedor se este não a apresentar no momento oportuno, quando a previsão legal de quebra é apenas na hipótese de rejeição do plano de recuperação pela assembleia geral, como vimos. Interpretação que conduz a desconsiderar todo o processado e ignorar a vontade

quentemente, na inexigibilidade da CND como condição para concessão da recuperação judicial.

7.1. A Teoria da derrotabilidade e a derrota do art. 57

Alberto Camiña Moreira[55] faz análise crítica da jurisprudência do STJ que dispensa a apresentação da certidão negativa de débito tributário, em perspectiva inovadora e que merece reflexão.

No artigo, o autor: (i) reitera o entendimento manifestado, em 2006, na qualidade de *custus legis* no sentido da inconstitucionalidade do art. 57, examinando-o com base na premissa de que a lei é constitucional[56], sob a ótica da derrogabilidade e a partir do fundamento adotado pela Min. Nancy Andrighi no voto vencido no REsp 1.644.077/PR (para justificar a possibilidade de aplicação equidade na fixação dos honorários da sucumbência); (ii) constata que não há "*indeterminação, vagueza ou textura aberta na norma*" [do art. 57]; (iii) analisa com base na doutrina os conceitos e os métodos de intepretação e aplicação dos princípios e das normas; e (iv) os métodos de solução dos conflitos entre princípios, entre regras e entre princípio e regra.

---

dos credores expressa de forma autônoma contraria o princípio da razoabilidade, que é um limite imposto à ação do próprio legislador." (HARADA, Kyoshi. Op. cit. p. 458).

---

55 Conforme o artigo "*Derrotabilidade ou inconstitucionalidade do artigo 57 da Lei 11.101/05*" publicado em 18.10.2022 na coluna Insolvência em Foco do periódico Migalhas, disponível em: https://www.migalhas.com.br/coluna/insolvencia-em-foco/375463/derrotabilidade-ou-inconstitucionalidade-do-art-57-da-lei-11-101-05 - acesso em 24/07/2023.

56 "Recordo-me que em janeiro de 2006 (vejam que a novela é antiga) atuei no caso Parmalat. Ainda estava no Ministério Público de primeiro grau e, após a aprovação do plano de recuperação judicial pela assembleia de credores, a Fazenda Pública Estadual peticionou pedindo a apresentação das certidões previstas no artigo 57 da Lei 11.101/05.
A manifestação1 da Promotoria de Justiça foi no sentido da inconstitucionalidade do artigo 57. A decisão de lavra do Magistrado Alexandre Lazzarini dispensou a apresentação das certidões negativas de tributo, e o fez por mais de um fundamento.
A inconstitucionalidade defendida pela Promotoria de Justiça jamais foi acolhida; nem discutida, a bem da verdade. Eu continuo convencido da inconstitucionalidade da norma, que é uma sanção política. Porém, o assunto desta coluna é outro, que parte da premissa de que a lei é constitucional."

Depois de demonstrar que o art. 57 contém regra e o art. 47 contém princípio e à vista do método de solução do conflito entre norma e princípio, quem é derrotado é o princípio e não a regra[57], o autor apresenta breve análise crítica ao fundamento adotado pela jurisprudência do STJ para afastar a exigência de certidão negativa de dívida tributária como condição para o deferimento de recuperação judicial:

> "Em brevíssima análise crítica do RESP 1.864.625, cabe dizer que a alegada dificuldade (não esclarecida em que sentido) para a apresentação da certidão negativa não serve de justificativa para desprezar a opção do legislador; o princípio da proporcionalidade deve ser examinado à luz de norma constitucional, e não no confronto com norma de mesma hierarquia, no mesmo diploma normativo; é preciso respeitar o princípio democrático e prestar vênia às opções do legislador; somente o STF, no controle direito de constitucionalidade, quando atua como legislador negativo, pode retirar norma do ordenamento jurídico, ou proceder à interpretação conforme, legislando para o futuro; faltou demonstrar que, no caso concreto, o artigo 57 não tinha peso suficiente para preponderar sobre o direito do devedor de buscar no processo de soerguimento a superação da crise econômico-financeira, pois a ponderação é casuística e não elimina a norma do ordenamento jurídico. A maneira como está atuando o STJ leva à derrogação do art. 57 da Lei 11.101/05.
>
> Ouso dizer que, na posição em que se encontra o Superior Tribunal de Justiça, ele não está revestido da prerrogativa de derrotar regra jurídica, pois isso equivale à retirada da norma do ordenamento jurídico, sem que essa Corte esteja investida de autoridade para tanto; tal proceder equivale a retirar competência do STF."

Sustenta o autor que a dispensa de certidão negativa de dívida tributária é possível, mas deve ser fundamentada, caso a caso.

57 "No RESP sobre discussão de honorários foi citada a doutrina de Carsten Backer. No trabalho deste autor há referência a outros dois autores (os filósofos conversam muito entre eles) Hage e Peczenik, que afirmam: "A única exceção a um princípio é a existência de uma regra que regulamenta o caso". Se uma regra se aplica a um caso, os princípios tornam-se irrelevantes. Pode-se dizer, então, que, no âmbito da Lei 11.101/05, o princípio da preservação da empresa (art. 47) vem acompanhado da regra do artigo 57. Nesse sentido, o artigo 47 (princípio) é derrotado pelo artigo 57 (regra), que é uma exceção ao princípio."

Para finalizar, o autor faz avaliação crítica da posição da Fazenda Pública, que não é parte da recuperação, não tem os seus créditos sujeitos, mas pretende usar o processo de recuperação judicial para compelir o devedor a negociar as dívidas tributárias:

> "Para finalizar esta coluna, quero lembrar que o artigo 57 da Lei 11.101/05 é uma previsão heterotópica no âmbito de um procedimento destinado a reestruturar dívidas de empresas; como dispositivo heterotópico, em que a Fazenda Pública age como *free rider*, ela não se mistura aos credores privados. Ela não quer discutir ao lado dos credores privados. Ela quer um caminho próprio, exclusivo, só para ela.
>
> Não obstante ela não queira discutir sua dívida ao lado dos credores privados, ela se põe em meio a eles dizendo: a negociação entre vocês, credores privados, só pode ocorrer se o devedor negociar comigo também. Mais ainda: essa negociação comigo deve ser positiva e estar documentada em uma certidão. Sem isso, é inútil qualquer negociação entre vocês, entes privados; é ineficaz qualquer conversa positiva entre vocês se não houver conversa positiva comigo. Há um bloqueio da vida privada, cuja negociação entre os agentes econômicos fica vinculada à negociação com a entidade pública. Enquanto a dívida fiscal se acumula, a Fazenda toma ou não providências de cobrança; quando a dívida privada torna-se pública, por meio do processo de recuperação judicial, a Fazenda aparece querendo se aproveitar da negociação.".

8. O equacionamento do passivo tributário como condição econômica para superação da crise

A Lei nº 11.101/2005 trouxe para o sistema recuperacional relevante avanço, ao colocar na qualidade de protagonistas os titulares de créditos anteriores ao ajuizamento do pedido, porque o devedor deverá negociar com os seus credores os meios de superação da crise, o que deve ser feito com boa-fé e transparência.

E aqui, não se pode deixar de lembrar que o plano de recuperação judicial tem duas espécies de controle: uma é o controle de legalidade – que avalia o plano pela perspectiva de norma cogente e de direitos indisponíveis – exercido pelo Poder Judiciário. A outra é o controle econômico-financeiro – que avalia o conteúdo do plano sob a perspectiva negocial de direitos disponíveis – exercido pelos credores na assembleia-geral de credores.

Os créditos públicos *não tributários*, segundo nosso entendimento, estão sujeitos à recuperação judicial e, portanto, devem ser incluídos na relação de credores sujeitos e deverão ser pagos na forma do plano.

Por sua vez, os créditos tributários - não sujeitos - devem ser relacionados, em atendimento ao dever de informar, para fins de avaliação da viabilidade econômico-financeira do plano proposto pelo devedor, ou pelos próprios credores, nas hipóteses previstas na Lei nº 11.101/2005, com as alterações introduzidas pela Lei nº 14.112/2020.

Assim, cabe ao devedor levar aos autos do processo recuperacional, para conhecimento do Juízo, do Ministério Público, do administrador judicial e dos titulares de créditos sujeitos, as informações relativas ao passivo tributário, como, aliás determina o art. 51, X, da Lei nº 11.101/2005[58], que, com a redação dada pela Lei nº 14.112/2020, estabelece que a relação nominal de credores deve incluir os créditos sujeitos e os não sujeitos à recuperação judicial.

O art. 57, tal como o art. 51, III, consagra norma que prestigia o dever de informar, a que está submetido o devedor em recuperação judicial, a quem não é lícito omitir informações relevantes para avaliação econômico-financeira da empresa.

A dualidade de controles constantes do regime recuperacional, aliada às necessárias informações sobre o passivo do devedor, idealmente, permite que os credores sujeitos avaliem a possibilidade de o devedor honrar com suas obrigações - sujeitas ou não - e, em sendo o caso, aprovar o plano de recuperação judicial, dando-se início à superação da crise econômico-financeira e, por consectário, preservar a atividade empresária viável.

Por sua vez, observando os credores submetidos à recuperação judicial a incapacidade de o devedor adimplir suas obrigações - sujeitas e não sujeitas, onde se inclui o crédito fiscal - compete a eles rejeitar o plano de recuperação proposto pelo devedor, medida que poderá

58 Lei nº 11.101/2005: "Art. 51. A petição inicial de recuperação judicial será instruída com: [...]
X - o relatório detalhado do passivo fiscal".

ensejar a convolação da recuperação judicial em falência, já que, como leciona o Ministro Luis Felipe Salomão[59]:

> "Recuperação das sociedades viáveis e liquidação das não recuperáveis
>
> A proposta do legislador, na verdade, é proporcionar condições para recuperação da empresa, ou senão promover sua retirada do mercado para evitar o agravamento da situação".

Observa-se que a Lei nº 11.101/2005 dispõe (e impõe o uso) de mecanismos para atender o interesse público primário - preservação da empresa -, sem, no entanto, ignorar o interesse público secundário - arrecadação tributária.

Conclusão

A Lei nº 11.101/2005 tem como finalidade a preservação da atividade empresária viável - interesse público primário -, e para alcançar isto, prevê meios para viabilizar a superação da crise e a continuidade à atividade empresária.

O advento da Lei nº 14.112/2020 não modificou a interpretação sistemático-teleológica que a jurisprudência, designadamente do STJ, deu ao longo dos quinze anos de vigência do texto original da Lei nº 11.101/2005, no sentido de que a apresentação de CND não é condição para a concessão da recuperação judicial.

À Fazenda Pública falta interesse jurídico, assim considerado o interesse que decorre do binômio utilidade e necessidade, aliado à adequação do meio, para requerer a falência, com base na falta de pagamento de tributo, porque a Fazenda Pública dispõe da prerrogativa de constituir o título executivo extrajudicial e do meio adequado para cobrar os seus tributos.

As dívidas *não tributárias*, incluindo as multas administrativas, estão sujeitas à recuperação judicial. De qualquer modo, a edição de lei que de forma expressa esclareça isso, contribuirá tanto para trazer se-

59 SALOMÃO, Luis Felipe. SANTOS, Paulo Penalva. *Recuperação judicial, extrajudicial e falência: teoria e prática.* 7ª Edição, Rio de Janeiro: Gen-Forense, 2022, p. 35.

gurança jurídica, como para superação da crise pelo devedor em recuperação judicial.

O equacionamento do passivo tributário é condição econômica e não condição jurídica para superação da crise pela empresa, o que justifica a não exigência de CND para concessão de recuperação judicial.

Foi avanço de grande relevância a modificação no tratamento dado à Fazenda Pública, que passou a ser credora sujeita ao concurso falimentar, *de lege lata*.

Por sua vez, *de lege ferenda*, a sujeição do crédito tributário à recuperação judicial poderá contribuir para (i) a superação da crise pela empresa viável, (ii) o equacionamento do passivo tributário e (iii) trazer maior transparência ao processo recuperacional.

APURAÇÃO DE HAVERES NAS COMPANHIAS DA CAPITAL FECHADO

Paulo Henrique dos Santos Lucon[1]

1. Introdução

O presente ensaio visa a fornecer um panorama a respeito da apuração de haveres em sociedades anônimas de capital fechado. O tema transpassa diversos aspectos do direito societário e processual, de modo que será dada ênfase a alguns temas que ganham destaque em especial pela adoção do Código de Processo Civil de 2015.

Para tanto, o trabalho abordará (I) aspectos gerais da dissolução parcial, com ênfase nas companhias fechadas, e (II) a liquidação da participação acionária e a apuração dos haveres ao acionista retirante, abrangendo aqui as disposições do Código de Processo Civil na matéria, a forma de liquidação dos haveres e critérios de apuração e a responsabilidade pelo seu pagamento.

O trabalho é realizado como uma breve homenagem a Nelson Abrão, que promoveu diversos estudos de fundamental importância no

---

1 (Professor Associado de Direito Processual Civil nos Cursos de Graduação e Pós-Graduação da Faculdade de Direito da USP. Mestre, Doutor e Livre Docente pela mesma instituição. Vice-Presidente do Conselho do Instituto Brasileiro de Direito Processual – IBDP, instituição da qual foi Presidente. Conselheiro do Instituto dos Advogados de São Paulo – IASP, instituição da qual foi Vice-Presidente. Membro do Instituto Ibero-Americano de Direito Processual Civil, instituição da qual foi Vice-Presidente. Membro da International Association of Procedural Law. Integrou a Comissão Especial do Código de Processo Civil da Câmara dos Deputados. Especializou-se em Direito Processual Civil na Faculdade de Direito da Universidade Estatal de Milão. Foi Juiz do Tribunal Regional Eleitoral de São Paulo por quatro mandatos consecutivos na Classe Jurista (substituto e efetivo). Conselheiro e Presidente da Comissão de Ética da Presidência da República. Advogado inscrito em São Paulo e Brasília.

campo do direito empresarial, em particular nas áreas de direito societário, bancário e falimentar.

2. Dissolução parcial nas sociedades anônimas de capital fechado

O tema da dissolução parcial das sociedades é um dos mais importantes exemplos de modelagem e afirmação de um instituto jurídico, originando-se de uma construção jurisprudencial e culminando no seu tratamento pela lei societária em diversos diplomas.

A invocação da dissolução parcial a partir da simulação de uma dissolução total, da qual se atribui ao sócio excluído ou retirante o equivalente monetário à sua participação no acervo patrimonial da sociedade no momento em que o evento dissolução se confirma, foi a fórmula adotada jurisprudencialmente em um momento em que a lei civil - seja o Decreto n° 3.708/1919, seja o Código Comercial de 1850 (parcialmente revogado pelo Código Civil de 2002) ou a própria Lei n° 6.404/76 - não dispunha sobre a dissolução parcial, reconhecendo apenas o direito de recesso e reembolso.[2] Nesse ensaio, utiliza-se a expressão "dissolução parcial" em um sentido estrito, concernente à dissolução (parcial) como alternativa à dissolução total e que surgiu por construção pretoriana para preservar a atividade empresarial, em contraposição a um sentido mais amplo atribuível à expressão, referente ao rompimento do vínculo contratual societário em relação a um (ou mais) acionistas.[3]

O tema restou disciplinado pelo Código Civil de 2002, mas diversas dúvidas persistiram. A principal delas era - e ainda é - justamente

2 Para esse histórico, com análise da evolução da jurisprudência, ver: MENDES, Rodrigo Octávio Broglia. Apuração de haveres na retirada do sócio e fundo de comércio (aviamento). In: YARSHELL, Flávio Luiz; PEREIRA, Guilherme Setoguti. **Processo societário**. São Paulo: Quartier Latin, 2012 ,pp. 651-659.

3 LUCON, Paulo Henrique dos Santos. "Dissolução parcial" e apuração de haveres. In: KUYVEN, Luiz Fernando Martins (coord.), **Temas essenciais de direito empresarial**: estudos em homenagem a Modesto Carvalhosa, São Paulo: Saraiva, 2012, p. 980-982. Em sentido similar: "Não se confunda o instituto da dissolução *stricto sensu*, tratada neste capítulo [referente a dissolução, liquidação e extinção da companhia], com o rompimento do vínculo societário entre a sociedade e um ou mais sócios que dela se retirarão (instituto estudado sob a designação de *dissolução parcial* no item 1.15.8 do vol. 2 deste *Curso*, mantendo-se aquela em regular funcionamento" (VERÇOSA, Haroldo Malheiros Duclerc. **Curso de direito comercial**: volume 3 (a sociedade por ações; a sociedade anônima; a sociedade em comandita por ações). São Paulo: Malheiros, 2008, p. 626).

a forma com que os haveres do sócio que se retira ou que é excluído da sociedade devem ser apurados, tema que encontra eco em disciplinas conexas, como a ciência contábil. Abordaremos este aspecto ao longo do presente estudo.

Situação peculiar é a da dissolução parcial da sociedade anônima. A rigor, esse tipo societário comporta maior restrição que a sociedade limitada no que tange à dissolução parcial de sociedade. Já se afirmou, na jurisprudência, a incompatibilidade entre as sociedades anônimas e o instituto da dissolução parcial, nos seguintes termos: "na minha compreensão, não é possível a dissolução de sociedade anônima, pouco importando as peculiaridades de cada caso. O que se deve levar em conta é a natureza jurídica da sociedade. Se sociedade anônima, está submetida ao disposto em lei especial, que não agasalha a dissolução parcial, com a apuração de haveres dos sócios retirantes. A dissolução é própria do tipo de sociedade de pessoas, como a sociedade por cotas de responsabilidade limitada, que está subordinada ao contrato social e admite a possibilidade da dissolução. Não é possível construir para desqualificar o tipo de sociedade, transplantando regras próprias de um tipo para o outro".[4]

Há, na jurisprudência mais recente, maior explicação sobre essa restrição: "Por outra linha de fundamentação, [...] reconhecer a condição de acionista da recorrente, com direito à parcela das ações da companhia, e posteriormente determinar que o patrimônio da própria pessoa jurídica suporte o pagamento dos valores equivalentes ao que teria direito a acionista, em boa verdade, se está a reconhecer um direito de recesso - ou de retirada - não previsto em lei, mediante uma espécie de dissolução parcial da sociedade, no tocante às ações sonegadas, o que contraria a própria essência das sociedades anônimas. As sociedades anônimas têm como característica marcante o escopo predominante, por ocasião de sua criação, de angariar contribuição pecuniária de cada participante para a formação do capital social, sendo de pouca relevância considerações de ordem pessoal em relação aos sócios, razão pela qual as ações são de livre cessibilidade, o que torna facilitado o acesso de terceiros à condição de acionista. Em regra, são sociedades de capital (*intuitus pecuniae*) em oposição às sociedades de pessoas (intuitus personae), nas quais prevalece o relacionamento pessoal dos sócios e a

4 STJ, 3ª Turma, Recurso Especial 419.174 – SP, Rel. Min. Carlos Alberto Menezes Direito, j. 15.08.2002, v.u..

confiança nas suas qualificações pessoais. Disso decorre uma diferença essencial entre as sociedades anônimas (geralmente de capital) e as sociedades limitadas (geralmente de pessoas, nas quais predomina a *affectio societatis*): nas sociedades anônimas, a lei dificulta o reembolso das ações ao acionista dissidente, incentivando a alienação das ações para que terceiros ingressem em seus quadros; em contraste, nas sociedades limitadas, a lógica é inversa, pois a lei tem predileção pela dissolução parcial - com apuração dos haveres - e dificulta o ingresso de terceiros nos quadros societários, haja vista que sua essência reside exatamente no vínculo pessoal entre os consorciados".[5]

5 STJ, 4ª Turma, Recurso Especial 1.179.342 – GO, Rel. Min. Luis Felipe Salomão, j. 27.05.2014, v.u.. O acórdão foi assim ementado: "RECURSO ESPECIAL. DIREITO PROCESSUAL CIVIL E EMPRESARIAL. AÇÃO DE SOBREPARTILHA. BLOQUEIO DE CRÉDITO DE TERCEIROS. MANDADO DE SEGURANÇA. CABIMENTO. SÚMULA N. 202/STJ. SEPARAÇÃO JUDICIAL. SOCIEDADE ANÔNIMA. AÇÕES SONEGADAS POR UM DOS CÔNJUGES. CONSTRIÇÃO DE CRÉDITOS DA COMPANHIA. DESCABIMENTO. 1. 'A impetração de segurança por terceiro, contra ato judicial, não se condiciona a interposição de recurso' (Súmula n. 202/STJ). 2. Tendo sido um dos cônjuges condenado a devolver ao outro parte de sua cota referente a ações sonegadas por ocasião da separação do casal, para o cumprimento da condenação, em linha de princípio, descabe o bloqueio de créditos da própria sociedade anônima em processo por esta ajuizado em face de devedores particulares. 3. O reconhecimento posterior do direito à meação de um dos cônjuges, em relação às ações sonegadas pelo outro, traz como consequência natural apenas a possibilidade de que o cônjuge prejudicado assuma a condição de acionista na companhia, posição essa que não lhe garante, por si só, direito sobre créditos da pessoa jurídica em face de terceiros, a serem recebidos futuramente em processo por esta ajuizado. Nos termos do que dispõe o art. 109, inciso I, da Lei n. 6.404/1976, o que se garante ao acionista é a participação nos lucros sociais da companhia, participação essa que ocorre com o recebimento de dividendos, quando, na forma e no percentual estabelecidos pelo estatuto da sociedade. 4. Por outra ótica, o conflito referente à cobrança de dividendos recebidos pelo cônjuge, relativamente às ações sonegadas da ex-esposa, em regra, não diz respeito à pessoa jurídica, que efetivamente pagara dividendos a quem figurava como acionista da companhia e não deu causa a possíveis ilegalidades, devendo eventuais prejuízos serem recompostos perante quem, eventualmente, recebeu de forma indevida os dividendos. 5. Reconhecer a condição de acionista do ex-cônjuge, com direito a parcela das ações da companhia, e, a um só tempo, determinar que o patrimônio da própria pessoa jurídica suporte o pagamento dos valores equivalentes ao que a esposa teria direito como acionista, em boa verdade, consubstanciaria reconhecimento de um direito de recesso – ou de retirada - não previsto em lei, mediante uma espécie de dissolução própria essência das sociedades anônimas. 6. A pretensão deduzida no recurso negligencia uma diferença marcante entre

Como afirmado acima, a sociedade anônima possui regramento próprio que reconhece, apenas, a possibilidade de que o acionista dissidente na deliberação de determinadas matérias possa retirar-se da companhia, reembolsando-se do valor de suas ações, nos termos dos artigos 45 e 137 da Lei n° 6.404/76, o que era confirmado pela jurisprudência do Superior Tribunal de Justiça.[6]

Assim, nos termos do artigo 137 da referida lei, cabe direito de retirada ao acionista dissidente das matérias previstas nos incisos I a VI e IX do artigo 136 (o qual abrange as matérias que exigem quórum qualificado para sua aprovação), quais sejam:

i. criação de ações preferenciais ou aumento de classe de ações preferenciais existentes, sem guardar proporção com as demais classes de ações preferenciais, salvo se já previstos ou autorizados pelo estatuto (inciso I);

ii. alteração nas preferências, vantagens e condições de resgate ou amortização de uma ou mais classes de ações preferenciais, ou criação de nova classe mais favorecida (inciso II);

iii. redução do dividendo obrigatório (inciso III);

iv. fusão da companhia, ou sua incorporação em outra (inciso IV);

v. participação em grupo de sociedades (art. 265) (inciso V);

vi. mudança do objeto da companhia (inciso VI); e

vii. cisão da companhia (inciso IX).

---

as sociedades anônimas (geralmente de capital) e as sociedades limitadas (geralmente de pessoas, nas quais predomina a *affectio societatis*): nas sociedades anônimas, a lei dificulta o reembolso das ações ao acionista dissidente, incentivando a alienação das ações para que terceiros ingressem em seus quadros; em contraste, nas sociedades limitadas, a lógica é inversa, pois a lei tem predileção pela dissolução parcial - com apuração dos haveres - e dificulta o ingresso de terceiros nos quadros societários, haja vista que sua essência reside exatamente no vínculo pessoal entre os consorciados. 7. Recurso especial não provido".

---

6 Nesse sentido: "[c]omo sabido, até os idos dos anos 2000 o STJ não admitia a figura da dissolução parcial de sociedades anônimas, reconhecendo no direito de recesso posto no art. 137 (c/c art. 136 e, hoje, também 136-A) a única e legítima porta de saída conferida aos acionistas descontentes com os rumos dados ao empreendimento pela maioria ou controladores" (BARBOSA, Henrique Cunha. Dissolução parcial de S/As fechadas: involução sistêmica e coisas que se perdem pelo caminho. In: YARSHELL, Flávio Luiz; PEREIRA, Guilherme Setoguti. **Processo societário III**. São Paulo: Quartier Latin, 2018, p. 281-282).

Mesmo nesses casos, a lei restringe o exercício do direito de retirada. Por exemplo, aprovando-se a fusão, incorporação ou participação em grupos de sociedades (incisos IV e V do artigo 136), o acionista dissidente não poderá exercer a retirada se a ação de que seja titular tenha liquidez e dispersão no mercado, na forma do artigo 137, inciso II da Lei n° 6.404/76.[7] Retorna-se, aqui, à ideia expressa pelo acórdão acima relatado pelo Ministro Luis Felipe Salomão no excerto mencionado, em que se privilegia a circulação da ação em detrimento do reembolso.

No entanto, nas sociedades anônimas fechadas – cujos valores mobiliários de sua emissão não admitem negociação em mercado –, a própria jurisprudência do Superior Tribunal de Justiça define exceções. Essas exceções estão muito voltadas às sociedades anônimas que, apesar do seu tipo societário, ainda trazem aspectos de cunho pessoal, familiar ou de forte incidência do *affectio societatis* – com todas as críticas que este termo hodiernamente recebe.[8] É corrente a afirmação de que

---

7 Registre-se que a doutrina diverge se os requisitos de liquidez e dispersão seriam cumulativos ou alternativos para que se impeça o exercício do direito de recesso pelo acionista dissidente. Para as diversas posições no tema, ver: MARTINS, Fran. **Comentários à Lei das Sociedades Anônimas**. 4ª ed. Rio de Janeiro: Forense, 2010, p. 506-507. Nesse sentido, a posição de Nelson Eizirik: "O fundamento da negação do recesso quando as ações apresentam dispersão e liquidez é a possibilidade de o acionista insatisfeito vendê-las no mercado. [...] Nos termos das alíneas 'a' e 'b' do inciso II, considera-se haver (i) liquidez das ações quando a espécie ou classe da ação, ou certificado que a represente, integra índice representativo de carteira de valores mobiliários admitido à negociação no mercado de valores mobiliários no Brasil ou no exterior, definido pela Comissão de Valores Mobiliários; e (ii) dispersão quando o acionista controlador, a sociedade controladora ou outras sociedades sob seu controle detiverem menos da metade da espécie ou classe de ação. A redação do inciso II, com as alterações introduzidas pela Lei n° 10.303/2001, deixa claro que os 2 (dois) critérios utilizados para efeito de negar o direito de recesso devem ser aferidos de forma cumulativa. Ademais, o atendimento aos critérios de 'liquidez' e 'dispersão' deve ser apurado em relação a cada classe ou espécie de ação, não em função do total das ações emitidas pela companhia. [...] Não cabe, portanto, o direito de recesso quando a espécie ou classe de ações da companhia atendam cumulativamente aos parâmetros de liquidez e dispersão. Presume-se, em tais hipóteses, que o acionista insatisfeito pode alienar suas ações no mercado, não ficando obrigado a permanecer vinculado a determinado empreendimento econômico" (EIZIRIK, Nelson. **A Lei das S/A comentada**: volume 2 (artigos 80 ao 137). 2ª ed. São Paulo: Quartier Latin, 2015, p. 557-560).

8 Veja-se: FRANÇA, Erasmo Valladão Azevedo e Novaes; ADAMEK, Marcelo Vieira von. *Affectio societatis*: um conceito jurídico superado no moderno direito societário pelo conceito de fim social. In: FRANÇA, Erasmo Valladão Azevedo e Novaes

há "possibilidade jurídica da dissolução parcial de sociedade anônima fechada, em que prepondere o liame subjetivo entre os sócios, ao fundamento da quebra da *affectio societatis*".[9]

(coord.), **Direito societário contemporâneo I**, São Paulo: Quartier Latin, 2009. Os autores assim resumem a sua crítica ao termo: "[...] [A] noção de *affectio societatis* é imprecisa e equívoca, pois: (1°) a intenção, ou desejo, da parte contratante é elemento que, frente à declaração de vontade externada pelo agente (CC, art. 112), se traduz em dado juridicamente irrelevante (ou, quando menos, de relevância atenuada na matéria, ressalvado o campo próprio que lhe é reservado em matéria de vícios de consentimento); (2º) a intenção, ou desejo, de o agente associar-se em sociedade não determina nem a conclusão do contrato nem a sua extinção, pois o que pode ter esses efeitos, se assim a lei o determinar, é somente a sua declaração de vontade; (3º) a declaração de vontade, na celebração do contrato de sociedade, em nada difere da declaração de vontade exigida na conclusão de qualquer contrato e, portanto, não tem uma conformação especial naquele primeiro; (4º) as diferenças que existem entre o contrato de sociedade e outras figuras contratuais, assemelhadas ou não, não estão na conformação do elemento volitivo dos agentes, mas sim e precisamente, na causa do contrato e, de maneira mais específica, na existência de escopo comum, que permite enquadrar a sociedade entre as organizações finalísticas; e (5º) o que permite diferenciar, em cada caso, a existência de contrato de sociedade ou de outras figuras, não é o consenso, mas o negócio jurídico plurilateral de fim comum, ao qual se tenha dirigido o consenso. Segue-se daí que a noção de *affectio societatis* apresenta um desvio de perspectiva, ao dar destaque ao elemento volitivo, quando o correto seria dar enfoque ao fim comum – como disso já tinham apercebido muitos estudiosos que, ao tratar do consenso, puseram isso em destaque".

9 STJ, 3ª Turma, Agravo Interno no Agravo em Recurso Especial 1.861.293 – RS, Rel. Min. Nancy Andrighi, j. 20.09.2021, v.u.. Similarmente: "[...] conquanto não haja previsão legal para dissolução parcial de sociedade anônima na legislação de regência, a existência de empresas organizadas sob essa forma societária porém com notória preponderância do *intuito personae*, exige do julgador a interpretação integrativa a fim de possibilitar a realização do princípio da preservação da empresa. Isso porque, no Brasil, a adoção desse tipo societário por pequenas e médias empresas familiares encontra-se relacionada unicamente a sua estrutura mais moderna e dinâmica, sem prejuízo do vínculo pessoal entre os sócios. Assim, a reunião de acionistas em torno de interesses convergentes torna a harmonia entre os sócios imprescindível à operacionalidade dessas empresas. Em outras palavras, em se tratando de companhia familiar, ou sociedade formada a partir da nítida convergência pessoal dos sócios, o regular desenvolvimento da atividade empresarial se mostra umbilicalmente atrelado à manutenção da *affectio societatis*, isto é, na confiança recíproca entre os sócios. Desse modo, o desentendimento entre os acionistas, conforme o grau, poderá inviabilizar o negócio, equiparando a ruptura da *affectio societatis* à causa suficiente para a dissolução, prevista no art. 206, II, "b",

Isso é particularmente lembrado para as sociedades familiares que, apesar de constituídas sob a forma de sociedades anônimas, guardam um forte liame subjetivo que autorizaria, segundo a jurisprudência, a dissolução parcial pela quebra da confiança e do *affectio societatis*.[10]

Um dispositivo comumente lembrado no tema da dissolução em sociedades anônimas é o artigo 206, inciso II, alínea "b" da Lei n° 6.404/76, segundo o qual "dissolve-se a companhia: [...] por decisão judicial: [...] quando provado que não pode preencher o seu fim, em ação proposta por acionistas que representem 5% (cinco por cento) ou mais do capital social". A referência diz respeito à dissolução *total* da companhia, ainda que por iniciativa de acionistas que detenham ações representativas de, ao menos, cinco por cento do capital social, com fundamento na impossibilidade da companhia de atingir seu fim social. Mesmo assim, o dispositivo já foi referido pela jurisprudência do Superior Tribunal de Justiça para fundamentar a dissolução *parcial* de sociedade anônima fechada,[11]

---

da Lei nº 6.404/76 – LSA, qual seja, a impossibilidade de a sociedade cumprir seu fim" (STJ, 3ª Turma, Recurso Especial 1.400.264 – RS, Rel. Min. Nancy Andrighi, j. 24.10.2017, v.u.).

---

10 STJ, 4ª Turma, Agravo Interno no Agravo em Recurso Especial 1.539.920 – RS, Rel. Min. Raul Araújo, j. 18.05.2020, v.u., segundo o qual: "Outrossim, ainda sob a ofensa dos mencionados dispositivos, afirma-se não ser cabível a dissolução sob o único fundamento de quebra da *affectio societatis*. O eg. TJ-RS, por seu turno, ressaltou essa possibilidade nas sociedades fechadas de natureza familiar, especialmente porque, no caso dos autos, houve quebra da confiança entre os sócios. [...] Com efeito, esta Corte orienta-se no sentido de ser possível a dissolução parcial da sociedade anônima de cunho familiar na hipótese de quebra da *affectio societatis* somada à quebra de confiança entre os sócios".

11 O precedente mencionado acima, de relatoria da Min. Nancy Andrighi, utilizou tal dispositivo para justificar que, a persistir o desentendimento entre os sócios, a dicção do artigo 206, inciso II, alínea "b" da Lei n° 6.404/76 imporia a dissolução total da sociedade por iniciativa de qualquer dos acionistas que atinjam a participação mínima referida no dispositivo. Este aspecto foi utilizado pela Ministra para fundamentar a possibilidade de dissolução parcial da companhia. Recupere-se o seguinte trecho do acórdão: "Em outras palavras, em se tratando de companhia familiar, ou sociedade formada a partir da nítida convergência pessoal dos sócios, o regular desenvolvimento da atividade empresarial se mostra umbilicalmente atrelado à manutenção da *affectio societatis*, isto é, na confiança recíproca entre os sócios. Desse modo, o desentendimento entre os acionistas, conforme o grau, poderá inviabilizar o negócio, equiparando a ruptura da *affectio societatis* à causa suficiente para a dissolução, prevista no art. 206, II, "b", da Lei nº 6.404/76 – LSA, qual seja, a impossibilidade de a sociedade cumprir seu fim" (STJ, 3ª Turma, Recurso Especial 1.400.264 – RS, Rel. Min. Nancy Andrighi, j. 24.10.2017, v.u.).

embora esta aplicação não seja unânime na jurisprudência do referido tribunal superior.[12]

Neste ponto, deve-se desde logo verificar a dificuldade trazida pelo artigo 599, §2º, do Código de Processo Civil, sancionado em 2015 - antes, portanto, dos dois precedentes mencionados acima quanto à dissolução da sociedade anônima por impossibilidade de se atingir seu fim social.

Além da crítica já trazida por autorizada doutrina quanto à falta de clareza do dispositivo,[13] é de se observar que o legislador processual de 2015 procurou, em local inadequado - pois matéria concernente ao direito substancial e específico, próprio da Lei n° 6.404/76 - atribuir uma consequência legal a uma circunstância em que a lei societária já regulava de forma mais adequada e que foi sendo adsorvida pela jurisprudência em matéria societária.

Explica-se. Sendo a regra, nas sociedades anônimas, a impossibilidade de dissolução parcial, a Lei n° 6.404/76 previu uma hipótese em que acionistas minoritários poderiam provocar a dissolução judicial da companhia caso ela não esteja apta a (ou perca a aptidão de) cumprir sua finalidade social. Dado que a dissolução convencional da sociedade exige maioria qualificada (artigos 136, inciso X e 206, inciso I, alínea "c"), a lei confere a opção de se dissolver a companhia anômala, isto é, aquela

12 O precedente de relatoria no Min. Raul Araújo, também mencionado acima, enfrentou a questão para decidir que a análise do referido dispositivo no âmbito de uma dissolução parcial de sociedade anônima ofenderia a Súmula 284 do Supremo Tribunal Federal, segundo a qual "é inadmissível o recurso extraordinário, quando a deficiência na sua fundamentação não permitir a exata compreensão da controvérsia". A questão foi assim discutida no acórdão: "Ressalta-se, outrossim, que o art. 206, II, b, da Lei n. 6.404/76 destina-se à dissolução total da sociedade anônima, razão pela qual está contido no Capítulo relativo à Dissolução, Liquidação e Extinção da sociedade. No caso dos autos, contudo, cuida-se de dissolução parcial para retirada dos sócios que manejaram esta demanda, o que evidencia a inaplicabilidade do mencionado dispositivo. Assim, por não possuir comando normativo que respalde as alegações apresentadas pelos recorrentes, verifica-se que a pretensão recursal também esbarra na Súmula 284/STF." (STJ, 4ª Turma, Agravo Interno no Agravo em Recurso Especial 1.539.920 - RS, Rel. Min. Raul Araújo, j. 18.05.2020, v.u.).

13 FRANÇA, Erasmo Valladão Azevedo e Novaes; ADAMEK, Marcelo Vieira von. **Direito processual societário**: comentários breves ao CPC/2015. 2ª ed. São Paulo: Malheiros, 2021, p. 39-44.

que não cumpra com sua finalidade, mesmo ao contrário da vontade da maioria, o que deve ser feito judicialmente.[14]

O mecanismo encontra, em alguma medida, paralelo com a ação de responsabilização do acionista controlador prevista no artigo 246 da Lei n° 6.404/76 – que, inclusive, traz a mesma exigência de participação acionária para sua iniciativa (acionistas que detenham ações representativas de, ao menos, cinco por cento do capital social para que haja dispensa de caução, conforme previsão do artigo 246, §1º). Trata-se, assim, de uma forma legal de dissolução de sociedades que não cumpram com sua finalidade social.

Por sua vez, o já mencionado artigo 599, § 2º, do Código de Processo Civil de 2015 estatui que: "A ação de dissolução parcial de sociedade pode ter também por objeto a sociedade anônima de capital fechado quando demonstrado, por acionista ou acionistas que representem cinco por cento ou mais do capital social, que não pode preencher o seu fim". Com isso, a lei processual, embora não tenha propriamente inovado em relação à legislação societária vigente quanto à dissolução parcial nessa hipótese[15] – embora o intuito da lei acionária fosse prever a dissolução *total*, por iniciativa de acionistas minoritários, justamente pela impossibilidade de que a companhia atinja seu fim social –, o novel dispositivo

14 A ideia de permitir a dissolução total da sociedade por impossibilidade de atingimento de seu fim é controversa e de difícil aferição. Nesse sentido: "A hipótese que enseja maior controvérsia, tanto entre nós como no direito comparado, é a da dissolução por decisão judicial quando ficar demonstrado que a sociedade 'não pode preencher o seu fim', em ação proposta por acionistas que representem 5% (cinco por cento) ou mais do capital social. A jurisprudência de nossos tribunais, ademais, não é uniforme, particularmente no que se refere à figura da 'dissolução parcial', criação pretoriana importada da disciplina das sociedades limitadas, que tem trazido grande insegurança jurídica ao regime das companhias. [...] A legislação nunca definiu com precisão o que se deve entender por 'fim' da sociedade. Tendo em vista as características fundamentais da companhia, o seu fim deve ser referido aos seguintes elementos essenciais: (i) o preenchimento de seu objeto social; e (ii) a geração de lucros. [...] Dado o princípio da preservação da empresa, não se presume que a companhia não está alcançando o seu fim pela mera ocorrência de discórdia entre os acionistas ou por demonstrações conjunturais de que não preenche o seu objeto social ou que está atuando sem gerar lucros num curto período de tempo". (EIZIRIK, Nelson. **A Lei das S/A comentada**: volume 4 (artigos 206 ao 300). 2ª ed. São Paulo: Quartier Latin, 2015, p. 31 e 33).

15 FRANÇA, Erasmo Valladão Azevedo e Novaes; ADAMEK, Marcelo Vieira von. **Direito processual societário**: comentários breves ao CPC/2015. 2ª ed. São Paulo: Malheiros, 2021, p. 40-41.

traz dificuldades na sua compatibilização com a lei societária vigente, na forma como vem sendo interpretada pela jurisprudência.

Sinteticamente, são três dúvidas principais com relação ao referido dispositivo na lei processual:[16]

i. Se, com a nova previsão do artigo 599, § 2º, do Código de Processo Civil, permaneceria a opção da dissolução *total*, por via judicial e por iniciativa de acionistas que detenham ações representativas de, ao menos, cinco por cento do capital social (conforme originalmente estabelecido no artigo 206, inciso II, alínea "b" da Lei n° 6.404/76);

ii. Se, *a contrario sensu*, o acionista que não é titular de ações representativas de, ao menos, cinco por cento do capital social estaria preso à sociedade anônima fechada, por não ter ela mercado secundário para negociação; e

iii. Se, pela ausência de disposição do legislador quanto às outras hipóteses que dissolução parcial da sociedade anônima que vinham sendo admitidas pela jurisprudência, dever-se-ia interpretar que o legislador preferiu restringir a dissolução parcial à hipótese indicada no artigo 599, § 2°.

De todo modo, a teor da jurisprudência nacional dominante, a dissolução parcial da sociedade anônima é admitida, ainda que excepcionalmente, em virtude de retirada do acionista. Com isso, dá-se ao acionista retirante o acesso ao acervo patrimonial da companhia, liquidado e apurado na forma da lei societária e, ocasionalmente, processual, considerando as particularidades da matéria que a seguir será tratada.

16 Nesse sentido, v. FRANÇA, Erasmo Valladão Azevedo e Novaes; ADAMEK, Marcelo Vieira von. **Direito processual societário**: comentários breves ao CPC/2015. 2ª ed. São Paulo: Malheiros, 2021, p. 43-44. Sobre esta última hipótese e na esteira de sua crítica à inclusão do dispositivo no Código de Processo Civil, dizem os referidos autores: "[a] nosso ver, aquelas outras hipóteses – desde que configurem justas causas para a dissolução do vínculo societário – continuam sendo admitidas. Ainda assim, fica a indagação: por qual razão, então, o legislador resolveu se intrometer nesta questão, se não foi para oferecer respostas definitivas e completas, certo de que a intromissão pela metade mais sombra do que luz trouxe ao tema?" (*op. cit., loc. cit.*).

3. Liquidação da participação acionária e apuração dos haveres ao acionista retirante.

Estabelecida a possibilidade jurídica da dissolução parcial nas companhas fechadas, cabe analisar o que acontece em decorrência do fenômeno de liquidação da participação acionária, em especial a forma de apuração dos haveres devidos ao acionista retirante em função da liquidação de suas ações.

Assim, analisar-se-ão os seguintes pontos relevantes: (I) o regramento trazido pelo Código de Processo Civil de 2015 em matéria de dissolução parcial e apuração de haveres; (II) a forma de liquidação adequada na apuração de haveres e os critérios de apuração; e (III) algumas observações atinentes à responsabilidade pelo pagamento dos haveres devidos ao acionista que se retira.

a. Exegese dos artigos do Código de Processo Civil atinentes à dissolução parcial de sociedade e apuração de haveres.

Releva cuidar inicialmente das inovações legislativas trazidas pelo Código de Processo Civil de 2015 e que interferem na disciplina da dissolução parcial. Além do já mencionado artigo 599, §2º, que se refere especificamente às sociedades anônimas de capital fechado, cabe avaliar algumas das novas disposições que tenham reflexo no tema no que se refere às sociedades anônimas.

O artigo 601 do Código de Processo Civil determina a citação da sociedade e dos acionistas para responder à ação de dissolução parcial. A citação de todos os acionistas dispensa a citação da sociedade, que mesmo assim ficará sujeita aos efeitos da decisão e à coisa julgada (parágrafo único do artigo 601). Esta regra será tratada mais adiante ao se explorar a responsabilidade patrimonial pelo pagamento dos haveres, ocasião em que se abordará também os aspectos processuais a respeito da formação do polo passivo da ação de apuração de haveres.

O artigo 602 do Código de Processo Civil permite que a sociedade formule "pedido de indenização compensável com o valor dos haveres a apurar". Essa regra é particularmente relevante nas sociedades anônimas, que possui regramento bem definido sobre a responsabilidade do administrador, atribuindo uma série de deveres – dever de diligência, de lealdade e de informar, além da vedação ao conflito de interesses (artigos 153 a 157 da Lei n° 6.404/76)[17] - que, caso o administrador os descumpra e, com isso, cause prejuízos à sociedade, haverá o seu dever de repará-la por meio de ação de responsabilidade prevista no artigo 159 da lei acionária. Nesta particular espécie de demanda, se promovida por acionistas que representem, pelo menos, 5% (cinco por cento) do capital social - conforme autoriza o § 4º do referido artigo -, os acionistas atuam na qualidade de substituto processual, não sendo titular do direito material discutido, de modo que eventual demanda de responsabilização do administrador movida por acionistas permanece tendo o condão de gerar um crédito em favor da companhia e em desfavor do administrador.[18]

Na situação em que o acionista retirante seja, também, administrador da companhia e tenha causado, no exercício de suas funções, prejuízos ao patrimônio da companhia pela inobservância de seus deveres, a regra constante do artigo 602 do Código de Processo Civil viabiliza o pleito indenizatório nos autos da dissolução parcial, como forma de compensar futuro crédito da sociedade em relação ao sócio retirante com os haveres a ele devidos.

17 Conforme destaca Nelson Eizirik, o dever de diligência sobressai como "o mais importante - e de difícil caracterização - de todos. [...] Sua complexidade deriva da forma como foi inserido na Lei das S.A.: como um *standard*, isto é, um padrão geral de conduta, uma orientação flexível, cuja aferição não só varia no tempo como também deve ser verificada caso a caso. [...] Para a aferição do comportamento diligente do administrador, deve-se examinar se ele atendeu aos deveres de: (i) se qualificar para o cargo; (ii) bem administrar; (iii) se informar; (iv) investigar; e (v) vigiar" (EIZIRIK, Nelson. **A Lei das S/A comentada**: volume 3 (artigos 138 ao 205). 2ª ed. São Paulo: Quartier Latin, 2015, pp. 115-116 e 120).

18 "Deixando a administração de propor a ação social, dentro do prazo máximo previsto na norma contado da deliberação favorável da assembleia geral, caberá a qualquer acionista, independentemente do percentual que detenha no capital social, propor em nome próprio a medida que caberia à sociedade, nos termos do art. 6º do Código de Processo Civil de 1973. Trata-se de legitimação *sui generis*, extraordinária ou anômala, na medida em que a parte admitida em juízo não é titular do direito material objeto da ação. Na substituição processual, em ação social *ut universi*, o acionista, ao ingressar em juízo, declara não ser titular do direito material objeto da ação, indicando como titular da pretensão a companhia. Não pode o acionista, ao assumir essa figura no processo, sobrepor direito material próprio a direito material da companhia, sob pena de desfigurar-se a legitimação" (CARVALHOSA, Modesto. **Comentários à Lei das Sociedades Anônimas**: volume 3 (artigos 138 ao 205). 4ª ed. São Paulo: Saraiva, 2009, p. 382).

Evidentemente, o artigo 602 (I) não dispensa a necessidade de deliberação prévia da companhia que autorize a propositura de demanda de responsabilidade (artigo 159 da Lei n° 6.404/76) [19] e (II) não admite uma interpretação "*a contrario sensu* para o efeito de dele extrair uma inexistente regra restritiva",[20] de modo que a ausência de pedido contraposto da companhia face ao acionista retirante não impede que tal responsabilização seja perseguida em ação própria, no curso ou após o processo de dissolução parcial.

O artigo 605 do Código de Processo Civil definiu a data da resolução da sociedade – o que interfere na data-base para apuração dos haveres devidos ao sócio que se retira. No caso da retirada imotivada, a dissolução (e data-base de apuração) se dá no sexagésimo dia após o recebimento da notificação de retirada pela sociedade (inciso II do artigo 605). Com relação ao termo *imotivada*, empregado no referido dispositivo legal, deve-se recuperar a particularidade que envolve as sociedades anônimas de capital fechado no que concerne à admissibilidade jurídica de sua dissolução parcial, já antes discutida e que tem reflexos para a questão ora apresentada.

É bem verdade que a evolução da jurisprudência do Superior Tribunal de Justiça, para admitir a dissolução parcial pela retirada de sócio, levou em conta alguma carga de motivação para permitir que o acionista voluntariamente deixe a sociedade, referindo-se às situações de quebra de *affectio societatis*, em particular nas sociedades anônimas familiares. De todo modo, essa construção alinha-se a definir a possibilidade jurídica da dissolução parcial – neste caso por ato voluntário do acionista, no exercício do seu direito potestativo de retirada, nas sociedades que admitem essa possibilidade.

Portanto, ainda a dissolução parcial nas companhias fechadas leve em conta uma circunstância autorizadora da dissolução (no caso, a quebra de *affectio*), deve-se compreender que a retirada imotivada significa a dispensa de demonstração de justa causa para tal ato do acionista que se retira.

---

19 FRANÇA, Erasmo Valladão Azevedo e Novaes; ADAMEK, Marcelo Vieira von. **Direito processual societário**: comentários breves ao CPC/2015. 2ª ed. São Paulo: Malheiros, 2021, p. 67.

20 FRANÇA, Erasmo Valladão Azevedo e Novaes; ADAMEK, Marcelo Vieira von. **Direito processual societário**: comentários breves ao CPC/2015. 2ª ed. São Paulo: Malheiros, 2021, p. 68.

Essa é a interpretação, aliás, que se extrai da leitura do dispositivo em conjunto com o inciso IV, que contrapõe à retirada imotivada a *retirada por justa causa* – afeita às sociedades constituídas por prazo determinado, que impedem a retirada do sócio durante o prazo, salvo hipótese de juta causa para sua retirada,[21] e à exclusão judicial do sócio. Portanto, não se tratando dessas hipóteses, aplica-se o inciso II do artigo 605, ainda que a dissolução parcial em sociedades anônimas fechadas tenha a peculiaridade na sua admissão, como já desenvolvido.

Por fim, o artigo 606 do Código de Processo Civil estabelece a regra de maior impacto para a apuração de haveres. Segundo ele: *"Em caso de omissão do contrato social, o juiz definirá, como critério de apuração de haveres, o valor patrimonial apurado em balanço de determinação, tomando-se por referência a data da resolução e avaliando-se bens e direitos do ativo, tangíveis e intangíveis, a preço de saída, além do passivo também a ser apurado de igual forma"*. O *caput* do artigo é complementado pelo seu parágrafo único, segundo o qual, havendo perícia, o perito deverá ser, preferencialmente um "especialista em avaliação de sociedades".

O desafio aqui é integrar a nova previsão com as regras já existentes sobre apuração de haveres, em particular a do artigo 1.031 do Código de Processo Civil, bem como a literatura e os princípios gerais que regem a matéria. Nas próximas linhas, tentar-se-á fazer esta necessária aproximação ao se descrever a intersecção entre direito material e direito processual.

b. Liquidação adequada na apuração de haveres e critérios de apuração

Liquidada a participação acionária do sócio que se retira da sociedade anônima, passa-se à apuração dos seus haveres, isto é, a quantificação do valor devido ao acionista em razão da sua liquidada participação no acervo patrimonial da companhia.

21 Conforme define o artigo 1.029 do Código Civil: "Além dos casos previstos na lei ou no contrato, qualquer sócio pode retirar-se da sociedade; se de prazo indeterminado, mediante notificação aos demais sócios, com antecedência mínima de sessenta dias; *se de prazo determinado, provando judicialmente justa causa*". A Lei nº 6.404/76 não possui dispositivo correspondente ao da lei civil, justamente porque, como visto anteriormente, a lei acionária não comporta originalmente hipótese de dissolução parcial por retirada de acionista que não os estabelecidos na lei (como o caso de recesso e reembolso).

Liquidação é termo plurívoco, mesmo no campo jurídico. Sob o aspecto societário, liquidação pode se confundir com a própria dissolução, que rompe o vínculo contratual societário do retirante com a sociedade e demais sócios – nos termos do Código Civil, a resolução da sociedade em relação a um sócio – e impõe a liquidação da sua participação (acionária, no caso da sociedade anônima de capital fechado). No entanto, trata-se aqui especificamente da liquidação pelo prisma processual como apuração do *quantum* devido ao sócio retirante, aproximando este conceito ao de *liquidação de sentença*, isto é, seu conteúdo condenatório-pecuniário.[22]

A liquidação, enquanto fase do processo destinada à declaração imperativa do *quantum debeatur*, é regulada pelo Código de Processo Civil em duas modalidades: I) a liquidação por arbitramento (artigo 509, inciso I) e; II) a liquidação pelo procedimento comum (artigo 509, inciso II) – esta última correspondendo à chamada "liquidação por artigos" na redação do artigo 475-E do Código de Processo Civil de 1973.

A liquidação por arbitramento é cabível nos casos em que a sentença não determina todos os pontos da condenação e depende de conhecimento técnico (*expert*) para sua definição. Nesse tipo de liquidação, a perícia técnica pauta-se em elementos já constantes dos autos, sem a necessidade de produção de prova adicional sobre fatos ou alegações supervenientes ou que extrapolem o âmbito da discussão em *an*

---

22 "De qualquer forma, as sentenças que, resolvendo o mérito, impõem condenação para pagar quantia pecuniária, consubstanciando-se, portanto, em título executivo judicial, nos termos do artigo 475-N, I, do CPC, de regra, devem conter o atributo da validez, ou seja, resolvido o *an debeatur*, indica-se, igualmente, o *quantum debeatur*. No entanto, casos há, e a ação de dissolução parcial de sociedades é um deles, em que, mesmo que o pedido seja certo, pois apontados estão os elementos para sua total e correta aferição, o atributo da liquidez da sentença não decorre imediatamente, dependente que é da complementação, denotando, assim, sua natureza constitutiva, por meio de procedimento próprio para esse fim, mas obtido na fase de liquidação. Na verdade, a ausência de liquidação, evidenciada pela indeterminação do valor devido. Impede que a condenação sentencial em dívida pecuniária possa ser objeto de cumprimento, nos termos aos arts. 475-R e 618, I, do CPC. A liquidez obtida pelo incidente de liquidação agrega ao título judicial um requisito que antes lhe faltava, daí sua natureza constitutiva. Surge, então, a necessidade de se promover a liquidação, a qual precede o cumprimento de sentença com conteúdo condenatório-pecuniário" (RESTIFFE, Paulo Sérgio. **Dissolução de sociedades**. São Paulo: Saraiva, 2011, pp. 285-286).

debeatur.[23] Este procedimento apenas é utilizado quando "já estão nos autos todos os elementos necessários para que se declare o *an debeatur*".[24] Há, inclusive, previsão de liquidação por arbitramento em técnica simplificada, para pontos controvertidos de menor complexidade, prevista no artigo 464, § 2º, do Código de Processo Civil.

A liquidação por arbitramento é aquela adequada para a determinação ou avaliação do valor de bens ou serviços. Comparativamente à liquidação por cálculos realizada por qualquer uma das partes, a atividade cognitiva a ser desenvolvida pelas partes e pelo juiz na fase de liquidação por arbitramento é mais intensa, razão pela qual o ordenamento jurídico processual exige uma fase procedimental que se desenvolverá em módulo procedimental próprio.

A liquidação pelo procedimento comum do Código de Processo Civil de 2015, que veio a substituir a liquidação por artigos do Código de Processo Civil de 1973, exige, como a liquidação por arbitramento, um módulo procedimental autônomo, mas a atividade de conhecimento aqui desenvolvida é muito mais profunda, já que há a necessidade de alegação e demonstração de fatos novos.[25] Fato novo para a liquidação pelo procedimento comum é aquele relevante para a determinação do valor da obrigação e que não foi objeto de análise na fase de conhecimento anterior, mas que tem pertinência com a causa de pedir lá exposta.[26]

---

23 "[A] liquidação por arbitramento [é] destinada a apurar o valor de bens e serviços - encerra-se por meio de uma decisão interlocutória que decide com força de coisa julgada qual é, precisamente, o valor da obrigação" (LUCON, Paulo Henrique dos Santos. Sentença e liquidação no CPC. In: FUX, Luiz; NERY JR., Nelson; ALVIM, Teresa Arruda (ccord.), **Processo e Constituição**: estudos em homenagem ao Professor José Carlos Barbosa Moreira, São Paulo: Revista dos Tribunais, 2005, p. 913).

24 PAVAN, Dorival Renato. Comentários ao artigo 509 do Código de Processo Civil. In: SCARPINELLA BUENO (org.), **Comentários ao Código de Processo Civil**: volume 2. São Paulo: Saraiva, 2017, p. 539.

25 "[A] liquidação por artigos [é] destinada a apuração de fatos novos, não considerados na sentença de mérito e relevantes para a fixação do *quantum debeatur*" (LUCON, Paulo Henrique dos Santos. Sentença e liquidação no CPC. In: FUX, Luiz; NERY JR., Nelson; ALVIM, Teresa Arruda (ccord.), **Processo e Constituição**: estudos em homenagem ao Professor José Carlos Barbosa Moreira, São Paulo: Revista dos Tribunais, 2005, p. 913).

26 Sobre a expressão *fato novo*, constante do artigo 509, inciso I do Código de Processo Civil, veja-se comentário que apresentamos ainda na vigência do Código de Processo Civil de 1973, a respeito da então denominada liquidação por artigos: "Fato novo é aquele integrante do contexto gerador da obrigação, não considerado

A escolha da liquidação adequada – por arbitramento ou pelo procedimento comum - é matéria de ordem pública e leva em consideração a atividade de conhecimento a ser desenvolvida para a determinação do *quantum debeatur*.

Feitas essas considerações de caráter dogmático processual, é preciso retornar ao tema central do presente ensaio.

A apuração de haveres consiste, a rigor, na avaliação da empresa para que se apure o valor do seu acervo patrimonial no momento designado como a data-base da apuração (no caso abordado, o sexagésimo dia após a saída do acionista).

Em linha de princípio, a apuração levará em conta os elementos já constantes dos autos para sua realização. O perito a ser nomeado pelo juiz se pautará (I) nos elementos de prova já inseridos nos autos para a respectiva avaliação, ainda que isso exija a apresentação de novos documentos (demonstrações financeiras da sociedade parcialmente dissolvida, contratos e outros documentos reputados necessários para o levantamento do balanço de determinação) e (II) pelos critérios definidos pelo juiz nos termos do artigo 604 do Código de Processo Civil, quais sejam, a data de resolução da sociedade (para definição da data-base de apuração) e o critério de apuração dos haveres à vista do disposto no contrato social.

Assim, não se exigindo a discussão de *fato novo*, no sentido empregado e explicado acima à luz do artigo 509, inciso II do Código de Processo Civil, aplica-se ao caso a liquidação por arbitramento, conforme inciso I do mesmo dispositivo legal.

---

na sentença condenatória genérica e relevante para a determinação do *quantum debeatur*. O fato é novo em relação à cognição realizada, isto é, ao contraditório estabelecido na fase cognitiva anterior, podendo não ser necessariamente superveniente à sentença liquidanda. Portanto, o fato é novo não em relação à sua ocorrência, mas ao seu aparecimento no processo. Todavia, é inegável que o fato novo deve ter pertinência com a causa de pedir constante da petição inicial que deu início à fase anterior, destinada a conhecer qual das partes tem razão e reconhecer o *an debeatur*" (LUCON, Paulo Henrique dos Santos. Comentários ao artigo 475-E do Código de Processo Civil. In: MARCATO, Antonio Carlos (coord.), **Código de Processo Civil interpretado**, 3ª ed., São Paulo: Atlas, 2008, p. 1577). Nesse sentido, já sob a égide do atual Código de Processo Civil: "O fato novo a que se refere a lei, neste particular, é aquele que ainda não for a revelado no processo de conhecimento, que não chegou a ser debatido antes" (APRIGLIANO, Ricardo de Carvalho. Comentários ao artigo 509 do Código de Processo Civil. In: MARCATO, Antonio Carlos (coord.), **Código de Processo Civil interpretado**, São Paulo: Atlas, 2022, p. 1033).

Esse entendimento já era contemplado pela legislação anterior, a partir da qual a jurisprudência afastava a necessidade de nomeação de liquidante (previsto no procedimento de liquidação de sociedades nos artigos 655 e seguintes do Código de Processo Civil de 1939 e, após, nos artigos 208 a 218 da Lei n° 6.404/76) e indicava a liquidação por arbitramento, com nomeação de *expert*, como método adequado de apuração dos haveres.[27]

Poder-se-ia discutir a aplicação, ainda que excepcional, da liquidação pelo procedimento comum. Para tanto, é necessário indagar que fatos ou alegações constituiriam fato novo que tivessem pertinência com o objeto da decisão liquidanda, isto é, a decisão que decreta a resolução da companhia em relação a um de seus acionistas.

Para avaliar esse tópico, importante realizar a análise do artigo 606 do Código de Processo Civil e sua integração com o artigo 1.031 do Código Civil. Segundo o dispositivo da lei processual, "*em caso de omissão do contrato social, o juiz definirá, como critério de apuração de haveres, o valor patrimonial apurado em balanço de determinação, tomando-se por referência a data da resolução e avaliando-se bens e direitos do ativo, tangíveis e intangíveis, a preço de saída, além do passivo também a ser apurado de igual forma*". Já o artigo 1.031 do Código Civil define que "*o valor da [...] quota, considerada pelo montante efetivamente realizado, liquidar-se-á, salvo disposição contratual em contrário, com base na situação patrimonial da sociedade, à data da resolução, verificada em balanço especialmente levantado*".

Ambas as disposições direcionam a apuração a uma avaliação patrimonial da companhia, servindo-se a lei das expressões "situação patrimonial [...] verificada em balanço especialmente levantado" (Código Civil) e "valor patrimonial apurado em balanço de determinação" (Código de Processo Civil). No entanto, conforme observa a doutrina, há entendimento jurisprudencial no sentido de que a referência à situação

27 LUCON, Paulo Henrique dos Santos. "Dissolução parcial" e apuração de haveres. In: KUYVEN, Luiz Fernando Martins (coord.), **Temas essenciais de direito empresarial**: estudos em homenagem a Modesto Carvalhosa, São Paulo: Saraiva, 2012, pp. 985 e 987, do qual se destaca: "A sentença *declara* a dissolução e noutro capítulo, *condena* a sociedade a reembolsar o sócio pelos seus haveres, fixando o *an debeatur*. [...] O *quantum*, por sua vez, será determinado por meio de liquidação de sentença, com a realização de perícia contábil (liquidação por arbitramento), procedimento ou fase do processo que tem por finalidade a mera integração do título executivo, com a declaração *principaliter* do valor da obrigação".

patrimonial da sociedade não significa a indicação prévia e legal de um critério específico para a apuração, que depende das peculiaridades do caso concreto.[28]

Um critério eminentemente contábil, que em princípio se reputa adequado para aferir a situação *patrimonial* da sociedade, nem sempre será suficiente para que se faça a apuração adequada do acervo patrimonial da sociedade ao se considerar, nela, o *fundo de comércio* e, em particular, o *aviamento*.[29] Neste ponto, é importante ressaltar que a ju-

28 "[...] [P]ara parcela da nossa doutrina e jurisprudência, alinhada à experiência estrangeira, a expressão 'situação patrimonial' não prescreve a aplicação de um específico critério de avaliação, até porque este deveria sempre ser definido à luz das particularidades do caso concreto (por não se afigurar viável de antemão fixar um critério justo universalmente aplicável a toda e qualquer sociedade), e, pois, sem obstar até mesmo à aplicação de métodos de avaliação econômica, em especial o fluxo de caixa descontado, para a aferição coeva de intangíveis, dentre os quais o aviamento. [...] A imposição de um critério supletivo específico de avaliação pela lei processual (que, a rigor, não deveria se ocupar de tema eminentemente material) apresenta o inconveniente de tratar as sociedades como uma só realidade, olvidando que, a depender da atividade desenvolvida, poderá o mesmo se mostrar totalmente iníquo [...]" (FRANÇA, Erasmo Valladão Azevedo e Novaes; ADAMEK, Marcelo Vieira von. **Direito processual societário**: comentários breves ao CPC/2015. 2ª ed. São Paulo: Malheiros, 2021, pp. 86-87).

29 A doutrina relata uma certa confusão entre os conceitos. A rigor, há distinção teórica, mas com consequências práticas, entre o fundo de comércio e o aviamento, sendo aquele elemento do estabelecimento comercial e este um mero atributo, que não poderia ser considerado autonomamente como elemento fundamental do estabelecimento (MENDES, Rodrigo Octávio Broglia. Apuração de haveres na retirada do sócio e fundo de comércio (aviamento). In: YARSHELL, Flávio Luiz; PEREIRA, Guilherme Setoguti. **Processo societário**. São Paulo: Quartier Latin, 2012, pp. 655-658 e 660-661; BARRETO FILHO, Oscar. **Teoria do estabelecimento comercial**: fundo de comércio ou fazenda mercantil. 2ª ed. São Paulo: Saraiva, 1988, pp. 176-177). Há relatos na doutrina de tratamento do fundo de comércio em sentido equivalente a estabelecimento comercial, sendo este uma universalidade de fato que vem definido pelo Código Civil (artigo 1.142: "Considera-se estabelecimento todo complexo de bens organizado, para exercício da empresa, por empresário, ou por sociedade empresária"), correspondendo ao *patrimonio aziendal* do direito italiano (VERÇOSA, Haroldo Malheiros Duclerc. **Curso de direito comercial**: volume 1 (teoria geral do direito comercial e das atividades empresariais mercantis; introdução à teoria geral da concorrência e dos bens imateriais). 2ª ed. São Paulo: Malheiros, 2008, pp. 261 e 270-271). Por sua vez, o aviamento (*goodwill*) corresponderia à "capacidade de geração de lucros, proporcionados pelos estabelecimentos comerciais", mas diversos materiais (inclusive nas áreas de contabilidade e economia que discutem a forma de avaliação do aviamento) tratariam o

risprudência – em particular a do Superior Tribunal de Justiça – admite que os haveres sejam apurados considerando o fundo de comércio e o aviamento, de modo que *"a apuração de haveres de sócios dissidentes deve observar, o quanto possível, o patrimônio societário como um todo e não apenas sua dimensão contábil ou fiscal"*,[30] o que, conforme destaca a doutrina, demanda a utilização de um critério que capte a projeção de lucros da sociedade em espaço temporal adequado, isto é, um critério eminentemente econômico.[31]

---

conceito de aviamento como sendo o próprio *fundo de comércio* (para referências que partem desse tratamento, ver: VERÇOSA, Haroldo Malheiros Duclerc. **Curso de direito comercial**: volume 1 (teoria geral do direito comercial e das atividades empresariais mercantis; introdução à teoria geral da concorrência e dos bens imateriais). 2ª ed. São Paulo: Malheiros, 2008, pp. 281 e 287-289), o que, como se verificará a seguir, é algo feito pela própria jurisprudência ao deixar de distinguir conceitos não equivalentes.

30 STJ, 3ª Turma, Recurso Especial 1.499.772 – DF, Rel. Min. Moura Ribeiro, j. 21.05.2019, v.m.: "RECURSOS ESPECIAIS. DIREITO SOCIETÁRIO. LIQUIDAÇÃO DE SENTENÇA PROFERIDA EM AÇÃO DE DISSOLUÇÃO PARCIAL DE SOCIEDADE. IRRESIGNAÇÕES SUBMETIDAS AO CPC/73. NEGATIVA DE PRESTAÇÃO JURISDICIONAL NÃO VERIFICADA. CRITÉRIO UTILIZADO PARA APURAÇÃO DE HAVERES. CONSIDERAÇÃO DO VALOR DE MERCADO DA COMPANHIA EM DETRIMENTO DO VALOR CONTABILIZADO. QUESTÃO PRECLUSA. PERCEPÇÃO DE DIVIDENDOS ATÉ O MOMENTO DA LIQUIDAÇÃO DA DÍVIDA. EXISTÊNCIA DE COISA JULGADA NESSE SENTIDO. JUROS MORATÓRIOS INCIDENTES A PARTIR DO NONAGÉSIMO DIA POSTERIOR A LIQUIDAÇÃO PERCENTUAL DOS JUROS MORATÓRIOS. QUESTÃO NÃO PREQUESTIONADA. [...] 3. No caso dos autos, a sentença que julgou procedente o pedido de dissolução parcial da sociedade e determinou o pagamento de haveres aos sócios dissidentes mencionou apenas que a expressão econômica de sua participação acionária deveria ser apurada em liquidação por arbitramento, com consideração ao patrimônio líquido da sociedade. 4. Referido comando judicial não excluiu, portanto, a possibilidade de serem levados em consideração, no cálculo da dívida, patrimônios não contabilizados previamente, como o *goodwill*, termo utilizado para designar valores decorrentes de marca, imagem de mercado, carteira de clientes, know-how dos funcionários, entre outros e que guarda semelhança com os conceitos de fundo de comércio e aviamento. [...]". Necessário reiterar, aqui, a distinção entre o fundo de comércio e aviamento preconizada pela doutrina no tema, conforme descrito acima.

31 ()"Assim, quando há um evento de dissolução parcial, o sócio tem direito de receber a sua participação no acervo patrimonial da sociedade. Considerar o aviamento, nessas condições, significa que se deve atribuir um valor a essa capacidade de geração de receitas, o que implica em afirmar que a avaliação dos haveres do sócio retirante dar-se-á por um critério econômico" (MENDES, Rodrigo Octávio Broglia.

Caso efetivamente se traga a capacidade de geração de lucros da sociedade com um dos fatores a ser considerado na apuração, é possível que haja necessidade de apuração de novos fatos ou alegações, tais como a existência e o conteúdo de contratos celebrados a longo prazo pela sociedade antes da retirada do acionista, porém cujos efeitos – a geração de lucros – será auferida pela empresa nos anos subsequentes. Evidentemente, a consideração destes fatores não poderá ser limitada no tempo, devendo considerar todo o lucro futuro esperado e precificado a tempo presente no balanço de determinação.

Nessas circunstâncias, a liquidação pelo procedimento comum, prevista no artigo 509, inciso II do Código de Processo Civil, poderá ser empregada, ainda que excepcionalmente, para a correta apuração dos haveres devidos ao acionista que se retira da companhia, em consonância com os critérios estipulados pelo contrato social ou determinados judicialmente.

c. Responsabilidade pelo pagamento dos haveres

Dissolvida parcialmente a companhia em relação a um dos sócios, liquidada sua participação e apurados os haveres devidos, a decisão judicial que os fixa constitui sentença condenatória a pagar quantia, portanto título executivo judicial (artigo 515, inciso I, do Código de Processo Civil) passível de execução forçada.

De uma maneira geral, a liquidação da participação acionária do sócio retirante o legitima a acessar sua porção no acervo patrimonial da companhia, apurada na forma de haveres. Desse modo, cabe à sociedade, titular do patrimônio, deslocar o equivalente patrimonial apurado àquele que deixou de ser acionista, havendo vínculo obrigacional entre a sociedade (pessoa jurídica) e o ex-acionista.

Portanto, é evidente que a responsabilidade pelo pagamento dos haveres é exclusivamente daquela que detém o patrimônio, isto é, da sociedade. Nesse sentido, a advertência da doutrina é categórica: apenas a sociedade – e não os sócios remanescentes – são devedores dos haveres.[32]

Apuração de haveres na retirada do sócio e fundo de comércio (aviamento). In: YARSHELL, Flávio Luiz; PEREIRA, Guilherme Setoguti. **Processo societário**. São Paulo: Quartier Latin, 2012, p. 661).

32 "Os sócios remanescentes de sociedades personificadas não são devedores dos haveres; devedora dos haveres (e, portanto, parte legítima para figurar no polo

Recentemente, o Tribunal de Justiça de São Paulo proferiu decisão colegiada que autorizou a penhora de bens de sócios de uma sociedade limitada para fins de pagamento de haveres devidos pela sociedade ao sócio que se retirou, sem a necessidade de desconsideração da personalidade jurídica nos termos do artigo 50 do Código Civil. O argumento exposto no referido julgado foi o de que a leitura conjunta dos artigos 601 e 604, § 4º, do Código de Processo Civil autorizaria interpretar que, se os sócios compõem a relação jurídica processual, deveriam também sofrer as consequências materiais – isto é, os reflexos patrimoniais – da decisão.[33]

---

passivo da demanda que os tenha por objeto) é somente a sociedade, como assim sempre se entendeu na doutrina e também na jurisprudência. O art. 601 do CPC não basta para impor o litisconsórcio passivo necessário entre sociedades e sócio na ação de apuração de haveres" (FRANÇA, Erasmo Valladão Azevedo e Novaes; ADAMEK, Marcelo Vieira von. **Direito processual societário**: comentários breves ao CPC/2015. 2ª ed. São Paulo: Malheiros, 2021, pp. 62-63).

33 TJSP, 1ª Câmara Reservada de Direito Empresarial, Agravo de Instrumento 2040083-24.2023.8.26.0000, Rel. Des. Fortes Barbosa, j. 02.05.2023, v.u.. A decisão foi assim ementada: "Dissolução parcial de sociedade - Pagamento de haveres - Reconsideração de decisão anterior, a qual havia deferido pedido de penhora de bens componentes do patrimônio de sócios remanescentes - Acórdão proferido em agravo anterior confirmatório da possibilidade de penhora de bens dos sócios remanescentes, eis que patente a insuficiência para a satisfação do crédito exequendo daqueles encontrados em nome da pessoa jurídica - Não é admissível que os sócios remanescentes, pura e simplesmente, capturem o capital do antigo sócio, usufruam do patrimônio alheio (muitas vezes, como no caso concreto, durante anos) e, ao final, imponham um inadimplemento irreversível, inviabilizando, em virtude dos resultados negativos da atividade empresarial realizada após o rompimento do vínculo societário, o pagamento dos haveres devidos pela pessoa jurídica, ficando isentos de qualquer responsabilidade patrimonial – Interpretação sistemática dos arts. 601 e 604, §1º do CPC/2015 – Decisão reformada - Recurso provido". Destaca-se, do acórdão, a seguinte passagem, que sintetiza o argumento: "É necessário, então, reproduzir tudo quanto asseverado no Agravo de Instrumento 2049489-06.2022.8.26.0000, proferido no mesmo cumprimento de sentença e que confirmou decisão de deferimento da penhora de bens componentes do patrimônio dos sócios: 'Há de se ponderar, em confronto com o expedindo nas razões recursais, que esta Câmara Reservada, em julgamentos realizados desde o ano de 2019, tem discutido qual a interpretação mais adequada e correta para o artigo 601 do CPC de 2015, identificando responsabilidade efetiva dos sócios remanescentes, que usufruem do capital fornecido pelo sócio retirante ou excluído enquanto não pagos seus haveres, e não podem, simplesmente, impor a transferência dos riscos empresariais para quem teve rompido o vínculo societário. [...] *Os artigos*

O argumento deve ser analisado com cautela. A interpretação adotada pelo tribunal, que resultou na extensão de responsabilidade patrimonial aos sócios, baseou-se nos seguintes dispositivos do Código de Processo Civil:

> Art. 601. Os sócios e a sociedade serão citados para, no prazo de 15 (quinze) dias, concordar com o pedido ou apresentar contestação.
>
> Parágrafo único. A sociedade não será citada se todos os seus sócios o forem, mas ficará sujeita aos efeitos da decisão e à coisa julgada. [...]
>
> Art. 604. [...] § 1º O juiz determinará à sociedade ou aos sócios que nela permanecerem que depositem em juízo a parte incontroversa dos haveres devidos.

Para além da crítica da doutrina sobre a potencial dispensa de citação da sociedade no processo,[34] deve-se notar que as regras transcritas acima dizem respeito à formação da relação jurídica processual e, no

601 e 604, §1º do CPC de 2015 precisam ser interpretados de maneira conjugada e em consonância com a dinâmica funcional da atividade empresarial exercida por uma sociedade, como ente imaterial, não sendo viável, nas circunstâncias concretas aqui expostas, deixar de reconhecer a responsabilidade patrimonial dos agravantes. Não é, nem mesmo, necessária a desconsideração da personalidade jurídica e a perquirição das hipóteses concretas previstas no artigo 50 do Código Civil, pois, conforme as regras processuais regentes do procedimento especial da ação de dissolução parcial de sociedades, os sócios remanescentes são, desde o início do trâmite do processo, incluídos na relação processual. Há de se destacar, inclusive, que esta inclusão obrigatória perderia sua razão de ser caso não pudessem ser extraídos os reflexos patrimoniais em relevo, os quais, como o acima exposto, derivam de uma interpretação sistemática da legislação vigente.' " (destaques não originais).

34 "É grave erro ler o artigo [601 do Código de Processo Civil] a partir da regra do seu par. ún., imaginando que a sociedade não mais precise ser citada. Primeiro porque a citação é decorrência lógica e necessária dos mais elementares princípios constitucionais do processo; não pode ser dispensada, sobretudo para a sociedade, o principal sujeito processual a sofrer os efeitos da sentença, seja de desconstituição de vínculos societários, seja de apuração de haveres. Segundo porque, ao deixar-se de citá-la e, em termos práticos, colocá-la no polo passivo da demanda, criar-se-ia grave insegurança jurídica para o tráfego negocial e para aqueles que venham a se relacionar com a sociedade na pendência da lide" (FRANÇA, Erasmo Valladão Azevedo e Novaes; ADAMEK, Marcelo Vieira von. **Direito processual societário**: comentários breves ao CPC/2015. 2ª ed. São Paulo: Malheiros, 2021, pp. 65-66).

particular caso do artigo 604, § 1º, à ordem de que a sociedade ou os sócios – caso estes sejam citados na ação em lugar da sociedade, conforme leitura conjugada com o artigo 601 – depositem em juízo a parte incontroversa dos haveres devidos, o que não se confunde com a afirmação feita pelo acórdão de que os sócios *responderiam com seu patrimônio* pelo pagamento dos haveres devidos (controvertidos ou não).

Portanto, as regras trazidas pelo Código de Processo Civil não se traduzem em extensão automática da responsabilidade patrimonial dos sócios por débitos da sociedade, o que configuraria, de maneira indireta, em desrespeito à limitação de responsabilidade conferida pela personalidade jurídica. Para se chegar a essa extensão de responsabilidade patrimonial dos sócios por obrigações da sociedade, faz-se indispensável a identificação de razões para referida desconsideração, conforme os requisitos da lei civil (artigo 50 do Código Civil) e na forma da legislação processual (artigos 133 a 137 do Código de Processo Civil.

Conclusão

Em síntese, o presente ensaio apresenta as seguintes conclusões:

i. A dissolução parcial origina-se, historicamente, da simulação de uma dissolução total e o pagamento do equivalente monetário ao sócio retirante, como forma de preservar a atividade empresarial;

ii. A dissolução parcial da sociedade anônima é mais restrita do que na sociedade limitada, já tendo sido considerada, na jurisprudência, incompatível com o próprio tipo societário, limitando-se às hipóteses de recesso e respectivo reembolso na Lei n° 6.404/76. Contudo, a jurisprudência abrandou esta regra, de modo a permitir a dissolução parcial em sociedades anônimas fechadas, nos casos em que a companhia traga aspectos de cunho pessoal, familiar ou de forte incidência do *affectio societatis*;

iii. O Código de Processo Civil de 2015 trouxe inovações legislativas que interferem na disciplina da dissolução parcial, das quais se destacam: (a) o artigo 599, §2º, que se refere especificamente às sociedades anônimas de capital fechado; (b) o artigo 601, relativo à citação da sociedade e dos acionistas para responder à ação de dissolução parcial, bem como a dispensa de citação da sociedade em caso de citação de todos os acionistas; (c) o artigo 602, relacionado com a formulação, pela sociedade, de pedido de indenização compensável com o valor dos haveres a apurar; (d) o artigo 605, relativo à data-base de apuração dos haveres; e (e) o artigo 606, que trata da forma de apuração dos haveres;

iv. A apuração dos haveres do sócio em relação à companhia deverá ser feita, em princípio, pelo método de liquidação por arbitramento, estabelecido pelo artigo 509, inciso I, Código de Processo Civil. Excepcionalmente, admite-se a conjugação com o método de liquidação pelo procedimento comum, previsto no artigo 509, inciso II, do Código de Processo Civil, desde que se identifiquem novos fatos ou alegações que possam impactar na avaliação da capacidade de geração de lucros da sociedade, caso este seja tido como um dos fatores a ser considerado na apuração e;

v. A sociedade parcialmente liquidada é a devedora exclusiva dos haveres apurados, não sendo possível a extensão desta responsabilidade aos acionistas remanescentes, salvo incidência das hipóteses de desconsideração da personalidade jurídica (artigo 50 do Código Civil).

Referências bibliográficas

APRIGLIANO, Ricardo de Carvalho. Comentários ao artigo 509 do Código de Processo Civil. In: MARCATO, Antonio Carlos (coord.), **Código de Processo Civil interpretado**, São Paulo: Atlas, 2022.

BARBOSA, Henrique Cunha. Dissolução parcial de S/As fechadas: involução sistêmica e coisas que se perdem pelo caminho. In: YARSHELL, Flávio Luiz; PEREIRA, Guilherme Setoguti. **Processo societário III**. São Paulo: Quartier Latin, 2018.

BARRETO FILHO, Oscar. **Teoria do estabelecimento comercial**: fundo de comércio ou fazenda mercantil. 2ª ed. São Paulo: Saraiva, 1988.

CARVALHOSA, Modesto. **Comentários à Lei das Sociedades Anônimas**: volume 3 (artigos 138 ao 205). 4ª ed. São Paulo: Saraiva, 2009.

EIZIRIK, Nelson. **A Lei das S/A comentada**: volume 2 (artigos 80 ao 137). 2ª ed. São Paulo: Quartier Latin, 2015.

________. **A Lei das S/A comentada**: volume 3 (artigos 138 ao 205). 2ª ed. São Paulo: Quartier Latin, 2015.

________. **A Lei das S/A comentada**: volume 4 (artigos 206 ao 300). 2ª ed. São Paulo: Quartier Latin, 2015.

FRANÇA, Erasmo Valladão Azevedo e Novaes; ADAMEK, Marcelo Vieira von. *Affectio societatis*: um conceito jurídico superado no moderno direito societário pelo conceito de fim social. In: FRANÇA, Erasmo Valladão Azevedo e Novaes (coord.), **Direito societário contemporâneo I**, São Paulo: Quartier Latin, 2009.

________. **Direito processual societário**: comentários breves ao CPC/2015. 2ª ed. São Paulo: Malheiros, 2021.

LUCON, Paulo Henrique dos Santos. "Dissolução parcial" e apuração de haveres. In: KUYVEN, Luiz Fernando Martins (coord.), **Temas essenciais de direito empresarial**: estudos em homenagem a Modesto Carvalhosa, São Paulo: Saraiva, 2012.

________. Comentários ao artigo 475-E do Código de Processo Civil. In: MARCATO, Antonio Carlos (coord.), **Código de Processo Civil interpretado**, 3. ed., São Paulo: Atlas, 2008.

________. Sentença e liquidação no CPC. In: FUX, Luiz; NERY JR., Nelson; ALVIM, Teresa Arruda (ccord.), **Processo e Constituição**: estudos em homenagem ao Professor José Carlos Barbosa Moreira, São Paulo: Revista dos Tribunais, 2005.

MARTINS, Fran. **Comentários à Lei das Sociedades Anônimas**. 4ª ed. Rio de Janeiro: Forense, 2010.

MENDES, Rodrigo Octávio Broglia. Apuração de haveres na retirada do sócio e fundo de comércio (aviamento). In: YARSHELL, Flávio Luiz; PEREIRA, Guilherme Setoguti. **Processo societário**. São Paulo: Quartier Latin, 2012.

PAVAN, Dorival Renato. Comentários ao artigo 509 do Código de Processo Civil. In: SCARPINELLA BUENO (org.), **Comentários ao Código de Processo Civil**: volume 2. São Paulo: Saraiva, 2017.

RESTIFFE, Paulo Sérgio. **Dissolução de sociedades**. São Paulo: Saraiva, 2011.

VERÇOSA, Haroldo Malheiros Duclerc. **Curso de direito comercial**: volume 1 (teoria geral do direito comercial e das atividades empresariais mercantis; introdução à teoria geral da concorrência e dos bens imateriais). 2ª ed. São Paulo: Malheiros, 2008.

________. **Curso de direito comercial**: volume 3 (a sociedade por ações; a sociedade anônima; a sociedade em comandita por ações). São Paulo: Malheiros, 2008.

COMPREENSÃO SISTEMÁTICA DOS HONORÁRIOS ADVOCATÍCIOS NO DIREITO CONCURSAL[1-2]

Flávio Luiz Yarshell[3]
Eduardo de Carvalho Becerra[4]

1. Introdução

Há honorários advocatícios decorrentes da prestação de serviços e aqueles decorrentes do decaimento em processos judiciais. Suas origens, portanto, são diversas: contratual, por arbitramento ou por expressa disposição legal. Sua multiplicidade pode representar um passivo

---

1 Este artigo confere maior densidade acadêmica e aprofunda considerações teóricas introduzidas em artigo publicado por um dos autores, em coautoria com Cynthia Barbosa Franzoso e Maria Alice de Mello Beiler, na plataforma Conjur, sob o título "A discussão da concursalidade dos honorários advocatícios", no dia 18/6/2023. Na ocasião, foram apresentadas três correntes jurisprudenciais, com preferência por uma delas. Este trabalho não só amplia o escopo das reflexões (voltadas agora a todos os tipos de honorários advocatícios, não apenas os de êxito ou sucumbência), como aprofunda o estudo do tema dos critérios de concursalidade e analisa criticamente cada uma das três correntes jurisprudenciais, propondo, ao final, uma nova solução jurídica, reputada mais adequada dentro de uma compreensão mais aprofundada do tema.

2 Os autores deste artigo registram seus agradecimentos à Cynthia Barbosa Franzoso e Maria Alice de Mello Beiler pelo valioso e competente auxílio com os trabalhos de pesquisa e discussões sobre o tema.

3 Professor Titular do Departamento de Direito Processual da Faculdade de Direito da Universidade de São Paulo. Advogado e árbitro fly@yarshell.com.br

4 Mestrando em Direito Processual na Faculdade de Direito da Universidade de São Paulo e graduado pela mesma Instituição. Advogado. eduardo.c.becerra@gmail.com

relevante para uma empresa que esteja em recuperação judicial. Isto se faz verdadeiro sobretudo em grandes empresas – em relação às quais o interesse social de manutenção da fonte produtiva é ainda maior – na medida em que estas sociedades costumam se valer da prestação de diversos serviços jurídicos, tanto no âmbito consultivo (contratos, pareceres, consultorias etc.), como no âmbito contencioso, em causas estratégicas ou não absorvidas por seus departamentos jurídicos.

No âmbito contencioso, o tema assumiu ainda maior relevância diante do recente posicionamento do STJ, por ocasião do enfrentamento do Tema 1.076/STJ[5], pelo qual ficou assentada a impossibilidade de fixação de honorários por equidade mesmo em causas de valor muito elevado ou exorbitante. Não se olvide, ainda, da preferência legal que honorários advocatícios possuem por expressa disposição legal (CPC, art. 85, §14), o que, uma vez mais, confirma a relevância desse tema para empresas em crise.

Dentro desse contexto, especificamente no âmbito da recuperação judicial, é relevante determinar se esses créditos de honorários advocatícios se submetem, ou não, às condições do respectivo plano de soerguimento. Isto é, se são concursais, ou não. E isso por uma razão singela: se concursais, tais créditos serão novados pelas condições ditadas no plano de recuperação judicial que preveem dilação de prazo para pagamento e, não raro, expressiva redução dos valores (*haircut*). Em regra, portanto, para a empresa devedora tende a ser mais vantajoso o reconhecimento da concursalidade desses créditos, ao passo que, para o credor, ao contrário, é interessante o reconhecimento da extraconcursalidade, de modo a se permitir a execução integral dos créditos sem as amarras do procedimento recuperacional.

Nada obstante a relevância do tema – que, no limite, pode interferir com o soerguimento da empresa –, não existe clareza sobre os critérios que governam o juízo de concursalidade, ou não, de honorários advocatícios, conforme a respectiva origem. Essa incerteza, ilustrada pelos diversos posicionamentos jurisprudenciais abordados no âmbito de estudo, gera imprevisibilidade e, com isso, insegurança.

5 Ao que parece, quem dará a última palavra sobre o tema será o STF, que reconheceu a repercussão geral da matéria por ocasião do RE 1.412.069. De todo modo, se e enquanto o entendimento referente ao mérito não for modificado, prevalece aquilo que foi assentado pelo STJ.

Este artigo se debruçará exatamente sobre esse aspecto, procurando demonstrar de forma objetiva, ao final, a partir de quais critérios se poderão considerar concursais, ou não, determinados honorários advocatícios devidos por empresa recuperanda.

2. Tema 1.051/STJ: a data do fato gerador como critério de concursalidade

Não há como enfrentar o tema da concursalidade, ou não, dos honorários advocatícios sem menção ao resultado do Tema 1.051 do STJ, que é o guia geral sobre a matéria. A tese fixada foi a seguinte: "para o fim de submissão aos efeitos da recuperação judicial, considera-se que a existência do crédito é determinada pela data em que ocorreu o seu fato gerador".

E tal construção é, de fato, a que parece fazer maior sentido. Como constou do voto condutor lavrado pelo Min. Ricardo Villas Bôas Cueva, a existência do crédito não depende da declaração judicial, que apenas o reconhece. A existência do crédito tem a ver com a relação jurídica subjacente existente entre as partes no plano do direito material[6]. Por outras palavras: o que o juiz faz nada mais é que declarar um direito preexistente ao processo[7]. O contrário seria compreender que o processo seria fonte autônoma de direitos, o que, à luz do dualismo entre nós prevalecente, não se afiguraria correto. E mais: como também detectado pelo STJ, a utilização da data do fato gerador como critério de concursalidade é também o que melhor garante o tratamento paritário entre credores, sobretudo tratando-se de direitos individuais homogêneos[8].

6 "[A] existência do crédito não depende de declaração judicial. Na verdade, confunde-se o conceito de obrigação e de responsabilidade. A existência do crédito está diretamente ligada à relação jurídica que se estabelece entre o devedor e credor, o liame entre as partes, pois é com base nela que, ocorrido o fato gerador, surge o direito de exigir a prestação (direito de crédito). Assim, a prestação do trabalho, na relação trabalhista, faz surgir o direito ao crédito; na relação de prestação de serviços, a realização do serviço" (STJ, REsp 1.843.332/RS, Min. Rel. Ricardo Villas Bôas Cueva, 2ª S., j. 9/12/2020).

7 LOPES, Bruno Vasconcelos Carrilho. *Honorários advocatícios no processo civil*. São Paulo: Saraiva, 2008, p. 129

8 "É oportuno consignar que esse entendimento é o que melhor garante o tratamento paritário entre os credores, pois se a existência do crédito dependesse de declaração judicial, algumas vítimas do mesmo evento danoso poderiam, a depender do trâmite processual, estar submetidas aos efeitos da recuperação judicial, enquanto outras não" (STJ, REsp 1.843.332/RS, Min. Rel. Ricardo Villas Bôas Cueva, 2ª S., j. 9/12/2020).

Em casos como esses, não faria sentido que alguém tivesse um crédito concursal e outrem extraconcursal, meramente porque seus processos tiveram andamentos e foram concluídos em tempos distintos, uma vez que a origem de seus direitos é comum.

Tudo isso conflui para o acerto da diretriz que foi fixada. Portanto, a regra que governa o juízo sobre a concursalidade, ou não, de qualquer crédito[9] é, teoricamente, simples: se o seu fato gerador, isto é, o momento de seu nascimento (independentemente da data de seu vencimento ou de quando ele tenha sido formalmente reconhecido), for anterior à recuperação judicial, é concursal (Lei nº 11.101/05, art. 49, *caput*); do contrário, será extraconcursal.

Contudo, a concreta aplicação de tais postulados pode se afigurar um tanto mais complexa. Então, embora aquela ideia seja de aplicação simples e direta para grande quantidade de créditos, para tantos outros haverá dúvidas a respeito, notadamente quando o respectivo nascimento (aspecto jurídico) está imbrincado com algum outro evento de ordem fenomênica não contemporâneo à constituição do vínculo obrigacional (aspecto fático).

Tome-se como exemplo o caso dos honorários advocatícios, o tema deste artigo. Existem múltiplas hipóteses possíveis de incidência dessa verba, sobretudo diante da liberdade de ajustes que se confere no âmbito contratual. Em casos nos quais é cobrado um valor para início da atuação, não parece haver nenhuma dúvida de que o nascimento dos honorários (*i.e*, data do fato gerador) corresponde à data da celebração do contrato, ainda que, eventualmente, tenha sido previsto algum parcelamento para sua quitação – fator que diz meramente com exigibilidade, não com nascimento do crédito. Mas, o que dizer, por exemplo, de honorários vinculados a uma atuação em grau recursal, que pode nem ocorrer? Qual o marco temporal a ser utilizado? E se a remuneração pela atuação na causa ocorra em intervalos de tempo (de forma mensal, por exemplo)? Qual ou quais marcos temporais adotar? Ainda no âmbito contratual, qual referência de data do nascimento da obrigação devemos adotar para remunerações a título de êxito que, conquanto ajustadas na data da celebração do vínculo, ficam na dependência do atingimento de um resultado favorável? Semelhantes indagações podem ser feitas nas

9 Com exceção daqueles que, por sua natureza e expressa disposição legal (como, por exemplo, os créditos fiscais ou garantidos por alienação fiduciária), são extraconcursais, independentemente do momento em que tenham sido constituídos.

hipóteses de arbitramento, uma vez que, da mesma forma, os honorários são devidos diante da prestação de serviços, mas com a diferença, como se verá, de não terem sido fixadas as respectivas remunerações em instrumento escrito.

Até mesmo os honorários sucumbenciais – que decorrem expressamente da legislação e que, por esse motivo, poderiam dar a impressão de se submeterem a critérios objetivos quanto à data da ocorrência de seu fato gerador – suscitam dúvidas. Por um lado, tais honorários, conquanto fixados geralmente em sentença, destinam-se a remunerar um trabalho bem-sucedido que já foi exercido pelo patrono (e que se iniciou com a assunção do patrocínio na causa), por outro lado, contudo, só se tornam intangíveis e imutáveis com o trânsito em julgado, quando estabilizado o resultado obtido no processo. Nesse caso, então, qual a data do fato gerador da verba de sucumbência? A data da sua contratação pelo respectivo cliente? O protocolo da inicial/da defesa (a depender de em que lado estiver o patrono da parte vencedora), a data da prolação da sentença, a data do trânsito em julgado, ou nenhuma das anteriores?

Como se vê, embora a diretriz geral do STJ seja clara acerca da matéria, no sentido de que a concursalidade do crédito deva ser aferida a partir da data do seu fato gerador, ela é excessivamente geral por não explicar o que se deve entender como a data do fato gerador. Essa lacuna é especialmente relevante em casos como os sumarizados acima, em que as fronteiras entre nascimento do crédito, reconhecimento judicial e exigibilidade não se mostram suficientemente claras. E é aí que entra o trabalho teórico do operador do direito de, analisando a natureza jurídica dessas obrigações, extrair delas seus respectivos momentos de nascimento.

3. Fato gerador dos honorários advocatícios

3.1. Tipos de honorários e divisão entre honorários puros e honorários condicionais

A tarefa de identificação do fato gerador dos honorários advocatícios começa, por certo, com a compreensão de quais são os tipos e modalidades desse tipo de verba. Há definição legal sobre esse ponto: os honorários ou são convencionados, ou são arbitrados judicialmente, decorrem do fato objetivo da derrota ou da sucumbência (Lei nº 8.906/94, art. 22, *caput*).

Ao contrário do que possa parecer à primeira vista, honorários convencionados não guardam correspondência perfeita com a noção de honorários contratuais. E isso porque, no sentido que a lei dá a essa modalidade de honorários, exige-se, além do aspecto ínsito à contratualidade enquanto ajuste de vontades para criação de negócio jurídico bilateral, a forma escrita. Ou seja, a rigor, pode haver honorários contratuais (porquanto ajustados, por exemplo, verbalmente), mas que não serão convencionais no sentido que a lei dá a esse tipo de honorários.

A propósito, da inexistência de instrumento escrito decorre, exatamente, a necessidade de arbitramento judicial[10] (outra modalidade de honorários). Contudo, o fato de não ter havido instrumento escrito não leva, automaticamente, à desconsideração de eventual ajuste realizado por outros meios. É eventualmente possível a utilização de prova testemunhal ou depoimento pessoal como idôneos à demonstração, desde que no contexto geral da prova produzida, de que teriam sido ajustados honorários em determinado patamar[11]. Tal constatação decorre da necessidade de, tanto quanto possível, respeitar-se a vontade das partes[12],

---

10 Embora a lei reserve a hipótese de arbitramento à "falta de estipulação ou de acordo" (Lei nº 8.906/94, art. 22, §2º), o Código de Ética da OAB prevê expressamente a necessidade de instrumento escrito (art. 35, *caput*) e a doutrina parece pacífica ao preceituar que a inexistência de avença escrita torna imperiosa a utilização da via do arbitramento. Confira-se, a título ilustrativo: BEIJATO JUNIOR, Roberto; NEVES, Karina Penna; GONZAGA, Alvaro de Azevedo. *Estatuto da Advocacia e Novo Código de Ética e Disciplina da OAB Comentados*. 5ª ed. Rio de Janeiro: Forense, 2019, p. 374; LOBO, Paulo. *Comentários ao Estatuto da Advocacia e da OAB*. 12ª ed. São Paulo: Saraiva, 2019, p. 179; GONÇALVES, Sandra Krieger. *A Ação de Arbitramento de Honorários Advocatícios no Novo Código de Processo Civil*. In Honorários Advocatícios, Fredie Didier Jr. coord. 3ª ed. Salvador: Juspodivm, 2019, p. 1.196. No mesmo sentido parece caminhar a jurisprudência do STJ e do TJSP. Novamente para ilustrar: STJ, REsp 699.380/DF, Rel. Min. Ricardo Villas Bôas Cueva, 3ª T., j. 11/9/12; TJSP, Apel. 1002567-02.2017.8.26.0160, Rel. Des. Luiz Eurico, 33ª Câm. de Dir. Priv., j. 18/12/19).

11 GONÇALVES, Sandra Krieger. *A Ação de Arbitramento de Honorários Advocatícios no Novo Código de Processo Civil*. In Honorários Advocatícios, Fredie Didier Jr. coord. 3ª ed. Salvador: Juspodivm, 2019, p. 1.206. Também no âmbito jurisprudencial já se entendeu que "a contratação *ad exitum* foi demonstrada pela prova testemunhal" (TJSP, Apel. 1038040-35.2017.8.26.0100, Rel. Des. Cesar Lacerda, 28ª Câm. de Dir. Priv., j. 27/5/2020). No mesmo sentido: TJSP, AI 2160515-87.2014.8.26.0000, Rel. Des. Jayme Queiroz Lopes, 36ª Câm. de Dir. Priv., j. 12/2/15).

12 "Sendo o contrato de prestação de serviços advocatícios dotado de forma livre, hão de prevalecer as condições contratadas, ainda que não sejam por escrito" (TJSP, Apel 1063868-65.2019.8.26.0002, Rel. Des. Rosangela Telles, 27ª Câm. de Dir. Priv., j. 27/10/2020).

ainda que manifestada por outros meios que não o do instrumento escrito – fosse esse o caso, de arbitramento não se trataria. Apenas em caso de total inexistência de prévio ajuste entre as partes é que a decisão resultante será fruto de arbitramento puro, isto é, que leve em conta aspectos gerais relacionados ao trabalho desenvolvido pelo causídico e o resultado por ele alcançado, com base na valoração feita pelo julgador à luz dos parâmetros jurídicos vigentes[13].

Um terceiro gênero de honorários, ainda em conformidade com a classificação legal, é aquele referente à sucumbência, tipo de verba que se diferencia por não ser paga pelo cliente que constituiu o patrono, mas pela parte *ex adversa* em decorrência de seu decaimento no processo. Assim como a verba de arbitramento, também a verba de sucumbência não prescinde da fixação por um órgão julgador, embora haja parâmetros legais próprios e bem definidos a respeito (CPC, art. 85).

Conquanto essa classificação legal tripartite seja válida e útil em determinados aspectos, ela se afigura insuficiente para resolver as questões propostas no presente artigo. E isso porque ela parte da "origem da verba" como elemento diferenciador das respectivas categorias (se por ajuste escrito, ato judicial que integre a vontade das partes ou ato judicial que dê razão, total ou parcial, ao cliente do advogado), ao passo que, como se viu, para a definição da concursalidade, ou não, de um crédito, deve-se verificar o momento da ocorrência de seu fato gerador, aspecto que não é elucidado por essa classificação.

Com efeito, sob a rubrica de honorários convencionados, uma grande variedade de ajustes é possível, muitos dos quais com diferentes implicações no tocante à ocorrência do fato gerador – como visto acima, ao ser comparado pró-labore inicial com uma verba devida a título de êxito, por exemplo, ambas consideradas, indistintamente, honorários conven-

13 "Nesse sentido, ausente qualquer parâmetro objetivo ajustado entre as partes para definir a remuneração devida ao advogado, caberá ao perito considerar, entre outros critérios aqueles estabelecidos no art. 22, § 3º do Estatuto da OAB e no art. 85, § 2º do CPC/2015 (o grau de zelo do profissional o lugar de prestação do serviço, a natureza e a importância da causa, o trabalho realizado pelo advogado e o tempo exigido para o seu serviço" (ROQUE, André Vasconcelos. *Impactos do CPC de 2015 Sobre o Procedimento da Ação de Arbitramento de Honorários.* In Honorários Advocatícios, Fredie Didier Jr. coord. 3ª ed. Salvador: Juspodivm, 2019, pp. 1.120/1.121). Conferindo maior detalhamento à análise desses elementos, confira-se: DINAMARCO, Cândido Rangel. *Instituições de direito processual civil.* 3ª ed. Vol. II. São Paulo: Malheiros, 2003, p. 663.

cionais pela classificação tradicional. Além disso, os honorários por arbitramento, conquanto tenham um elemento diferencial relacionado à necessidade de fixação dos valores por um órgão julgador, podem ter os mesmos fatos geradores dos honorários convencionados (a depender de se a verba arbitrada foi de pró-labore ou êxito, por exemplo). Por último, do ponto de vista do fato gerador, e embora guarde particularidades que serão vistas mais adiante, os honorários de sucumbência podem também ser vistos como uma modalidade particular de honorários de êxito, sob a perspectiva de que pressupõem um resultado favorável obtido pelo cliente.

Esses aspectos todos ilustram a insuficiência da classificação[14] na definição da concursalidade, ou não, dos honorários advocatícios, na hipótese de haver honorários em aberto e o devedor dessas verbas estar em recuperação judicial. Não haverá parâmetros seguros para afirmar que tal verba – por se tratar de honorários convencionados antes da recuperação judicial ou, então, de uma verba de sucumbência com trânsito em julgado ocorrido após o início do procedimento recuperacional – seja concursal ou extraconcursal, uma vez que o enfoque da classificação legal é outro. Por outro lado, uma classificação mais útil para os propósitos deste estudo parece levar em conta não a origem, mas o momento do fato gerador.

Sob esse ângulo, para os fins deste artigo e tomando de empréstimo classificação já existente no âmbito da teoria geral das obrigações, considerar-se-á que os honorários poderão ser puros – caso o direito à prestação pecuniária advenha imediatamente à celebração do vínculo ou prolação de ato judicial, ou esteja submetida a termo; ou condicionais – na hipótese de o direito à prestação pecuniária estar sujeito a evento futuro e incerto. Os tipos de honorários que integram cada uma dessas categorias serão detalhados adiante e, com essa classificação, entende-se ser possível o enfrentamento da questão do momento de ocorrência do fato gerador de cada verba.

14 Vale lembrar que, em matéria de classificações, "*[e]ach characteristic should be relevant to the purpose of classification. This may be referred to as the Canon of the relevance*" (RANGANATHAN, Shiyali Ramamrita. *Prolegomena to library classification*. London: The Madras Library Association, 1937, pp. 31/32). Dessa forma, é perfeitamente válido e esperado que sejam utilizadas diferentes classificações, a partir do recorte da realidade que se busque compreender.

3.2. Fato gerador dos honorários puros

Por honorários puros entendem-se aqueles cujo direito à prestação nasça imediatamente da celebração do vínculo/prolação de ato judicial ou aqueles sujeitos a termo. Sobre essa última hipótese, tal se dá porque, conforme decorre da literalidade da legislação civil, o termo (CC, art. 131), por se tratar de evento futuro e *certo*, em nada interfere no momento da aquisição do direito, cujo nascimento, para todos os efeitos, reporta-se à data da constituição do vínculo, da mesma forma que uma obrigação pura e simples.

Tão importante quanto a definição da regra geral é verificar quais honorários se encontram dentro dessa categoria. Sem ser possível esgotar todas as possibilidades, as mais evidentes se reportam às situações de honorários a título de pró-labore inicial, devidos na data da assinatura do contrato. Para estes, não há qualquer dúvida de que o momento do fato gerador é a data da celebração do contrato, independentemente da circunstância de esses honorários terem, ou não, sido adimplidos a tempo e modo pelo devedor. Mas, também se encontram dentro desta categoria honorários de pró-labore que se vinculem a eventos *certos* dentro do processo, isto é, sujeitos a termo. Poder-se-iam mencionar, por exemplo, honorários devidos quando da prolação de uma sentença ou honorários devidos quando do encerramento do processo. A certeza desses eventos decorre do fato de que qualquer processo de natureza jurisdicional terá uma sentença (nem que seja, por exemplo, para indeferir a inicial ou homologar uma desistência) e, da mesma forma, todo processo está destinado a ter um fim, por mais demorado que seja. Portanto, ainda que o implemento do termo ocorra muito tempo depois, o fato gerador a ser considerado para fins de aferição da concursalidade, ou não, do crédito, reporta-se à data da celebração do vínculo. Também dentro dos honorários puros se encontram aqueles pagos periodicamente, como um valor de "manutenção" pelo patrocínio da causa. A única diferença nesses casos é que, por ostentarem natureza de prestação continuada, cada parcela vencida ostentará seu próprio fato gerador, pois é como houvesse uma nova obrigação que se renova a cada período.

Não entram nessa categoria honorários de pró-labore vinculados a atos ou fases processuais que podem, ou não, ocorrer. Por exemplo, honorários devidos em caso de atuação recursal, os devidos em caso de necessidade de apresentação de cumprimento de sentença, ou em eventual sustentação oral. É claro que tais ajustes feitos com base nesses (ou em quaisquer outros) marcos processuais são permitidos e amplamente utilizados na prática. Contudo, por se reportarem a eventos contingentes (ainda que, eventualmente, prováveis) e não a eventos certos, não é possível afirmar que o fato gerador ocorra contemporaneamente à celebração do respectivo contrato. O momento da ocorrência do fato gerador para esses honorários é governado por uma outra regra geral, como se exporá no tópico seguinte.

Ainda no âmbito dos honorários puros, sua natureza não é descaracterizada pela necessidade de eventual declaração judicial. É dizer que a mera circunstância de terem, eventualmente, sido arbitrados os honorários é irrelevante para esse estudo, pois o importante será verificar qual a natureza subjacente (no plano do direito material) da verba que está sendo arbitrada. Se foi reconhecido judicialmente o direito à percepção de um pró-labore inicial, por exemplo, o que vale é a data em que tal pró-labore deveria ter sido pago; que, como se viu, reporta-se à data da constituição do vínculo (no caso, como há ausência de instrumento escrito, a data-base seria indicada por algum outro elemento de prova que indique o início da contratação, ou, no limite, na data de protocolo da inicial ou contestação, se litigiosa a atuação). Por outro lado, se foi arbitrada judicialmente uma verba a título de êxito, o momento da ocorrência do fato gerador será outro (como se verá no tópico seguinte), embora não pela circunstância de terem sido arbitrados os honorários, mas sim porque o êxito, em si, é governado por regra diversa.

Também entram dentro da categoria ora examinada os honorários sucumbenciais. E isto porque para que sejam considerados "puros" não há necessidade de que os honorários tenham, necessariamente, origem contratual. Basta apenas que nasçam contemporaneamente a algum ato ou fato jurídico, como é o caso das sentenças ou decisões que fixem verbas sucumbenciais. Tais atos judiciais fixam um determinado valor com base no trabalho e resultado *já alcançados pelo patrono*[15] e, dessa forma,

---

15 A exceção se dá nas hipóteses de honorários fixados logo em fase inicial, como no caso da execução de título extrajudicial, por exemplo (CPC, art. 827, §2º), em que a verba é fixada prospectivamente, destinada a remunerar um trabalho ainda não executado. Contudo, nessas hipóteses, há mera fixação provisória que, depois, é reanalisada nos mesmos moldes da sucumbência – isto é, analisando o trabalho e resultado *efetivamente* alcançados. E, para esse último momento, valem as considerações feitas acerca da ocorrência do fato gerador no bojo do artigo. Acerca da provisoriedade de honorários fixados prospectivamente, a doutrina relembra que "era comum, no direito anterior, o juiz fixar honorários, provisoriamente, ao despachar positivamente a inicial, e, após os trâmites da demanda, revisar sua de-

seu nascimento não está condicionado a nada. Ao fixar a verba de sucumbência, o órgão julgador olha para o *passado*, sem a consideração de qualquer evento futuro e incerto.

Poder-se-ia argumentar que tal verba corre o risco de ser modificada a depender de eventuais desdobramentos recursais, o que denotaria que estaria condicionada à ocorrência do trânsito em julgado. Contudo, sem embargo dos julgados que prestigiam a tese[16], parece haver uma confusão entre ocorrência do fato gerador e exigibilidade da verba. O trânsito em julgado não parece ser um fator que diga respeito ao nascimento do direito à prestação. Do contrário, por exemplo, seria inexplicável o cabimento de execuções provisórias tratando apenas de honorários sucumbenciais[17], uma vez que não se admitiria a execução

cisão. Nada impedia e, ao contrário, tudo recomendava a revisão ulterior, atualmente prevista no art. 827, § 2º, e aplicável ao cumprimento da sentença. Nenhum juiz é adivinho" (DE ASSIS, Araken. *Manual da Execução.* 18ª ed. São Paulo: Revista dos Tribunais, 2016, p. 785). Ou seja, "[a] atribuição dos honorários advocatícios *initio litis* é provisória. Disso decorre que o percentual dos honorários fixados no início da execução poderá ser majorado, em razão do trabalho desenvolvido pelo advogado do exequente" (BARIONI, Rodrigo. *Comentários ao Novo Código de Processo Civil.* Antonio do Passo Cabral e Ronaldo Cramer coords. 2ª ed. Rio de Janeiro: Forense, 2016, pp. 1184/1.185). Dessa forma, "uma vez fixada a verba provisoriamente, em havendo os embargos do devedor, é ressalvado ao juiz alterar o seu importe, *secundum eventum litis*" (CAHALI, Yussef Said. *Honorários Advocatícios.* 4ª ed. São Paulo: Revisa dos Tribunais, 2011, p. 636). No mesmo sentido: MARINONI, Luiz Guilherme; ARENHART, Sérgio Cruz; MITIDIERO, Daniel. *Novo Código de Processo civil Comentado.* 3ª ed. São Paulo: Revista dos Tribunais, 2017, p. 643. THEODORO JR., Humberto. *Processo de Execução e Cumprimento da Sentença.* 24ª ed. São Paulo: Leud, 2007, p. 183. ALVIM, Arruda. *Comentários ao Código de Processo Civil.* Arruda Alvim, Araken de Assis e Eduardo Arruda Alvim coords. Rio de Janeiro: GZ Ed., 2012, p. 1.072.

16 "Crédito relativo aos honorários advocatícios de sucumbência, cujo fato gerador é o trânsito em julgado da decisão judicial que o arbitra" (TJSP, Apel. 0001243-67.2021.8.26.0058, Rel. Des. Alexandre Coelho, 8ª Câm. Dir. Priv., j. 29/6/2022). No mesmo sentido: TJSP, AI 2264515-94.2021.8.26.0000, Rel. Des. Rui Cascaldi, 1ª Câm. Dir. Priv., j. 13/1/2022 e TJSP, AI 2216629-70.2019.8.26.0000, Rel. Des. Francisco Loureiro, 1ª Câm. Dir. Priv., j. 3/12/2019.

17 O que, contudo, parece ser aceito sem dificuldades pela jurisprudência. Confira-se julgados do TJSP da última década em pequena amostragem, do mais recente ao mais antigo: TJSP, AI 2281952-17.2022.8.26.0000, Rel. Des. Rosangela Telles, 3ª Câm. de Dir. Priv., j. 15/2/2023; TJSP, AI 2085678-85.2019.8.26.0000, Rel. Desa. Maria Lúcia Pizzotti, 30ª Câm. de Dir. Priv., j. 26/06/2019; e TJSP, AI 2261279-08.2019.8.26.0000, Rel. Desa. Angela Lopes, 9ª Câm. de Dir. Priv.; j. 15/03/2012.

de crédito inexistente. Assim, parece correto afirmar que a verba sucumbencial nasce quando há algum ato judicial que a fixe de maneira expressa, de modo que o trânsito em julgado para honorários sucumbenciais deve ser entendido como condição de exigibilidade definitiva da verba, mas não de seu nascimento.

Justamente por assegurar a exigibilidade definitiva é que o trânsito em julgado define o momento a partir do qual a verba honorária se torna intangível. Dessa forma, eventual transação feita pelas partes não pode, sem anuência do causídico, abranger os honorários fixados por sentença transitada em julgado[18]. Se, entretanto, não tiver havido o trânsito em julgado, eventual transação que culmine na extinção prematura do processo tornará prejudicada a sucumbência fixada. Contudo, assim ocorre não porque o direito do advogado não teria nascido, mas porque, embora existente, a decisão que o reconheceu não chegou a se tornar imutável. E tanto assim o é que, nessa hipótese de acordo entre as partes, embora o patrono não possa exigir a integralidade da verba sucumbencial anteriormente reconhecida – porque o processo não teve o seu fim natural e não se poderia presumir que aquela verba sucumbencial seria integralmente mantida – ele tem direito a um valor proporcional extraído a partir de um "julgamento hipotético" da lide[19]. Isso tudo confirma, de volta ao início, que seu direito já havia nascido, pois tal recebimento proporcional seria incompatível com uma mera expectativa de direito não tutelada juridicamente.

18 CAHALI, Yussef Said. *Honorários Advocatícios.* 4ª ed. São Paulo: Revisa dos Tribunais, 2011, p. 456.

19 Para todos os efeitos, deve-se compreender a hipótese de transação como uma causa superveniente de extinção do processo. E, nesse caso, "procede-se, por assim dizer, a um "julgamento hipotético" da lide, embora extinta a ação pela causa superveniente, de modo que a ocorrência do fato superveniente apenas prejudica o pedido principal, provocando-lhe a extinção, mas não interfere no exame da responsabilidade pelo ônus da sucumbência" (CAHALI, Yussef Said. *Honorários Advocatícios.* 4ª ed. São Paulo: Revisa dos Tribunais, 2011, p. 456). Essa parece ser também a orientação do STJ, para quem, em caso de mandato com remuneração mediante honorários de sucumbência, cabe ao advogado postular o arbitramento em vias próprias. Sem prejuízo de outros, confira-se: STJ, AgInt no AREsp 1.560.257/PB, Rel. Min. Luis Felipe Salomão, 4ª T., j. 20/4/2020; STJ, AgRg no AREsp 600.367/SP, Rel. Min. Marco Aurélio Bellizze, 3ª T., j. 28/4/2015; STJ, AgRg no AREsp 292.919/RS, Rel. Min. Luis Felipe Salomão, 4ª T., j. 24/3/2015; STJ, REsp 945.075/MG, Rel. Min. Nancy Andrighi, 3ª T., j. 25/5/2010; STJ, REsp 782.873/ES, Rel. Min. Carlos Alberto Menezes Direito, 3ª T., j. 6/4/2006 etc.

Dessa forma, para honorários puros, isto é, todos aqueles cujo direito à prestação nasça imediatamente da celebração do vínculo ou da prolação do ato judicial (inclusive, para essa última hipótese, a sucumbência, como visto), a ocorrência do fato gerador corresponde à data do ato ou fato respectivo. Com isso, para aferir a concursalidade de honorários inseridos nesta modalidade, basta verificar se o fato gerador aferido com base nessas premissas é anterior, ou não, à data de processamento da recuperação judicial.

3.3. Fato gerador dos honorários condicionais

Em contraposição aos honorários puros, existem os honorários condicionais. Nestes, diferentemente daqueles, o nascimento do direito está condicionado a evento futuro e incerto. Nessas hipóteses, a ocorrência do fato gerador não se dá no momento da celebração do vínculo/prolação do ato judicial, mas se e quando do efetivo implemento da condição suspensiva. A questão da retroação dos efeitos do implemento da condição será enfrentada oportunamente, mas isso não muda a natureza do fenômeno ora enfocado: só se verifica ocorrido o fato gerador quando do implemento da condição, uma vez que, antes disso, o direito ainda não havia nascido, conforme expressa disposição de lei (CC, art. 125). E tal se dá porque a condição influi não só na eficácia jurídica do negócio, "mas atinge a própria existência do direito, por isso que é sua aquisição ou extinção, que fica a depender da realização de determinado acontecimento futuro e incerto". Ou seja, "[o] direito condicional não se adquire enquanto a condição estiver pendente"[20].

O momento do implemento da condição pode ser mais claramente identificado em certas circunstâncias. Se, por exemplo, foi ajustada verba para remunerar efetiva atuação em grau recursal, o fato gerador corresponderá à data do protocolo do respectivo recurso ou contrarrazões. A mesma lógica é aplicável a honorários vinculados à sustentação oral, despacho de memoriais ou a prática qualquer outro ato processual para o qual foram previstos honorários adicionais. Se outro momento

---

20 GOMES, Orlando. *Introdução ao Direito Civil.* Edvaldo Brito coord. 22ª ed. Rio de Janeiro: Forense, 2019, p. 296. Daí porque "[p]endente a condição suspensiva (...) haverá uma expectativa de direito, *spes debitum iri*" (BEVILAQUA, Clovis. *Direito das Obrigações*: Rio de Janeiro: Editora Rio, 1977, p. 70). No mesmo sentido: PEREIRA, Caio Mário da Silva. *Instituições de Direito Civil.* Vol. I. 30ª ed. Rio de Janeiro: Forense, 2017, p. 474.

não foi previsto expressamente no contrato[21], a própria prática do ato – que antes era meramente potencial – resultará no implemento da condição e consequente direito ao recebimento da prestação de honorários advocatícios.

Por outro lado, existem verbas que, a despeito de claramente condicionais, despertam dúvidas quanto ao momento em que a condição efetivamente é implementada. O exemplo mais eloquente é o dos honorários devidos em função do êxito. Diferentemente dos sucumbenciais, cuja fixação é feita pelo órgão julgador em consideração a atos pretéritos, os honorários de êxito constituem nítido ajuste *prospectivo*. São previstos desde a celebração do contrato em determinado patamar, mas dependem do alcance de determinado resultado futuro incerto e fruto do trabalho do advogado contratado. Aqui há, de forma clara, a existência de uma condição suspensiva. Contudo, há considerável controvérsia sobre o momento de implemento dessa condição.

Existem, ao menos, três correntes jurisprudenciais distintas sobre esse tema, a gerar imprevisibilidade e insegurança. A primeira delas diz que, mesmo para honorários de êxito, a data de seu fato gerador é a da celebração do contrato, tal como seria, por exemplo, no caso de um pró-labore inicial. Então, se houver, por exemplo, ruptura imotivada do vínculo contratual pelo cliente, por essa corrente jurisprudencial, o advogado poderia exigir de imediato sua verba de êxito, independentemente, até mesmo, do desfecho do processo (que não se precisaria aguardar, justamente porque houve ruptura do vínculo e os honorários já haviam nascido anteriormente, desde a data da celebração do contrato). Foi o que decidiu o STJ, por exemplo, em um caso no qual considerou que "depois de aproximadamente 15 anos de tramitação do processo, o qual ainda pende de julgamento, os recorridos, sem qualquer notificação e justificativa prévias, denunciaram o contrato. Assim, ainda que penden-

21 É possível, por exemplo, que as partes, voluntariamente, estabeleçam como marco do implemento da condição não a prática do ato contratado em si, mas o mero alcance da fase processual que possibilite a sua realização. Ou seja, no caso de honorários em grau recursal, ao invés de o implemento da condição se dar com o protocolo de uma apelação, por exemplo, poderia ser dar já na prolação da sentença contra a qual caberá apelação. Essa pequena variação do momento da ocorrência do fato gerador, além de, no mais das vezes, não trazer relevante impacto temporal, decorre simplesmente da possibilidade de as partes definirem a anterioridade no cumprimento de obrigações de um contrato sinalagmático, de modo a evitar o *tu quoque* (CC, art. 476).

te de julgamento o processo no qual atuaram, fazem jus os recorrentes ao imediato arbitramento dos honorários devidos pelos recorridos"[22].

Uma segunda corrente no STJ, e com aparente adesão também no âmbito do TJSP, vai no sentido de que, para configuração do êxito, "não é requerida a data do trânsito em julgado da sentença que fixa os honorários, mas a data de sua prolação (em respeito ao *tempus regit actum*), a qual não necessariamente ocorrerá após o plano"[23]. Ou seja, para fins de aferição da concursalidade ou não do crédito, deve-se considerar que o fato gerador do êxito contratual ocorre no momento da prolação da decisão favorável, ainda que esta só se torne definitiva e imutável posteriormente.

Uma terceira corrente existente no STJ vai no sentido de que "[p]or serem contratuais, os honorários de êxito só se mostram devidos (fato gerador) no momento em que se tornarem definitivas as decisões"[24]; exigindo-se, assim, conforme julgado do TJSP que segue essa mesma corrente, que do direito reconhecido não caiba "nenhum outro recurso"[25]. Claramente, portanto, essa terceira corrente pode ser entendida como aquela que associa o fato gerador dos honorários de êxito à ocorrência do trânsito em julgado, não bastando a mera decisão favorável ainda passível de modificação e, muito menos, a existência de uma previsão contratual condicionada feita no momento da celebração do vínculo.

Como se vê, cada uma dessas correntes adota um marco diferente para a ocorrência do fato gerador dos honorários de êxito: data da celebração do contrato, data da decisão ou data do trânsito em julgado. Embora seja possível que, casuisticamente, os resultados obtidos em algumas dessas decisões tenham se mostrado corretos (em função do possível efeito retroativo quando da implementação da condição suspensiva do qual se tratará no final deste tópico), parece possível afirmar

---

22 STJ, REsp 1.724.441/TO, Rel. Min. Nancy Andrighi, 3ª T., j. 19/2/2019.

23 STJ, AgInt no REsp 1.861.446/RS, Rel. Min. Herman Benjamin, 2ª T., j. 16/12/2020. No mesmo sentido: STJ, REsp 1.841.960/SP, Rel. Min. Luis Felipe Salomão, 2ª S., j. 12/2/2020; TJSP, AI 2238741-96.2020.8.26.0000, Rel. Des. Cesar Ciampolini, 1ª Câm. Reserv. Dir. Empr., j. 23/2/2022; e TJSP, Apel. 0012992-66.2019.8.26.0506, Rel. Des. Alexandre Coelho, 8ª Câm. de Dir. Priv., j. 9/3/2021.

24 STJ, AgInt nos Edcl no REsp 2.015.648/SP, Rel. Min. Marco Aurélio Bellizze, 3ª T., j. 3/5/2023.

25 TJSP, AI 2039301-22.2020.8.26.0000, Rel. Des. Ricardo Negrão, 2ª Câm. Reserv. Dir. Empr., j. 27/4/2021.

que nenhum desses três eventos pode, como regra geral, ser tido como o momento da ocorrência do fato gerador do êxito.

O êxito evoca, em sua origem conceitual, a noção de honorários "quota litis", isto é, representam uma parte do resultado obtido pelo cliente[26]. Trata-se de uma espécie de "sociedade" estabelecida entre cliente e advogado, na qual o primeiro entra com a causa e o segundo entra com seu trabalho[27]. Há quem diga que sua origem remonta há séculos, com registros existentes da prática ao menos desde o segundo século da Era Comum[28].

Dentro dessa perspectiva, o conceito de êxito tem a ver com o que o cliente, efetivamente, obtém na causa. E aqui há um esclarecimento fundamental: deve haver benefício efetivo, com repercussão prática, e não meramente jurídico. No jargão popular, pode-se dizer que o êxito tem a ver com "levar", não apenas com "ganhar". Para ficar em expressões consagradas, "vitórias de Pirro" não são suficientes para a caracterização do êxito. E isso é intuitivo, na medida em que, havendo uma vitória meramente jurídica do cliente - que, por exemplo, pode ter reconhecido crédito expressivo, mas com insolvência do respectivo devedor - o pagamento do êxito nessas circunstâncias não só se divorciaria da ideia de receber uma parte daquilo efetivamente recebido pelo cliente, como, ao contrário, representaria um prejuízo causado pelo patrono ao seu constituinte - quem, além de não ter recebido nenhum valor em decorrência da demanda, teve ainda que pagar por um êxito que, na prática, não existiu[29]. Ou seja, de credor, o cliente sairia, no final das contas, como devedor, o que não só seria injusto como seria inconcebível, inclusive, do ponto de vista ético[30].

---

26 DE AZEVEDO, Flávio Olimpo. *Comentários ao Estatuto da Advocacia.* 2ª ed. Rio de Janeiro: Elsevier, 2010, p. 99.

27 E SILVA, De Plácido. *Vocabulário Jurídico.* Vol. IV. Rio de Janeiro: Forense, 1982, p. 17.

28 DE AGUIAR, Roberto A. R. *A Crise da Advocacia No Brasil: Diagnóstico e Perspectivas.* 3ª ed. São Paulo: Alfa Omega, 1999, pp. 25/26.

29 Fazendo uma dicotomia entre proveito meramente jurídico e proveito econômico, o TJSP já entendeu que "o advogado em tais casos fará jus ao pagamento de seus honorários na medida em que o cliente seja investido na vantagem econômica a que se voltou o serviço contratado, e apenas nessa hipótese" (TJSP, AI 2127449-43.2019.8.26.0000, Rel. Des. Fabio Tabosa, 29ª Câm. Dir. Privado, j. 28/10/2019).

30 Aliás, exatamente sob essa perspectiva, já se entendeu que "[n]ão homenageia a ética o advogado pretender receber honorários de êxito enquanto o êxito de seu cliente for apenas teórico. Só os deverá cobrar quando o cliente, com a execução,

De tudo isso se extrai que não é possível afirmar, como regra geral, que o êxito tem como fato gerador a data da celebração do contrato, a data da decisão ou a data do trânsito em julgado. Em casos de sentenças condenatórias, o efetivo êxito, se é que existente, poderá ocorrer muito tempo depois até mesmo do trânsito em julgado, em um contexto de fase executiva. Por outro lado, nos casos de sentenças declaratórias ou meramente constitutivas, parece haver correspondência do êxito com o trânsito em julgado. O mesmo se pode dizer na hipótese de sentença de improcedência, até porque se trata de uma sentença declaratória negativa, caso o advogado em questão tenha patrocinado o réu da causa.

Ou seja, casuisticamente, é possível que o êxito se enquadre dentro de algum dos marcos processuais identificados pelos acórdãos mencionados. E, das três correntes jurisprudenciais, a única que não pode estar certa em nenhuma hipótese é aquela que enxerga o fato gerador do êxito como a data da celebração do contrato. E isso porque essa corrente contraria a própria essência do êxito. Não pode haver efetivo benefício do cliente na data da celebração do contrato, pela simples razão de que a atuação do advogado ainda nem se iniciou. Essa corrente só poderia ser aceita se o êxito estivesse dentro da rubrica de honorários puros – mas, como se viu, ele está dentro da categoria dos honorários condicionais.

O argumento utilizado naquele caso em que aplicada essa corrente, no sentido de que o cliente teria rompido imotivadamente o contrato de honorários, em nada modifica a conclusão. Em primeiro lugar porque o contrato de honorários constitui um vínculo de mandato, o qual, por seu caráter personalíssimo e de confiança, pode ser rompido a qualquer momento e sem necessidade de justificativa[31]. E em segundo porque,

receber o que lhe for devido" (Tribunal de Ética e Disciplina da OAB/SP, Proc. E-3.858/2010 – v.u., Rel. Zanon de Paula Barros, Rev. Marcia Dutra Lopes Matrone, Presidente Dr. Carlos José Santos da Silva, j. 25/3/10).

31 "Cessada ou diminuída a confiança depositada no mandatário, pode o mandante, a qualquer tempo e sem necessidade de justificar a sua atitude, revogar ad nutum os poderes conferidos" (GONÇALVES, Carlos Roberto. *Contratos e Atos unilaterais*. Vol. 3. 17ª ed. São Paulo: Saraiva Educação, 2020, p. 423). No mesmo sentido: GOMES, Orlando. *Contratos*. 26ª ed. Rio de Janeiro: Forense, 2009, p. 356 e PEREIRA, Caio Mário da Silva. *Instituições de Direito Civil*. Vol. III. 21ª ed. Rio de Janeiro: Forense, 2017, p. 293. Trata-se também de entendimento, ao que se sabe, pacificado em jurisprudência, conforme se nota, a título exemplificativo: STJ, AgInt no REsp 1.803.346/MT, Rel. Min. Raul Araújo, 4ª T., j. 27/8/2019; STJ, REsp 1.882.117/MS, Rel. Min. Nancy Andrighi, 3ª T., j. 27/10/2020; STJ, AgInt no AREsp 1.353.898/SP,

ainda que assim não fosse, eventual rescisão "culposa" do vínculo não autorizaria que se reputasse ocorrida uma condição suspensiva que, claramente, não o havia sido[32]. O contrário seria compreender que algum inadimplemento culposo pudesse modificar a natureza jurídica das condições, que passariam, então, a serem termos (exigíveis quando da ruptura imotivada do vínculo).

Assim, confirma-se a noção de que o êxito ocorre quando do benefício *real* obtido pelo cliente. Como regra geral, esse é seu fato gerador; a menos que tenha havido previsão contratual expressa tornando desnecessária a existência de um benefício prático ao constituinte para o nascimento do êxito do patrono. Por exemplo, se o contrato prevê que o êxito é devido quando do trânsito em julgado de alguma sentença favorável, parece claro que o evento descrito como suficiente à cobrança do êxito é que deverá ser considerado como o momento da ocorrência do fato gerador, pois as partes, consciente e voluntariamente, aceitaram a cobrança do êxito mesmo antes de concretizado o benefício real que dele se poderia esperar.

Um último ponto a ser tratado sobre os honorários condicionais – e o mais árido deles, do ponto de vista acadêmico – diz com a retroação, ou não, dos efeitos do implemento da condição. E isso porque, embora o fato gerador ocorra somente com o implemento da condição suspensiva, isso, a rigor, não impediria que se compreendesse que a condição, desde que implementada, retroagiria seus efeitos à data da constituição do vínculo. Um exemplo pode ajudar a ilustrar a situação: imagine-se que determinada empresa contrate um advogado prevendo, dentre outras verbas, o pagamento de um êxito em algum percentual de seu benefício econômico. Esse benefício ocorre apenas uma década após a contratação e, nesse ínterim, a empresa contratante entra em recuperação ju-

Rel. Min. Raul Araújo, 4ª T., j. 18/2/2020; TJSP, Apel. 1012420-16.2020.8.26.0100, Rel. Des. Andrade Neto, 30ª Câm. de Dir. Priv., j. 23/6/2021; TJSP, Apel. 1116048-55.2019.8.26.0100, Rel. Des. Francisco Casconi, 31ª Câm. de Dir. Priv., j. 28/9/2021; TJSP, Apel. 1008548-12.2019.8.26.0008, Rel. Des. Renato Sartorelli, 26ª Câm. de Dir. Priv., j. 20/02/2020.

32 Nesse sentido, o mesmo STJ já reconheceu, com acerto, que "a não ocorrência da condição prevista no contrato *ad exitum* impede a aquisição do direito remuneratório pretendido, não se podendo cogitar da incidência de qualquer presunção legal na hipótese de rescisão antecipada" (STJ, REsp 1.337.749/MS, Rel. Min. Luis Felipe Salomão, 4ª Turma, j. 14/2/2017).

dicial. O fato gerador do êxito, inequivocamente, ocorreu após o início do procedimento recuperacional e, nessa medida, poderia ser tido como extraconcursal. Por outro lado, caso se considere que o implemento da condição suspensiva, embora ocorrido após o início da recuperação judicial, tem seus efeitos retroagidos à data em que foi avençada a parcela de êxito, a conclusão seria a oposta: o crédito seria concursal.

A situação, analisada sob lentes teóricas, deita raízes em discussão acadêmica complexa e que ensejou acirradas controvérsias na doutrina civilista. Alguns juristas preferiram o modelo romano-germânico, segundo o qual implementada "a condição, considera-se o vínculo obrigacional firmado, desde o momento da celebração do acto, que o constituiu, se é entre vivos, e desde a abertura da sucessão, se é *mortis causa*"[33]. Então, "verificada a condição, o direito passa de eventual a adquirido e o ato adquire eficácia, como se desde o início fora puro e simples, não condicional"[34]. A explicação decorre de que o implemento da condição suspensiva representa, meramente, a superação de uma dúvida quanto à eficácia jurídica da obrigação pré-existente. Então, "[o] postfactum não tem uma eficácia operativa, mas apenas um valor aclarante, de simples acertamento de um estado preexistente"[35], o que justificaria a atribuição do efeito retroativo.

Por outro lado, embora sem adoção do modelo francês, para o qual não haveria falar de efeitos retroativos no implemento da condição suspensiva, o entendimento mais correto parece ser aquele segundo o qual, para determinados casos, há a retroação; e, para tantos outros, não há. Inexiste regra geral sobre o tema, mesmo porque sequer a legislação civil sinaliza a adoção de tal ou qual corrente[36]. Por outras palavras, "nenhum desses efeitos possui a força de uma regra geral, menos ainda a de exclusividade, pois ora se faz preciso admitir o efeito retroativo, ora

---

33 BEVILAQUA, Clovis. *Direito das Obrigações*. Rio de Janeiro: Editora Rio, 1977, p. 70; grifamos.

34 MONTEIRO, Washington de Barros. *Curso de Direito Civil: Parte Geral*. 22ª ed. São Paulo: Saraiva, 1983, 232.

35 BETTI, Emilio. *Teoria Geral do Negócio Jurídico*. Tradução de Fernando de Miranda. Tomo 1. 2ª ed. Coimbra: Coimbra Editora, 1969, pp. 78/81.

36 PEREIRA, Caio Mário da Sila. *Instituições de Direito Civil*. Vol. I. 30ª ed. Rio de Janeiro: Forense, 2017, pp. 453/454.

o irretroativo, segundo a espécie da condição e segundo a natureza da relação considerada"[37].

Parece lícito afirmar que para saber se, em determinado caso, haverá ou não a retroação dos efeitos do implemento da condição suspensiva, é preciso investigar a vontade das partes para conhecer o modo pelo qual, presumidamente, quiseram reger o implemento da condição suspensiva[38]. Não se trata de um exercício arbitrário de adivinhação da vontade das partes contratantes, mas de verificar se, em conformidade com a natureza da relação material subjacente e considerando a necessária boa-fé[39], qual das soluções faz mais sentido dentro da lógica do negócio.

No caso dos honorários de êxito, por exemplo, a forma de se investigar a vontade das partes retorna à noção originária de que essa forma de remuneração representa o destaque de uma parte ("quota litis") do proveito econômico do cliente para o respectivo advogado. Logo, na situação hipotética cogitada acima, em que a empresa contratou os honorários advocatícios antes de entrar em recuperação judicial, não pode haver a retroação, pois contrariaria a lógica essencial do êxito compreender-se que o crédito principal (i.e, o efetivo benefício econômico alcançado pela empresa na causa) fosse pago em sua integralidade, mas os respectivos honorários de êxito daí destacados tivessem que se submeter às condições de um plano de recuperação judicial.

Na ponta oposta, se quem ingressa em recuperação judicial é o terceiro contra quem se obteve a vitória e o próprio crédito principal

37 RÁO, Vicente. *Ato jurídico*. 3ª ed. São Paulo: Saraiva, 1981, pp. 327/328.

38 É também a opinião de Orlando Gomes, para quem "[é] da maior importância determinar o momento em que a condição se verifica. Sendo incerto o acontecimento, o implemento se dá quando sobrevém inteiramente, mas, não raro, sua natureza levanta dúvidas. Regras de orientação, incorporadas aos códigos, traçam o caminho ao intérprete. A mais importante ordena que se investigue a vontade das partes para conhecer o modo pelo qual quiseram e presumiram que o acontecimento ocorresse" (GOMES, Orlando. *Introdução ao Direito Civil*. Edvaldo Brito coord. 22ª ed. Rio de Janeiro: Forense, 2019, p. 296).

39 Valendo lembrar que "a boa-fé objetiva (norma de conduta) rege a relação obrigacional como um todo, incidindo em todas as suas fases. Conquanto a expressão 'boa-fé' venha, no Capítulo III da Parte Geral, literalmente coligada à condição resolutiva, é de se considerar que, mesmo na condição suspensiva, durante a pendência da condição, a parte expectante é titular de um direito de aquisição de 'direito a crédito' – direito expectativo – (e não 'direito de crédito', chamado de direito expectado)" (MARTINS-COSTA, Judith. *A Boa-Fé no Direito Privado*. 2ª ed. São Paulo: Saraiva, 2018, pp. 497/498 [livro eletrônico]).

é concursal, então os respectivos honorários de êxito também o devem ser, aplicando-se a retroação, nesse caso, a momento inclusive anterior ao da celebração do contrato, isto é, à data do fato gerador do crédito principal, independentemente de o efetivo benefício ter ocorrido após o início da recuperação judicial do terceiro. E a razão, uma vez mais, deita raízes na relação material subjacente: não faria sentido entender que o crédito principal seria concursal e os honorários dele decorrentes seriam extraconcursais. Salvo disposição contratual em sentido diverso, parece válido presumir que as partes desejaram que o êxito fosse pago ao mesmo tempo, modo e condições do principal.

Com isso não se quer dizer que os honorários de êxito seguiriam *sempre* a sorte do principal, até porque há autonomia legal assegurada a esta verba (Lei 8.906/94) e acima se ressalvou a possibilidade de as partes preverem de modo diverso. É possível, então, que o crédito principal tenha uma natureza e o crédito de honorários outra. Basta pensar na hipótese em que se preveja um êxito de valor fixo condicionado apenas ao trânsito em julgado da causa, e não ao efetivo benefício. Nesse caso, não haveria nenhuma razão para que se cogitasse de qualquer retroação quando do implemento da condição, uma vez que o ajuste das partes deixou claro que o êxito deveria ser compreendido de forma independente das condições e modo de pagamento do crédito principal (tanto que não foi convencionado com base em um percentual do crédito principal, a rigor, o êxito não foi sequer condicionado ao atingimento do efetivo benefício). O que se entende, portanto, é que a retroação, ou não, deve ser analisada sempre em conformidade com a lógica negocial subjacente.

4. Conclusão

Ante o exposto, é possível condensar as conclusões parciais alcançadas no desenvolvimento deste estudo na seguinte tabela:

<table>
<tr><th>Tipo de honorários</th><th colspan="2">Exemplos</th><th>Ocorrência do fato gerador</th><th>Se antes do início da recuperação judicial</th><th colspan="2">Se depois do início da recuperação judicial</th></tr>
<tr><td rowspan="2">Puros</td><td>Pró-labore</td><td>Inicial
Continuado
A termo</td><td>Data da celebração do contrato</td><td rowspan="2">Concursal</td><td colspan="2" rowspan="2">Extraconcursal</td></tr>
<tr><td colspan="2">Sucumbência
Pró-labore para atos ou fases processuais</td><td>Data do ato judicial</td></tr>
<tr><td>Condicionais</td><td colspan="2">Êxito contratual</td><td>Implemento da condição suspensiva</td><td>Concursal</td><td>Efeitos retroagem para data anterior à recuperação judicial?</td><td>Sim - Concursal
Não - Extraconcursal</td></tr>
</table>

Com isso, espera-se ter dado alguma contribuição à compreensão do tão controverso e relevante tema da concursalidade, ou não, dos honorários advocatícios.

5. Referências bibliográficas

ALVIM, Arruda. *Comentários ao Código de Processo Civil*. Arruda Alvim, Araken de Assis e Eduardo Arruda Alvim coords. Rio de Janeiro: GZ Ed., 2012

BARIONI, Rodrigo. *Comentários ao Novo Código de Processo Civil*. Antonio do Passo Cabral e Ronaldo Cramer coords. 2ª ed. Rio de Janeiro: Forense, 2016

BEIJATO JUNIOR, Roberto; NEVES, Karina Penna; GONZAGA, Alvaro de Azevedo. *Estatuto da Advocacia e Novo Código de Ética e Disciplina da OAB Comentados*. 5ª ed. Rio de Janeiro: Forense, 2019

BETTI, Emilio. *Teoria Geral do Negócio Jurídico*. Tradução de Fernando de Miranda. Tomo 1. 2ª ed. Coimbra: Coimbra Editora, 1969

BEVILAQUA, Clovis. *Direito das Obrigações*: Rio de Janeiro: Editora Rio, 1977

CAHALI, Yussef Said. *Honorários Advocatícios*. 4ª ed. São Paulo: Revisa dos Tribunais, 2011

DE AGUIAR, Roberto A. R. *A Crise da Advocacia No Brasil: Diagnóstico e Perspectivas*. 3ª ed. São Paulo: Alfa Omega, 1999

DE ASSIS, Araken. *Manual da Execução*. 18ª ed. São Paulo: Revista dos Tribunais, 2016

DE AZEVEDO, Flávio Olimpo. *Comentários ao Estatuto da Advocacia*. 2ª ed. Rio de Janeiro: Elsevier, 2010

DINAMARCO, Cândido Rangel. *Instituições de direito processual civil*. 3ª ed. Vol. II. São Paulo: Malheiros, 2003

E SILVA, De Plácido. *Vocabulário Jurídico*. Vol. IV. Rio de Janeiro: Forense, 1982

GOMES, Orlando. *Contratos*. 26ª ed. Rio de Janeiro: Forense, 2009

GOMES, Orlando. *Introdução ao Direito Civil*. Edvaldo Brito coord. 22ª ed. Rio de Janeiro: Forense, 2019

GONÇALVES, Carlos Roberto. *Contratos e Atos unilaterais*. Vol. 3. 17ª ed. São Paulo: Saraiva Educação, 2020

GONÇALVES, Sandra Krieger. *A Ação de Arbitramento de Honorários Advocatícios no Novo Código de Processo Civil*. In Honorários Advocatícios, Fredie Didier Jr. coord. 3ª ed. Salvador: Juspodivm, 2019

LOBO, Paulo. Comentários ao Estatuto da Advocacia e da OAB. 12ª ed. São Paulo: Saraiva, 2019

LOPES, Bruno Vasconcelos Carrilho. *Honorários advocatícios no processo civil*. São Paulo: Saraiva, 2008

MARINONI, Luiz Guilherme; ARENHART, Sérgio Cruz; MITIDIERO, Daniel. *Novo Código de Processo civil Comentado*. 3ª ed. São Paulo: Revista dos Tribunais, 2017

MARTINS-COSTA, Judith. *A Boa-Fé no Direito Privado*. 2ª ed. São Paulo: Saraiva, 2018

MONTEIRO, Washington de Barros. *Curso de Direito Civil: Parte Geral*. 22ª ed. São Paulo: Saraiva, 1983

PEREIRA, Caio Mário da Silva. *Instituições de Direito Civil*. Vol. I. 30ª ed. Rio de Janeiro: Forense, 2017

RÁO, Vicente. *Ato jurídico*. 3ª ed. São Paulo: Saraiva, 1981

RANGANATHAN, Shiyali Ramamrita. *Prolegomena to library classification*. London: The Madras Library Association, 1937

ROQUE, André Vasconcelos. *Impactos do CPC de 2015 Sobre o Procedimento da Ação de Arbitramento de Honorários*. In Honorários Advocatícios, Fredie Didier Jr. coord. 3ª ed. Salvador: Juspodivm, 2019

STJ, AgInt no AREsp 1.353.898/SP, Rel. Min. Raul Araújo, 4ª T., j. 18/2/2020

STJ, AgInt no AREsp 1.560.257/PB, Rel. Min. Luis Felipe Salomão, 4ª T., j. 20/4/2020

STJ, AgInt no REsp 1.803.346/MT, Rel. Min. Raul Araújo, 4ª T., j. 27/8/2019

STJ, AgInt no REsp 1.861.446/RS, Rel. Min. Herman Benjamin, 2ª T., j. 16/12/2020

STJ, AgRg no AREsp 292.919/RS, Rel. Min. Luis Felipe Salomão, 4ª T., j. 24/3/2015

STJ, AgRg no AREsp 600.367/SP, Rel. Min. Marco Aurélio Bellizze, 3ª T., j. 28/4/2015

STJ, AgInt nos Edcl no REsp 2.015.648/SP, Rel. Min. Marco Aurélio Bellizze, 3ª T., j. 3/5/2023

STJ, REsp 1.337.749/MS, Rel. Min. Luis Felipe Salomão, 4ª Turma, j. 14/2/2017

STJ, REsp 1.724.441/TO, Rel. Min. Nancy Andrighi, 3ª T., j. 19/2/2019

STJ, REsp 1.841.960/SP, Rel. Min. Luis Felipe Salomão, 2ª S., j. 12/2/2020

STJ, REsp 1.843.332/RS, Min. Rel. Ricardo Villas Bôas Cueva, 2ª S., j. 9/12/2020

STJ, REsp 1.882.117/MS, Rel. Min. Nancy Andrighi, 3ª T., j. 27/10/2020

STJ, REsp 699.380/DF, Rel. Min. Ricardo Villas Bôas Cueva, 3ª T., j. 11/9/2012

STJ, REsp 782.873/ES, Rel. Min. Carlos Alberto Menezes Direito, 3ª T., j. 6/4/2006

STJ, REsp 945.075/MG, Rel. Min. Nancy Andrighi, 3ª T., j. 25/5/2010

THEODORO JR., Humberto. *Processo de Execução e Cumprimento da Sentença*. 24ª ed. São Paulo: Leud, 2007

TJSP, AI 2039301-22.2020.8.26.0000, Rel. Des. Ricardo Negrão, 2ª Câm. Reserv. Dir. Empr., j. 27/4/2021

TJSP, AI 2085678-85.2019.8.26.0000, Rel. Desa. Maria Lúcia Pizzotti, 30ª Câm. de Dir. Priv., j. 26/06/2019

TJSP, AI 2127449-43.2019.8.26.0000, Rel. Des. Fabio Tabosa, 29ª Câm. Dir. Privado, j. 28/10/2019

TJSP, AI 2160515-87.2014.8.26.0000, Rel. Des. Jayme Queiroz Lopes, 36ª Câm. de Dir. Priv., j. 12/2/2015

TJSP, AI 2216629-70.2019.8.26.0000, Rel. Des. Francisco Loureiro, 1ª Câm. Dir. Priv., j. 3/12/2019

TJSP, AI 2238741-96.2020.8.26.0000, Rel. Des. Cesar Ciampolini, 1ª Câm. Reserv. Dir. Empr., j. 23/2/2022

TJSP, AI 2261279-08.2019.8.26.0000, Rel. Desa. Angela Lopes, 9ª Câm. de Dir. Priv.; j. 15/03/2012

TJSP, AI 2264515-94.2021.8.26.0000, Rel. Des. Rui Cascaldi, 1ª Câm. Dir. Priv., j. 13/1/2022

TJSP, AI 2281952-17.2022.8.26.0000, Rel. Des. Rosangela Telles, 3ª Câm. de Dir. Priv., j. 15/2/2023

TJSP, Apel. 0001243-67.2021.8.26.0058, Rel. Des. Alexandre Coelho, 8ª Câm. Dir. Priv., j. 29/6/2022

TJSP, Apel. 0012992-66.2019.8.26.0506, Rel. Des. Alexandre Coelho, 8ª Câm. de Dir. Priv., j. 9/3/2021

TJSP, Apel. 1002567-02.2017.8.26.0160, Rel. Des. Luiz Eurico, 33ª Câm. de Dir. Priv., j. 18/12/2019

TJSP, Apel. 1008548-12.2019.8.26.0008, Rel. Des. Renato Sartorelli, 26ª Câm. de Dir. Priv., j. 20/02/2020

TJSP, Apel. 1012420-16.2020.8.26.0100, Rel. Des. Andrade Neto, 30ª Câm. de Dir. Priv., j. 23/6/2021

TJSP, Apel. 1038040-35.2017.8.26.0100, Rel. Des. Cesar Lacerda, 28ª Câm. de Dir. Priv., j. 27/5/2020

TJSP, Apel 1063868-65.2019.8.26.0002, Rel. Des. Rosangela Telles, 27ª Câm. de Dir. Priv., j. 27/10/2020

TJSP, Apel. 1116048-55.2019.8.26.0100, Rel. Des. Francisco Casconi, 31ª Câm. de Dir. Priv., j. 28/9/2021

Tribunal de Ética e Disciplina da OAB/SP, Proc. E-3.858/2010 – v.u., Rel. Zanon de Paula Barros, Rev. Marcia Dutra Lopes Matrone, Presidente Dr. Carlos José Santos da Silva, j. 25/3/10

GARANTIAS PROCESSUAIS E MALES DO TEMPO: REFORMAS LEGISLATIVAS SÃO SUCIFIENTES PARA CONFERIR EFICIÊNCIA AOS PROCESSOS?

Daniel Calazans[1]

1. Considerações introdutórias

O constante aumento exponencial da procura pelo Poder Judiciário no Brasil é notório e pode ser explicado por diversos fatores.

Segundo dados do Instituto Brasileiro de Geografia e Estatística (IBGE), a população brasileira, desde 1950, tem aumentado, em média, dois milhões e meio de pessoas por ano[2] e esse crescimento populacional incessante também gera, por consequência óbvia, um aumento no número de pessoas passíveis de entrar em litígio.

Por outro lado, a Constituição da República (CR/88) – publicada "depois de superados cinco lustros de regime autoritário e de restrições às liberdades públicas"[3], com violações aos mais básicos direitos fundamentais (inclusive processuais[4]) – trouxe uma vasta gama de garantias para o cidadão (de forma individual e coletiva), alargando sobremaneira o conjunto de normas jurídicas que regem as relações entre os homens

---

1 Bacharel em Direito e Mestre em Direito Processual Civil pela UFMG. Especialista em Direito Empresarial e pós-graduado em Gestão Estratégica de Negócios pela FGV/SP. Professor de Direito Processual Civil em Cursos de pós-graduação *lato sensu*. Advogado sócio do escritório Calazans, Queiroz, Machado e Crepaldi Advogados Associados. E-mail daniel.calazans@cqaa.com.br

2 Disponível em <https://www.ibge.gov.br/estatisticas/sociais/populacao/9662-censo-demografico-2010.html?=&t=series-historicas>, acesso em 15.09.2023.

3 MENDES, Gilmar Ferreira; COELHO, Inocêncio Mártires e BRANCO, Paulo Gustavo Gonet. *Curso de Direito Constitucional*. 4.ª ed. São Paulo: Saraiva, 2009, p. 203.

4 "A crise da justiça adquire contornos peculiares no Brasil por conta do período de ditadura militar e do modelo institucional desenhado, em boa resposta, pela Constituição Federal de 1988. A independência do Poder Judiciário e a garantia de acesso à justiça, subtraídas durante a ditadura, são expressamente asseguradas no novo texto constitucional, que lhes dá destaque na consolidação da democracia." ALVES DA SILVA, Paulo Eduardo. *Gerenciamento de processos judiciais*. São Paulo: Saraiva, 2010, p. 21.

nos mais diversos níveis (muitos desses direitos que, infelizmente, somente se efetivam por meio de um comando emanado pelo Poder Judiciário).

Esse aumento de garantias ocorreu não apenas no campo do direito material, mas também no do direito processual. De um lado, ocorreu, nos dois últimos séculos, um considerável avanço do estudo da ciência do processo, com grande desenvolvimento dos conceitos e dos procedimentos, tornando-o mais justo na busca da verdade possível; por outro lado, houve um aumento nas possibilidades de chicanas em decorrência de alguns formalismos que (felizmente) têm sido combatidas pela ideia crescente de instrumentalidade do processo – embora alguns procedimentos devam ser estritamente obedecidos, o direito processual deve ser visto como uma técnica de pacificação social, razão pela qual ele não pode se desvincular de seus objetivos a serem cumpridos nos planos social, econômico e político (escopos metajurídicos), privilegiando a importância e a efetividade dos resultados da experiência dos jurisdicionados[5].

Apesar dos recentes avanços normativos processuais no tocante a uma maior "flexibilização" dos procedimentos – em especial a "contratualização" ou a "calendarização" do processo (também conhecidas como "negócios jurídicos processuais"[6]), positivadas pelos artigos 190 e 191 do Código de Processo Civil vigente (CPC/15) –, as formalidades (muitas vezes excessivas) que permeiam a cultura processual brasileira ainda podem ser apontadas como uma das causas de engessamento do procedimento, uma vez que os sujeitos processuais, na maioria das vezes, apegam-se a determinadas exigências legais para realizar um ato processual, impedindo, em muitos casos, que os litígios se resolvam de forma mais célere e eficiente – as regras e os procedimentos legais, ao serem interpretados como um dever a ser estritamente obedecido, sob pena de nulidade (relativa ou, até mesmo, absoluta), muitas vezes tornam-se inimigos de um processo justo.

Há ainda um considerável aumento do número de advogados[7], decorrente do crescente número de faculdades de Direito no Brasil, fa-

5 DINAMARCO, Cândido Rangel. *Instituições de Direito Processual Civil*. Vol. I. 2.ª ed. São Paulo: Malheiros, 2002, p. 253-256.

6 THEODORO JÚNIOR, Humberto *et al. Novo CPC – fundamentos e sistematização*. 2.ª ed. Rio de Janeiro: Forense, 2015, p. 225-236.

7 Segundo a Ordem dos Advogados do Brasil (OAB), o Brasil tem 1.440.287 advogados inscritos em seus quadros (disponível em <https://www.oab.org.br/institucionalconselhofederal/quadroadvogados>, acesso em 15.09.2023).

zendo com que o país tenha em torno de um advogado para cada 140 habitantes[8] (proporção que vem diminuindo cada dia mais[9]).

Paralelamente, houve grande avanço nos meios de comunicação, fazendo com que a informação chegue cada vez fácil e rápido a todos os indivíduos[10], tornando-os mais cientes dos seus direitos materiais e agregando um novo significado ao senso de justiça de uma maneira geral. Ainda bem.

Além disso, felizmente, também houve uma considerável ascensão financeira e cultural das classes menos favorecidas economicamente[11], trazendo como consequência um aumento ainda maior do número de pessoas conscientes de que, sempre que se entender necessário, pode-se recorrer à jurisdição para que suas pretensões resistidas sejam efetivadas.

Enfim, hoje há uma gama de questões que facilitaram o acesso à justiça pelos cidadãos, permitindo inclusive concluir como o Brasil evoluiu desde o lançamento nacional da clássica obra de Mauro Cappelletti e Brian Garth, em 1988[12].

> De lá para cá, sem dúvida, avançou-se em nosso país na adoção de inúmeras estratégias que tem por objetivo colocar os serviços de justiça ao alcance dos cidadãos. A contínua expansão das instâncias de base, responsáveis pela análise fática; a criação de varas e turmas julgadoras especializadas; a difusão dos juizados especiais (cujo impulso inicial se deve à atuação do Des. Kazuo); a instalação de aguerridas defensorias públicas em muitos Estados; a contribuição decisiva para o esclarecimento da população, promovida pelas enti-

8 A população brasileira é estimada em cerca de 203.000.000 de pessoas (disponível em < https://censo2022.ibge.gov.br/panorama/?utm_source=ibge&utm_medium=home&utm_campaign=portal >, acesso em 15.09.2023).

9 Há cerca de três anos essa proporção era de um advogado para cada 190 habitantes e, há cerca de treze anos, de um advogado para cada 320 habitantes (disponível em <https://www.migalhas.com.br/quentes/312946/brasil-tem-um-advogado-para-cada-190-habitantes>, acesso em 15.09.2023).

10 SIQUEIRA, Tagore Villarim. *O setor de tecnologia da informação e a comunicação.* Revista Do BNDES, Rio de Janeiro, v. 14, nº 27, jun/2007, p. 213-260.

11 XAVIER SOBRINHO, Guilherme G. de F. *"Classe C" e sua alardeada ascensão: nova? Classe? Média?* Indic. Econ. FEE, Porto Alegre, v. 38, nº 4, 2011, p. 67-80.

12 CAPPELLETTI, Mauro, e GARTH, Bryant. *Acesso à Justiça.* Porto Alegre: Sergio Antônio Fabris, 1988.

> dades de defesa do consumidor e por outros grupos de conscientização; e, sobretudo, a expansão de fórmulas alternativas de solução das divergências levam-nos a reconhecer que, inegavelmente o país evoluiu.[13]

Como consequência direta desses fatores, o Poder Judiciário tem sofrido uma avalanche de demandas nos últimos anos que o já expressivo orçamento dos Tribunais não consegue acompanhar: as centrais de distribuição de ações recebem diariamente um volume de novos processos que aumenta em uma proporção muito superior à capacidade da estrutura jurisdicional (já extremamente cara) para processá-los e julgá-los.

Diante desse cenário de crescente demanda processual, é preciso ter em consideração a limitação na oferta de serviços jurisdicionais para processá-la[14]. Há, portanto, uma preeminente necessidade de julgar mais processos sem aportes financeiros suplementares, conduzindo à irreprochável conclusão de que se deve melhorar a performance do Poder Judiciário por meio de uma administração eficaz dos meios de justiça[15].

Contudo, os operadores do direito não detêm, em regra, conhecimentos de gestão estratégica e de gerenciamento de processos. Especificamente no tocante ao Poder Judiciário, vale destacar que a alta administração dos Tribunais é formada, em sua maioria, por magistrados de carreira que se dedicaram profissionalmente apenas a processar e julgar ações, limitando-se a gerenciar seu próprio gabinete – gerenciamento, aliás, normalmente realizado de forma meramente intuitiva, por métodos desenvolvidos a partir de técnicas obtidas via "tentativa-erro", "acerto-compreensão", "ajuste-tentativa", "compreensão-decisão" (tudo sem qualquer técnica básica de gerenciamento).

Isto é, a ideia de uma administração da justiça não é afeita aos estudiosos do processo civil que, tradicionalmente, interessam-se apenas

---

13 NORTHFLEET, Ellen Gracie. Prefácio à obra *Acesso à ordem jurídica justa: conceito atualizado de acesso à justiça, processos coletivos e outros estudos* (WATANABE, Kazuo. Belo Horizonte: Del Rey, 2019, p. VII-VIII).

14 HADDAD, Carlos Henrique Borlido; PEDROSA, Luís A. Capanema. *Manual de administração judicial: enfoque conceitual – volume 1*. Florianópolis: Tribo da Ilha, 2017, p. 24.

15 CADIET, Loïc. *Perspectivas sobre o sistema da justiça civil francesa*. São Paulo: Revista dos Tribunais, 2017, p. 43.

pelo processo em si (ou seja, pela forma como o Judiciário regula os litígios que lhe são submetidos). Não há, no geral, interesse pela maneira como as instituições jurisdicionais são organizadas - aliás, como a lei processual comumente se limita a dispor sobre regras relativas à composição dos tribunais e às respectivas competências, a literatura jurídica processual também costuma tratar apenas desse aspecto organizacional do sistema de justiça.[16]

Nesse contexto de desinteresse dos sujeitos processuais na condução do procedimento e do consequente despreparo técnico em gestão frente à massificação de litígios que ocorreu nas últimas décadas, mostrou-se cada vez mais necessária e urgente uma intervenção política, legislativa e jurisdicional para reparar o respectivo prejuízo, culminando na Emenda Constitucional (EC) nº 45/2004 ("Reforma do Judiciário), a qual promoveu significativas alterações institucionais.

Dentre suas principais inovações, destacam-se[17]:

a) o direto à razoável duração do processo;

b) a proporcionalidade entre o número de juízes na unidade jurisdicional e a efetiva demanda judicial e a respectiva população;

c) o funcionamento ininterrupto da atividade jurisdicional;

d) a distribuição imediata dos processos em todos os graus de jurisdição;

e) a instituição do Conselho Nacional de Justiça (CNJ).

Haja vista os três enfoques que levaram à "Reforma do Judiciário"[18] - *i*) morosidade da justiça ("questões relativas à tramitação dos processos"), *ii*) democratização do acesso ao Poder Judiciário ("judicialização da política e abertura do Judiciário para os mais pobres") e *ii*) custo desse Poder ("custo com manutenção dos serviços, incluindo pessoal e patrimônio, como também o custo social que representa o desempenho do Judiciário") -, tem-se destacado cada vez mais a necessidade de se

16 CADIET, Loïc. *Perspectivas sobre o sistema da justiça civil francesa*. São Paulo: Revista dos Tribunais, 2017, p. 41.

17 Justiça em números 2013: ano-base 2012 / Conselho Nacional de Justiça. Brasília: CNJ, 2013, p. 9. Disponível em <https://www.cnj.jus.br/wp-content/uploads/2011/02/relatorio_jn2013.pdf>, acesso em 15.09.2023.

18 RODOVALDO, Maria Fernanda de Toledo. *A reforma do Poder Judiciário: análise do papel do STF e do CNJ*. São Paulo: Atlas, 2014, p. 23.

profissionalizar a gestão processual, em notável diálogo com o atual paradigma processual civil, para que se efetivem os direitos materiais.

Não basta oferecer ao cidadão o acesso à jurisdição: é indispensável que "possa o sistema processual oferecer aos litigantes resultados justos e efetivos, capazes de reverter situações injustas. Tal é a idéia de efetividade da tutela jurisdicional"[19].

No entanto, a realidade atual do Poder Judiciário tem impedido a solução do litígio em prazo hábil a prevenir distúrbios sociais – fato que gera perda de credibilidade, perante a população, do Estado como solucionador de conflitos, chegando inclusive a levar os cidadãos a buscar meios inidôneos de resolução dos conflitos de interesses, principalmente com o retorno à autotutela[20].

Ora, "o Estado, ao proibir que as pessoas fizessem justiça pelas próprias mãos, tomou para si a função jurisdicional e assumiu o dever de prestar essa relevante função aos cidadãos com a maior eficiência possível"; contudo, a realidade atual demonstra "que o Poder Público, uno e indivisível, descuidou-se da função jurisdicional que lhe é afeta, garantindo somente o mínimo para considerar-se existente dita atividade"[21].

Assim, a almejada razoável duração do processo (CR/88, art. 5.º, LXXVIII), alçada ao patamar de direito fundamental pela EC nº 45/2004, tem ficado cada vez mais distante. E como fazer para assegurá-la?

Na tentativa de responder essa pergunta, tem-se apresentado três tipos de soluções, quais sejam, pré-processuais, processuais e gerenciais[22]:

---

19 DINAMARCO, Cândido Rangel. *Fundamentos do processo civil moderno*. 4.ª ed., São Paulo: Malheiros, 2001, p. 798.

20 MARTINS, Daniele Comin. "Morosidade da justiça: causas e soluções". *In*: SZKLAROWSKY, Leon Frejda (Coord). *Morosidade da justiça*. Brasília: Consulex, 2001, p. 53.

21 GONÇALVES, Gláucio Ferreira Maciel. "Direito e tempo". *in* JAYME, Fernando Gonzaga; FARIA, Juliana Cordeiro de; LAUAR, Maira Terra (Org.). *Processo civil: novas tendências. Homenagem ao Ministro Sálvio de Figueiredo Teixeira*. Belo Horizonte: Del Rey, 2011, p. 290.

22 Relatório Final de Pesquisa (Edital de Seleção nº 01/2009 do CNJ) da Escola de Direito da Fundação Getúlio Vargas de São Paulo – Direito GV. "Diagnóstico sobre as causas de aumento das demandas judiciais cíveis, mapeamento das demandas repetitivas e propositura de soluções pré-processuais, processuais e gerenciais à morosidade da Justiça.", disponível em <https://www.cnj.jus.br/wp-content/uploads/2011/02/relat_pesquisa_fgv_edital1_2009.pdf>, acesso em 15.09.2023.

> a) Soluções Pré-Processuais: se dão antes da judicialização de conflitos, atuando nas seguintes fases do fluxo: (i) causas externas; (ii) surgimento de potencial de conflito (interesse, prejuízo, oportunidade); (iii) canais de judicialização: informação, mídia, advogados; (iv) instâncias administrativas; (v) judicialização (quando na porta de entrada do Judiciário).
>
> b) Soluções Processuais: são normalmente estipuladas em norma e consistem em soluções que se voltam ao processo ou que influenciam o seu trâmite, atuando nas seguintes fases do fluxo: (i) instâncias administrativas; (ii) judicialização; (iii) causas internas (morosidade).
>
> c) Soluções Gerenciais: Medidas administrativas ou judiciais de gerenciamento de recursos humanos, materiais ou estruturais e técnicas de gerenciamento de processos. Soluções pré-processuais ou processuais podem ser consideradas também gerenciais.

A primeira solução (pré-processual) tem sido muito difundida nos últimos anos. Não se pode afirmar que tenha falhado miseravelmente, mas é inegável que o problema da morosidade tem se elevado cada vez mais, a ponto de tornar tal solução, por si só, extremamente ineficaz.

A segunda solução (processual) também gera resultados relevantes, porém (assim como a primeira) insuficientes para, individualmente, tornar os processos mais céleres – mesmo porque, para cada solução, surge um novo problema (vide, por exemplo, o notório congestionamento atual dos Juizados Especiais).

Necessário, portanto, aprofundarmos cada vez na ainda incipiente terceira solução: implementar técnicas de gestão estratégica no Poder Judiciário.

Nos Tribunais brasileiros, a conscientização de uma urgente necessidade de profissionalização de gestão veio com a Resolução nº 70 do CNJ, de 18 de março de 2009, que "dispõe sobre o planejamento e a gestão estratégica no âmbito do Poder Judiciário e dá outras providências" (resolução que foi substituída pela Resolução nº 198/2014 do CNJ e esta, por sua vez, substituída pela Resolução nº 325/2020 do CNJ).

Vale lembrar que, pouco mais de um ano depois da publicação da Resolução n. 70 do CNJ, a Comissão de Juristas encarregada de elaborar o anteprojeto do atual Código de Processo Civil entregou-o, em 08.06.2010, ao Senado Federal[23]. À época, a grande pergunta de toda a

23 Notícia disponível em <http://www12.senado.gov.br/noticias/materias/2010/06/08/comissao-de-juristas-entrega-anteprojeto-do-novo-cpc-e-sarney-expressa-desejo-de-vota-lo-ate-o-fim-do-ano>, acessado em 15.09.2023.

comunidade – jurídica e não jurídica – foi: um novo Código de Processo Civil resolveria os grandes problemas de morosidade sofridos pelo Poder Judiciário?

Diversos processualistas (inclusive alguns dos próprios juristas que integraram referida comissão) apressaram-se em responder que não. Humberto Theodoro Júnior, por exemplo, afirmou que "desvios e deficiências no exercício da jurisdição não se eliminam com leis, mas com aprimoramento da gestão do Poder Judiciário"[24] [25]. Arruda Alvim seguiu a mesma linha, asseverando que um novo Código Processual pode "auxiliar na melhoria da distribuição da Justiça e na aplicação do direito", mas existem "problemas paralelos outros, atinentes à estrutura do Judiciário, tais como aprimoramento profissional de servidores e magistrados, adequação dos rendimentos, instalações melhores, uso acentuado da informática"[26].

Tais conclusões são facilmente verificadas quando se percebe que alguns tribunais têm o binômio orçamento-demanda proporcionalmente equivalentes, mas uns apresentam resultados mais satisfatórios do que outros. Por outro lado, as leis processuais são as mesmas para todos e notoriamente algumas unidades jurisdicionais têm resultados melhores do que outras. Isso evidencia que em determinado local são adotadas algum tipo de práticas eficientes para obter tais resultados positivos. Nesse contexto é que o Direito Processual deve dar especial enfoque sobre as alocações de recursos (humanos e financeiros) e sobre as (boas)

24 "O compromisso do projeto do novo Código de Processo Civil com o processo justo". *Revista de Informação Legislativa*. Brasília, ano 48, nº 190, t.1, abril/junho 2011, p. 261.

25 "Além da fuga ao tecnicismo exagerado, bem como do empenho em reformas tendentes a eliminar entraves burocráticos dos procedimentos legais (que hoje, diga-se, a bem da verdade, são raros), a efetividade da prestação jurisdicional, dentro da duração razoável do processo e da observância de regras tendentes à celeridade procedimental, passa por programas de modernização da justiça, de feitio bem mais simples: (i) modernização do gerenciamento dos serviços judiciários, para cumprir-se o mandamento constitucional que impõe à administração pública o dever de eficiência (CF art. 37); e (ii) efetiva sujeição ao processo da legalidade, fazendo com que os trâmites e prazos das leis processuais sejam realmente aplicados e respeitados, não só pelas partes, mas sobretudo pelos órgãos judiciais (CF arts. 5º, LXXVIII e 37, *caput*)." (THEODORO JÚNIOR, Humberto. *Curso de direito processual civil*. Rio de Janeiro: Forense, 46.ª ed., 2011, p. 32-33).

26 "Notas sobre o projeto de novo Código de Processo". *Revista de Informação Legislativa*. Brasília, ano 48, nº 190, t.1, abril/junho 2011, p. 48.

práticas informais realizadas pelos órgãos do Poder Judiciário, de modo a compreendê-las e as disseminar.[27]

Ora, a efetividade da pacificação social é o objetivo máximo do Direito[28] e o processo, por sua vez, é o instrumento por meio do qual os direitos materiais são cumpridos em caso de uma pretensão resistida. Assim, é inevitável que o Direito Processual busque alguns conceitos, institutos e técnicas ditados pela Administração e pela Engenharia de Produção[29], a fim de aperfeiçoar ainda mais tal instrumento, tornando-o mais eficiente.

Isso porque o Estado – ao afirmar sua capacidade de decidir imperativamente (poder sem o qual ele mesmo sequer se sustentaria, nem teria como cumprir os fins que o legitimam, tornando ainda sem razão de ser o seu ordenamento jurídico) e concretizar o culto ao valor liberdade (limitando e fazendo observar os contornos do poder e do seu exercício) – deve sempre buscar um equilíbrio das garantias básicas do cidadão mediante o exercício da jurisdição[30]. E essa jurisdição deve ofertar aos seus respectivos jurisdicionados respostas efetivas, pois, do contrário, fracassará em seu propósito.

Contudo, nas últimas décadas, o desequilíbrio decorrente da crise pela qual o Poder Judiciário vem atravessando é patente, tornando-se uma instituição com grande descrédito[31] – de acordo com os dados

27 ALVES DA SILVA, Paulo Eduardo. *Gerenciamento de processos judiciais*. São Paulo: Saraiva, 2010, p. 20 e 29.

28 IHERING, Rudolf Von. *A luta pelo Direito*. Rio de Janeiro: Forense, 2002, 21.ª ed., p. 1.

29 A Economia também uma ciência em que cada vez mais dialoga com o Direito Processual Civil, porém as questões relativas à análise econômica do processo fogem ao objeto deste artigo, razão pela qual não são aqui exploradas.

30 DINAMARCO, Cândido Rangel. *A instrumentalidade do processo*. São Paulo: Malheiros, 1996, p. 168.

31 "A constância nas críticas à justiça estatal é um denominador absolutamente comum quando se examinam textos especializados, crônicas e mesmo debates parlamentares, ao longo dos últimos quatro séculos. Esse traço não é singular ao Brasil, ainda que, entre nós, possua características próprias. Recorrer à universalidade da crítica não significa pretender equiparar experiências, nem diminuir o tamanho do problema. Significa, isto sim, focalizar uma questão que é relevante e tem mobilizado o interesse de analistas e dirigentes políticos em todos os cantos do mundo. A situação brasileira recente difere de todo o período anterior em pelo menos dois aspectos: (1) a justiça transformou-se em questão percebida como problemática por amplos setores da população, da classe política e dos operadores do Direito, passando a constar da agenda de reformas; (2) tem diminuído consideravelmente

do Índice de Confiança Social (ICS) levantados entre 2009[32] e 2022, o Poder Judiciário mantém uma média de confiabilidade de cerca de 50% da população[33].

A "Reforma do Judiciário" trazida pela EC nº 45/2004 foi, como já exposto, uma das tentativas de melhorar esse quadro, criando o CNJ e elevando a duração razoável do processo ao *status* de direito fundamental; porém, para obter maior celeridade processual, é necessário que os operadores do direito trabalhem com eficiência – isto é, os recursos (financeiros e humanos) disponíveis devem ser distribuídos de forma proporcional às carências de cada problema.

São incontestáveis os resultados decorrentes da Resolução nº 70/2009 do CNJ (substituída, repita-se pela Resolução nº 198/2014; substituída, por sua vez, pela Resolução nº 325/2020), que exigiu dos Tribunais realização de planejamento e gestão estratégica. Entretanto, tais resultados ainda são modestos, uma vez que essas técnicas, como já consignado, não são esferas de conhecimento, em regra, afeitas aos operadores do Direito.

Assim, a normatização e a respectiva realização de planejamento e gestão estratégica levada a efeito pelo CNJ é, sem dúvidas, extremamente salutar para o Poder Judiciário; porém não pode se perder na teoria. É necessário que sejam implementadas e disseminadas, na prática, a padronização e a melhoria constante das atividades (gerenciamento da rotina), bem como o planejamento estratégico (com o devido gerenciamento pelas diretrizes), de modo que os órgãos jurisdicionais, por meio

o grau de tolerância com a baixa eficiência do sistema judicial e, simultaneamente, aumentado a corrosão no prestígio do Judiciário. É possível sustentar que a peculiaridade do caso brasileiro, como de resto da maior parte dos países latino-americanos, está na magnitude dos sintomas, indicando a necessidade de reformas. São inúmeras as pesquisas de opinião retratando a expressiva insatisfação da população com a justiça estatal." (SADEK, Maria Tereza. "Judiciário: mudanças e reformas". *Estudos avançados*. Vol. 18, nº 51, maio/agosto 2004, pp. 79-101, disponível em <https://doi.org/10.1590/S0103-40142004000200005>, acesso em 15.09.2023).

32 Primeiro ano de realização da pesquisa.

33 Disponível em <https://www.ipec-inteligencia.com.br/Repository/Files/2223/230196_ICS_INDICE_CONFIANCA_SOCIAL_2023.pdf>, acesso em 15.09.2023.

de uma alocação proporcional dos recursos disponíveis, possam obter resultados mais eficientes.

É justamente tendo como pano de fundo o abarrotamento do Poder Judiciário e a (em regra) falta de noção de técnicas básicas de gestão dos sujeitos processuais que se fez necessário refletir sobre como tais técnicas, devidamente aplicadas, podem gerar resultados em termos de melhoria na eficiência da prestação jurisdicional[34]. Isto é, considerando a busca permanente pela efetividade social do processo[35], pelo acesso à ordem jurídica justa e pela garantia de proteção judicial dentro de um prazo razoável, deve-se compreender como técnicas básicas de gestão estratégica podem auxiliar na "aspiração generalizada pela rapidez na solução dos processos judiciais"[36], de modo a efetivar, em última análise, o princípio da eficiência, positivado no art. 8.º do CPC/15.

2. Processo justo e males do tempo: alinhamento de premissas

Por sua própria natureza de reação às novas formas de relações sociais, o Direito, em relação às demais ciências sociais aplicadas, tem, naturalmente, um tempo próprio mais lento – é facilmente perceptível as diferenças de velocidade entre as reações geradas "por uma modificação de preços, por uma manifestação popular massiva e pela modificação da jurisprudência", possibilitando perceber como o direito é lento se comparado à economia e à política[37].

Contudo, quando o tempo se torna um obstáculo para a efetivação do Direito – material (ineficácia do provimento jurisdicional) ou, até

---

34 ALVES DA SILVA, Paulo Eduardo. *Gerenciamento de processos judiciais.* São Paulo: Saraiva, 2010, pp. 19-20.

35 MOREIRA, José Carlos Barbosa. "Por um processo socialmente efetivo". *Revista de Processo.* São Paulo, v. 27, nº 105, pp. 183-190, jan./mar. 2002.

36 Como bem observa Gláucio Ferreira Maciel Gonçalves, a expressão "crise da justiça" é criticada pela doutrina, que tem utilizado, em substituição, a expressão "aspiração generalizada pela rapidez na solução dos processos judiciais" ("Direito e tempo". *in* JAYME, Fernando Gonzaga; FARIA, Juliana Cordeiro de; LAUAR, Maira Terra (Org.). *Processo civil: novas tendências. Homenagem ao Ministro Sálvio de Figueiredo Teixeira.* Belo Horizonte: Del Rey, 2011, p. 285).

37 GONÇALVES, Gláucio Ferreira Maciel. "Direito e tempo". *in* JAYME, Fernando Gonzaga; FARIA, Juliana Cordeiro de; LAUAR, Maira Terra (Org.). *Processo civil: novas tendências. Homenagem ao Ministro Sálvio de Figueiredo Teixeira.* Belo Horizonte: Del Rey, 2011, p. 284.

mesmo, processual (supressão de garantias para privilegiar a celeridade) –, torna-se necessário compreender as razões do problema para, então, solucioná-lo. Isso porque a decisão proferida no âmbito do processo judicial demanda, naturalmente, tempo; porém "o tempo pode tornar o processo inócuo, tendo em vista que a resposta jurídica por advir quando ela já nada mais pode resolver"[38].

Assim, necessário que se busque constantemente a almejada razoável duração do processo, cujo objetivo é o bem comum decorrente da efetividade da tutela jurisdicional (efetiva satisfação), de modo a proporcionar à sociedade o reconhecimento e a realização dos direitos – ameaçados ou violados – daqueles que se socorrem do Poder Judiciário[39]. E o grande vilão dessa efetividade é a demora na concessão do provimento judicial, razão pela qual que atualmente muito se tem voltado para o estudo de formas para reduzir esse tempo de duração dos procedimentos, em uma "aspiração generalizada pela rapidez na solução dos processos judiciais".

O antigo jargão "justiça tarda, mas não falha" torna-se cada vez mais incoerente, mesmo porque a justiça tardia pode ser falha (e muitas vezes de fato é). Atualmente, tem-se focado cada vez mais na efetividade da tutela jurisdicional, que consiste – em conjunto com a celeridade e a adequabilidade – em um dos pilares do provimento jurisdicional justo[40].

---

38 GONÇALVES, Gláucio Ferreira Maciel. "Direito e tempo". *in* JAYME, Fernando Gonzaga; FARIA, Juliana Cordeiro de; LAUAR, Maira Terra (Org.). *Processo civil: novas tendências. Homenagem ao Ministro Sálvio de Figueiredo Teixeira*. Belo Horizonte: Del Rey, 2011, p. 285.

39 "Querer que o processo seja efetivo é querer que desempenhe com eficiência o papel que lhe compete na economia do ordenamento jurídico. Visto que esse papel é instrumental em relação ao direito substantivo, também se costuma falar da instrumentalidade do processo. Uma noção conecta-se com a outra e por assim dizer a implica. Qualquer instrumento será bom na medida em que sirva de modo prestimoso à consecução dos fins da obra a que se ordena; em outras palavras, na medida em que seja efetivo. Vale dizer: será efetivo o processo que constitua instrumento eficiente de realização do direito material" (MOREIRA, José Carlos Barbosa. "Por um processo socialmente efetivo". *Revista de Processo*. São Paulo, v. 27, nº 105, pp. 183-190, jan./mar. 2002, p. 181).

40 Ao jurisdicionado deve ser "assegurada a efetividade real do 'resultado'", isto é, deve-lhe ser garantida "a possibilidade de obter uma eficaz tutela jurisdicional" em um prazo razoável e que seja destinada à proteção das necessidades do direito substancial (OLIVEIRA, Carlos Alberto Álvaro de. *Teoria e prática da tutela jurisdicional*. Rio de Janeiro: Forense, 2008, pp. 84-85).

Ora, do que adianta para o jurisdicionado receber sua tutela pretendida de forma adequada, respeitando-se todas as garantias processuais previstas, se não é mais possível efetivá-la? Todo aquele que delega ao Poder Judiciário a solução da pretensão resistida pela outra parte não tem como interesse imediato um procedimento adequado, mas sim a efetivação da tutela que dele deriva.

E, na maioria dos casos, o (detentor do) direito não pode esperar: seja pela real possibilidade de seu perecimento, seja pela atual "síndrome do pensamento acelerado" [41] que atinge a maioria da população – aliás, a rapidez da informação atualmente tem afetado sobremaneira a humanidade que, sem perceber, vem sofrendo uma alteração no "ritmo de construção dos pensamentos, gerando consequências seríssimas para a saúde emocional" e, em especial, para "a sustentabilidade das relações sociais" [42] (objetivo finalístico da ciência jurídica[43]). Assim, num "mundo de rapidez nas comunicações, em que se espera imediaticidade da resposta, qualquer demora pode ser tida como intolerável".[44]

Em consequência, "percebe-se que há uma responsabilidade não só pelas decisões, mas também pelas não-decisões, ainda que a não decisão seja temporária em razão da vedação de os tribunais se negarem a decidir (o chamado *non liquet*)"[45].

41 A ansiedade (síndrome do pensamento acelerado) tem sido tratada por psiquiatras e psicoterapeutas como o mal do século. (CURY, Augusto. *Ansiedade: como enfrentar o mal do século: a síndrome do pensamento acelerado: como e por que a humanidade adoeceu coletivamente, das crianças aos adultos.* São Paulo: Saraiva, 2014, p. 17).

42 Como bem observa Gláucio Ferreira Maciel Gonçalves ("Direito e tempo". *in* JAYME, Fernando Gonzaga; FARIA, Juliana Cordeiro de; LAUAR, Maira Terra (Org.). *Processo civil: novas tendências. Homenagem ao Ministro Sálvio de Figueiredo Teixeira.* Belo Horizonte: Del Rey, 2011, p. 288), "Já se tornou lugar comum afirmar que 'o tempo voa'. É justamente essa aceleração do tempo do tempo que tornou o processo judicial mais lento. Ou, em outras palavras, tornou-se mais significativa a percepção social de que a lentidão judicial representa um grave problema".

43 IHERING, Rudolf Von. *A luta pelo Direito.* 21.ª ed. Rio de Janeiro: Forense, 2002, p. 01.

44 RODOVALHO, Maria Fernanda de Toledo. *A reforma do Poder Judiciário: análise do papel do STF e do CNJ.* São Paulo: Atlas, 2014, p. XI.

45 GONÇALVES, Gláucio Ferreira Maciel. "Direito e tempo". *in* JAYME, Fernando Gonzaga; FARIA, Juliana Cordeiro de; LAUAR, Maira Terra (Org.). *Processo civil: novas tendências. Homenagem ao Ministro Sálvio de Figueiredo Teixeira.* Belo Horizonte: Del Rey, 2011, p. 285.

Nesse contexto é que, nas "sociedades modernas, é inquestionável que o tempo é o primeiro indicativo de efetividade dos sistemas de justiça" – e não apenas por questões econômicas, mas também de justiça (a tutela jurisdicional deve ser concedida em tempo hábil a viabilizar sua fruição pelo titular) e de democracia (a morosidade processual pressiona os hipossuficientes econômicos a aceitar acordos em condições inferiores às que teriam direito).[46]

Muitas vezes esse "debate entre a eficiência e as garantias é um problema mal colocado", pois "O processo civil não tem que eleger entre a eficiência e as garantias: deve ser ao mesmo tempo eficaz e proporcionar as necessárias garantias de boa justiça" [47]. Esse necessário ponto de equilíbrio, porém, não é fácil de encontrar.

Para uma melhor compreensão de como essa eterna dicotomia entre "as garantias processuais" e "os males do tempo" resultou na necessária gestão estratégica processual, vale retomar a sempre atual lição de Barbosa Moreira, para quem, antes de se debater esse tema, faz-se necessário desconstruir mitos[48] e alinhar premissas[49]; isto é, devem ser extirpadas algumas preconcepções equivocadas que podem comprometer uma análise realmente técnica do tema[50]. A seguir tratar-se-á de cada uma dessas premissas falsas listadas pelo referido processualista, as quais não podem subsistir para que haja uma discussão séria sobre os negativos efeitos do tempo sobre o processo[51].

46 ALVES DA SILVA, Paulo Eduardo. *Gerenciamento de processos judiciais*. São Paulo: Saraiva, 2010, p. 91.

47 CADIET, Loïc. *Perspectivas sobre o sistema da justiça civil francesa*. São Paulo: Revista dos Tribunais, 2017, pp. 19 e 22.

48 MOREIRA, José Carlos Barbosa. "O futuro da justiça: alguns mitos", p. 30. Disponível em <http://www.mpsp.mp.br/portal/page/portal/documentacao_e_divulgacao/doc_biblioteca/bibli_servicos_produtos/bibli_boletim/bibli_bol_2006/RDC_06_36.pdf>, acesso em 15.09.2023.

49 MOREIRA, José Carlos Barbosa. "O problema da duração dos processos: premissas para uma discussão séria". *Temas de Direito Processual: (nova série)*. São Paulo: Saraiva, 2007, pp. 367-377.

50 "Antes de iniciar qualquer edificação, é indispensável – passe o truísmo – limpar o terreno. Vamos, pois, à tentativa de exorcismo." MOREIRA, José Carlos Barbosa. "O futuro da justiça: alguns mitos", p. 30. Disponível em <http://www.mpsp.mp.br/portal/page/portal/documentacao_e_divulgacao/doc_biblioteca/bibli_servicos_produtos/bibli_boletim/bibli_bol_2006/RDC_06_36.pdf>, acesso em 15.09.2023.

51 O linguajar quase poético de Barbosa Moreira em seus artigos torna a leitura do texto agradável e, muitas vezes, insubstituível. Necessário, portanto, desde já consignar que, em razão dessas colocações únicas por ele realizadas, suas frases – ver-

O primeiro desses mitos a ser desfeito é que a demora excessiva da duração do processo seria uma realidade exclusivamente brasileira[52]. A tão alarmada "crise da justiça" é um problema universal que atinge inclusive países reputados desenvolvidos – a Itália, o Japão, a Inglaterra e os Estados Unidos são exemplos de nações onde os processos judiciais se arrastam por anos a fio, ressaltando-se inclusive que a demora na solução dos processos neste último explica por que lá as técnicas alternativas (ou adequadas) de resolução de conflitos (*ADRs*: *Alternative Dispute Resolution*) são tão utilizadas pelos litigantes.[53]

Também configura um mito pensar que a preocupação constante com o tempo do processo seria uma peculiaridade atual – quando, em verdade, ela é "multissecular". Esse problema, aliás, remonta-se pelo menos ao século XIV, quando "as reiteradas queixas sobre a lentidão do processo canônico levaram o Papa Clemente V a criar, mediante a bula conhecida pela denominação de *Clementina Saepe*, um rito simplificado, sem muitas formalidades"[54] (fato comumente apontado como o precursor dos procedimentos sumário e sumaríssimo). Não há dúvida de que atualmente a demora na duração do processo assume maiores proporções ou é visto como mais grave, considerando-se diversos fatores (como o aumento exponencial do número de demandas, o crescimento das ga-

dadeiros aforismos processuais civis – serão por diversas vezes, transcritas *ipsis litteris* em notas de rodapé a seguir.

52 "O poder judiciário encontra-se sobrecarregado de processos e inserido em um cenário de aumento da litigiosidade. Tais problemas, contudo, não são exclusividade de nosso país. Diversas nações enfrentam problemas semelhantes. Mesmo nos países que adotam o sistema de common law, as cortes enfrentam uma avalanche de processos, questão aparentemente sem solução. Por isso, diversos estudos e pesquisas foram desenvolvidos no sentido de encontrar saídas viáveis, dentre elas o gerenciamento dos processos judiciais." GONÇALVES, Gláucio Ferreira Maciel, BRITO, Thiago Carlos de Souza. *Gerenciamento dos processos judiciais: nota sobre a experiência processual civil na Inglaterra pós-codificação.* Revista da Faculdade de Direito da UFMG, Belo Horizonte, nº 66, pp. 291-326, jan./jun. 2015, p. 324.

53 Nesse sentido também se manifesta Paulo Eduardo Alves da Silva (*Gerenciamento de processos judiciais.* São Paulo: Saraiva, 2010, p. 19): "Acesso à justiça, morosidade processual e redução dos custos dos litígios judiciais não são preocupações exclusivamente brasileiras. Sistemas de países desenvolvidos também se deparam com problemas dessa natureza."

54 MOREIRA, José Carlos Barbosa. "O problema da duração dos processos: premissas para uma discussão séria". *Temas de Direito Processual: (nova série).* São Paulo: Saraiva, 2007, p. 369.

rantias processuais, a facilidade de acesso à informação e a rapidez da sua disseminação, o acometimento pela população em geral da "síndrome do pensamento acelerado"[55], a complexidade e a constante inovação nas atividades econômicas e nas relações sociais, dentre outros).

Um terceiro mito é a ideia de que ambas as partes teriam, necessariamente, interesse no desfecho célere da lide. A experiência forense demonstra que muitas vezes uma das partes deseja que o feito se prolongue no tempo tanto quanto possível. Por temerem ter o direito invocado (ou contestado) pela parte contrária reconhecido por decisão judicial – ou mesmo por efetivamente saberem que não detém o direito que defendem judicialmente, porém preferem (por questões de ordem financeira, estratégica ou até mesmo sentimental) postergar ao máximo a sua concretização –, pelo menos uma das partes se utiliza de todas as prerrogativas processuais para procrastinar a solução do litígio, via expedientes lícitos (como aguardar o último dia de todos os prazos, interpor todos os recursos cabíveis) ou até mesmo ilícitos (criando as mais diversas chicanas). Vale consignar que o Código de Processo Civil vigente (2015) trouxe, em relação ao anterior (1973), mais hipóteses de sanções para a parte que se violar a boa-fé processual; contudo, em grande parte das vezes, tais penas, por diversas razões, não são suficientes para coibir os abusos.

Outro mito constantemente apontado (em especial pelos leigos) é o de que a legislação processual seria a grande responsável pela demora na duração dos processos. É inegável que a codificação processualista já passou por períodos de extremo formalismo, chegando inclusive a haver uma época na qual o processo era visto como um fim em si mesmo, assemelhando-se a verdadeiros "rituais" nos quais um só detalhe não realizado comprometeria o resultado. Também não podemos ignorar que mesmo um Código de Processo Civil tão recente como é o brasileiro ainda carrega resquícios desse período formalista. Entretanto, os avanços na legislação são infinitamente superiores aos retrocessos, sendo que atualmente as partes, em comum acordo, podem até mesmo criar procedimentos e prazos próprios para o litígio – atos denominados "contratualização" ou "calendarização" do processo (também conhecidos como

55 "A pressa em obter resultados e a intolerância com qualquer demora são traços psicológicos bem visíveis ao homem de nossos dias." MOREIRA, José Carlos Barbosa. "O problema da duração dos processos: premissas para uma discussão séria". *Temas de Direito Processual: (nova série)*. São Paulo: Saraiva, 2007, p. 370.

"negócios jurídicos processuais"[56]), positivados nos artigos 190 e 191 do CPC/15. Não há, portanto, mais espaço para taxar a legislação processual como a vilã da "crise do Judiciário".[57]

O quinto mito que deve ser objeto de desconstrução é a ideia de que justiça rápida seria sempre boa. A demora do provimento jurisdicional – relembrando que a noção de excesso tempo tem sido cada vez menor, ante a "síndrome do pensamento acelerado" que assola a população – é sempre estigmatizada como um malefício. No entanto, tendo em vista as garantias processuais fundamentais, o processo precisa de um tempo mínimo a fim de realizar os procedimentos necessários para se chegar à tutela efetiva – "dois proveitos não cabem num saco"[58]. É certo que se deve sempre tentar melhorar a prestação jurisdicional e, se para isso, precisa-se de acelerá-la, que se envide os esforços para tanto, desde que não se faça como objetivo único (isto é, a busca pela celeridade do processo não pode se sobrepor, em hipótese alguma, às garantias processuais fundamentais).

---

56 THEODORO JÚNIOR, Humberto *et al. Novo CPC – fundamentos e sistematização.* 2.ª ed. Rio de Janeiro: Forense, 2015, pp. 225-236.

57 "(...) a despeito de ser uma proposição válida, que acrescenta argumentos importantes ao diálogo, a simples alteração normativa não trará o resultado planejado por seus idealizadores e esperado pela sociedade. Isso porque, em grande medida, os entraves do judiciário brasileiro não são causados pela aplicação das normas processuais. O modo como são dispostos os prazos, os recursos, a recorribilidade das decisões interlocutórias, etc., pouco influenciam no tempo necessário para o julgamento do feito, com trânsito em julgado. Na verdade, a legislação processual brasileira é tecnicamente sofisticada, dispondo dos mais modernos mecanismos para a aceleração de procedimentos e entrega tempestiva da prestação jurisdicional. Durante as quatro décadas de vigência do CPC de 1973, diversos dispositivos sofreram alterações, outros foram suprimidos ou incluídos, permitindo a sua modernização. (...) Por conseguinte, os instrumentos procedimentais necessários, definidos de forma pormenorizada no diploma processual, encontram-se à disposição do juiz. Ainda assim, permanece a prestação jurisdicional ineficaz e intempestiva." GONÇALVES, Gláucio Ferreira Maciel, BRITO, Thiago Carlos de Souza. *Gerenciamento dos processos judiciais: nota sobre a experiência processual civil na Inglaterra pós-codificação.* Revista da Faculdade de Direito da UFMG, Belo Horizonte, nº 66, pp. 291-326, jan./jun. 2015, pp. 293-294.

58 "Se uma Justiça lenta demais é decerto uma Justiça má, daí não se segue que uma Justiça muito rápida seja necessariamente uma Justiça boa." MOREIRA, José Carlos Barbosa. "O futuro da justiça: alguns mitos", p. 39. Disponível em <http://www.mpsp.mp.br/portal/page/portal/documentacao_e_divulgacao/doc_biblioteca/bibli_servicos_produtos/bibli_boletim/bibli_bol_2006/RDC_06_36.pdf>, acesso em 15.09.2023.

Um sexto mito a ser extirpado é o de que haveria uma "fórmula mágica" para acelerar a solução dos litígios. Sempre algum entusiasta surge com uma nova panaceia para colocar fim ao problema dos males do tempo sobre o processo – "Há casos de autêntica obsessão."[59] **Já houve o tempo da primazia da oralidade, da preferência pelos procedimentos sumários, da redução de prazos e recursos... atualmente parece ser a vez dos meios alternativos (ou adequados) de resolução de conflitos (em especial a conciliação, a mediação e a arbitragem). Todavia, a história recente já mostrou que não existe uma fórmula que tenha aplicabilidade universal para solucionar integralmente o problema da demora da prestação jurisdicional.**[60] Tal resultado tão buscado somente virá por meio da combinação de diferentes estratégias e táticas a ser concretizadas conforme cada diagnóstico empiricamente realizado.[61] [62]

O sétimo mito que constantemente vem à tona é o de que os institutos processuais estrangeiros seriam sempre melhores do que os brasileiros – ou "a galinha da vizinha é sempre mais gorda do que a minha"[63]. Sem dúvida, o direito comparado é uma fonte indispensável para que os ordenamentos jurídicos possam se beneficiar reciprocamente das experiências adquiridas. Contudo, esse relevante intercâmbio não pode

---

59 MOREIRA, José Carlos Barbosa. "O futuro da justiça: alguns mitos", p. 39. Disponível em <http://www.mpsp.mp.br/portal/page/portal/documentacao_e_divulgacao/doc_biblioteca/bibli_servicos_produtos/bibli_boletim/bibli_bol_2006/RDC_06_36.pdf>, acesso em 15.09.2023.

60 "Deixar-se fascinar por determinada proposta, atribuindo-lhe potencialidades miraculosas, desemboca geralmente em amarga decepção." MOREIRA, José Carlos Barbosa. "O problema da duração dos processos: premissas para uma discussão séria". *Temas de Direito Processual: (nova série).* São Paulo: Saraiva, 2007, p. 376.

61 "O simplismo das palavras de ordem, já indesejável na política, revela-se aqui funesto." MOREIRA, José Carlos Barbosa. "O futuro da justiça: alguns mitos", p. 40. Disponível em <http://www.mpsp.mp.br/portal/page/portal/documentacao_e_divulgacao/doc_biblioteca/bibli_servicos_produtos/bibli_boletim/bibli_bol_2006/RDC_06_36.pdf>, acesso em 15.09.2023.

62 Ainda que óbvio, vale ressaltar que a gestão proporcional processual exposta ao longo neste trabalho também não pode ser apontada como panaceia para a efetiva razoável duração do processo.

63 MOREIRA, José Carlos Barbosa. "O futuro da justiça: alguns mitos", p. 40. Disponível em <http://www.mpsp.mp.br/portal/page/portal/documentacao_e_divulgacao/doc_biblioteca/bibli_servicos_produtos/bibli_boletim/bibli_bol_2006/RDC_06_36.pdf>, acesso em 15.09.2023.

ser confundido com um "deslumbramento ingênuo", capaz de conduzir até mesmo a uma imitação irresponsável de modelos internacionais. Seja pela diversidade cultural de cada localidade (dados normativos, costumes judiciários, formações profissionais, mentalidade dos atores envolvidas) ou pela ausência de contato direto (primário) do importador com o instituto a ser importado, todo cuidado é pouco. Não se defende, em momento algum, a resignação com o presente e experiência local, mesmo porque, para a promoção de qualquer avanço se faz necessário "lutar contra preconceitos e hábitos arrigados". Entretanto, o que não se pode perder vista é a adequabilidade de cada instituto para cada realidade local.[64]

Outro mito que não deve subsistir é a ideia de que a norma seria onipotente, mesmo porque a norma "não é impotente, nem onipotente". Algum resultado a norma gera (seja positivo ou negativo), razão pela qual é incabível afirmar que de nada adianta realizar reformas legislativas (se assim fosse, não se precisaria preocupar com reformas de fato realizadas, que em nada atingiriam a realidade). Contudo, a ânsia de modificação das leis processuais parece ser inversamente proporcional à disposição de pesquisar a realidade por meios técnico-científicos; ou seja, não se efetiva mudanças na legislação por meio de estudo de estatísticas processuais, mas sim por mera intuição (impressões pessoais)[65] ou "tentativa e erro". Esse "método" (praticamente cego) gera inconvenientes tanto no momento anterior (por que mudar?) quanto posterior (quais os resultados da mudança?) à edição da norma. Ora, o jargão basilar da gestão é "quem não mede, não gerencia". Portanto, antes de se proceder a qualquer reforma processual, "manda a lógica e o bom senso que se proceda ao diagnóstico, tão exato quanto possível, dos males que ser quer combater e das causas que o geram ou alimentam".[66] E mais, depois

---

64 "O que recomendo, e com veemência, é a cautela necessária para não submeter o transplante ao risco manifesto de rejeição." MOREIRA, José Carlos Barbosa. "O futuro da justiça: alguns mitos", p. 41. Disponível em <http://www.mpsp.mp.br/portal/page/portal/documentacao_e_divulgacao/doc_biblioteca/bibli_servicos_produtos/bibli_boletim/bibli_bol_2006/RDC_06_36.pdf>, acesso em 15.09.2023.

65 "Ora, o impressionismo, que na arte produziu frutos saborosíssimos, em direito é uma das piores pragas que devemos temer." MOREIRA, José Carlos Barbosa. "O futuro da justiça: alguns mitos", p. 44. Disponível em <http://www.mpsp.mp.br/portal/page/portal/documentacao_e_divulgacao/doc_biblioteca/bibli_servicos_produtos/bibli_boletim/bibli_bol_2006/RDC_06_36.pdf>, acesso em 15.09.2023.

66 "Nenhum médico digno desse nome prescreve remédios e tratamentos sem inteirar-se de que mal padece o doente, e por quê. Se o nosso intuito, *v.g.*, é o de acelerar a máquina da Justiça, necessitamos saber quais as peças que estão rendendo me-

de realizada a reforma, deve-se acompanhar de perto os efeitos da norma no dia-a-dia forense, a fim de medir o que realmente mudou no meio jurídico (restrito) e também no meio social (amplo) – principalmente para verificar se houve alguma mudança e, constatada sua ocorrência, se tal mudança foi para melhor ou para pior.[67]

Explicitadas essas importantes premissas fáticas, cabe analisar as reformas constitucionais realizadas no afã de se obter a almejada duração razoável do processo.

3. Poder Judiciário em reforma

Não é recente a ideia de conferir celeridade ao sistema judiciário por meio de alterações legislativas. Como já exposto no item anterior, essa tentativa de se obter uma duração razoável do processo remonta-se pelo menos ao século XIV, quando "as reiteradas queixas sobre a lentidão do processo canônico levaram o Papa Clemente V a criar, mediante a bula conhecida pela denominação de *Clementina Saepe*, um rito simplificado, sem muitas formalidades"[68].

nos, e como penetra no mecanismo a areia que as desgasta." MOREIRA, José Carlos Barbosa. "O futuro da justiça: alguns mitos", p. 43. Disponível em <http://www.mpsp.mp.br/portal/page/portal/documentacao_e_divulgacao/doc_biblioteca/bibli_servicos_produtos/bibli_boletim/bibli_bol_2006/RDC_06_36.pdf>, acesso em 15.09.2023.

67 "Pode-se dizer da ação civil pública, por exemplo, que esteja correspondendo plenamente às expectativas que lhe cercaram a criação? Neste passo é mister revestir quaisquer pronunciamentos de um envoltório de cautela. Juízos mais incisivos teriam de fundar-se em dados concretos, escrupulosamente colhidos no quotidiano forense. Ora, os elementos de que dispomos são escassos: poucos se têm disposto a joeirar o material depositado nos autos de processos, para reconstituir com fidelidade a imagem não do que pode ser a ação civil pública, conforme a letra da lei, senão do que ela realmente tem sido, no dia-a-dia dos pretórios. Temos de contentar-nos, em geral, com as notícias fragmentárias que nos chegam daqui e dali, insuficientes para fundamentar afirmações muito categóricas." MOREIRA, José Carlos Barbosa. "Por um processo socialmente efetivo". Revista de Processo. São Paulo, v. 27, nº 105, jan./mar. 2002, pp. 183-190.

68 MOREIRA, José Carlos Barbosa. "O problema da duração dos processos: premissas para uma discussão séria". *Temas de Direito Processual: (nova série).* São Paulo: Saraiva, 2007, p. 369.

Nesse mesmo sentido, diante "da constatação de que o tempo usual era insuficiente para propósito de existência da função jurisdicional estatal em alguns casos", a doutrina foi conclamando "a necessidade de se criarem procedimentos especiais ou, ao menos, técnicas processuais específicas para atender a necessidades únicas do direito material tutelado"[69] – tal como os procedimentos especiais (incluindo o procedimento sumário e o sumaríssimo) e as tutelas de urgência e da evidência.

Em 1969, a Convenção Interamericana de Direitos Humanos (chamada de "Pacto de São José da Costa Rica") estabeleceu, no inciso I do seu art. 8.º, que "toda pessoa tem direito de ser ouvida com as devidas garantias e dentro de um prazo razoável por um juiz ou tribunal competente, independente e imparcial, estabelecido por uma lei anterior".

Os anos 1980 foram marcados por reformas no Estado reativas à crise dos anos 1970 (declínio do *Welfare State*), reduzindo no mundo todo não apenas o aparato estatal, como também redefinindo o modelo de democracia.[70]

Nos Estados Unidos, os crescentes ataques à ineficiência do Poder Judiciário local[71] fizeram com o que o Governo apresentasse quatro medidas integradas: *i*) "o Congresso aprovou o *Civil Justice Reform Act* de 1990 (*CJRA*)"; *ii*) "as *Federal Rules of Civil Procedure* receberam modificações pontuais para minimizar o tempo dos processos"; *iii*) "a Casa Branca promoveu reformas nos órgãos administrativos que mais frequentemente utilizavam o serviço judicial"; e *iv*) "os distritos do sistema judiciário federal organizaram grupos de trabalho para auxiliar as cortes no planejamento de medidas de redução de custos e tempo dos processos judiciais".[72]

---

69 GONÇALVES, Gláucio Ferreira Maciel. Direito e tempo". *in* JAYME, Fernando Gonzaga; FARIA, Juliana Cordeiro de; LAUAR, Maira Terra (Org.). *Processo civil: novas tendências. Homenagem ao Ministro Sálvio de Figueiredo Teixeira*. Belo Horizonte: Del Rey, 2011, p. 286.

70 RODOVALDO, Maria Fernanda de Toledo. *A reforma do Poder Judiciário: análise do papel do STF e do CNJ*. São Paulo: Atlas, 2014, pp. 10-11.

71 "Argumentava-se que o Judiciário não desfrutava de credibilidade como instituição pública governamental e que sua ineficiência influía negativamente na competitividade internacional do país (Dunworth & Kalalik, 1993)." ALVES DA SILVA, Paulo Eduardo. *Gerenciamento de processos judiciais*. São Paulo: Saraiva, 2010, pp. 37-38.

72 ALVES DA SILVA, Paulo Eduardo. *Gerenciamento de processos judiciais*. São Paulo: Saraiva, 2010, p. 38.

O processo inglês também "era acusado de ser caro, excessivamente lento e demasiadamente complexo no seu funcionamento"[73], de modo que a Inglaterra, no fim do século passado, realizou uma ampla reforma legislativa que culminou em um inédito código de processo civil (*Civil Procedure Rules*, de 1999)[74] - uma das maiores e mais promissoras transformações no sistema inglês desde 1870[75].

No Brasil, um ano antes (1998), foi promulgada a EC nº 19 (iniciada em 1995), que ficou conhecida como "Reforma Administrativa", que trouxe um novo paradigma do papel do Estado no tocante à Administração Pública. Após uma década da Constituição vigente, o legislador, com a democracia em consolidação, decidiu rever a atuação estatal de forma voltada para o interesse social. E é justamente nesse momento que o conceito de eficiência da Administração Pública ganha atenção e é, então, positivado no *caput* do art. 37 como princípio constitucional norteador da atuação do Estado.[76]

À época foi alardeada a necessidade de uma reforma gerencial, que visava fortalecer os seguintes princípios e práticas[77]:

> (...) liderança, planejamento estratégico, controle de resultados, revisão e aperfeiçoamento contínuo dos processos de trabalho, par-

---

73 GONÇALVES, Gláucio Ferreira Maciel, BRITO, Thiago Carlos de Souza. *Gerenciamento dos processos judiciais: nota sobre a experiência processual civil na Inglaterra pós-codificação.* Revista da Faculdade de Direito da UFMG, Belo Horizonte, nº 66, pp. 291-326, jan./jun. 2015, p. 300.

74 "Enquanto nos Estados Unidos da América o gerenciamento dos processos judiciais foi implementado por meio de reformas precisas, em consonância com as práticas vigentes nos tribunais federais (*federal courts*), o gerenciamento inglês foi instituído após uma ampla reforma legislativa, que culminou em um inédito código de processo civil, nos moldes da codificação tão comum do *civil law*, código esse também conhecido como as Civil Procedure Rules (CPR)." GONÇALVES, Gláucio Ferreira Maciel, BRITO, Thiago Carlos de Souza. *Gerenciamento dos processos judiciais: nota sobre a experiência processual civil na Inglaterra pós-codificação.* Revista da Faculdade de Direito da UFMG, Belo Horizonte, nº 66, pp. 291-326, jan./jun. 2015, p. 301.

75 ALVES DA SILVA, Paulo Eduardo. *Gerenciamento de processos judiciais.* São Paulo: Saraiva, 2010, p. 42.

76 RODOVALDO, Maria Fernanda de Toledo. *A reforma do Poder Judiciário: análise do papel do STF e do CNJ.* São Paulo: Atlas, 2014, p. 02.

77 BRESSER-PEREIRA, Luiz Carlos. *Reforma do Estado para a cidadania.* São Paulo/Brasília: Editora 34, 1998, p. 218

> ticipação dos funcionários na redefinição e gerência dos processos de trabalho em que eles próprios estejam envolvidos, motivação do pessoal através de incentivos morais relacionados com a missão da organização e o interesse público, reservando um papel secundário aos incentivos monetários, e foco no cidadão-cliente.

Embora componha o Estado, o Poder Judiciário não faz parte da Administração Pública, de modo que não foi abarcado expressamente por essa reforma. Somente seis anos depois é que houve a promulgação da EC nº 45/2004 para, então, reformar o Judiciário.

Não há dúvidas de que a EC nº 45/2004 é a continuação do projeto inaugurado pela EC nº 19/1998, bem como de que as propostas de 2004 tenham sido bem recebidas em razão do sucesso das propostas de 1998 (em especial pelos efeitos da transparência e da *accountability*). No entanto, os vetores da EC nº 45/2004 são diversos. Isso porque a CR/88, ao ampliar os direitos (e, como consequência, diversificar as demandas) e facilitar o acesso à justiça, expôs as dificuldades que o Poder Judiciário tem para lidar com a (falta de) eficiência: os processos demoram a terminar e (por conseguinte) as decisões nem sempre são efetivas (por vezes meramente formais).[78]

Apontam-se três motivos para a "Reforma do Judiciário": *i*) a tão alardeada "morosidade da justiça" ("questões relativas à tramitação dos processos"); *ii*) a democratização do acesso à justiça ("judicialização da política e abertura do Judiciário para os mais pobres") e *iii*) o custo do Poder Judiciário ("custo com manutenção dos serviços, incluindo pessoal e patrimônio, como também o custo social que representa o desempenho do Judiciário").[79]

O primeiro motivo (demora de tramitação dos processos) foi, sem dúvida, o principal, pois, no momento que antecedeu a EC nº 45/2004, era notório (apesar da relativa falta de dados estatísticos oficiais) como os processos se acumulavam ano após ano em todas as instâncias e, para piorar ainda mais o quadro, não havia perspectiva de melhora.

78 RODOVALDO, Maria Fernanda de Toledo. *A reforma do Poder Judiciário: análise do papel do STF e do CNJ*. São Paulo: Atlas, 2014, pp. 20-23.

79 RODOVALDO, Maria Fernanda de Toledo. *A reforma do Poder Judiciário: análise do papel do STF e do CNJ*. São Paulo: Atlas, 2014, p. 23.

Contudo, a retirada dos obstáculos econômicos, sociais e (na medida do possível) culturais[80] realizada pela CR/88 (uma das causas, aliás, do primeiro motivo) também se tornou uma razão relevante (segundo motivo) para se reformar o Judiciário (o aumento de normas que garantam direitos não foi acompanhado dos meios para que eles fossem requeridos em juízo).

> De toda forma, a Constituição de 1988 não se limitou à ampliação de direitos, mas também, ao instituir garantias e remédios processuais para efetivar esses direitos, redefiniu a arena das discussões de políticas públicas, alargou e tornou mais profundo o controle judicial sobre o Executivo e o Legislativo, transferiu para as decisões judiciais as expectativas de realização de justiça social e criou novas situações de direitos individuais. Tudo isso foi feito sem que se repensasse a estrutura administrativa do poder e as limitações da cultura jurídica.[81]

Por fim (terceiro motivo), o custo do Judiciário para o Estado passou a ser ponderado quando se iniciaram as reformas estruturais de

---

80 "(...) os estudos realizados pela sociologia judiciária revelam que os obstáculos ao acesso efectivo à justiça por parte das classes populares são de três tipos: econômicos, sociais e culturais. Os custos econômicos compreendem, nomeadamente: preparos e custas judiciais; honorários de advogados e de outros profissionais, como, por exemplo, peritos; gastos com transportes e outros e, ainda, uma série de custos de oportunidade com valor econômico, para além dos custos resultantes da morosidade (...). Todos esses custos tornam a justiça dispendiosa e proporcionalmente mais cara para as acções de pequeno valor, por alguns destes custos serem rígidos, o que vitimiza as classes populares, dado que é precisamente neste tipo de acções que tendem a intervir. Quanto mais baixo é o estrato sócio-econômico do cidadão, menos provável é que conheça o direito ou um advogado, menos provável é que saiba onde, como e quando contactar o advogado, e maior é a distância geográfica entre o lugar onde vive ou trabalha e a zona da cidade onde se encontram os escritórios de advocacia e tribunais (...). A dimensão social no acesso à justiça é, assim, um fenómeno muito complexo, já que, para além das condicionantes econômicas, sempre mais óbvias, envolve condicionantes sociais e culturais resultantes de processos de socialização e de interiorização de valores dominantes muito mais difíceis de transformar". PEDROSO, João; TRINCÃO, Catarina; DIAS, João Paulo. "E a justiça social aqui tão perto? As transformações no acesso ao direito e à justiça". *Revista Crítica de Direitos Sociais*, vol. 65, maio/2003, p. 78.

81 RODOVALDO, Maria Fernanda de Toledo. *A reforma do Poder Judiciário: análise do papel do STF e do CNJ*. São Paulo: Atlas, 2014, p. 47.

abertura do Brasil para o mercado externo – isto é, "as decisões judiciais (não apenas o resultado, mas o custo de acesso, o tempo de tramitação dos processos, a imparcialidade dos juízes) se tornaram relevantes na condução dos negócios"[82]. Essa modernização do Estado para um consequente crescimento econômico, passava, assim, pela "Reforma do Judiciário" que, reformado, deveria ser, em primeiro lugar, mais eficiente (produzir mais custando menos).[83]

Sobre o "Judiciário reformado", não são necessários grandes estudos para se afirmar que "A EC nº 45/2004 reformulou muitas normas constitucionais, mas a grande mudança foi a criação do Conselho Nacional de Justiça", a quem a CR/88, por meio do § 4.º do art. 103-B, incumbiu "controle da atuação administrativa e financeira do Poder Judiciário e do cumprimento dos deveres funcionais dos juízes"[84].[85] A implementação desse Conselho "tornou possível uma radiografia do Poder Judiciário"[86], possibilitando o conhecimento de dados estatísticos de um segmento do Estado reiteradamente reputado como uma "caixa-preta". A transparência e a *accountability* do Poder Judiciário podem ser apontadas, portanto, como as maiores contribuições da EC nº 45/2009, uma vez, por meio do CNJ, a sociedade pode conhecer dados antes não divulgados – tais "como gastos, atrasos nos julgamentos, números de funcionários, forma de apurar e punir juízes"[87], dentre outras questões relevantes.

---

82 RODOVALDO, Maria Fernanda de Toledo. *A reforma do Poder Judiciário: análise do papel do STF e do CNJ*. São Paulo: Atlas, 2014, p. 48.

83 "Há várias razões por que judiciários eficientes estimulam o crescimento econômico. Ao proteger a propriedade e os direitos contratuais, reduzir a instabilidade da política econômica e coibir a expropriação pelo Estado, judiciários fortes, independentes, imparciais, ágeis e previsíveis estimulam o investimento, a eficiência e o progresso tecnológico. Os estudos empíricos indicam que o sacrifício em termos de crescimento econômico da ineficiência judicial é de fato significativo" (PINHEIRO, Armando Castelar, 2001, *apud* RODOVALDO, Maria Fernanda de Toledo. *A reforma do Poder Judiciário: análise do papel do STF e do CNJ*. São Paulo: Atlas, 2014, p. 51).

84 RODOVALDO, Maria Fernanda de Toledo. *A reforma do Poder Judiciário: análise do papel do STF e do CNJ*. São Paulo: Atlas, 2014, p. 80.

85 A competência e a legitimidade do CNJ, sob a ótica de seu papel na gestão estratégica do Poder Judiciário brasileiro, são objeto de capítulo próprio deste estudo.

86 RODOVALDO, Maria Fernanda de Toledo. *A reforma do Poder Judiciário: análise do papel do STF e do CNJ*. São Paulo: Atlas, 2014, pp. 85-86.

87 RODOVALDO, Maria Fernanda de Toledo. *A reforma do Poder Judiciário: análise do papel do STF e do CNJ*. São Paulo: Atlas, 2014, p. 86.

Essa "proximidade da atuação do Conselho com o que seria um controle externo", em especial a divulgação de dados relativos ao Poder Judiciário (como os custos e a produtividade), redefiniu o papel do juiz na democracia brasileira, porquanto possibilitou o acompanhamento das atividades desse Poder antes tão pouco transparente[88]. E a divulgação desses dados também permitiu que o CNJ estipulasse diretrizes de atuação para os Tribunais brasileiros, por meio de um planejamento estratégico para tornar as respectivas produtividades mais eficientes.

Tudo isso corrobora a – e não deixa de ser consequência da – importância da inserção do inciso LXXVIII ao art. 5.º da CR/88 por meio da EC nº 45/2004: "a todos, no âmbito judicial e administrativo, são assegurados a razoável duração do processo e os meios que garantam a celeridade de sua tramitação".

A positivação dessa garantia processual no rol de direitos fundamentais foi extremamente significativa, porquanto foi "a primeira vez que se tem notícia da inclusão de uma norma sobre a razoável duração do processo em um texto constitucional", fato esse que "servirá, pelo menos, para que o juiz tenha mais sensibilidade para presidir, com responsabilidade, o feito que lhe é submetido", bem como "para que o legislador tenha seus olhos voltados para a modificação do sistema processual cível e penal, e atue com mais vigor na apreciação de projetos que visam a uma melhor estruturação da Justiça"[89].

4. Conclusão

Não basta, portanto, realizar reformas legislativas quando o ponto fundamental da análise dos problemas que afetam a justiça e o processo deve ser o *modus operandi* do sistema de justiça, cuja realidade atual mostra que não há mais espaço para um funcionamento exclusivamente artesanal por parte do Poder Judiciário – modelo predominante na rea-

88 RODOVALDO, Maria Fernanda de Toledo. *A reforma do Poder Judiciário: análise do papel do STF e do CNJ*. São Paulo: Atlas, 2014, p. 87.

89 GONÇALVES, Gláucio Ferreira Maciel. Direito e tempo". *in* JAYME, Fernando Gonzaga; FARIA, Juliana Cordeiro de; LAUAR, Maira Terra (Org.). *Processo civil: novas tendências. Homenagem ao Ministro Sálvio de Figueiredo Teixeira*. Belo Horizonte: Del Rey, 2011, p. 289.

lidade produtiva do século XIX (época em que, inclusive, a ciência processual ganhou corpo).[90]

Nesse contexto é que se faz necessário, em conjunto com as reformas legislativas, utilizar-se da gestão estratégica profissional para melhorar resultados na prestação de serviços judiciais (cuja demanda, não custa lembrar, dá-se em grande escala).

Aguardar que alterações legislativas, principalmente realizadas sem qualquer estudo prévio e posterior, resolvam o problema consiste em um sonho pueril. Anomalias e deficiências do Poder Judiciário não se eliminam com leis, mas com realização de uma gestão estratégica dos recursos (humanos e financeiros) disponíveis - gestão flexível do processo (*case management*), embora extremamente relevante, limita-se à visão endoprocessual (micro), sendo necessário que a dogmática processual se volte também para uma visão panprocessual (macro).

E não existe uma receita pronta. Cada local - seja visto de forma macro (tribunal), seja de forma micro (unidade jurisdicional) - deve adotar as técnicas de gerenciamento adequadas à sua realidade, conforme os recursos (humanos e financeiros) disponíveis e a cultura local. A gestão processual consiste, portanto, mais em uma racionalidade para o exercício jurisdicional do que em uma técnica gerencial específica.[91] De qualquer modo, em que pese essa ressalva, os atores judiciais devem, na medida da sua competência e legitimidade, sempre buscar aplicar, repita-se, técnicas gerenciais básicas ao atuarem no palco processual para, assim, obter melhores resultados quantitativos e, principalmente, qualitativos no tocante à prestação jurisdicional.

---

90 WATANABE, Kazuo. Prefácio à obra "Gerenciamento de processos judiciais", de Paulo Eduardo Alves da Silva (São Paulo: Saraiva, 2010, pp. 16 e 28-30).

91 "Na medida em que o gerenciamento de processos é uma racionalidade e não somente técnica, ele tende a produzir resultados diferentes conforme a cultura jurídica em que é inserida." ALVES DA SILVA, Paulo Eduardo. *Gerenciamento de processos judiciais*. São Paulo: Saraiva, 2010, p. 86.

O PODER GERAL DE CAUTELA QUE ESTENDE OS EFEITOS DA RECUPERAÇÃO JUDICIAL AOS BENS E DIREITOS DE SÓCIOS OU DE EMPRESA DO MESMO GRUPO ECONÔMICO QUE NÃO ESTEJAM EM RECUPERAÇÃO JUDICIAL

Luiz Roberto Ayoub[1]
Vanderson Maçullo Braga Filho[2]

É de ampla sabença que o Código de Processo Civil dispõe, de maneira expressa, acerca do Poder Geral de Cautela - corolário da garantia da tutela jurisdicional adequada (art. 5º, inciso XXXV da Constituição da República[3]) – em seu art. 301, ao prever que "a tutela de urgência de natureza cautelar pode ser efetivada mediante arresto, sequestro, arrolamento de bens, registro de protesto contra alienação de bem e qualquer outra medida idônea para asseguração do direito."

O Poder Geral de Cautela, vale dizer, assegura ao magistrado o deferimento de todas as medidas que se revelarem adequadas ao asseguramento da utilidade da tutela principal. Apesar de o art. 301 do Código de Processo Civil prever algumas medidas cautelares (típicas ou nominadas no sistema processual de 1973), a cláusula geral constante ao final no dispositivo legal – "qualquer outra medida idônea para asseguração do direito" – autoriza que sejam adotadas quaisquer medidas com a fi-

---

1 Desembargador aposentado do Tribunal de Justiça do Estado do Rio de Janeiro. Professor aposentado de Direito Empresarial e de Processo Civil da Escola de Direito do Rio de Janeiro da Fundação Getúlio Vargas. Presidente do Fórum Permanente de Direito de Arbitragem da Escola da Magistratura do Estado do Rio de Janeiro – EMERJ. Sócio do Galdino & Coelho, Pimenta, Takemi e Ayoub Advogados. Advogado das recuperações judiciais do Grupo Educação Metodista e do Grupo Light. *E-mail*: layoub@gc.com.br

2 Auditor do Superior Tribunal de Justiça Desportiva do Futebol. Sócio do Galdino & Coelho, Pimenta, Takemi e Ayoub Advogados. Advogado das recuperações judiciais do Grupo Educação Metodista e do Grupo Light. *E-mail*: vmacullo@gc.com.br

3 Art. 5º. [...] XXXV - a lei não excluirá da apreciação do Poder Judiciário lesão ou ameaça a direito;

nalidade precípua de garantia da eficácia do processo e da tutela jurisdicional a ser concedida.

O eminente Ministro Luiz Fux comenta, em sede doutrinária:

> "O art. 301 do CPC consagra o poder geral de cautela, ou seja, a prerrogativa do magistrado de determinar qualquer providência, ainda que atípica, para assegurar a efetividade jurisdicional. Diante da urgência e da necessidade de ingresso no Judiciário, o Estado, exercente do poder-dever de prestar a jurisdição, não se pode escusar em deferir a providência sob o mando da inexistência de previsão legal."[4]

Dessa feita, uma vez preenchidos os requisitos autorizadores – a situação de risco narrada pelo autor (*periculum in mora*) e a plausibilidade do direito invocado (*fumus boni iuris*) –, de fato, incumbe ao juiz o poder-dever de conceder a medida cautelar atípica, materializando o seu Poder Geral de Cautela, sob pena de atentar contra o dever de prestação de tutela jurisdicional adequada.

O Prof. Fernando da Fonseca Gajardoni complementa:

> "Sendo certo que o legislador não poderia previamente imaginar todas as situações de risco que justificassem a intervenção cautelar do Estado, com sabedoria o sistema incorporou, com arrimo no direito comparado, uma fórmula genérica a permitir ao magistrado ofertar tutela cautelar fora das situações expressamente previstas na lei."[5]

Sem prejuízo do disposto no art. 301, *in fine*, há, no caderno processual, um arcabouço normativo que lastreia a outorga de poderes ao juiz, concebendo o Poder Geral de Cautela, citando-se o art. 139, inciso IV[6] e o art. 297[7], ambos do Código de Processo Civil,

---

4 FUX, Luiz. *Curso de direito processual civil*. – 5. ed. – Rio de Janeiro: Forense, 2022. p. 124.

5 GAJARDONI, Fernando da Fonseca. *A moderna ótica do Poder Geral de Cautela do Juiz*. *In*: ARMELIN, Donaldo (coord.). Tutelas de urgência e cautelares. São Paulo: Saraiva, 2010, p. 534.

6 Art. 139. O juiz dirigirá o processo conforme as disposições deste Código, incumbindo-lhe: [...] IV - determinar todas as medidas indutivas, coercitivas, mandamentais ou sub-rogatórias necessárias para assegurar o cumprimento de ordem judicial, inclusive nas ações que tenham por objeto prestação pecuniária;

7 Art. 297. O juiz poderá determinar as medidas que considerar adequadas para efetivação da tutela provisória.

Por força do art. 189, *caput*, da Lei nº 11.101/2005[8], que admite a aplicação da legislação processual civil ao microssistema recuperacional, o magistrado que preside o processo de recuperação judicial também está revestido do Poder Geral de Cautela. A esse propósito, a doutrina dos Profs. Gerson Luiz Carlos Branco e Eduardo Siqueira Neri afirma que *"a aplicação subsidiária das regras processuais tem como função o preenchimento de lacunas de forma harmônica e prudencial."*

O Poder Geral de Cautela, no campo recuperacional, propicia a competência para apreciação de matérias que sejam de interesse para o devedor em recuperação e para os credores, assegurando ao demandante o resultado útil, justo e tempestivo do processo de recuperação judicial.

Na recuperação judicial do Grupo Educação Metodista – Instituições de Ensino Metodistas –, em trâmite perante o 2º Juízo da Vara Regional Empresarial de Porto Alegre, nos autos do Processo nº 5035686-71.2021.8.21.0001, o juiz Dr. Gilberto Schäfer deferiu, aos 22 de abril de 2021, requerimento apresentado pela Igreja Metodista no Brasil, organização religiosa[9] desprovida de legitimidade ativa para postular recuperação judicial – já que os cânones da Igreja consagram a ausência de empresarialidade da atividade desenvolvida –, para ter a suspensão da exigibilidade dos créditos ou obrigações sujeitos à recuperação judicial também contra si. Confira-se:

> "Os requerentes postulam a emenda a inicial com a inclusão das associações no polo ativo e a consequente proteção destas com a suspensão das execuções em razão da antecipação dos efeitos do *stay period*.
>
> Na forma do Súmula 480 do STJ o que vai definir a questão é o plano de recuperação econômica. Se o conjunto de bens destas que postulam a recuperação integrar o plano, em análise inicial, é possível a disposição do juiz de recuperação.
>
> Então, em uma análise inicial, que será amadurecida posteriormente, tenho em aceitar as requerentes do polo ativo. O que parece nar-

8 Art. 189. Aplica-se, no que couber, aos procedimentos previstos nesta Lei, o disposto na Lei nº 13.105, de 16 de março de 2015 (Código de Processo Civil), desde que não seja incompatível com os princípios desta Lei.

9 Código Civil. Art. 44. São pessoas jurídicas de direito privado: [...] IV - as organizações religiosas; (Incluído pela Lei nº 10.825, de 22.12.2003)

rado é de que a situação de crise das requerentes, arrasta para o Recuperação Judicial as novas requerentes.

Ainda, não há dúvida sobre a necessidade de proteção do patrimônio daqueles que respondem pela satisfação dos débitos de forma solidária/subsidiária com aqueles que estão vivendo momento de crise. Se assim não for procedido, poderemos causar o desaparecimento não apenas das associações em crise, mas também daqueles que, de alguma forma, contribuíam para a realização da atividade de interesse social.

Protegendo o patrimônio do devedor solidário/subsidiário, o grupo em crise continuará tendo o auxílio daquele que sempre participou e, por consequência, terá chance de implantar plano de recuperação eficaz ao soerguimento, preservando a continuidade da atividade.

Há que se reconhecer a importância em proteger o patrimônio daqueles que devem responder pelas dívidas, sujeitas a recuperação. É inegável ser do interesse dos devedores solidários/ subsidiários continuar auxiliando para que a situação de crise seja superada.

Isto posto, **defiro,** os requerimentos contidos na petição juntada (Evento 108) para determinar a suspensão da exigibilidade, a contar da data da primeira Decisão – Evento nº 47 (dia 14.04.2021), de todos e quaisquer créditos trabalhistas, com garantia real, quirografários e enquadrados como microempresa ou empresa de pequeno porte detidos contra Associação da Igreja Metodista, da Associação da Igreja Metodista – Primeira Região Eclesiástica, da Associação da Igreja Metodista – Segundo Região Eclesiástica, da Associação da Igreja Metodista – Terceira Região Eclesiástica, da Associação da Igreja Metodista – Quarta Região Eclesiástica, da Associação da Igreja Metodista – Quinta Região Eclesiástica, da Associação da Igreja Metodista – Sexta Região Eclesiástica, da Associação da Igreja Metodista – Sétima Região Eclesiástica, da Associação da Igreja Metodista – Oitava Região Eclesiástica, da Associação da Igreja Metodista – Região Missionária do Nordeste e da Associação da Igreja Metodista – Região Missionária da Amazônia e a Associação da Igreja Metodista Nacional (AIM-NACIONAL), na qualidade de integrantes do mesmo grupo econômico e por serem associadas/ sócias ilimitadas e solidárias relativas a créditos ou obrigações sujeitos à futura Recuperação Judicial, em consonância com o disposto no art. 6º, inciso II da LREF **até a aprovação, ou não, do plano em assembleia geral de credores**.

Acolho a Emenda Inicial para o Ingresso na demanda." – grifos não-originais.

Aos 10 de maio de 2021, o Juízo Empresarial gaúcho proferiu nova Decisão, que deferiu o processamento da recuperação judicial, ocasião em que confirmou os efeitos das medidas cautelares já deferidas:

> "Conforme reiteradamente destacado pelas requerentes durante o processado, o fato gerador da crise decorreu da ausência de liquidez do caixa, desencadeado pela diminuição dos programas federais, incidência de atos expropriatórios oriundos de processo trabalhista, aumento do índice de desemprego que fez com que as pessoas deixassem de buscar qualificação superior bem como a inadimplência daqueles que buscam o ensino privado.
>
> Dentre as medidas adotadas ao soerguimento, além da venda do ativo imobilizado, está o restabelecimento do fluxo de caixa, o que será possível tão somente com a suspensão das demandadas executivas contra as requerentes e os integrantes do grupo econômico. [...]
>
> 3. Confirmo os efeitos das medidas cautelares já deferidas no curso da ação e ratifico a suspensão de todas as ações e execuções existentes contra a devedora e daquelas integrantes do grupo econômico pelo prazo de 180 dias (art. 6º, § 4º) a contar da decisão proferida no Evento 47 de 14/04/2021, ressalvando o disposto nos artigos 6º, §§ 1º, 2º e 7º, e 49, §§ 3º e 4º do diploma legal supracitado, devendo a devedora comunicar aos respectivos Juízos, conforme o disposto no art. 52, §3º, da LREF."

Isso porque, naquele caso específico, a Igreja Metodista no Brasil, que figura como interessada no procedimento de recuperação judicial das Instituições de Ensino, é a mantenedora das entidades educacionais e, nessa função, nutre financeiramente quem está em recuperação judicial, inclusive disponibilizando ativos imobiliários de sua propriedade registral para serem alienados judicialmente e gerar fluxo de caixa às Recuperandas e/ou dinheiro para o pagamento dos credores concursais.

Ademais, a Justiça do Trabalho, em milhares de decisões judiciais já transitadas em julgado, nos moldes do art. 2º, §2º da Consolidação das Leis do Trabalho[10], reconhece, o grupo econômico "do ensino metodista",

10 Art. 2º. [...] § 2º Sempre que uma ou mais empresas, tendo, embora, cada uma delas, personalidade jurídica própria, estiverem sob a direção, controle ou administração de outra, ou ainda quando, mesmo guardando cada uma sua autonomia, integrem grupo econômico, serão responsáveis solidariamente pelas obrigações decorrentes da relação de emprego.

abrangendo tanto as Instituições de Ensino, que estão em recuperação judicial, quanto as pessoas jurídicas que constituem a Igreja Metodista no Brasil.

No bojo do Conflito de Competência nº 180.528/RS, o eminente Ministro Raul Araújo, da 2ª Seção do Superior Tribunal de Justiça, comentou o *decisum* de primeira instância, identificando o uso do Poder Geral de Cautela pelo Juízo *a quo*:

> "Na leitura dos trechos acima transcritos, depreende-se que o d. Juízo da Recuperação Judicial **usando o poder geral de cautela, assim como o poder especial de cautela**, próprio da atividade judicante especializada em recuperação judicial, **procurou resguardar as chances de sucesso do plano de soerguimento empresarial**, em decisão cautelar a ser confirmada posteriormente ou revogada, de ofício ou por intermédio dos meios processuais de impugnação postos à disposição do jurisdicionado.
>
> **Assim também ocorre quando o Juízo recuperacional estende os efeitos da recuperação judicial aos bens e direitos de sócios ou de empresa do mesmo grupo econômico, embora não estejam em recuperação judicial**.
>
> **Logo, a espécie de provimento em evidência, estendendo os efeitos da recuperação a outras pessoas e entidades, seja em sede cautelar seja em sede definitiva, além de não serem estranhos à prática comum de qualquer órgão judicante, são típicos e benfazejos para a própria recuperação judicial agregando patrimônio aparentemente saudável ao *"monte"***."
>
> (CC nº 180.528, Ministro Raul Araújo, DJe de 01/09/2021.) – grifos não-originais.

Já no âmbito do julgamento do Agravo Interno na Tutela Provisória nº 3.654/RS, ocorrido aos 15 de março de 2022, a Egrégia 4ª Turma do Superior Tribunal de Justiça manteve a extensão dos efeitos do *stay period* à Igreja Metodista no Brasil. Confira-se fragmento do Voto da eminente Ministra Maria Isabel Gallotti:

> "Por esses motivos, penso que deve, com a devida vênia do eminente Relator, ser mantido o efeito suspensivo, mas apenas em parte. Segundo meu entendimento, deve ser dado provimento parcial ao agravo interno porque observo que a decisão de primeiro grau, cujos efeitos provisórios ficam restaurados na medida em que se concede

> efeito suspensivo ao acórdão do Tribunal de origem, **além de dispor sobre a legitimidade das associações e dos componentes do grupo econômico para dar andamento a procedimento de recuperação judicial**, também determinou o levantamento das travas bancárias. [...]
>
> Em síntese, penso que, na linha do efeito suspensivo deferido em segundo grau, pode prosseguir precariamente, até o exame definitivo da causa por este Tribunal, o processo de recuperação judicial. **Considero que esse processo pode abranger todos os integrantes do grupo econômico, ainda em exame precário**. Isso não vai gerar perda do objeto, porque, caso tese oposta venha a prevalecer no julgamento final do STJ, as dívidas e as obrigações deverão voltar ao estado anterior, sem a novação, sendo computados para abatimento os valores que venham a ser pagos por meio desse processo de recuperação judicial."[11] – grifos não-originais.

E também trecho do Voto do eminente Ministro Luis Felipe Salomão:

> "**Ocorre que, nos termos da decisão de primeiro grau, na espécie, reconheceu-se a existência de um grupo econômico "do ensino metodista"**, fazendo jus os requerentes à consolidação substancial de ativos e passivos das 16 instituições de ensino que desempenham papel de forma coordenada, centralizado sob o poder de controle secular.
>
> **Dessarte, há, no mínimo, uma realidade peculiar de entes híbridos, um aparente grupo econômico em confusão patrimonial**, no qual, em linha de princípio, de maneira inconteste, um dos seus integrantes faz jus à recuperação judicial e, ao que parece, está em situação de consolidação substancial, o que, em tese, implicaria a possibilidade de utilização da LREF."[12] – grifos não-originais.

Assim, graças ao Poder Geral de Cautela insculpido na legislação processual civil, a Igreja Metodista no Brasil, em decisão inédita em pro-

11 STJ. AgInt no TP nº 3.654/RS, relator Ministro Raul Araújo, relator para acórdão Ministro Luis Felipe Salomão, Quarta Turma, julgado em 15/3/2022, DJe de 8/4/2022.

12 STJ. AgInt no TP nº 3.654/RS, relator Ministro Raul Araújo, relator para acórdão Ministro Luis Felipe Salomão, Quarta Turma, julgado em 15/3/2022, DJe de 8/4/2022.

cessos de insolvência, apesar de não estar em recuperação judicial, logrou êxito em obter o deferimento da blindagem de seu patrimônio, a partir do reconhecimento judicial de ser imprescindível proteger o patrimônio da Igreja Metodista, sua mantenedora, para evitar a falência de suas atividades empresariais no ramo da educação.

Em contrapartida, no Plano de Recuperação Judicial aprovado e homologado judicialmente, consta que o conjunto de ativos da Igreja Metodista no Brasil, interessada, o está abarcando, ficando à disposição para gerar os recursos financeiros necessários para viabilizar o pagamento das obrigações assumidas pelas Instituições de Ensino Recuperandas, atraindo a aplicação, a *contrario sensu*, da Súmula nº 480 do Superior Tribunal de Justiça[13]. Colaciona-se julgados do Superior Tribunal de Justiça:

> "AGRAVO INTERNO NO CONFLITO POSITIVO DE COMPETÊNCIA. EXECUÇÃO DE TÍTULO EXTRAJUDICIAL E RECUPERAÇÃO JUDICIAL. COMPETÊNCIA DO JUÍZO FALIMENTAR PARA A PRÁTICA DE ATOS DE EXECUÇÃO. 1. Nos termos da jurisprudência consolidada desta Corte, é competente o juízo universal para prosseguimento de atos de execução que incidam sobre o patrimônio de sociedade em processo falimentar ou de recuperação judicial. **2. Os bens dos sócios e dos coobrigados solidários das sociedades recuperandas**/falidas **estão sob a tutela do juízo universal quando há determinação expressa nesse sentido. Interpretação a contrario senso da Súmula 480/STJ**. 3. Agravo interno não provido."
>
> (AgInt no CC 164.903/PR, Rel. Ministra NANCY ANDRIGHI, SEGUNDA SEÇÃO, julgado em 05/05/2020, DJe 12/05/2020 –grifos não-originais)
>
> "AGRAVO INTERNO NO AGRAVO EM RECURSO ESPECIAL - AUTOS DE AGRAVO DE INSTRUMENTO NA ORIGEM - DECISÃO MONOCRÁTICA QUE NEGOU PROVIMENTO RECLAMO. INSURGÊNCIA DA AGRAVANTE. 1. O controle dos atos de constrição patrimonial, como forma de preservar tanto o direito creditório quanto a viabilidade do plano de recuperação judicial, deve prosseguir sob a supervisão do Juízo universal. **2. Na hipótese de os bens dos sócios estarem abrangidos ao cumprimento do plano de recuperação judi-**

13 Nº. 480. "O juízo da recuperação judicial não é competente para decidir sobre a constrição de bens não abrangidos pelo plano de recuperação da empresa."

> **cial afasta-se a aplicação da Súmula 480/STJ**. 2. Agravo interno desprovido."
>
> (AgInt no AREsp nº 1.728.740/MG, Rel. Ministro MARCO BUZZI, QUARTA TURMA, julgado em 24/5/2021, DJe 28/5/2021 - grifos não-originais)

Ressalte-se que a hipótese do Grupo Educação Metodista é semelhante ao que estaria disposto no art. 5º, §10 da Lei nº 11.101/2005, não fosse o veto presidencial, a partir de orientação do Ministério da Economia durante a gestão do Ministro Paulo Guedes, ao referido dispositivo incluído na Lei nº 14.112/2020:

> "Art. 5º. [...]
>
> § 10. Na hipótese de recuperação judicial, também serão suspensas as execuções trabalhistas contra responsável, subsidiário ou solidário, até a homologação do plano ou a convolação da recuperação judicial em falência."

E o motivo do veto:

> "A propositura legislativa dispõe que, na hipótese de recuperação judicial, também serão suspensas as execuções trabalhistas contra responsável, subsidiário ou solidário, até a homologação do plano ou a convolação da recuperação judicial em falência.
>
> Entretanto, e embora se reconheça o mérito da proposta, o dispositivo contraria o interesse público por causar insegurança jurídica ao estar em descompasso com a essência do arcabouço normativo brasileiro quanto à priorização dos créditos de natureza trabalhista e por acidentes de trabalho, nos termos do art. 186 do Código Tributário Nacional - CTN, e da própria sistemática instituída pela Lei nº 11.101, de 2005, para a proteção desses créditos."[14]

Pontue-se que o sobredito dispositivo que restou vetado foi incluído no anteprojeto de lei da reforma da Lei nº 11.101/2005 gestado pela Comissão de Notáveis constituída no âmbito do Ministério da Fazenda

14 Disponível em <https://www.planalto.gov.br/ccivil_03/_ato2019-2022/2020/Msg/VEP/VEP-752.htm>

durante o exercício do Ministro Henrique Meirelles e dispunha acerca da suspensão em favor do devedor apenas subsidiário. Veja-se:

> § 10. Na hipótese de recuperação judicial, também serão suspensas as execuções trabalhistas contra responsável subsidiário até a homologação do plano ou a convolação da recuperação judicial em falência.[15]

Quando foi designado como relator do Projeto de Lei nº 4.458, no Senado Federal, para o mencionado projeto de lei, o Senador Rodrigo Pacheco, atual Presidente do Congresso Nacional e do Senado Federal, apresentou uma emenda de redação que estendeu o favor legal ao responsável solidário:

> "Décimo-terceiro, é necessário ajustar a redação do § 10 do artigo 6º, como proposto pelo art. 1º do Projeto, a fim de explicitar que todos os responsáveis, subsidiários ou solidários, não poderão ser acionados caso o devedor esteja no *stay period* ou caso a recuperação judicial tenha sido convolada em falência. O objetivo desta Emenda de Redação é manter o paralelismo com o regime de responsabilidade civil dos coobrigados previsto na Lei em vigor e no Projeto, que inclusive impede, no artigo 6º-C, a responsabilização de terceiros em decorrência do mero inadimplemento de obrigações do devedor falido ou em recuperação judicial."[16]

Vale dizer que o Senador Rodrigo Pacheco rejeitou emendas dos Senadores Paulo Paim, Randolfe Rodrigues e Fabiano Contarato, que objetivavam a derrubada do citado dispositivo:

> "A oitava Emenda em nada altera a situação de crise econômico-financeira do devedor em recuperação judicial porque visa tão-somente autorizar o credor trabalhista a prosseguir com sua execução contra o responsável subsidiário. A emenda, nesse sentido, não é

---

15 Disponível em <https://www.camara.leg.br/propostas-legislativas/2174927>

16 Disponível em <https://legis.senado.leg.br/sdleg-getter/documento?dm=8909356&ts=1630436936323&disposition=inline&_gl=1*hnq072*_ga*MTE0MjQ2NTIwNi4xNjY0OTEwMjA2*_ga_CW3ZH25XMK*MTY5Njk3OTM0MC4yMC4wLjE2OTY5NzkzNDAuMC4wLjA.>

> adequada, vez que a paralisação das execuções no *stay period*, mesmo contra responsáveis subsidiários, é medida equilibrada e de justiça, haja vista que o devedor estará negociando com seus credores um completo "plano de recuperação judicial" e merece, portanto, ser o ponto central de negociação, tarefa facilitada com a regra de suspensão das execuções. Deve, portanto, ser rejeitada."
>
> "A quadragésima-nona Emenda deve ser rejeitada porque a intenção do Projeto foi justamente suspender de forma clara tais execuções trabalhistas que acabam atrapalhando o processo de reestruturação da empresa do devedor. Deve ser rejeitada."[17]

Assim, o Poder Geral de Cautela, à luz das peculiaridades do caso concreto, tem o poder-dever de inibir ou de sanar as situações de risco, não dispostas em lei, para o devedor em recuperação, para os credores e para o resultado útil do processo.

Já na recuperação judicial da Light S/A (*Holding*), em curso no Juízo da 3ª Vara Empresarial da Comarca da Capital do Estado do Rio de Janeiro, nos autos do Processo nº 0843430-58.2023.8.19.0001, o juiz Dr. Luiz Alberto Carvalho Alves, aos 15 de maio de 2023, deferiu o requerimento de extensão parcial dos efeitos do *stay period* às concessionárias de energia elétrica Light Energia S/A e Light Serviços de Eletricidade S/A, interessadas no feito, alcançando tão somente o endividamento financeiro. Observe-se:

> "- DO PEDIDO DAS CONCESSIONÁRIAS LIGHT - SERVIÇOS DE ELETRICIDADE S.A. e LIGHT ENERGIA S.A., DE TUTELA PROVISÓRIA DE URGÊNCIA EM CARÁTER INCIDENTAL AO PEDIDO PRINCIPAL DE RECUPERAÇÃO JUDICIAL FORMULADO POR LIGHT S/A
>
> Reiterando-se o acima citado, as sociedades autoras esclareceram que apesar da independência entre si, suas operações e tomada de decisões são intrinsecamente interligadas.
>
> A primeira autora, holding do Grupo Light, ora em recuperação judicial, é controladora das concessionárias de energia elétrica Light SESA e a Light Energia, sendo-lhes vedada a aplicação dos regimes de recuperação judicial e extrajudicial previstos na Lei nº 11.101/05, segundo o art. 18 da Lei nº 12.767/2012.

---

17 *Ibidem.*

Demonstram, através dos pareceres apresentados, que a sociedade controladora espelha em seu passivo o endividamento financeiro de suas concessionárias e, também, no seu ativo, o fluxo de valores residuais gerados por estas, concentrando a recuperanda, em nome próprio, relevante endividamento do Grupo Light.

Detentora da integralidade do capital das concessionárias, a recuperanda é coobrigada pela integralidade da dívida financeira destas, o que permite aos credores tentar a satisfação de seus créditos no patrimônio das concessionárias controladas. Logo, eventual constrição nesse patrimônio, afetará diretamente o da sociedade *holding*.

Amparadas na nova redação do art. 6º, inciso II da Lei nº 11.101/05, incluído pela Lei nº 14.112/20, pleiteiam a extensão dos efeitos do *stay period* às concessionárias, uma vez que o deferimento do processamento da recuperação judicial implica "a suspensão das execuções ajuizadas contra o devedor, inclusive daquelas dos credores particulares do sócio solidário, relativas a créditos ou obrigações sujeitos à recuperação judicial".

Outro ponto importante a ser frisado, é o compromisso de que todas as obrigações setoriais permanecerão sendo cumpridas exclusivamente pelas Concessionária, sem quaisquer óbices, mantendo-se os aspectos regulatórios do Poder Concedente e da ANEEL, sem inviabilizar o pagamento das despesas que dizem respeito à concessão, tampouco o serviço público sofra distúrbios ou interrupções.

Deste modo, **como bem apontado em sua causa de pedir, deixar de suspender as constrições contra a Light SESA e a Light Energia permitiria a violação dos princípios da isonomia e da Par Condictio Creditorum, pois os credores das concessionárias receberiam seus créditos em condições muito melhores do que os credores da recuperanda, ainda que todos sejam da mesma classe e detentores de interesses homogêneos**.

Impedir que os credores satisfaçam seus créditos por meios que não seja o da recuperação judicial, preserva o grupo econômico e a atividade de fornecimento de energia elétrica desenvolvida, em todas as etapas da cadeia de produção, bem como a negociação acerca do Plano de Recuperação Judicial da holding Light S/A, de extrema importância para a população atendida pelo serviço público essencial prestado, o interesse público e os credores, a quem não deve interessar um amargo futuro falimentar do Grupo Light, caso o sacrifício não seja a todos distribuído. [...]

Não é a primeira vez que o Poder Judiciário enfrenta tal questão, como bem apontado pelas autoras, e acolhe a extensão dos

efeitos do *stay period* às sociedades controladas de grupo econômico, fundamentado no entendimento de que o prosseguimento dos negócios de todo o grupo empresarial controlador depende do plano de recuperação judicial em andamento, com a necessária preservação do patrimônio das controladas.

Por fim, há de se destacar que o furto de energia (conhecido popularmente como "gato"), traduz-se em prejuízos não só para as autoras, mas para os próprios consumidores, pois há o repasse para as contas de luz dos que pagam.

É um problema complexo e crônico, que envolve segurança pública e exige medidas urgentes para combatê-lo, pois as próprias Concessionárias não alcançando o resultado esperado, mesmo nos bairros mais nobres da capital, podem ficar impossibilitadas de atingir as metas regulatórias, sendo necessária a atuação do poder público e da ANEEL quanto ao benefício da tarifa social de energia, formalizando a ligação do consumidor à rede e reincorporando áreas consideradas criminalizadas, de modo a desonerar a conta de luz, coibir perdas e cortar subsídios.

Com fulcro no art. 5º da Lei de Introdução às Normas do Direito Brasileiro e do art. 8º do CPC, cabe a este juízo aplicar o ordenamento jurídico, atendendo aos fins sociais e às exigências do bem comum, resguardando e promovendo a dignidade da pessoa humana e observando a proporcionalidade, a razoabilidade, a legalidade, a publicidade e a eficiência. No presente caso, torna-se imperiosa a proteção do interesse público e sua supremacia, sem, contudo, desamparar o interesse privado, acolhendo-se as pretensões das autoras tanto para o processamento da recuperação judicial quanto para a blindagem de todo o patrimônio envolvido no soerguimento do Grupo Light e a manutenção da prestação do serviço público de fornecimento de energia elétrica à população.

Isso posto, recebo a emenda relativa ao pedido de tutela provisória de urgência em caráter incidental ao pedido principal de recuperação judicial, para deferir, **com amparo no poder geral de cautela previsto no art. 297 do CPC a extensão dos efeitos do stay period às CONCESSIONÁRIAS LIGHT - SERVIÇOS DE ELETRICIDADE S.A. e LIGHT ENERGIA S.A.**, até a homologação judicial do Plano de Recuperação Judicial a ser deliberado em Assembleia Geral de Credores, pois embora não estejam em recuperação judicial, fazem parte do Grupo Light, cujo patrimônio há de ser resguardado, considerando o aspecto social de seu serviço essencial, a preservação da empresas e a viabilidade de sua reestrutura econômica."

O Juízo fluminense, por sua vez, ao se valer do Poder Geral de Cautela, considerou o risco ao patrimônio das concessionárias que *"há de ser resguardado, considerando o aspecto social de seu serviço essencial, a preservação da empresas e a viabilidade de sua reestrutura econômica"*

Esclareça-se que a Light S/A (Holding – Recuperanda) é uma das obrigadas e tem patrimônio composto pelas participações societárias que detém nas concessionárias. Caso a Light SESA e a Light Energia venham a ter seu patrimônio atacado pelos credores, nada sobrará do ativo da Light S/A (Holding), comprometendo o resultado útil do processo de recuperação. Nesse contexto, a extensão de parte dos efeitos do procedimento recuperacional às concessionárias permite a preservação do serviço público, uma vez que os credores iniciariam imediata "corrida contra o tempo" para saldar suas dívidas, a qualquer custo, em detrimento dos ativos das concessionárias, de sua operação e de todos os usuários do serviço prestado.

Em parecer jurídico elaborado para o caso Light e acostado aos autos eletrônicos judiciais, o Prof. Sérgio Campinho destacou:

> "No entanto, a referida interdição de estar juridicamente *em* recuperação judicial **não obsta que usufrua de medidas protetivas derivadas desse estado na hipótese de recuperação judicial da sociedade de controle do grupo empresarial, como terceira interessada**, sempre que destinadas à sua proteção patrimonial, entendida como necessária a garantir a prestação continuada e adequada do serviço público, e sem qualquer restrição aos poderes garantidos e dispostos pela Lei nº. 12.767/2012 em favor do órgão regulador, que não estará impedido, assim, de tomar as providências nela previstas. **Desse modo, a sociedade concessionária de serviço público de energia elétrica estaria *na* recuperação judicial de sua controladora para realizar aquele fim específico, e sem qualquer prejuízo do disposto na Lei nº. 12.767/2012, e não *em* recuperação judicial, cujos contornos e efeitos, aí sim, estariam em dissonância com as medidas e soluções preconizadas pela aludida lei**.
>
> O que se tem como resultado prático da indispensável diferenciação de estar *em* e estar *na* recuperação judicial é a possibilidade de se repelir condutas de credores por dívidas financeiras capazes de criar indesejados embaraços não somente à recuperação judicial da controladora, mas fundamentalmente do próprio grupo empresarial, colocando em xeque tanto a preservação das correspondentes empresas – e da própria empresa plurissocietária que do grupa-

> mento resulta e é enxergada –, como a concessão de serviço público essencial." – grifos não-originais

Registre-se ainda que a juíza Dra. Clarissa Rodrigues Alves, da 4ª Vara Cível do Foro Central Cível da Comarca de São Paulo, nos autos do Processo nº 1115736-40.2023.8.26.0001, em que é Embargante Light Energia S/A e Embargado o Banco Santander (Brasil) S/A, em decisão proferida aos 04 de setembro de 2023, prestigiou a decisão empresarial fluminense:

> "Nos termos do artigo 919, caput e § 1º, do Código de Processo Civil, recebo os embargos à execução, com efeito suspensivo, **pois embora a execução não esteja garantida, estão presentes os requisitos para a concessão da tutela provisória, dado que o Juízo Recuperacional além de ter estendido o *stay period* à Light Holding (fls. 46/62), ora embargada, também suspendeu o ato jurídico de renúncia às coobrigações (fls. 63/68), tornando, em cognição sumária, temerária a exigibilidade do título e, consequentemente, o prosseguimento da presente execução**, demonstrando a existência de probabilidade do direito e de perigo de dano ou de risco ao resultado útil do processo." – grifos não-originais.

A decisão retro foi mantida pelo relator Desembargador Lavínio Donizetti Paschoalão, da 38ª Câmara de Direito Privado, aos 21 de setembro de 2023, por *"ao menos em princípio, em sede de cognição sumária e não exauriente, não está suficientemente configurada a probabilidade do direito invocado."*

Desse modo, o Poder Geral de Cautela acolhido pelo Juízo da 3ª Vara Empresarial da Comarca da Capital do Estado do Rio de Janeiro se revela imprescindível para preservar a concessão de energia elétrica e obstar os eventos que se apresentam como condições para o início de processos formais de execuções que poderiam, muito rapidamente, esgotar a concessão para saldar apenas uma parte marginal da dívida financeira, em benefício de pequeno grupo de credores, ao preço do prejuízo de toda a coletividade beneficiária – aproximadamente 11 milhões de cidadãos fluminenses e 4,5 milhões de unidades consumidoras – dos serviços públicos essenciais prestados.

Na hipótese do Grupo Educação Metodista, a proteção do patrimônio da Igreja permite que as Recuperandas tenham ativos suficientes para serem alienados judicialmente e ocorra a monetização para pagamento do passivo concursal. Ao passo que, no Grupo Light, a preservação do patrimônio das concessionárias assegura a salvaguarda do valor dos ativos de propriedade das concessionárias, que são duas subsidiárias integrais da Light S/A – Em Recuperação Judicial. Do contrário, estaria presente o risco de haver um esvaziamento patrimonial significativo da Recuperanda, em prejuízo de credores que optassem por receber na "moeda" da recuperação.

Referências bibliográficas

FUX, Luiz. *Curso de direito processual civil*. – 5. ed. – Rio de Janeiro: Forense, 2022.

GAJARDONI, Fernando da Fonseca. *A moderna ótica do Poder Geral de Cautela do Juiz*. *In*: ARMELIN, Donaldo (coord.). Tutelas de urgência e cautelares. São Paulo: Saraiva, 2010.

PACHECO, Rodrigo. *Parecer nº 165, de 2020 – PLEN/SF sobre o PL nº 4.458, de 2020* (PL nº 6.229/05, na Câmara dos Deputados), que altera as Leis nºs 11.101, de 9 de fevereiro de 2005, 10.522, de 19 de julho de 2002, e 8.929, de 22 de agosto de 1994, para atualizar a legislação referente à recuperação judicial, à recuperação extrajudicial e à falência do empresário e da sociedade empresária. Disponível em <https://legis.senado.leg.br/sdleg-getter/documento?dm=8908589&ts=1630436936762&disposition=inline&_gl=1*10j0271*_ga*MTE0MjQ2NTIwNi4xNjY0OTEwMjA2*_ga_CW3ZH25XMK*MTY5Njk4NzY3Ny4yMS4wLjE2OTY5ODc2NzcuMC4wLjA.>